国家卫生和计划生育委员会"十三五"规划教材

全国高等中医药院校研究生教材

供中医药、中西医结合等专业用

中医文献学

主　　编　严季澜　陈仁寿

副 主 编　李继明　金芷君　曹　瑛　徐光星

主　　审　顾植山

编　　委（以姓氏笔画为序）

叶明花（江西中医药大学）　　　金芷君（上海中医药大学）

严季澜（北京中医药大学）　　　赵　健（天津中医药大学）

李具双（河南中医药大学）　　　顾　漫（中国中医科学院）

李柳骥（北京中医药大学）　　　徐光星（浙江中医药大学）

李继明（成都中医药大学）　　　高日阳（广州中医药大学）

杨云松（黑龙江中医药大学）　　曹　宜（南京中医药大学）

何　永（山东中医药大学）　　　曹　瑛（辽宁中医药大学）

陆　翔（安徽中医药大学）　　　薛芳芸（山西中医学院）

陈仁寿（南京中医药大学）

编写秘书　李柳骥（兼）

人民卫生出版社

图书在版编目(CIP)数据

中医文献学/严季澜,陈仁寿主编.—北京:人民卫生出版社,
2016

ISBN 978-7-117-23299-9

Ⅰ.①中… Ⅱ.①严… ②陈… Ⅲ.①医古文-文献学-中
医学院-教材 Ⅳ.①G257.36

中国版本图书馆 CIP 数据核字(2016)第 219986 号

人卫智网	www.ipmph.com	医学教育、学术、考试、健康, 购书智慧智能综合服务平台
人卫官网	www.pmph.com	人卫官方资讯发布平台

中医文献学

主　　编:严季澜　陈仁寿

出版发行:人民卫生出版社(中继线 010-59780011)

地　　址:北京市朝阳区潘家园南里 19 号

邮　　编:100021

E-mail:pmph @ pmph.com

购书热线:010-59787592　010-59787584　010-65264830

印　　刷:三河市博文印刷有限公司

经　　销:新华书店

开　　本:787×1092　1/16　印张:20

字　　数:487 千字

版　　次:2016 年 10 月第 1 版　2016 年 10 月第 1 版第 1 次印刷

标准书号:ISBN 978-7-117-23299-9/R·23300

定　　价:56.00 元

打击盗版举报电话:010-59787491　E-mail:WQ @ pmph.com

(凡属印装质量问题请与本社市场营销中心联系退换)

出版说明

为了更好地贯彻落实《国家中长期教育改革和发展规划纲要(2010—2020年)》和《医药卫生中长期人才发展规划(2011—2020年)》,进一步适应新时期中医药研究生教育和教学的需要,推动中医药研究生教育事业的发展,经人民卫生出版社研究决定,在总结汲取首版教材成功经验的基础上,开展全国高等中医药院校研究生规划教材(第二轮)的编写工作。

全套教材围绕教育部的培养目标,国家卫生和计划生育委员会、国家中医药管理局的行业要求与用人需求,整体设计,科学规划,合理优化构建教材编写体系,加快教材内容改革,注重各学科之间的衔接,形成科学的教材课程体系。本套教材将以加强中医药类研究生临床能力(临床思维、临床技能)和科研能力(科研思维、科研方法)的培养、突出传承,坚持创新,着眼学生进一步获取知识、挖掘知识、提出问题、分析问题、解决问题能力的培养,正确引导研究生形成严谨的科研思维方式和严肃认真的求学态度为宗旨,同时强调实用性(临床实践、临床科研中用得上)和思想性(启发学生批判性思维、创新性思维),从内容、结构、形式等各个环节精益求精,力求使整套教材成为中医药研究生教育的精品教材。

本轮教材共规划、确定了基础、经典、临床、中药学、中西医结合5大系列55种。教材主编、副主编和编委的遴选按照公开、公平、公正的原则,在全国40余所高等院校1200余位专家和学者申报的基础上,1000余位申报者经全国高等中医药院校研究生教育国家卫生和计划生育委员会"十三五"规划教材建设指导委员会批准,聘任为主编、主审、副主编和编委。

本套教材主要特色是:

1. 坚持创新,彰显特色　教材编写思路、框架设计、内容取舍等与本科教材有明显区别,具有前瞻性、启发性。强调知识的交叉性与综合性,教材框架设计注意引进创新的理念和教改成果,彰显特色,提高研究生学习的主动性。

2. 重难热疑,四点突出　教材编写紧跟时代发展,反映最新学术、临床进展,围绕本学科的重点、难点、热点、疑点,构建教材核心内容,引导研究生深入开展关于"四点"的理论探讨和实践研究。

3. 培养能力,授人以渔　研究生的培养要体现思维方式的训练,教材编写力求有利于培养研究生获取新知识的能力、分析问题和解决问题的能力,更注重培养研究生的思维方法。注重理论联系实际,加强案例分析、现代研究进展,使研究生学以致用。

4. 注重传承,不离根本　本套研究生教材是培养中医药类研究生的重要工具,使浸含在中医中的传统文化得到大力弘扬,在讲述现代医学知识的同时,中医的辨证论治特色也在教材中得以充分反映。学生通过本套教材的学习,将进一步坚定信念,成为我国伟大的中医药事业的接班人。

5. 认真规划,详略得当 编写团队在开展工作之前,进行了认真的顶层设计,确定教材编写内容,严格界定本科与研究生的知识差异,教材编写既不沿袭本科教材的框架,也不是本科教材内容的扩充。编写团队认真总结、详细讨论了现阶段研究生必备的学科知识,并使其在教材中得以凸显。

6. 纸质数字,相得益彰 本轮教材的编写同时鼓励各学科配备相应的数字教材,此为中医出版界引领风气之先的重要举措,图文并茂、人机互动,提高研究生学以致用的效率和学习的积极性。利用网络等开放课程及时补充或更新知识,保持研究生教材内容的先进性、弥补教材易滞后的局限性。

7. 面向实际,拓宽效用 本套教材在编写过程中应充分考虑硕士层次知识结构及实际需要,并适当兼顾初级博士层次研究生教学需要,在学术过渡、引导等方面予以考量。本套教材还与住院医师规范化培训要求相对接,在规培教学方面起到实际的引领作用。同时,本套教材亦可作为专科医生、在职医疗人员重要的参考用书,促进其学术精进。

本轮教材的修订编写,教育部、国家卫生和计划生育委员会、国家中医药管理局有关领导和相关专家给予了大力支持和指导,得到了全国 40 余所院校和医院、科研机构领导、专家和教师的积极支持和参与,在此,对有关单位和个人致以衷心的感谢!希望各院校在教学使用中以及在探索课程体系、课程标准和教材建设与改革的进程中,及时提出宝贵意见或建议,以便不断修订和完善,为下一轮教材修订工作奠定坚实的基础。

人民卫生出版社有限公司

2016 年 6 月

全国高等中医药院校研究生教育
国家卫生和计划生育委员会
"十三五"规划教材建设指导委员会名单

主任委员

张伯礼

副主任委员（以姓氏笔画为序）

王永炎　王省良　匡海学　胡　刚　徐安龙

徐建光　梁繁荣　曹洪欣

委员（以姓氏笔画为序）

王　华　王　晖　王　滨　王　键　孔祥骊

石　岩　吕治平　乔延江　刘宏岩　刘振民

安冬青　李永民　李玛琳　李灿东　李金田

李德新　杨　柱　杨关林　余曙光　谷晓红

宋柏林　张俊龙　陈立典　陈明人　范永昇

周永学　周桂桐　郑玉玲　胡鸿毅　高树中

唐　农　曹文富　彭　成　廖端芳

秘书

李　丽　周桂桐(兼)

国家卫生和计划生育委员会"十三五"规划教材
全国高等中医药院校研究生规划教材目录

一、基础系列

二、经典系列

三、临床系列

24　中医优势治疗技术学　　　　　　主编　张俊龙
25　中医脑病学临床研究　　　　　　主编　高　颖
26　中医风湿病学临床研究　　　　　主编　刘　维
27　中医肺病学临床研究　　　　　　主编　吕晓东
28　中医急诊学临床研究(第2版)　　主编　刘清泉
29　针灸学临床研究(第2版)　　　　主编　梁繁荣　许能贵
30　推拿学临床研究　　　　　　　　主编　王之虹
31　针灸医学导论　　　　　　　　　主编　徐　斌　王富春
32　经络诊断理论与实践　　　　　　主编　余曙光　陈跃来
33　针灸医案学　　　　　　　　　　主编　李　瑞
34　中国推拿流派概论　　　　　　　主编　房　敏
35　针灸流派概论(第2版)　　　　　主编　高希言
36　中医养生保健研究(第2版)　　　主编　蒋力生　马烈光

四、中药学系列

37　中药化学专论(第2版)　　　　　主编　匡海学
38　中药药理学专论(第2版)　　　　主编　孙建宁　彭　成
39　中药鉴定学专论(第2版)　　　　主编　康廷国　王峥涛
40　中药药剂学专论(第2版)　　　　主编　杨　明　傅超美
41　中药炮制学专论(第2版)　　　　主编　蔡宝昌　龚千锋
42　中药分析学专论　　　　　　　　主编　乔延江　张　彤
43　中药药房管理与药学服务　　　　主编　杜守颖　谢　明
44　制药工程学专论　　　　　　　　主编　王　沛
45　分子生药学专论　　　　　　　　主编　贾景明　刘春生

五、中西医结合系列

46　中西医结合内科学临床研究　　　主编　杨关林　冼绍祥
47　中西医结合外科学临床研究　　　主编　何清湖　刘　胜
48　中西医结合妇产科学临床研究　　主编　连　方　谈　勇
49　中西医结合儿科学临床研究　　　主编　虞坚尔　常　克
50　中西医结合急救医学临床研究　　主编　方邦江　张晓云
51　中西医结合临床研究方法学　　　主编　刘　萍　谢雁鸣
52　中西医结合神经病学临床研究　　主编　杨文明
53　中西医结合骨伤科学临床研究　　主编　徐　林　刘献祥
54　中西医结合肿瘤临床研究　　　　主编　许　玲　徐　巍
55　中西医结合重症医学临床研究　　主编　张敏州

前　言

中医文献学是关于中医文献整理、研究及利用的理论与方法的学问，是中医学与中国古典文献学之间产生的一门边缘交叉学科。缘于中医文献在现代临床应用价值方面的特殊性，中医文献学的学科性质和定位不仅仅是普通文献学的一个分支，同时也是中医学一级学科之下的二级学科。

中医文献是中医学术的载体，古今中医药文献蕴涵着博大精深的中医学理论和丰富的临床经验，是非常珍贵的资源宝藏，要做好对中医药知识的传承工作，阅读原著必不可少。《中医文献学》课程可以提高我们整理、研究和利用中医文献的能力，可以指引我们从浩瀚的中医文献中去甄别、选择与阅读中医文献，从古今中医药文献中发掘宝藏，汲取营养，提高我们的学术水平。因此，掌握一定的中医文献学知识，是每一个中医人必须具有的基本功，对高层次中医药人才尤为重要。本教材有以下几个特点：

1. 介绍基本知识，传授研究方法　教材分为上下两篇，上篇为基础篇，主要介绍中医文献的命名、体式、载体、目录、版本、校勘、注释、考证、辨伪、辑佚等方面的基础知识，传授中医文献学的基本理论和方法，培养研究生文献整理与研究的能力，指引治学门径，提高学术素养。

2. 辨章中医学术，考镜文献源流　教材下篇为"历代中医文献源流"，按朝代介绍历代中医文献。先概述各朝代中医文献的特点，然后从中精选140多种历代重要著作，介绍其作者、内容、编撰特点、学术成就及版本流传。使研究生对历代中医文献源流及中医学的基本文献能有一系统了解，强固其文献功底，开拓其学术视野，以便他们在利用古今中医文献方面能左右逢源，得心应手，更好地开展中医学术与中医理论研究。

3. 吸收新的成果，介绍新的方法　教材注意反映学术研究的新进展，如新的出土文献、新的研究成果，并介绍近年来运用于中医文献研究中新的研究方法，如多元统计、系统综述、数据挖掘、古籍数字化等，以弥补传统文献研究办法之不足。

编写高等中医药院校研究生教材《中医文献学》，在中医药教育史上尚属首次，可供借鉴的经验不多。全体编写人员本着对中医药教育事业高度负责的精神，反复讨论，精心撰写，通力合作，数更其稿，终成此书。尽管如此，书中难免有疏漏之处，恳请读者、同道、专家有以教之，以俟修订，不断提高。

严季澜

2016 年 3 月

目　录

上篇　中医文献学的基本知识、理论与方法

导　论

一、文献与中医文献

（一）文献

1. "文献"的本义　"文献"一词始见于《论语·八佾》："子曰：夏礼吾能言之，杞不足征也；殷礼吾能言之，宋不足征也，文献不足故也。足，则吾能征之矣。"按照汉代经学家郑玄的注解，"文"指"文章"，"献"指"贤才"。宋代朱熹将"文"释为"典籍"，而"献"仍本郑玄训为"贤"。郑、朱二人均将"文献"一词分解成两个部分：一部分指书面材料，即文章或典籍，另一部分指人，指贤才、贤者，这里的贤才特指那些博学多识、熟悉掌故的人。这是"文献"一词的最初含义。

2. "文献"含义的演变　宋代以后，"文献"一词意义逐渐发生了变化。宋末元初马端临写了一部论述古代典章制度的著作叫《文献通考》，其自序曰："凡叙事则本之经史，而参之以历代《会要》，以及百家传记之书，信而有证者从之，乖异传疑者不录，所谓'文'也。凡论事则先取当时臣僚之奏疏，次及近代诸儒之评议，以至名流之燕谈、稗官之记录，凡一话一言，可以订典故之得失、证史传之是非者，则采而录之，所谓'献'也。"这里的奏疏、评议、燕谈、记录等都是贤人的议论记录，是书面材料，而不是贤人本身。可见，马端临对于"文献"概念的理解和应用，主要在于典籍与文字资料。至明初明成祖朱棣敕纂《永乐大典》，初名《文献大成》，这是将历代典籍图书分类汇编而成的著作，这里的"文献"完全是指图书典籍。至此"文献"一词由最初指"典籍和贤才"的联合词组转变为专指典籍的偏义复合词。

3. 近代"文献"的概念　在近代，文献是指具有历史价值的图书资料。《辞海》《辞源》则定义为具有历史价值的图书文物资料。把文物也包括在内。有学者认为：文物上载有文字的，自然算是文献；如没有文字，譬如考古出土的远古人类的头盖骨以及各种器物等，上面既无文字，也无图画或其他任何信息符号，则不能算作文献，那是考古学家研究的范围。

4. 现代"文献"的概念　随着现代信息技术的迅速发展，文献的概念发生了很大的变化。1983 年颁布的中国国家标准《文献著录总则》（GB37921—83）将"文献"定义为："记录有知识的一切载体"。具体地说，凡是用文字、图像、符号、声频、视频等手段记录下来的一切知识载体，包括图书、期刊、报纸及各种视听资料（如录音带、录像带、影片、光盘、磁盘）等，都属于文献的范围。这种释义，显然是今人站在当代科技发展背景下对"文献"概念的一种把握，其概括性和普遍性更强。

文献具有三个要素：即知识性、物质载体性、记录性。

（二）中医文献

凡文献所反映的知识属于中医学领域者,即为中医文献。中医文献中蕴藏着我国劳动人民长期与疾病做斗争的经验总结和理论概括,是中国传统文化伟大宝库的重要组成部分。中医文献不但在构建和发展中医药学术体系的过程中发挥了重要作用,而且至今仍具有重要的临床实用价值。因此对中医文献的整理研究,具有重要的历史意义与现实意义。按照中医文献的内容与形式特点,可以分为古代中医文献与现代中医文献两大部分。古代中医文献指1911年之前撰写的中医文献,主要指刻印或手写在纸质载体上的中医古籍,也包括甲骨、金石、竹帛等古代载体上保存的文献资料。现代中医文献,除以纸为主要载体外,还包括以胶片、磁带、磁盘、光盘等现代载体保存的图书资料。

古今中医文献数量很多,目前还没有一个准确的统计数字。不过我们可以从以下三种工具书来大致了解中医文献的概况。

（1）《中国中医古籍总目》(薛清录主编,2007年出版):该书收录全国150个图书馆收藏的1949年以前出版的现存中医图书13 455种。

（2）《新中国六十年中医图书总目》(裴俭等主编,2010年出版):该书收录1949—2008年间出版的中医图书37 572种,其中包括古医籍重印及现代医家新著。

（3）《中国医籍大辞典》(裴沛然主编,2002年出版):该书收录上自先秦、下迄20世纪末存世或公开出版的中医药书目共计17 600种、亡佚书目4764种。其中亡佚书目为上述两种书目所未载。

此外,在一些非医书中也保存有不少珍贵医学资料。同时,目前每年都有大量的中医文献问世,其中每年新出版中医图书约1000多种,现有中医期刊150多种,每年新发表的论文数万篇。

二、文献学与中医文献学

（一）文献学

文献学是关于文献整理和文献研究的理论与方法的学问。我国古代无文献学之名,但有文献学之实。西汉刘向、刘歆父子校理群书,广集诸本,施以校雠,编写目录,撰写叙录,开创了独特的学术门类,后人将这种从事文献整理与研究的学者称为校雠学家。近人梁启超在《中国近三百年学术史》中最早提出文献学的概念:"明清之交,各大师大率都重视史学,或广义的史学,即文献学,意指以文献为研究对象的传统学问"。1930年商务印书馆出版了郑鹤声、郑鹤春编著的《中国文献学概要》,这是第一部以文献学命名的著作。20世纪80年代以来,以传统文献学(或古典文献学)为内容的著作纷纷出版,如张舜徽的《中国文献学》(中州书画社,1982年),吴枫的《中国古典文献学》(齐鲁书社,1982年),洪湛侯的《中国文献学新编》(杭州大学出版社,1994年)等有七八十种之多,其主要内容为研究古代典籍的分类、目录、版本、校勘、辨伪、辑佚、注释、编纂、校点、翻译、典藏、流通及出土文献等;同时专科文献学著述和教材也陆续问世,如张君炎的《中国文学文献学》(江西人民出版社,1986年),王余光的《中国历史文献学》(武汉大学出版社,1988年),李申的《中国哲学史文献学》(河南人民出版社,2012年),马继兴的《中医文献学》(上海科学技术出版社,1990年)等,这些专科文献学著述的出现,无疑是对传统文献学学科建设的深化与细化。

近年来,在西方学术思想影响下,伴随着现代图书馆学、图书情报学的兴起而产生了现代文献学。1990年江苏教育出版社出版的倪波主编的《文献学概论》,对现代文献学的建立做了有益的尝试。现代文献学侧重于研究文献信息的产生、分布、交流、搜集、组织、分析、传播、检索、利用的理论与方法,包括文献计量学、文献传播学、文献制作学、文献信息学、文献检索学等分支,与传统文献学有较大的区别。

(二) 中医文献学

中医文献学是关于中医文献整理、研究及利用的理论与方法的学问,是中医学与中国古典文献学之间产生的一门边缘交叉学科。缘于中医文献在现代临床应用价值方面的特殊性,中医文献学的学科性质和定位不仅仅是普通文献学的一个分支,同时也是中医学一级学科之下的二级学科。

中医文献学的研究对象主要有两个方面:一是研究中医文献整理的理论与方法;二是研究中医文献的学术源流及其利用。

整理中医文献的理论与方法包括目录学、版本学、校勘学、注释学、考证学、辨伪学、辑佚学等,这些理论与方法基本上是从普通文献学移植而来的,是普通文献学理论与中医文献整理实践的结合,是文献学理论在古医籍整理与研究中的具体运用;同时中医文献研究还应当尽多地引进新的现代研究方法,如多元统计、系统综述、数据挖掘、文献计量、古医籍数字化研究等,以便更好地为中医文献整理与研究利用服务。

作为一门专科文献学,中医文献学还要探讨中医文献的学术源流。既要研究各个朝代中医文献的发展源流,同时还要研究各类别中医文献的发展源流,以使人们从纵向和横向两个方面对中医文献有一个全面而深刻的认识,以便更好地利用与传承中医文献,开阔学术视野,更好地开展中医学术与中医理论研究。

中医文献的整理与研究可追溯到西汉时期,至今已有两千多年的历史。西汉刘向父子校理群书,其中方技类(主要为医学类)文献由侍医李柱国负责校理。《汉书·艺文志》云:"至成帝时,以书颇散亡,使谒者陈农求遗书于天下,诏光禄大夫刘向校经传诸子诗赋,步兵校尉任宏校兵书,太史令尹咸校数术,侍医李柱国校方技。"这是史书记载最早从事古医籍整理的学者。其后各个朝代均有不少学者从事中医文献的整理研究工作,尤其是在宋代设立了校正医书局,校订了《素问》《伤寒》《金匮》《甲乙》《千金》《外台》等诸多重要医籍。20世纪80年代以来,也开展了多次大规模的中医古籍整理研究工作,取得了不少成绩。

随着中医古籍整理研究的深入开展,一些学者十分重视对中医文献学理论的整理与研究,并总结其自身的理论与规律,创立了一门新兴的交叉学科——中医文献学。我国著名中医文献学家马继兴先生的专著《中医文献学》的问世,为这个学科的建立奠定了基础。该书初名为《中医文献学基础》,完成于20世纪70年代末至80年代初,曾作为培训教材三次内部印刷发行,并不断补充修订,于1990年由上海科学技术出版社正式出版,影响较大。其后,史常永先生的《实用中医文献学》、张灿玾先生的《中医古籍文献学》等二三十种著作和教材相继问世。这些著述的出版,使中医文献学的理论知识和学科体系逐步趋于成熟,对中医文献学科的发展与完善做出了重要贡献,同时中医文献学科在中医药学的传承、发展和创新中也发挥着越来越重要的作用,成为中医药学科中不可或缺的重要组成部分。

三、学习《中医文献学》的目的与意义

（一）提高利用中医文献的能力

中医文献是中医学术的载体，古今中医药文献蕴藏着博大精深的中医学理论和丰富的临床经验，是非常重要的资源宝库。由于历史的原因，这些宝贵的知识和经验尚未得到很好的开发与利用。现行教材是在对传统中医文献进行整理研究基础上编写的，但由于受篇幅、内容及教学课时所限，教材内容尚难以全面涵盖中医各家学术特色和防病治病经验。要想进一步学好中医，还必须深入研读古今中医文献，尤其必须认真阅读原著。《中医文献学》可以提高我们利用中医文献的能力，可以指引我们从浩瀚的中医文献中去甄别、选择与阅读中医文献，从古今中医药文献中发掘宝藏，汲取营养。

（二）提高学术研究的能力

中医文献学所介绍的一些基本理论与知识，如目录、版本、校勘、辨伪、辑佚等，不仅是整理古医籍所必需的，而且对开展学术研究也是必备的。譬如我们要研究古代医家朱丹溪的学术思想，那么首先要搞清楚朱丹溪有哪些著作，通过钻研他的著作来探讨其学术思想。但是古书中题有朱丹溪之名的著作有三四十种，其中有不少书是别人托名的，在这种情况下，我们首先要考辨清楚，哪些真正是朱丹溪的著作，哪些是托名著作，这种对医书作者真伪进行考辨的学问，叫辨伪学，是中医文献学的一个组成部分。如果连哪些著作是朱丹溪的都没弄清楚，就冒昧动手研究他的学术思想，而所引用的材料根本不是出自丹溪之手，那么你的论文材料再充足，论证再充分，其结论也是不可靠的。再如版本问题，由于历史原因，一部古医书往往有几种甚至几十种不同的版本，有的版本错误较多，内容不完整；有的版本经过专家的精心校勘，错误较少，内容完整。如果没有版本学知识，选择很差的版本进行学术研究，得到的信息很可能是错误的，那么学术研究的结果难以保证正确。因此，掌握中医文献学知识是从事学术研究必备的一项基本功。

（三）古医籍整理工作的需要

新中国成立以来，尤其是 20 世纪 80 年代以来，在政府和有关部门的倡导下，中医古籍整理工作屡有开展，一些大型中医古籍整理出版项目屡屡上马，呈现繁荣之势。古医籍整理出版在拟订选题、确定版本、文本校勘、辑佚汇编等方面，都需要借助中医文献学的研究支持，否则很难成为高质量的古医籍整理作品。

近些年来，古医籍整理出版整体质量是有所下降的，严肃的、有功力的整理著作越来越少，而应时的、急就章式的出版物却大量涌现，这与整理者缺乏中医文献学素养不无关系。有因缺乏版本学知识而致底本、校本选择不当者，有因缺乏校勘学知识而致误校者，有因缺乏辑佚学、辨伪学知识而造成张冠李戴者，不明文义、字义、词义、而乱点、乱注、乱译、误改、误加、误删等现象经常出现，严重影响了医籍质量。因此，从事古医籍整理工作，应先接受严格的中医文献学的专业训练，掌握相应的文献整理知识和方法，且采取认真审慎的态度方可进行。

（严季澜）

上篇 中医文献学的基本知识、理论与方法

第一章 中医古代文献的命名、体式与载体形制

名称是表明文献身份的特有标记;一般而言,每种文献均具其固有的编撰方式和体裁;而文献的产生、保存和传播则必须依赖于承载的物质材料和一定的装帧形式。此即本章阐述的三大内容——中医古代文献的命名、体式、载体形制。

第一节 概 述

中医古代文献的命名既有一般古代文献命名的共性,也有专属于中医的特殊性,主要有摘字命名法和以义命名法两大类。摘字命名法主见于出土医学文献,因早期古人作文,大多不题书名、篇名,故其名多为后人从文中摘字追题。汉魏以后出现以作者字号、官衔、谥号等义项名书的现象,元明以来以作者籍贯、书斋等为书名者更为多见;而在各种以义命名法中,专科医籍命名之样式的丰富性则是中医所特有。

中医古代文献的体式包括文献的编撰方式和文献的体裁,两者是构成文献内容性质和表现形式的两大基本要素。编撰方式不外乎著作、编述、抄纂三大类型,三者间有着较为严格的区别。体裁主要有散文体和韵文体两大类,其中以散文体较为常见,细分之,有语录体、问答体、注疏体、方证体、条目体、医案体、随笔医话体等多种;韵文体中以歌诀类较为多见,具有朗朗上口、易诵易记等优点。

中医古代文献的载体主要有甲骨、金石、简帛、纸等,形制包括卷轴、册页等。而随着现当代影像和电子等新型技术的迅猛发展,胶卷照片和电子介质等已日渐成为重要的文献载体。

第二节 中医古代文献的命名

命名之事,至关重要,《荀子·正名》曰"名定而实辨",《释名·释言语》则谓"名,明也,名实事使分明也"。文献的命名亦不可等闲视之,可以起到总括全篇、点明主旨等作用。中医古代文献的命名方式主要有"摘字命名法"和"以义命名法"两大类型。

一、摘字命名法

摘字命名法无关乎文献的具体内容,乃通常径取书中字词句(一般为首句 2~3 字)作为书名或篇名。如古代蒙书《急就篇》即是取首句"急就奇觚与众异"首二字作书名;《诗经》篇名主要采用这种命名方式(按:系后世追题),如《关雎》《鹿鸣》《螽斯》《扬之水》就分别摘自首句"关关雎鸠""呦呦鹿鸣""螽斯羽""扬之水"。

古医籍中,此法多见于出土文献,因此类文献往往是出土时缺名,故整理者从中摘录字句以名书。如 1977 年安徽阜阳双古堆出土西汉早期第二代女(汝)阴侯墓随葬医简《万物》就是根据简文"……□下之道不可不闻也,万物之本不可不察也,阴阳(之)化不可不知也……"而摘字命名。又如 1973 年马王堆 3 号汉墓中出土医简《天下至道谈》亦是因其中一简书有"天下至道谈"之句,故取而名之。

二、以义命名法

现存中医古代文献中的绝大部分属以义命名法,其形式丰富多样,不拘一格,大致有以下数型:

(一) 以姓氏、字号命名

1. 以姓氏 以姓氏名书可以追溯到吕不韦《吕氏春秋》。在医籍中是极为多见的一种形式,如《洪氏集验方》(宋·洪遵集)、《苏沈良方》(宋·苏轼、沈括)、《王氏医案》(清·王孟英)、《张氏医通》(清·张璐)、《沈氏尊生书》(清·沈金鳌)、《费氏全集》(清·费伯雄)、《周氏医学丛书》(清·周学海辑)、《冯氏锦囊秘录》(清·冯楚瞻)等。

2. 以字、号 作为基本的礼仪,古人一般不直呼名讳,而多以字、号称之,反映在书籍的命名上也不例外,以字命名者如《史载之方》(宋·史堪字载之)、《洁古珍珠囊》(金·张元素字洁古)、《士材三书》(明·李中梓字士材)、《傅青主女科》(明末清初傅山字青主)、《薛生白医案》(明·薛雪字生白)、《张聿青先生医案》(清·张乃修字聿青)等。

以号命名者如《濒湖脉学》(明·李时珍晚号濒湖)、《徐洄溪手批叶天士先生方案》(清·徐大椿号洄溪)、《松峰说疫》(清·刘奎号松峰)等。

(二) 以官职追赠、里籍官地命名

1. 以官职或追赠 如《羊中散方》(南朝羊欣晚年授中散大夫)、《兵部手集方》(唐·李绛官兵部尚书)、《英公本草》(即唐《新修本草》,主持人李勣封英国公)、《窦太师标幽赋》(元代窦默追赠太师)等。

2. 以里籍或官地 如《河间六书》(金·刘完素系河北河间人)、《四明医案》(清·高鼓峰系浙江四明人)、《阮河南方》(晋·阮炳任河南尹,人称"阮河南")、《长沙药解》《长沙方歌括》等(传张仲景曾任长沙太守,习称"张长沙",后世一批注解《伤寒论》《金匮要略》方药的著作多冠以"长沙"之名)。

(三) 以斋室楼堂名命名

明、清两代医家以斋室楼堂名命名医书者十分多见,如《先醒斋医学广笔记》(明·缪希雍)、《冷庐医话》(清·陆以湉)、《世补斋医书六种》(清·陆懋修)、《摘星楼治痘全书》(明·朱一麟)、《惠直堂经验方》(清·陶承熹)等。直至近现代仍沿袭此风,如周小农《惜分

阴轩医案》等。

（四）以编撰或刊行年号命名

唐宋两代大型本草、方剂书较多以撰成或刊行年号命名,如《开元广济方》(唐开元年撰成)、《贞元广利方》(唐贞元年撰成)、《太平圣惠方》(北宋太平兴国年始撰)、《开宝本草》(北宋开宝年撰成)、《嘉祐本草》(全称《嘉祐补注神农本草》,北宋嘉祐年编写)、《政和本草》(全称《政和新修经史证类备用本草》,北宋政和六年校刊,现通行者为蒙古时重刻《重修政和经史证类备用本草》)等。

（五）以医籍体裁、排版形式命名

一些特殊体裁、排版形式的古医籍往往在书名上就已标明,使读者一望而知。如《标幽赋》(赋文)、《针灸问对》(问答形式)、《汤头歌诀》(易于诵记的歌诀形式)、《理瀹骈文》(骈体文)、《伤寒审症表》(表格式)、《外科图说》(带插图)等(图1-1、图1-2)。

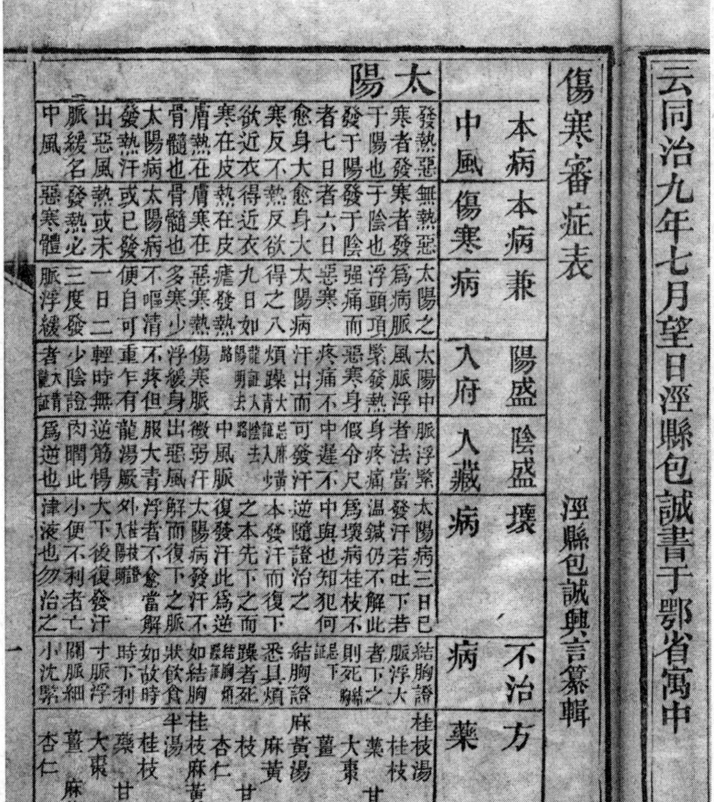

图1-1　表格式《伤寒审症表》

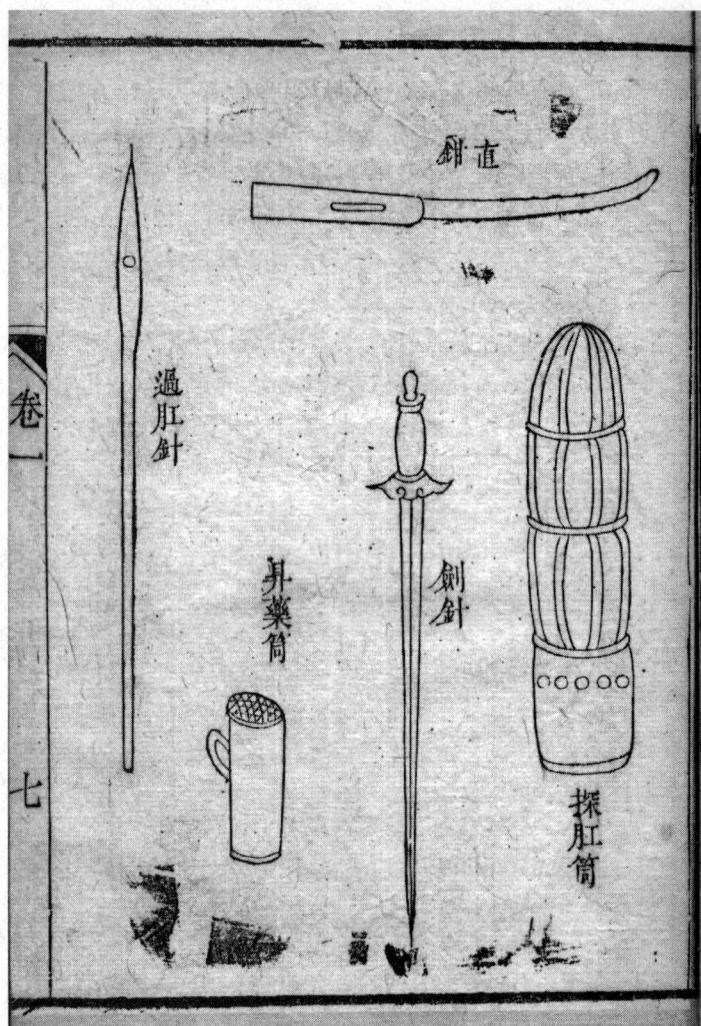

图 1-2 《外科图说》外科器具插图

（六）以编撰性质命名

后人对一些经典著作和重要医籍的编集注述书名中多有"注解""补注""集注""释义""衍义""节要""选粹""类编""汇编"等字样,如《注解伤寒论》《难经补注》《黄帝素问灵枢集注》《本事方释义》《金匮方论衍义》等。

（七）以儒释道之典命名

中医学与传统文化中儒、释、道思想学说有比较深厚的渊源,有些书名打上了一定的烙印。

1. 儒家　如《儒门事亲》（儒学之门）、《格致余论》（宋代理学"格物致知"思想,作者朱丹溪曾从朱熹弟子许谦学习理学）、《老老恒言》《幼幼新书》（《孟子》曰"老吾老,以及人之老""幼吾幼,以及人之幼"）等。

2. 释（佛）家　如《肘后百一方》（佛经云"人用四大［地、水、火、风］成身,一大辄有一百一病"）、《龙树菩萨眼论》（佛经云龙树大士能治眼疾）、《眼科龙木论》（"木"通"树",避宋英宗赵曙之讳)等。

3. 道家　如《银海精微》(道家称眼为"银海")、《重楼玉钥》(因喉软骨有十二节,道家内炼术称喉咙为"十二重楼")、《赤水玄珠》(赤水:神话中的水名;玄珠:道家喻道的本体。《庄子·天地》曰"黄帝游乎赤水之北……而遗其玄珠")、《洞天奥旨》(道家有"洞天福地"之称)等。

(八) 化裁成语典故命名

古代不少医家由儒转医,故名书时多喜化裁引用成语典故,以示学识渊博。如《折肱漫录》《三折肱医案》《折肱心悟明辨》之"折肱",出自于《左传·定公十三年》"三折肱知为良医",喻久病成医;又儿科书《过秦新录》、妇科《邯郸遗稿》,书名典出《史记·扁鹊仓公列传》:"扁鹊名闻天下。过邯郸,闻贵妇人,即为带下医……来入咸阳,闻秦人爱小儿,即为小儿医"。

(九) 专科医籍的命名

不同科目的医籍一般有约定俗成的命名方式和所用语汇,分述如下:

1. 药物类　因中药材以植物类为主,故一般称"本草",如《神农本草经》《吴普本草》《新修本草》《本草图经》《证类本草》《本草纲目》《本草品汇精要》等。

外来药物称"海药",故以海外药物为主者如《海药本草》;矿物药称"石药",如矿物药专著有《石药尔雅》。

2. 针灸类　多以针、灸、刺灸、孔穴、明堂、子午流注等命名,如《针灸大成》《子午流注针经》《灸法秘传》《金针秘传》《明堂灸经》《刺灸心法要诀》等。

3. 诊断类　中医诊断类古籍以脉诊最为多见,书名多带有"脉"字,如《脉经》《脉诀》《脉贯》《脉理存真》《脉学类编》《医学脉灯》《濒湖脉学》等。

其次为望诊,多以"色"字命名:如《相色经诀》《望色启微》《形色外诊简摩》等。

舌诊则常以"镜""鉴"命名:如《伤寒金镜录》《伤寒舌鉴》等。

4. 外科类　除了常见的"外科"之名外,还多以"疮疡""痈疽""丹毒""疡医""疡科"等命名,如《疡医大全》《疡科选粹》《疮疡经验》《痈疽辨疑论》《丹毒备急方》等。

5. 骨伤科类　多以"理伤""续断""金疮(创)""跌打""跌损"等命名,如《仙授理伤续断秘方》《金疮秘传禁方》《跌打秘方》《跌损妙方》等。

6. 妇产科类　妇科多以"妇人""女科""妇科"命名,如《妇人大全良方》《女科仙方》《妇科玉尺》等。

因女属阴,在八卦属坤,故又常以"阴""坤"指代妇女,如《济阴纲目》《宁坤秘笈》等。

产科书除多以"产"字命名外,又往往冠以繁衍后代之义的"胤""嗣"字样,如《胤产全书》《广嗣纪要》等。又或以早诞麟儿作喻,如《毓麟验方》《宜麟策》等。

7. 儿科类　除了最为常见的"幼科""小儿"外,还常以"慈幼""全幼""活幼""保幼""婴童""保童"等命名,如《保幼新编》《慈幼新书》《婴童百问》等。

或以小儿颅囟未闭的特征命名,如《颅囟经》。

又因初生婴儿称"赤子",故往往又以"保赤"命名,如《保赤心法》《保赤金鉴》等。

8. 眼科类　除书名中明确有"眼""目"字样外,还常以"审视""审的""准的""秋水"(清澈的眼波)等眼的功能和比喻命名,如《审视瑶函》(瑶函,指珍贵的典籍)、《审的选要歌》《眼论准的歌》《秋水真诠》等。

第三节　中医古代文献的体式

中医古代文献的体式系指文献的编撰方式和文献的体裁,它们是构成文献内容性质和表现形式的两大基本要素。几乎所有中医古代文献均能在其中找到对应位置。

一、中医古代文献的编撰方式

从编撰方式来看,中医古代文献与其他传统文献一样,主要分为著作、编述、抄纂三大类。

(一) 著作

古人将"作"视为学问文章的最高境界,清·焦循《述难》称"人未知而己先知,人未觉而己先觉,因以所先知先觉者教人,俾人皆知之觉之,而天下之知觉自我始,是为'作'",《礼记·乐记》则早就尊"'作'者谓之圣"(汉·郑玄注曰:"作,谓有所兴造"),可见只有先知先觉者首创的文章经典,方可称为"作",汉王充《论衡·对作篇》举例说明"五经之兴,可谓'作'矣"。故孔子整理六经,终不敢以"作"自居,一再申明"述而不作"(《论语·述而》);宋·朱熹《四书集注》解释道:"作,则创始也……(孔子)皆传先王之旧,而未尝有所'作'也";司马迁将毕生力作《史记》归为"述故事,整齐其世传,非所谓'作'也"(《史记·太史公自序》)。由此可见古人对"著作"要求的标准之高。

秦汉时期中医四大经典《内经》《难经》《神农本草经》《伤寒杂病论》各自具有独特的首创性内容:或奠定了中医学理论基础,或提出了寸关尺三部诊脉法,或为第一部药物学专著,或创立了中医临床辨证论治体系,故被尊为经典著作当之无愧。

(二) 编述

《礼记·乐记》谓"'述'者谓之明",汉·郑玄注曰:"述,谓训其义也"。焦循《述难》谓"已有知之觉之者,自我而损益之;或其意久而不明,有明之者用以教人,而作者之意复明,是之谓'述'",即通过编述者对已有文献的整理改编、阐发解释,使文献的内容更为缜密系统、意蕴更为明了清楚,并能适应新的客观要求。"作"固然很难,然"述"亦属不易,因"述其人之言,必得其人之心;述其人之心,必得其人之道"(《述难》),即要求述者具备深厚的学养,深入剖析原作的思想内涵,才能达到鉴别提炼、取舍得当的效果。焦循认为只有孔子整理六经、孟子述孔子等文献,才真正称得上"述";《论衡·对作篇》举例"太史公书、刘子政序、班叔皮传,可谓述也",并认为自己的《论衡》也算不上"述":"非曰作也,亦非述也。论也,述之次也"。

汉代以后的古医籍大多属编述体例,如晋·王叔和《脉经》虽名"经",但实乃系"撰集岐伯以来逮于华佗经论要诀,合为十卷"(自序),故当属编述之例;《针灸甲乙经》也是"撰集三部(指《素问》《针灸》《明堂孔穴针灸治要》),使事类相从,删其浮辞,除其重复,论其精要,至为十二卷"(自序)。隋唐时期的《诸病源候论》《千金要方》等也是大量摭取《内经》《难经》《伤寒杂病论》等经典著作中的材料,并加入编述者的理论发明和临证心得、新创方剂等,从而赋予了编述医籍更高的学术价值,并往往适应于时代的需要。

（三）抄纂

抄纂是排比辑录史料以成新文献的一种方式。它是魏晋南北朝时期历史文献整理改造的重要形式之一,乃至于专设"抄撰('撰'通'纂')学士"以领其事;同时个人抄书风气也很盛行,如《魏略》载桓范"尝抄撮《汉书》中诸杂事,自以意斟酌之,名曰《世要论》"(《三国志·魏书·曹爽传》注引),表明了"论"与"抄纂(撰)"的同质性。明代《永乐大典》是一部典型的抄纂类书。抄纂文献最基本的要求就是正确和实用。

同样是魏晋南北朝时期,中医临床各科的经验方数量甚多(参见《隋书·经籍志》),其中既有辑自前代文献的,也有采自民间、同道的,抑或是录自个人创制的,大致可归于"抄纂"之属。还有汇合各种医方进行分类编次的,如隋代《四海类聚方》(已佚)、宋《太平圣惠方》《圣济总录》、明《普济方》等,分门别类,广为抄纂,便于使用者按图索骥,随时翻检。

二、中医古代文献的体裁

虽然中医古代文献记载的是医药内容,但它的文体亦借鉴、吸收了其他古代文献中的多种体裁形式,丰富而多样。归纳现存大量古医籍之体裁,不外乎两大类,即古代散文体和古代韵文体。

（一）古代散文体

散文体是相对于韵文体而言,其以散体的词、句组合成篇章结构,既无对句子字数的限定,亦无声韵、对仗、平仄的要求。现存中医古代文献大多是以散文体写成,根据其内容形式特点又可分为以下几种类型:

1. 条文语录体　源于古代简牍的载体条件。词句简明扼要,早期用于记录帝王、圣人的话语,代表者如《论语》。目前所见《伤寒论》即是由条文体编撰而成,如第一条"太阳之为病,脉浮、头项强痛而恶寒"。

2. 问答体　此类文献多假托君臣问答、师徒问难等诘问答疑形式来阐述中医理论或诊疗法则。如《素问·灵兰秘典论》:"黄帝问曰:愿闻十二脏之相使,贵贱何如? 岐伯对曰:悉乎哉问也,请遂言之。心者,君主之官也,神明出焉……"《黄帝八十一难经》:"一难曰:十二经皆有动脉,独取寸口,以决五脏六腑死生吉凶之法,何谓也? 然。寸口者,脉之大会,手太阴之脉动也……"其他如《伤寒百问》《针灸问对》等均为问答体。

3. 注疏体　见于后世医家为中医经典要籍所作注、疏。其形式一般为一段原文,附一段注疏。如明·吴崑之《素问吴注》注《上古天真论》篇"务快其心,逆于生乐"句曰:"乐,音洛。甚爱必大费,快于心欲之用,则逆养生之乐矣";《本草经疏》总目"草部下品之上"总62种,明·缪希雍"今疏其要者十六种"等(图1-3、图1-4)。

4. 方证体(方论体)　此乃中医文献特有的一种文体,见于方书及临床专科文献,书中主要内容为病证与方药两大项。如宋代大型方书《太平惠民和剂局方》《太平圣惠方》《圣济总录》,依据病证分成若干门,每门列方剂若干首,每首方下再列主证、药物、剂量等。

5. 条目体　此种文体每一条目均标以明晰的标题,条目下分项列述具体内容,多见于古代本草文献和医籍目录专著。前者如《本草纲目》,以药物正名为条目,下分释名、集解、修治、气味、主治、发明、附方等义项叙述;后者如日本丹波元胤《医籍考》,以医籍名为条目,下载序文、历代书目著录文、各家之论等资料。

6. 医案体　用于记录中医临床诊疗案例,始于《史记·扁鹊仓公列传》所载淳于意25

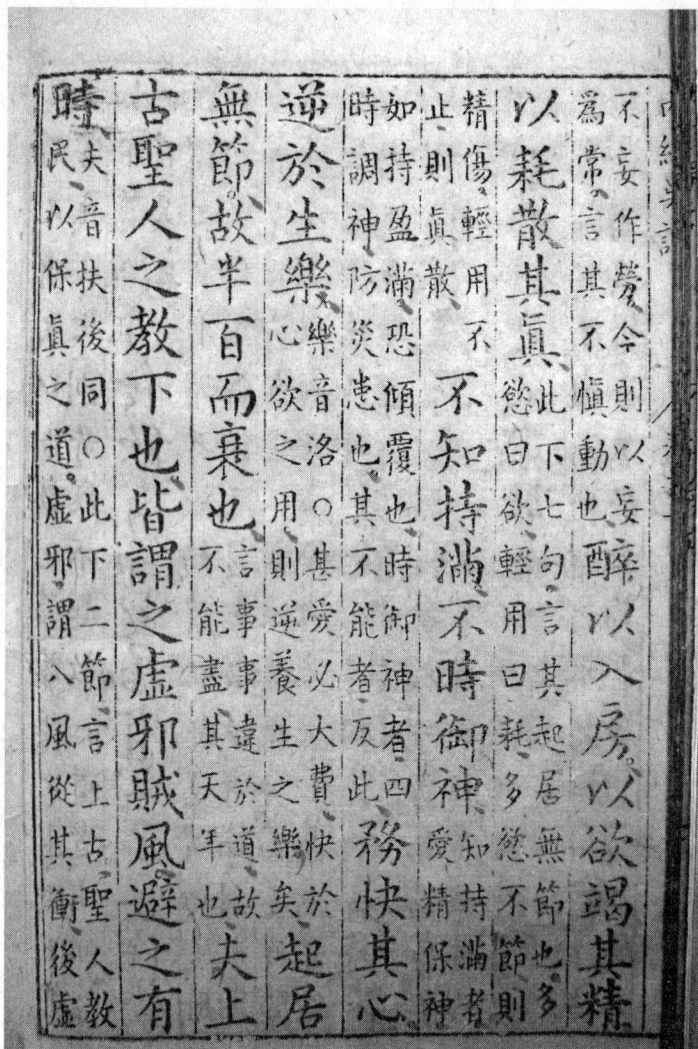

图1-3 《素问吴注》

个"诊籍"。早期医案多散见于各类有关著述中,直至宋代许叔微《伤寒九十论》方标志现存第一部医案专著问世,书中记载了用《伤寒论》理法方药诊治的90个病例。明清时期个人医案专著尤为众多,同时又有汇集历代各家医案的类编之作如《名医类案》《续名医类案》等。

7. 随笔医话体　此型乃系作者随手笔录或漫议学医体会、临证心得、医林掌故等医学笔记小品之文。随笔体如明《推求师意》、清《医学读书记》《重庆堂随笔》、医话体如清《冷庐医话》《友渔斋医话》等。

此外,属散文体的还有古代医籍中绝大部分的序、跋及医家传记之文。

（二）古代韵文体

古代韵文讲究声韵、限定字数,且常句中对仗、句末押韵,故朗朗上口,易读易记。中医文献充分运用此种文体的特点优势,在本草、方剂、脉诊、经络、腧穴等需要大量记忆或知识普及的内容方面,较多采用此种文体。具体而言,又可分为以下几种类型:

1. **歌诀体**　是较为多见的一型。一般有三言、四言、七言之分。三言者如清《医学三字

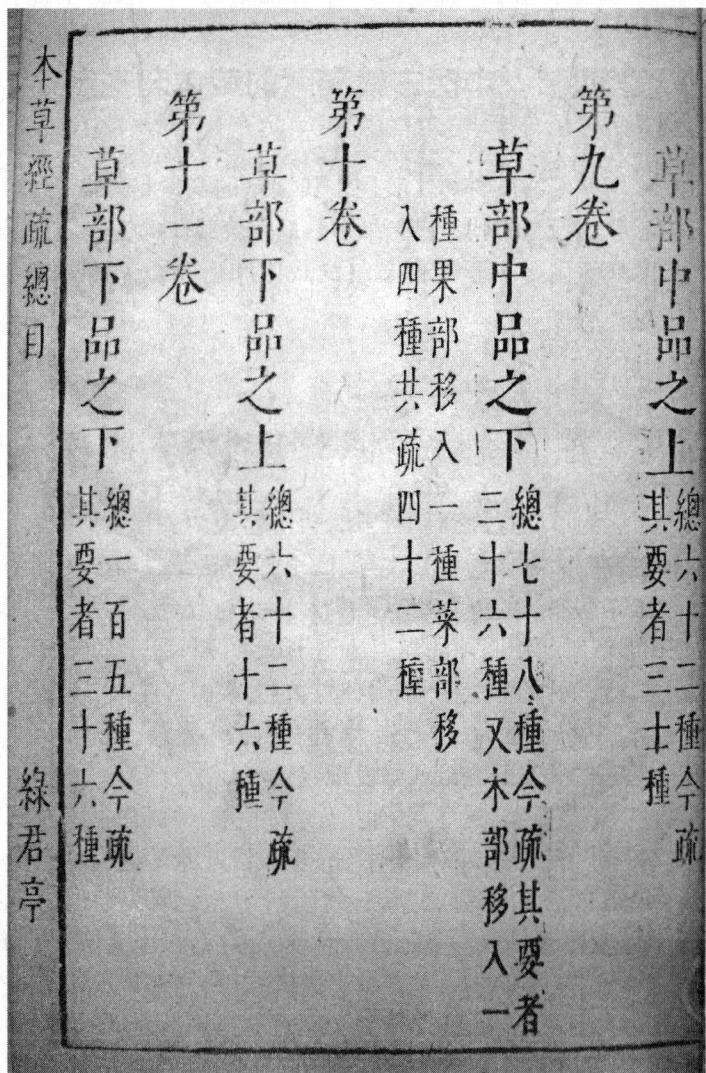

图 1-4　《本草经疏》

经》"人百病，首中风……固气脱，参附功"；四言者如宋《四言脉诀》"人身之脉，本乎荣卫。荣者阴血，卫者阳气"；七言者如清《汤头歌诀》"发热恶寒头项痛，伤寒服此汗淋漓"（麻黄汤）等。

2. 辞赋体　起源于战国时代，汉代人集屈原等所作的赋称为楚辞，后人泛称赋体文学为辞赋。讲究对仗、用典、押韵。古医籍中此类体裁者如元代《标幽赋》："拯救之法，妙用者针。察岁时于天道，定形气于予心。春夏瘦而刺浅，秋冬肥而刺深。"又如《珍珠囊指掌补遗药性赋》："诸药识性，此类最寒。犀角解乎心热，羚羊清乎肺肝，泽泻利水通淋而补阴不足，海藻散瘿破气而治疝何难。"

3. 骈偶体　此体盛行于六朝，与辞赋类似，但格律要求更严，一般以 4 字、6 字对仗为句，并讲究声韵、用典。中医文献中此体较为少见，例如唐《新修本草》孔志约序属之："蛰穴栖巢，感物之情盖寡；范金揉木，逐欲之道方兹。"外科名著《理瀹骈文》即是以骈偶体为主，如："似疟往来，擦柴胡以和之；如痞满闷，薄黄连而豁之。"

第四节　中医古代文献的载体和形制

文献载体,即记录文献的物质材料。我国古代文献的载体是随着历史的发展而渐次衍变的,其形式主要有甲骨、金石、简牍、缣帛、纸等。而随着载体的变化尤其是纸的发明,文献的形制也随之发生相应变化。中医古代文献的载体和形制也基本经历了这一发展变化过程。

一、甲骨

甲骨,即龟甲和兽骨,是甲骨文所依托的主要材料。

(一)甲骨与甲骨文

中国文字的雏形,大约可以追溯到新石器时代陶器上的象形文字符号。而真正意义上的传世中国文字,则要数殷商时代的甲骨文了,因甲骨文已经脱离了图形的阶段,向着线形发展,并已具备了中国文字书法的三个基本要素——用笔、结字、章法。

由于甲骨文是在殷商时代用坚硬的契刀凿刻于龟甲或兽骨上的,故甲骨文又称为"契""契文""殷契""殷文"等;又因当时刻写在甲骨上的文字内容主要为与占卜祭祀有关的纪事,故又称"卜辞"。而一般"甲骨"往往即指代"甲骨文"。

(二)甲骨与中医药的关系及在近代被发现经过

据《史记·秦始皇本纪》所载,始皇焚书时,医药、卜筮、种树之书不在其列,《三字经》则谓"医卜相,皆方技",据此可以测知古代卜术、医药是相近的学科门类。唐代孙思邈《千金要方·大医习业》中论道:"欲为大医,必须谙《素问》《甲乙》《黄帝针经》……又须妙解阴阳禄命,诸家相法,及灼龟五兆、《周易》六壬,并须精熟,如此乃得为大医。"《隋书·经籍志》著录葛洪《龟决》2卷,《新唐书·艺文志》著录孙思邈《龟经》1卷,可见古代名医中不乏擅长此道者。

具有传奇意味的是,甲骨文在近代的被发现和受到重视,尚是中医医疗活动中一个具有历史意义的意外收获。据说在19世纪末(1899年),清代国子监祭酒暨金石学家王懿荣因患疟疾而服用中药,不经意中发现药剂中有一味龙骨,上面竟然刻有文字,于是派人至药铺高价选购了一些文字比较清晰的龙骨,经仔细考订,推断这是一种比金文更早的古文字。至此,被深埋地下3000多年的殷商甲骨文才得以昭然于世,并由是而开启了甲骨文研究之先河。

(三)甲骨医药文献

自王懿荣率先对甲骨文进行研究,至目前已发现的甲骨文单字约有4500个左右,已经辨识者近2000字。甲骨中的医药内容十分丰富,据著名甲骨学者胡厚宣1944年所著《殷人疾病考》统计,"殷人之病,凡有头、眼、耳、口、牙、舌、喉、鼻、腹、足、趾、尿、产、妇、小儿、传染等一十六种",并与现代医学之分类加以比较,认为"具备今日之内、外、脑、眼、耳鼻喉、牙、泌尿、产妇、小儿、传染诸科"。而在其后,从更多的甲骨文献中对疾病作进一步统计,达40种左右。此外,与医学有关的内容还包括药物名,针、灸、按摩等治法及个人与环境卫生等多个方面。并且每一条涉医卜辞,大都记载了一则病例,所以可以认为是医案的最早源头,比《庄子》中的医案雏形(外篇·达生)及《史记》所载仓公"诊籍"要早 1100~1300 年。

2008 年人民卫生出版社出版了由彭邦炯编著的《甲骨文医学资料释文考辨与研究》,该书对甲骨文中的医学资料进行了较为全面系统的收集、整理和研究,基本囊括了迄今发现的甲骨资料中有关生育与疾病的所有医学文献,对中医文献和医学史研究具有重要参考价值。

二、金石

金石,是指古代镌刻文字、颂功纪事的钟鼎碑碣之属,《墨子间诂》:"《吕氏春秋·求人》篇:'功绩铭乎金石,著于盘盂',高注云:'金,钟鼎也;石,丰碑也。'"一般"金石"即指"金石文字",如金石学、《金石录》等。

(一) 金文及医疗铜器

我国古代称铜为"金",所以"金文"主要是指青铜器上的铭文。夏、商、周三代是我国历史上的青铜时代,青铜器的铸造代表了其物质文明的最高水平。其时凡遇重大的历史事件,大多要铸造青铜器并刻以铭文记载。

青铜器主要分为礼器、乐器两大类。因金文多铸于乐器钟、礼器鼎,故又称"钟鼎文"。其中大多是凹下的阴文,称为"款(刻)";也有一些是凸出的阳文,称为"识(zhì,记)"。

现存金文中的医药内容较为少见,历史上有 2 件与医药有关的铜器:一件是汉代的医工铜盆,出土于河北满城汉墓,铸有"医工"二字铭文;另一件是北宋王惟一主持铸造的针灸铜人,体表上铸有穴位名称。严格地说,这 2 件器物应属医史文物,至多只是广义上的文献,(见图 1-5)。

图 1-5　汉代"医工"铜盆

(二) 玉文及行气文字

"石文"指刻石文字,大至摩崖,中至碑碣,小至玉版、玉佩所刻文字,皆可属之。

玉版上刻字,较早期的可见于商代"甲子表"。而山西侯马出土的春秋时晋国订盟誓约"侯马盟书"则可推为玉刻文献的代表之作。

在传世玉刻文献中,有一件与中医关系较为密切的战国时期的气功文物——《行气铭》,为十二面棱柱形,中空不穿顶,每面阴刻篆文 3 字,连重文共计 45 字,其文为:"行气,深则蓄,蓄则伸,伸则下,下则定,定则固,固则萌,萌则长,长则退,退则天。天丌春在上,地丌春在下。顺则生,逆则死。"(丌,同"其";春,通"冲")为描述吐纳呼吸的一个回合过程。这是迄今发现的有关气功的最早文字记录,郭沫若等数位大家均曾进行释读。

（三）石文及刻石医药文献

战国末年，青铜器的铸造衰落，代替金文而起的是石刻文。现存最早的刻石文献是文字刻在 10 个形如鼓状石上的石鼓文，因其内容主要是记叙秦国贵族游猎之事，故又称"猎碣"，是秦始皇统一文字前大篆的典型代表，又称"籀书""籀文"。

汉代碑刻盛行，其中一类是门生故吏为府主歌功颂德之作，最常见的是墓碑和祠庙碑（长方形的刻石称"碑"；圜首形或形在方圆之间、上小下大的刻石则称之为"碣"，现一般往往"碑碣"通称）；另一类是摩崖石刻，用以记录劈山开路、修治水利等重大工程。由蔡邕等倡议发起并用标准八分隶书书写的《熹平石经》，则是石刻经书的典范之作，称"一体石经"。三国魏正始二年所刻《正始石经》，因用古文、小篆和隶书 3 种字体书写，也称"三体石经"。

其后魏碑、唐碑等都是刻石的重要组成。唐代还刻成了著名的《开成石经》，用楷书刻《周易》《尚书》等十二种儒家经典，故又称《石刻十二经》。其后历代陆续刻有《孟蜀石经》（五代）、《嘉祐石经》（北宋）、《绍兴御书石经》（南宋）、《十三经石碑》（清）等。

古代贤德之士好集方书，不仅书诸笔端，且往往刻石以传。因为先贤们认为，药剂等分，差之毫厘，失之千里；轻重之舛，生死系焉。而版刻或写本，极易讹传，故刻之于坚贞的碑碣崖石之上，可以昭示天下，传之弥久——可谓用心良苦，其价值意义与东汉树立标准的《熹平石经》可谓异曲同工。

医方刻石并无定处，除碑石外，又或刻于洞窟，或刻于山崖，或刻于祠堂，还有的刻于厅壁等。

1. 南北朝、唐代刻石医方　龙门石窟药方在石刻医药文献中具有重要地位，位于河南洛阳南郊龙门石窟之药方洞口过道两侧的岩石上，其凿刻年代有北齐说、隋唐说、唐代说等不同的版本（张瑞贤《龙门药方释疑》定为唐高宗永徽初年）。据不完全统计，药方洞刻有药方约 140 个，能看清的病名约 46 种（《龙门药方释疑》统计为 59 个疾病、153 首处方）；用药方式有内服、外敷、洗、熏等多种。

今之所见《褚氏遗书》，系唐末黄巢起义时从南齐医家褚澄墓中掘得褚氏医书刻石 18 片，后辗转誊抄付印。唐代还有经脉灸法刻石，据《苏沈良方·卷一·灸二十二种骨蒸法》所载"《崔丞相灸劳法》……毗陵郡有石刻最详"，可知北宋时刻石尚存，后佚，部分佚文可见于唐《外台秘要》和宋《幼幼新书》中（崔丞相，即唐·崔知悌）。

2. 宋元明刻石医方　北宋医官王惟一为创制针灸铜人，于天圣四年（1026 年）先行撰写《铜人腧穴针灸图经》，并刻于石碑。1965—1983 年，北京曾先后发现宋碑残石七方，现藏于国家博物馆。此外，宋代洛阳县兴国寺立有该寺无际禅师所传治疗骨科疾病之《换骨丹药方》碑；宋宣和四年（1122 年）吕渭刻《养气汤方》于广西刘仙岩壁；宣和六年（1124 年）郭思选录《千金宝要》中药方 900 余首刻碑于华州公署。

陕西药王山现存有托名"孙真人"之元刻《福寿论》碑、明刻《风药论》碑。明隆庆六年（1572 年）秦王朱守中因喜《千金宝要》方之简便、药之近易，为便于游人抄录摹拓，再次将《千金宝要》勒石，立于药王洞前；同时又另刻《海上方》碑等（图 1-6）。

三、简帛

简，即简牍；帛，即缣帛。简牍与缣帛是我国古代真正意义上的纸张尚未发明前最重要的文献载体，使用的年限极为漫长，因而保存的历史信息也十分丰饶可观。

图 1-6　药王洞明刻《千金宝要》碑

（一）简牍

1. 简牍简介　"简"是狭长的竹片，"牍"是比简更宽大的木片，两者经加工后作为记录文字的材料称为"简牍"。简用编绳串连起来就成为"简策"，是古代正式的书籍。1 枚竹简一般只写 1 行（少数写两三行），每行字数从 1~2 字至 30~40 字不等。而木牍则较宽，可写 3 行以上。

简牍的使用时间很长，约有 1000 年的历史，直到公元 3~4 世纪纸张盛行才被取代，所以保留了珍贵的历史信息。而由于年代久远，简牍容易朽烂，故简牍文献流传实物已极难寻觅，目前所见基本是后世出土的。

在简牍经久使用过程中产生的一些词汇至今耳熟能详，如：尺牍——长、宽各一尺的木牍，常用于书信、医简；删削——用小刀来削改简牍中写错之处，后世借指修改文章；杀青——为防虫蛀须先用火烤干竹简中的水分，后借指文章著作写定完稿；学富五车——庄子的朋友惠施有五车简策，《庄子·天下》："惠施多方，其书五车"，以此形容人有学问。

2. 秦汉涉医简牍　自 20 世纪初英籍匈裔人斯坦因在新疆及甘肃掘得两汉魏晋简牍以

来,已经过去了 100 余年。在这百余年间,全国各地多处发掘出秦汉简牍,其中大多含有一定数量的涉医内容。

(1)流沙坠简:1907 年斯坦因在新疆尼雅及甘肃敦煌汉代长城烽燧遗址内掘得两汉魏晋简牍 1000 余枚,中国学者罗振玉、王国维根据简牍照片研读考释,编成《流沙坠简》。其中有医方简 11 枚,还有记载药物的残简数枚。

(2)居延汉简:1930 年瑞典人贝格曼在居延(今内蒙古额济纳旗东南)的汉代烽燧遗址中,掘得两汉木简 1 万余枚,后来又陆续发现了 2 万枚,总数已有 3 万枚。是新中国成立前出土简牍最多的一次。经整理,编成《居延汉简甲乙编》,其中与医药有关的简牍约 100 余枚,记录了戍边士卒的疾病、治疗、医方、死亡报告等内容。

(3)武威医简:1972 年 11 月出土于甘肃武威县旱滩坡一座东汉墓,共有简牍 92 枚,内容均为治病医方,包括内、外、五官、妇、针灸等多科。1975 年经整理编成《武威汉代医简》一书。

(4)马王堆医简:1973 年湖南长沙马王堆 3 号汉墓发掘出医简 200 枚。经整理,编成 4 部医学简书,分别定名为:《十问》《合阴阳》《天下至道谈》《杂禁方》,主要内容为汉代十分流行的道家养生及房中术等内容。其中《天下至道谈》对"七损八益"等问题的详尽阐述,可补传世中医经典所述之不足。

(5)云梦秦简:1975 年,湖南云梦县睡虎地 11 号秦墓中发掘出 1155 枚竹简,主要为法律文书,亦有涉及医政、法医之内容,如 3 条麻风"律"和 1 篇麻风"爰书"。其中迁居麻风病人的"疠迁所",较于之前史书记载的北齐天保七年(556 年)"疠人坊"早 700 余年。

(6)阜阳汉简:1977 年安徽阜阳双古堆出土西汉早期第二代女(汝)阴侯夏侯灶墓随葬竹、木简和木牍,经整理,得十多种古书。其中与医药养生有关的有两部,一是《万物》,为药物学文献;一是《行气》,属气功类文献。

(7)张家山汉简:1983—1984 年,湖北江陵县张家山汉墓中出土竹简 1000 余枚,含 8 部古书及遗册,其中有两部古医书——《脉书》《引书》。《脉书》的内容比较庞杂,经整理,其内容可分为 5 个部分,分别命名为《病候》《阴阳十一脉灸经》《阴阳脉死候》《六痛》《脉法》;《引书》共 113 枚竹简,阐述导引养生的理论方法,是一部系统的导引专著。

(8)老官山医简(暂名):2012 年 7 月—2013 年 8 月,四川成都金牛区老官山工地发掘出大量西汉医简,经初步整理,分为 9 部医书,其中除《五色脉诊》之外,其余 8 部均无书名,暂定名为《敝昔(扁鹊)医论》《脉死候》《六十病方》《尺简》《病源》《经脉书》《诸病症候》《脉数》。

(二) 缣帛

1. **缣帛简介** 缣是双丝织成的细绢,比单丝织的绢更细密、牢固,且不漏水,容易上色,很适合毛笔蘸墨书写。帛为丝织品的总称,包括缟、素、绡、绢、缣等。写上字、绘上画的缣帛就称为"帛书""帛画"。

在我国春秋战国至秦汉时期,是简、帛同时并用的,如《墨子·明鬼》曰:"故书之竹、帛,传遗后世子孙";《晏子春秋·外篇》谓:"著之于帛,申之以策";《灵枢·病传》则有曰:"生神之理,可著于竹、帛"。较之于简牍,缣帛具有轻便美观、尺幅较大、适于绘图上色、可任意折叠、易收藏等诸多优点,故其流行时间远比简策长久,真正意义上的纸发明以后,简策逐步淘汰,而帛书仍历行不衰。

但由于缣帛价格昂贵,主要为贵族所用,或作为改定后的正式文本(如西汉刘向为汉成帝校书20余年,"皆先书竹,改易刊定,可缮写者,以上素也"——《太平御览》卷六百零六引《风俗通》),所以在当时其普及率不如简策高。且因质地娇嫩,容易风化、腐烂,不易长时间保存,所以在马王堆汉墓之前出土的完整帛书并不多见。

2. 马王堆医学帛书(画) 1973年,湖南长沙马王堆3号汉墓出土大批帛书,多数抄录于战国末至秦代,少数抄于西汉初年。经整理分类,得28种古籍,2幅地图,1幅导引图,共计12万余字。其内容涉及战国至西汉初的政治、历史、军事、天文、医药等各个方面,堪称古代文献的大发现。

其中属于医药类的共有10种,即:《足臂十一脉灸经》《阴阳十一脉灸经》(甲、乙本)、《阴阳脉死候》《脉法》《五十二病方》《养生方》《杂疗方》《胎产方》《却谷食气》《导引图》。其成书年代要早于《黄帝内经》100~200年甚至更长,其文献和学术价值不言而喻。

四、纸

纸,是中国古代四大发明之一。东汉蔡伦在前人的基础上,对造纸原料和方法进行了改进,降低了成本,并得到朝廷的推许,使纸的使用得到普及。晋·傅咸《纸赋》赞云:"夫其为物,厥美可珍,廉方有则,体洁性真。含章蕴藻,实好斯文。"纸的发明和普及,使文献载体获得了革命性的进步,文献得以大量著录和传播。也因此使卷轴成为六朝隋唐时期的主要书籍形式;并进一步发展成册页(线装)等装帧方式。

(一)卷轴

晋·傅咸《纸赋》曰"揽之则舒,舍之则卷,可屈可伸,能幽能显",提示卷子是纸的主要装帧形式;明·胡应麟《少室山房笔丛》则谓"唐人写本存于今者皆为长卷,如手卷之状,收藏家谓之卷子本"。卷子用纸一般高为25~29cm,长为40~50cm,如是长卷,则需用多纸粘接起来。因卷子在文字尾端安有一根用木棒或其他材料做成的轴,便于不读时从左至右卷成一束,故又称"卷轴";又因当时的纸张需用黄檗汁染潢处理用以防蛀,故亦称"黄卷"。

现存医学卷子主要有敦煌卷子和日本卷子两大部类。

1. 敦煌医学卷子 1900年,道士王圆箓在敦煌莫高窟藏经洞发现大量历代文物宝藏,其中卷轴约5万件(多数为写本),内容包括佛道经卷、儒家经典,以及天文、地理、历史、医药等,而医学卷子约100种,在历代出土医学文献中数量最多,如《病形脉诊》《本草经集注·序录》《新修本草》(残卷4种)等。1998年出版的《敦煌医学文献辑校》将其分为医经诊法、医术医方、针药治法、其他医术4大类。

敦煌医学卷子的发现极大地丰富充实了隋唐前后的医学文献,直观反映了六朝隋唐时期的医学成就(其中保存了一些古佚经方,如《辅行诀脏腑用药法要》保存了大小阳旦汤、大小阴旦汤),为众多古医籍的辑佚校勘提供了重要的原始资料,并帮助解决了医史文献上的一些悬案。

2. 日本医学卷子 早在西晋时,中国的古文献就开始传入日本。六朝隋唐时,不断有中医古籍流入日本,如552年,中国赠日本《针经》一套;562年,释知聪携《明堂图》等医籍160卷东渡日本;608年,日本天皇派遣药师惠日、直福因等来中国学医,学成后,带回《诸病源候论》等重要医书。据9世纪末藤原佐世所著《日本国见在书目录》记载,当时日本有汉籍1579部,相当于唐代藏书的二分之一,其中"医方家"部录有医籍160部。

由于年代久远,11 世纪前流入日本的医学卷子大多已亡佚,仅有少数残卷及重抄本因私人家传或古寺保藏而得以幸存。如康治本《伤寒论》,原为唐代写本,日本康治二年(1143年)日僧了纯重抄;《新修本草》,日本天平三年(731 年)医家田边史抄录,19 世纪中叶在日本仁和古寺被发现,仅存 10 卷;《小品方》,16 世纪中叶日本前田利常家藏,其后人又秘藏于尊经阁文库,仅存 1 卷。此外,卷子医书还包括一些日本古代医家所编撰的,如《医心方》30卷系医家丹波康赖编撰于永观二年(984 年),现存延庆二年(1309 年)抄本(残卷)、仁和寺抄本(残卷)、御本及半井本(全卷,配补本)等,1955 年人民卫生出版社据日本安政本缩印出版。

(二) 册页

册页是将书页(叶)装订成册,以避免散乱,便于保存和阅读,系文献形制的高级阶段。册页形式大致可分为过渡期、早期、成熟期 3 个时期,各期形制有所不同:

1. 旋风装　是由卷轴向册页发展过渡时期的形式。系由一长纸做底,首页右侧无字处粘连在底上,以下逐页由右向左粘在上一页的底下,鳞次相积,阅读时从右向左逐页翻阅,收拢时从卷首向卷尾卷起。这种装订形式卷起时从外表看与卷轴装无异,但前后书页翻掀自如,宛如旋风,故名"旋风装";展开时书页又如鳞状有序排列,故又称"龙鳞装"。目前尚未发现旋风装中医古籍。

2. 经折装　原是用于佛经的一种装订形式,佛教徒诵经时为便于翻阅,将长卷经文一左一右连续折叠起来,形成长方形的一叠。也有认为系受印度梵文贝叶经装订形式影响而产生,故又称"梵夹装"。后来一些拓本碑帖、纸本奏疏多采用这种形式,称为"折子"或"奏折"。经折装古医籍如敦煌出土文献《明堂五脏论》《七表八里三部脉》《青乌子脉诀》等。

3. 蝴蝶装　简称"蝶装",属早期册页,出现在经折装之后,约五代后期,盛行于宋朝。此法系将书页印有文字的一面沿中缝(版心)朝里对折起来,再以折缝为准,将全书各页对齐,用包背纸将折缝处粘在一起,最后裁齐成册。蝴蝶装书籍翻阅起来犹如蝴蝶两翼翻飞飘舞,故以名之,它的出现,标志着我国古籍正式进入了册页装订阶段。日本《经籍访古志·补遗》载称日本应永廿七年(1420 年)旧抄粘页本《眼科龙木总论》"册不线订,纸心粘装,宋人所谓蝴蝶装也"。

4. 包背装　又称"裹后背",是在蝴蝶装基础上发展而来,出现在南宋末,元、明、清均较多使用,标志着册页成熟。如明代《永乐大典》、清代《四库全书》即是此种装订形式。包背装与蝴蝶装的主要区别是对折书页时版心朝外,形成书口,背面相对,翻阅时每页都是正面。装订方法是在右边栏处打眼,穿订纸捻并砸平固定,裁齐后用一张较厚韧的纸将书外面经后背包裹起来,在书背处用浆糊粘牢。

5. 线装　是明代中期以后盛行的装帧形式,其折页方式与包背装完全相同,即版心朝外,背面相对。不同之处是改整张包背纸为前后两个单张封皮,包背改为露背,而纸捻穿孔订则改为线订。线装是中国古籍传统装订技术中最成熟先进的一种,具有便于阅读、不易散破等诸多优点。现存中医古籍绝大多数为线装。参见本书第三章中医文献的版本。

(金芷君)

第二章 中医文献的目录

目,指篇名或者书名;录,是对"目"的说明和编次。将"目"和"录"合起来就是目录,它是在文字和文献出现后才逐渐产生和发展起来的。目录的出现,促进了文献资源合理和有效的利用,被视作读书治学的重要门径。我国有编撰目录的悠久传统,古今目录数量众多,对于中医文献的载录散见于各种目录书中,因此,熟悉并掌握目录学的知识,无论对于学习还是工作都是大有裨益的。目录在我国古代分为一书目录和群书目录两种,本章主要介绍群书目录。

第一节 概 述

一、目录与目录学

(一) 目录

目录是按照一定次序编排的一批书名及其叙录(也称书录或序录,后世称为解题、提要等),它是简介图书内容和形式,反映出版、收藏等情况,指导阅读和检索图书等文献资料的工具。

"目录"在我国各个不同历史阶段曾出现过各种不同的称谓,如"录"(刘向的《别录》)、"略"(刘歆的《七略》)、"艺文志"(班固的《汉书·艺文志》)、"经籍志"(魏征等的《隋书·经籍志》)、"志"(王俭的"七志")、"簿"(荀勖的《晋中经簿》)、"书目"(李充的《晋元帝四部书目》)、"书录"(毋煚的《古今书录》)、"解题"(陈振孙的《直斋书录解题》)、"记"(钱曾的《读书敏求记》)、"总目提要"(纪昀等的《四库全书总目提要》)等,称谓虽异,其实质都是指目录。

(二) 目录学

目录学是研究目录的形成和发展规律的科学,其宗旨是"辨章学术,考镜源流"。

我国目录学历史悠久,源远流长,起源于汉代。目录学的专称则自宋仁宗时苏象先开始提出,清代涌现出大批目录学者,逮及现代,目录学随着学术的兴盛得到较大发展。

我国目录学内容极其丰富,概括起来大致有以下几个方面。

1. 关于目录学基础理论的研究,如目录学概念、术语及其规范化,目录学研究对象、任务、内容范围,目录学的学科性质,目录学与其他学科的关系等。

2. 关于文献的研究,如文献的社会作用,怎样认识和熟悉文献,揭示文献的原则和方法、文献编排、组织与报道等。

3. 关于书目、索引类型及编纂法的研究,如书目索引类型划分的原则、书目编纂法、索引编纂法、文摘编制法等。

4. 关于国内外目录学的研究,如国内目录学研究现状、国外目录学的发展方向等。

5. 关于中国目录学遗产的研究,如对中国目录学遗产的态度、整理与利用等。

虽然上述这些内容还不足以概括我国目录学的全部内容,但它们已经成为我国传统目录学向现代化目录学过渡,创造具有中国特色的现代目录学体系迫切需要解决的课题。

二、目录学的意义

图书是我国古代文化遗产的重要组成部分,经历数千年长盛不衰的祖国医药学,其主要经验和理论是靠古代医籍保存并流传后世的。据不完全统计,中医古籍除历代散佚者外,仍存逾万种。面对这巨大的文山书海,人们怎样才能更好地加以利用? 在庞大的知识宝库与使用者之间,目录学是将两者沟通起来的桥梁。目录学无论在过去还是现在,对于深入研究某门学术,或是读书学习,都是必不可少的知识。目录学的意义是多方面的,大致归纳如下:

(一) 读书治学的入门之途

清代著名史学家王鸣盛在其《十七史商榷》卷一中说:"目录之学,学中第一紧要事,必从此问途,方能得其门而入。"卷七则说:"凡读书最切要者,目录之学。目录明,方可读书;不明,终是乱读。"晚清学者、时任四川学政的张之洞曾应"诸生好学者来问应读何书,书以何本为善"之求,而编写了《书目答问》一书,从蜀中到京师,各地翻刻风行。其《略例》条云:"读书不知要领,劳而无功,知某书宜读而不得精校、精注本,事倍功半。今为分别条流,慎择约举,视其性之所近,各就其部求之。又于其中详分子目,以便类求。一类之中,复以义例相近者,使相比附,再叙时代,令其门径秩然,缓急易见。凡所著录,并是要典雅记,各适其用,总期令初学者易买易读,不致迷惘眩惑而已。""慎择约举""详分子目""门径秩然""各适其用",既是书目编撰的要求,也是读者读书入门的诀窍。读书治学,无目录领航,则"劳而无功";不加抉择,则"事倍功半"。我国著名的史学家、原北师大校长陈垣先生在 82 岁高龄时回顾说,他 13 岁时读了《书目答问》,从此才摸到读书的门径,后来又把《四库全书总目提要》读过多遍,据其提供线索到处找书看,提高很快,所以他告诫青年治学要"从目录入手"。

(二) 科学研究的必由之路

清代著名的史学家章学诚最早把目录学的功用概括为"辨章学术,考镜源流",并认为目录学家"非深明于道术精微、群言得失之故者,不足与此"。科研人员欲对某一专题进行科学研究时,首先就必须全面了解该学科或该专题研究的历史、现状及其发展趋势,才能在前人已有成果的基础上取得突破和创新,研究必须充分地占有材料。而要达此目的,就得从目录学下手。李时珍就是按历代著录的医学目录,博览医书八百多种,加上实地调查采访,才撰成《本草纲目》,历代有成就的学者莫不如此。

(三) 指示要籍,提要钩玄,科学研究有侧重

科学研究不仅具有历史连续性和继承性,而且具有学科专门性和多学科交叉性,这就必须处理好博与专的辩证关系。清代大学者唐彪认为书可分为五类:有当读之书,有当看之书,有当熟读之书,有当再三细读之书,有当备以资考之书。但如何确定这五种层次呢? 这

就要根据个人研究目标不同而有所差异。目前的学科门类据统计有两千多种,选定何为主攻方向、何为研究目标的依据,一是社会需要,二是个人兴趣,三是客观条件与可能,而这三条和上面的读书五类的确定,都必须借助目录的帮助才能实现。所以俄罗斯杰出诗人兼著名的文献学家布留索夫在《论目录学对于科学的意义》中说:"有人说,学问与其说是知识的储蓄,倒不如说是善于在书海中找到需要的知识的本领。"所以任何搞科研的人,不必是目录学专家,但必须掌握本学科的目录知识。

第二节　目录的结构、类型与图书分类

一、目录的结构

一部完整的目录是由前言、凡例、目次、正文、辅助资料5部分组成。

(一)前言

前言是目录的重要组成部分。它简明扼要、提纲挈领地说明目录编制的目的、性质、用途、结构特点、读者对象、收录文献的范围及时限、文献的编排、目录使用方法等问题。

(二)凡例

有些目录除前言外,尚有凡例,介绍目录的编制体例、使用方法和注意事项等。我们在利用目录之前,要先仔细地阅读前言及凡例,了解这一目录特点,才能做到运用自如。

(三)目次

目次体现了目录的编排结构,是一部目录的内容大纲。通过阅读目次,读者可以对目录有大概的了解,便于读者利用目录。

(四)正文

正文是一部目录的主体,由著录、提要和小序3部分组成。

1. 著录　著录即是记录、登记的意思,是目录学中记录图书的专用词。现代目录著录的事项有书名、版本、真伪、存佚、著者等项。书名项包括书名和卷数、篇数、回数。版本项著录版本的有关情况。真伪项注明图书的真伪,以确保文献的真实性和可靠性。存佚项著录古书的存佚情况,大体分存、佚、未见、阙4种形式。著者项,在古籍中,反映著者情况的记载很复杂,有名、字、号等不同内容,应加以注意。

2. 提要　提要也称叙录、解题、书录,是用以揭示与报道图书文献的有效方法之一。其内容包括作者简介、内容提要、学术思想及评价等,使读者了解作者和全书的梗概。古代目录提要的形式由于取材内容和撰写方法不同,可分为以下3种类型:

(1)叙录体提要:叙录体提要的内容包括著录书名篇目,叙述校勘经过,介绍著者的生平思想,说明书名含义、著书原委与书的性质,辨别书的真伪,评论思想或史实的是非,剖析学术源流等,每篇叙录实际上就是一书的简要介绍与评述。这种体裁从刘向的《别录》、刘歆的《七略》就开始了,后来的《四库全书总目提要》即属于叙录体的一种典型形式。

(2)传录体提要:传录体仅于每书之下记作者之小传,对该书的内容不加评述。可能寓有"知人明书"之意,了解其人,可因人以求书。《中国分省医籍考》属传录体医学书目。

(3)辑录体提要:辑录体即于书名之下,广泛收集与作者及该书有关的资料,诸如历代各

种书目对该书的著录情况、作者传略、序跋、版本、考证、内容提要以及各家之评述等,间或附以编者之按语,充分揭示其内容,对该书的来历、流传情况与学术价值,均有所论及。《四部总录·医药编》属于辑录体医学书目。

3. 小序　小序是指各种分类编排的目录书中的部序和类序,是和总序(前言)相对而言的。小序之体,萌于刘歆《七略》之"辑略",班固《汉书·艺文志》则将"辑略"之文分载于各类之后,每一部类,皆剖析源流,阐明要旨,以便观览,后来目录之书多仿此体例。

我国的目录学家十分重视小序的作用。在小序中往往对某一部类图书的学术流派、演变和特点加以论述,并对某部类图书的分类沿革及类目变更、设置及缘由等加以说明,能起到"辨章学术、考镜源流"的作用。同时小序阐明了编目者的思想观点和编制目的,对于掌握和了解这一类图书能起到提纲挈领的作用。

(五) 辅助资料

辅助资料是附录在目录正文之后的各种资料。一般包括辅助索引(人名索引、书名索引)、年表等,以便检索。

前言、目次、辅助资料都是为正文服务的,帮助读者进一步了解和利用正文。上述 5 个部分互相联系,相互配合,构成一部完整的目录,以完成向读者揭示图书、指导学习的任务。

二、目录的类型

(一) 古代目录的类型

根据目录书的撰家不同,古代目录可分为几大类别,张舜徽的《广校雠略》说:"书目之体,不外三途:向、歆《录》《略》,下逮荀勖、王尧臣等,皆因校书目录,此朝廷官簿也;班氏删《七略》,入《汉书》为《艺文志》,历代史志因之,此史家著录也;若晁、陈之总录家藏,名归部类,则私家之书目耳"。可见,根据撰家的不同,古代目录书大致可分三大类型。

1. 官修目录　这类目录书是历代朝廷派员专修的目录,如刘向父子的《别录》《七略》,荀勖等的《晋中经簿》,元行冲等的《群书四部录》,王尧臣的《崇文总目》等,均属此类。这类目录书,开始只是朝廷组织人力整理书籍,随书写成的书目单子,随着目录学的发展,则成为具有小序、解题等多项内容的书目了。

2. 史志目录　指各种史籍中含有的目录,为史学家所著。又可分为史书目录和方志目录。

(1)史书目录:自东汉学者班固撰《汉书·艺文志》,创史书目录之先河,后来的修史者往往仿此,在我国的二十六史中,有 7 部修有"艺文志"或"经籍志",即:《汉书·艺文志》《隋书·经籍志》《旧唐书·经籍志》《新唐书·艺文志》《宋史·艺文志》《明史·艺文志》《清史稿·艺文志》。清代以来,陆续有人经过考证、补订、汇编、补辑而撰修出原来史书未修的艺文志,使各正史都有了艺文志。各史艺文志或经籍志著录一代著述及以前书籍在本朝的存佚情况,构成了我国两千年来系统完整的典籍目录,是中国文化史的一个缩影。

(2)方志目录:方志,即地方志,是史书的一种类型。它所记录的是某一区域内一定时期的事物和人物等。按照行政区域划分和记事范围,方志主要有:一统志或区域志、省志、府志、州志、县志、都邑志、乡镇志。许多方志仿正史体例,设有艺文志或经籍志门类,此即方志目录,记述本区域内的藏书及著述,很有参考价值,可以补充正史艺文志的不足或遗漏。郭霭春编《中国分省医籍考》就利用了大量的地方志资料。

3. 私家目录　随着雕印业的发展,私人藏书量的增加,也陆续出现了私家目录。尤其是宋代以后,藏书之风盛行,私家目录也相继增多。如晁公武的《郡斋读书志》、陈振孙的《直斋书录解题》、尤袤的《遂初堂书目》等均为私家目录。虽然有的私家目录无小序、解题(如明末清初钱谦益的《绛云楼书目》),但却形成了撰修目录书的一个流别,且很多私藏书目录在记载版本方面,较官修目录还要齐备,以致现在考证版本时还要参考它。因此,私家目录也值得我们加以重视。另外,有些收藏家还撰有专科目录和引书目录,如清代曹禾的《医学读书志》、凌奂的《医学薪传》,就是私家医学专科目录。李时珍的《本草纲目》直接和间接引书共达 993 种。直接引据医书 277 种,经史百家书 440 种,本草书 41 种,可称得上是一本私撰引书目录。

(二) 现代目录的类型

1. **按书目的编制目的和社会职能分**　可分登记书目、通报书目、推荐书目、研究书目、书目之书目 5 种基本类型。

(1)登记书目:是全面登记和反映一个时期、一定范围或某一类型文献的出版和收藏情况而编制的书目。国家书目是登记书目的主要类型之一,是全面系统地揭示与报道一个国家出版的所有文献的总目,如《全国总书目》《古籍目录》等。

(2)通报书目:及时准确地提供新出版、待出版或者新入藏文献的情况,一般多采取连续出版物的形式,如北京图书馆编印的《外文科技新书通报》。

(3)推荐书目:针对一定的读者对象,围绕某一专题,选择有关文献而编成的指导学习的一种书目。

(4)研究书目:为学术研究和文献研究提供参考的书目。这类书目在收录内容和著录项目上要比其他书目更为完善,是科研工作者常用之书目,如《中国善本书提要》等。

(5)书目之书目:专门汇辑和介绍各种书目、索引、文摘等检索工具的书目,如周贞亮等编的《书目举要》。

2. **按著录文献的内容范围分**　可分综合性书目、专科书目、地方文献书目和个人著述书目。综合性书目收录的文献涉及各个学科领域和知识门类,前面提到的国家书目即属于综合性目录。专科书目是全面系统地揭示和报道某一学科或某一专门研究课题的书目(又名专题目录),是为一定范围的读者服务的。专科书目对于科研具有较大的参考价值和指导作用,中医药图书目录即属此类。地方文献书目是以某一地区为范围,收录这一地区的图书文献而编制成的一种目录,地方志中的《艺文志》或《经籍志》属于地方文献书目的范围。个人著述书目是专门揭示与报道某个作者的全部著作、翻译、编辑、校阅等著述活动的书目,如《任应秋著述书目》。

3. **按书目反映的收藏情况分**　可分馆藏目录和联合目录。馆藏目录报道的是某一个馆所收藏的文献及其馆藏位置(索书号),这是图书馆开展馆内借阅和馆际交流的重要工具。一般专业图书馆都编有本馆的馆藏目录,这些目录基本上都是非公开出版物。联合目录报道的是全国或某一地区、某一系统若干个图书馆收藏的文献,如《全国中医图书联合目录》。读者要想查找某一中医文献收藏在哪些单位(见收藏馆代号)或某一馆收藏有哪些中医文献,通过联合目录和馆藏目录便可解决。

总之,书目类型的划分有各种不同的标准,主要根据书目的内在特征和外部特征而定。内在特征指书目编制的目的、职能、收录的范围以及文献的收藏情况等;外部特征指书目的编制体例和物质形态。书目种类繁多,不同类型的书目具有不同的作用和社会价值。需要指出的是,一部书目可以从不同角度来划分而兼属数种类型。如《全国总书目》既是国家书目,又是综合性书目;《全国中医图书联合目录》既是联合目录,又是专科目录。在实际使用时不要拘泥于类型,应灵活运用。

三、目录的图书分类

(一) 古代目录的图书分类

我国古代目录比较成熟的分类,有两大系统:一是六略分类系统,一为四部分类系统。这两大系统产生的时代背景不一样,其影响范围有一些差异。

1. 六略分类法及其特点　《七略》是汉代刘歆编成的一部图书目录。它分为辑略、六艺略、诸子略、诗赋略、兵书略、术数略、方技略七部。但其中"辑略"是综述学术源流的绪论,与《汉书·艺文志》中各部类小序相似。所以,实际图书目录门类只有"六略",汉代便径称"六略"。王充《论衡·对作篇》所谓"六略之书,万三千篇",即是明证。这种"六略"分类的出现,标志着我国历史上图书目录分类的开端。

《七略》散佚已久,现存辑本不全,但是班固作《汉书·艺文志》,门类条例,完全依照"七略"遗规,因此可"借管窥豹"。

《汉书·艺文志》列其类目 38 种,纲举目张,条理井然,其分类的特点是:

首先,刘氏分类,乃根据当时书籍数量多寡确定。总的来说,篇卷较少的书籍,必须设法归并于同性质的门类,而不死板地硬隶属于原门类,如《七略》不立史部,将历史方面的书籍录入《六艺略·春秋类》,这是由于当时的史书仅有八家 411 篇,尚不足以独立成一略的缘故;再如诗赋立略,是因为汉代歌赋已特别发达,按书籍多寡分类是汉代六略分类的特点之一。

其次,注重同类书籍的连贯性。《七略》分类以六艺略为首,"六艺"即儒家的"六经"(《诗》《书》《易》《礼》《乐》《春秋》),《论语》《孝经》《小学》是学习六经的基础读物,是经学入门之书,所以也列在六艺类,这反映了西汉自汉武帝以来崇尚儒术、提倡经学的学术风气,体现了编纂者注重同类书籍的连贯性和治学次第的特点。

再次,明辨虚实。春秋战国时期,诸侯割据。但学术上百家争鸣,诸子因之蜂起,然所论以伦理、政治方面的书居多。有关兵家、术数、方技三者,虽也曾被列入诸子,但实质上属于技术性和自然科学性质的门类,应该分略而立。正如章学诚《校雠通义》所说:"七略以兵书、方技、术数为三部,列于诸子之外者,诸子立言以明道;兵书、方技、术数,守法以传艺,虚理实事,义不同科故也。"这可谓是在"诸子略"外另立"兵书略"、"术数略"和"方技略"的最好说明。

另外,每略之下,再分部类,部类之下,又分子目,分类细密,有条不紊,从而簿录群书,达到"辨章学术,考镜源流"之目的。

2. 四部分类法及其类目解析　中国古代图书分类法的另一系统,便是今天仍在通行的四部分类法。它起源于魏晋之际。魏元帝时(260—264 年)秘书郎郑默编定《中经》。到晋武帝咸宁年间(275—279 年),秘书监荀勖参照郑默《中经》,另编《中经新簿》,分甲、乙、丙、丁四部以总括群书。甲部纪六艺、小学等书;乙部有诸子家、兵书、兵家、术数;丙部有史记旧事、皇览簿、杂事;丁部纪诗赋、图赞、汲冢书。实际上,荀氏所定的四部次序是"经、子、史、集"，后来东晋李充加以改定，把"子"和"史"部前后相移，变为"经、史、子、集"。自唐以后，无论是官簿、史志或私撰目录，大多以四部分类为制。如《隋书·经籍志》《新唐书·艺文志》《四库全书总目》及《郡斋读书志》等均不出其例。

下面拟对经、史、子、集四部加以简要解析。

（1）经部：所谓"经"，是指在中国长期的封建社会中，封建统治者"法定"的几部儒家经典而言。开始只有《诗》《书》《易》《礼》《乐》《春秋》六经之说，随着时代的发展，儒学也相应发展变化，"经"的领域亦逐渐扩大，部分"传"、"记"著作被提升为"经"。虽然《乐》亡佚，但析《礼》增《传》，合《易》《书》《诗》为九经，后又增《论语》《孝经》《孟子》《尔雅》，合称"十三经"。

经书是封建文化的主体，在我国学术思想史上占有重要的地位。虽然在主观上它是统治阶级为巩固自己的政权和利益而倡导的，但在客观上也保存了一些有价值的历史材料，为我们研究先秦政治思想、哲学、历史、文化，提供了重要资料。如《尚书·禹贡》托名记载大禹治水的功绩，叙述了黄河、长江两大河流沿岸的山脉、物产等情况，是一部古地理志，为研究我国古代地理提供了素材。又如《诗经》是我国古代诗歌选集，它不仅是研究我国诗史的重要材料，而且对研究政治制度、生产关系和意识形态也具有参考价值，这些都有待我们运用历史唯物主义观点加以研究。

经书体例繁多，且演变过程跌宕起伏，但总是与同时代的政治制度和文化环境相适应的。

（2）史部："史"乃记事之义。《说文》："史，记事者也，从又持中，中，正也。""史"又是古代的官名，周代有大史、小史等职衔。史部中有正史、编年、纪事本末、别史、杂史、诏令奏议、传记、史钞、载记、时令、地理、职官、政书、目录、史评等十五类，涉及现代学科许多门类。

所谓"正史"，是反映各封建朝代的正统史书。各朝重大政治、经济措施、军事活动大都通过帝王将相的纪、传反映出来。这个类目，唐代魏征修《隋书·经籍志》时才出现。"正史"大多为纪传体史书，它是用纪、表、志、传的体裁写成的。司马迁的《史记》首先运用这种体裁写成通史，班固仿《史记》写成我国第一部断代史《汉书》。一般而言"正史"自隋代以后，按封建王朝官方的规定，只限用于某些最能代表正统观点并且经过钦定的纪传体史书，即所谓"正史体尊，义与经配"，其中大部分属官修范畴。

（3）子部："子"字在古代有很多意义，一般认为"子"是古代对男子有德者之尊称或师称。《礼记·曲礼》注："子有德者之称"。子部中"子"最初是指思想家的著作和记录思想家言行的著作而言，先秦著作名称常见有"子"字，如《墨子》《老子》等。

诸子书的命名方法不尽相同，有的标姓名，如《公孙龙子》；有的只标姓，如《管子》；还有以居住地点标示者，如《鬼谷子》等。

先秦诸子之书涉及内容十分广泛，大致相当于现代学科中的哲学、军事、医、农、工、商等内容。《四库全书总目》中的子部类目含儒家、兵家、法家、农家、医家、天文算法、术数、艺术、谱录、杂家、类书、小说家、释家、道家14类。

（4）集部："集"，《说文》释为"群鸟在木也"，引申为集合、汇集、聚集等意义。集部的形成有一个过程。《汉志》有诗赋略专收诗赋；荀勖《中经新薄》的丁部有诗赋等书；梁·阮孝绪《七录》有文集录，立楚辞、别集、总集、杂文四类。唐代编《隋志》将丁部标为集部，下分楚辞、别集、总集三类，而略去《七录·文集录》中的"杂文"一类。

集部书大都带有汇集综合的性质。个人作品综合集,称为"别集",诸家作品综合集,称为"总集"。

自编别集,始于六朝,唐末已有汇编别集。依时代先后有前集、后集之分;依分量多少有全集、选集之分;依作品精粗有正集、外集之分;依作品体裁有诗集、诗赋集、文集、诗文合集之分。因此,分类方法不同,名称亦各异。

有些"集"与医学有一定的关系,因为其中保存了片断的医学资料,如嵇康的《养生论》。

上述经、史、子、集四部分类方法,流行达千余年,被历代目录学所因循,可谓影响巨大,但也有一定的局限性,有的情况下,甚至不足以统括群书,即使勉强归类,也难免有"削足适履"之嫌。

(二) 历代书目对医书的分类

1. 综合性目录对医书的分类

(1)《七略》将医书分为 4 类:我国最早的一部综合性图书分类目录《七略》,在"方技略"中著录医药卫生图书,并把这些图书分为 4 类,即:医经、经方、房中、神仙。

(2)《旧唐书·经籍志》将医书分 7 类:五代后晋刘昫等撰《旧唐书·经籍志》,是既知较早对医书进行详细分类的书目,其按照图书的内容,将医书分为 7 个大类,即:明堂经脉、医术本草、养生、病源及单方、食经、杂经方、类聚方。

(3)《通志·艺文略》将医书分为 26 类:南宋郑樵于 1161 年撰《通志·艺文略》,书中第 10 类为"医方",下又细分 26 种(小类),分别为:脉经、明堂针灸、本草、本草音、本草图、本草用药、采药、炮炙、方书、单方、胡方、寒食散、病源、五脏、伤寒、脚气、岭南方、杂病、疮肿、眼药、口齿、妇人、小儿、食经、香薰、粉泽。

(4)《国史经籍志》将医书分为 17 类:明·焦竑辑《国史经籍志·子部·医家类》将医书分为 17 类,分别是:经论、明堂针灸、本草、种采炮炙、方书、单方、夷方(胡方)、寒食散、伤寒、脚气、杂病、疮肿、眼疾(眼药)、口齿、妇人、小儿、岭南方。

2. 中医专科目录对医书的分类

(1)《医藏目录》将医书分为 20 函 13 类:明·殷仲春撰《医藏目录》,是按照《如来法藏》对经书分类的名称对医书进行分类的。共分为 20 函,如"无上函"载内难经类,"正法函"载伤寒类,"法流函""结集函""旁通函""散圣函""玄通函"载各科医书等。这种分类过于牵强,后世无仿之者。

(2)《医籍考》将医书分为 9 类:(日本)丹波元胤撰《医籍考》,将医书划分为 9 个类目:医经类、本草类、食治类、脏象类、诊法类、明堂经脉类、方论类、史传类、运气类。

(3)《跻寿馆医籍备考》将医书分 17 类:(日本)高岛久也、冈田元矩合撰《跻寿馆医籍备考》,刊于 1877 年,该书在《医籍考》9 大类的基础上进行了增广,将医书分为 17 类:经解类(即医经类)、诊法类、明堂经脉类、本草类、伤寒证治类、众病证治类、眼目口齿证治类、外科证治类、妇人证治类、小儿证治类、痘疹证治类、丛书类、养生类、祝由类、史传类、杂说类、运气类。民国时期及新中国成立初期的医学专科书目对医书的分类与此书大致相同。

(4)《中医图书联合目录》将医书分为 18 类:1963 年由中医研究院、北京图书馆主编的《中医图书联合目录》是我国第一部全国性的中医联合目录。该书将医书分为 18 个大类,下设若干小类。中医政策类、医经类、脏象类、诊断类、本草类、方书类、伤寒金匮类、温病类、临症各科、针灸类、养生护理按摩外治法、综合性医书、丛书全书、医案医话医论、医史类、法医类、兽医类、工具书类。

（5）《全国中医图书联合目录》将医书分为 12 类：薛清录主编《全国中医图书联合目录》，1991 年中医古籍出版社出版，将医书分为 12 大类：医经、基础理论、伤寒金匮、诊法、针灸按摩、本草、方书、临证各科、养生、医案医话医论、医史、综合性著作。大类之下又分成若干小类，有的还进一步展开形成 3 级类目。

（6）《中国中医古籍总目》将医书分为 12 类：薛清录主编。该书的 12 大类分类法与《全国中医图书联合目录》完全相同，2 级类目和 3 级类目的设置略有调整。

第三节　中医专科目录

一、中医目录的源流

综合性目录起源于西汉末的《别录》《七略》，而中医专科目录的出现要晚很多。南宋的《秘书省续编到四库阙书目》上载有《医经目录》和《大宋本草目》，可惜均已亡佚，无法查考其著录内容。其后，明代黄虞稷所撰《千顷堂书目》载：明嘉靖年间，李濂撰《李嵩渚医书目录》4 卷，惜亦未见。故现存最早的中医专科目录是明末殷仲春撰的《医藏目录》。

清代以后，医学书目逐渐增多。据文献记载，有王宏翰的《古今医籍考》、余鸿业的《医林书目》、董恂的《古今医籍备考》、邹澍的《医经书目》、改师立的《医林大观书目》等，但均未流传下来，其著录内容和分类方法亦不可知。

现存的清代中医专科目录有《医学读书志》2 卷（曹禾撰，1852 年）、《医学薪传》（凌晓五撰，1892 年）、《历代医学书目提要》（丁福保撰，1910 年）。日本医家编撰的有《商舶载来医家书目》1 卷（向井富撰，1694 年）、《东都官库医籍目录》1 卷（服敬之撰，1723 年）、《医官玄稿》3 卷（望月三英撰，1752 年）、《医籍考》80 卷（丹波元胤撰，1819 年）等。

民国时期，又有多种中医专科目录问世。国内的有：裘庆元撰于 1924 年的《三三医书书目提要》和 1936 年的《珍本医书集成总目》及《续编》，曹炳章所撰《中国医学大成总目提要》（1936 年），陈存仁所撰《皇汉医学丛书总目》及《续编》（1936 年）。日本的有：佐腾恒二所撰《和汉医学小观》（1913 年），浅田贺寿卫所撰《和汉医籍学》（1929 年），黑田源次所撰《宋以前医籍考》（1936 年）和《中国医学书目正续编》（1941 年），冈西为人所撰《宋以前医籍考》（1948 年）等。

中华人民共和国成立后，中医专科目录的编撰随着中医事业的迅猛发展亦达到了一个新的高度，相关单位、学者编纂了一批很有价值的目录书，如丁福保、周云青所撰《四部总录医药编》（1955 年），中医研究院、北京图书馆合编的《中医图书联合目录》（1961 年），薛清录主编的《全国中医图书联合目录》（1991 年），严世芸等编的《中国医籍通考》（1991 年），李茂如所撰《历代史志书目著录医籍汇考》（1994 年），郭霭春主编的《中国分省医籍考》（1994年，1997 年）等。此外，还有一些提要性目录问世，如贾维诚撰《三百种医籍录》，孙继芬等撰《中国医籍提要》，吴枫主编《中华古文献大辞典·医药卷》等。

1949 年以后编写的中医专科目录，不仅继承了古代目录学"辨章学术，考镜源流"的宗旨，而且汲取了现代目录学的精华，从编写体例、内容等方面都各具特点，更适应现代中医药研究的需要。

二、常用中医目录

(一)《医学读书志》

2 卷,《附志》1 卷。清·曹禾撰,刊于 1852 年,1981 年中医古籍出版社出版铅印本。

曹氏据史志所载,按其次第,收录历代医籍 487 部。以历代名医为纲,先列其姓名,次列书名,最后有一篇总结性的论述,介绍作者,提示内容,兼评得失。

该书编次虽不甚科学,但亦别出心裁。书中有些观点虽有可商榷之处,但对研究中医文献仍有参考价值。

(二)《中国医籍考》

80 卷。日本·丹波元胤编,原名《医籍考》,撰于 1819 年。1956 年人民卫生出版社据《皇汉医学丛书》本重印出版。学苑出版社 2007 年出版整理并加标点本。

该书收辑我国自秦汉至清道光年间历代医书 2880 余种(据学苑版)。全书分为医经、本草、食治、藏象、诊法、明堂经脉、方论、史传、运气等 9 大类。大类之下再分小类,每小类所列医书以时代先后为序。每书之下,注明其出处、卷数、存佚(存、佚、阙、未见),并详列有关序跋、著者传略、诸家述评、提要与考证等资料,有的还附有编者按语,多为论述古医籍版本方面的问题。

该书虽有不少遗漏和存佚不确之处,但收录医书数量众多,收集资料十分详尽,至今对研究与查考中医古籍仍具有较高实用价值。书后附有书名、人名索引,便于检索。

(三)《宋以前医籍考》

日本·冈西为人编,1958 年人民卫生出版社出版铅印本,学苑出版社 2010 年出版整理并加标点本。

该书收集我国宋代以前已佚和现存的医书 1873 种(据学苑版),按内容分为:内经、运气、难经、脉经、五藏、针灸、女科、幼科、外科、口齿、眼科、养生、月令、按摩导引、房中、祝由、兽医、医史医制、仲景方论、医经、经方、本草、食经等类。每一书下辑录其出典、考证、序跋、版本等情况,可供全面查考某一中医古籍的出处、卷数、存佚、作者、内容等情况。该书资料主要辑自历代医书、文史、各种书目、地志、博物、笔记杂录等,不少内容比《中国医籍考》更全面详细,其中版本一项,尤为突出。书后附有参考书志、书目 400 多种及书名、人名笔画索引。

该书是研究我国宋以前中医古籍的一部很有参考价值的专科目录,对于研究宋以前医学文献的流传情况和医学发展史具有十分重要的意义。

(四)《四部总录·医药编》

丁福保、周云青编,1955 年商务印书馆出版。

该书是《四部总录》一书中有关医药书目部分的单行本。分两大部分:基本书目和附录。基本书目收录有提要的现存中医书 450 余种(其书虽存,但无提要者不收),分为经脉、专科、杂病、药学、方剂、医案、养生、杂录 8 类。每一书后记述该书现存版本、书之序跋和各家述评。附录部分包括"现存医学书目总目""现存医学丛书总目""《中国医学大辞典》著录医学书目"、王重民的《善本医籍经眼录》及"四角号码书名、人名索引""单字笔画检字表"等。附录的 4 种书目共收书 1000 余种,除《善本医籍经眼录》外,均无提要。

该书辑录历代公私诸家书目及清代各种补志中的丰富资料,是一本资料搜集较全面的辑录体医学书目,对研究和整理古代医学文献有重要的参考价值。

(五)《中国分省医籍考》

上、下册。郭霭春主编,1984、1987 年天津科技出版社出版。

该书以全国各省地方志所载为据,收录医籍 8000 余种,按省区为单位分类编排。上册包括河北、河南、山东、江苏、浙江、江西 6 省(其中北京、天津隶属河北,上海隶属江苏),下册包括除上述省以外的全部省和自治区。在每省中,首列该省医学文献综述,简要论述该省医史、名医、著作等历史源流,其次分述医经(附运气、藏象)、伤寒(附金匮、温病)、诊法、本草(附食疗)、针灸(附按摩、推拿)、方论(分内、外、妇、儿、眼、喉等科)、医史、医话医案、养生、法医、兽医、杂录等类,每类文献依历史朝代及作者生卒年代为序编列,上始先秦,下至清末。每种书目不仅著录了书名、卷数、朝代、作者、出处等,而且对作者生平及学术思想也有论及。书末附有人名、书名索引。

通过该书可以了解历史上各地区医学发展的状况,为研究地方医学和编写地方医学史创造条件,为采访发掘我国各地中医世家之秘籍、稿本提供线索。同时由于其内容取材于各地方志,多为其他书目所不载,又可以补充其他书目的不足。是一部很有价值的传录体目录书。

(六)《中国医籍提要》

上、下册。该书编写组编,吉林人民出版社 1984 年、1988 年出版。

该书上册共著录 504 部医籍,主要是清代以前的著作,兼采日本、朝鲜几部比较著名的中医著作。下册著录 402 部,主要是清代至现代(1960 年以前)的中医著作。上、下册均分基础理论(包括医经、诊断、本草、方书、伤寒、金匮、温病),临床各科(包括内科、妇科、儿科、外科、五官科、伤科、针灸、按摩),综合(包括综合性医书、医案、医话医论、丛书、全书),以及医史、法医、养生 4 大类。对每部医书,分述其书名、成书年代、作者生平、内容提要和版本。丛书则在内容提要后分列子目。每书提要按原著卷目、章节、内容要点、学术成就、学术思想、学术源流及对后世的影响、作者生平传略等,分段阐述。书末附有书名、人名笔画索引。

(七)《中医古籍珍本提要》

余瀛鳌、傅景华主编,1992 年中医古籍出版社出版。

该书对 1080 种中医珍本古籍以提要形式予以概述。图书按四部分列,首为经典著作(含内经、难经,伤寒、金匮,温病);次为诊法、本草、方书;然后为针灸推拿、临证各科、养生、综合性医书;最后为医案医话医论、医史、丛书、工具书等,共 14 类,每类之下以成书年代为序。每书按“作者简介”“内容提要”和“主要版本”分别阐述。书前有“全国部分图书馆代号表”,书后附有“书名笔画索引”“著者笔画索引”。

(八)《中国医籍通考》

4 卷,索引 1 卷。严世芸主编,1990—1994 年上海中医学院出版社出版。

该书体例与《中国医籍考》相仿,均采用辑录体形式。所载上溯出土文物,下迄清末,旁及日本、朝鲜的中医古籍,凡见载于文献者,皆竭力搜罗,共收书 9000 余种。第 1 卷为医经、伤寒、金匮、藏象、诊法、本草、运气、养生;第 2 卷为温病、针灸、推拿、方论一至四;第 3 卷为方论四(续)至六;第 4 卷为方论七至九、医案医话、丛书、全书、史传、书目、法医、房中、祝由、补编。方论为临床著作(包括方书),按综合、妇科、儿科、外科、伤科、五官科顺序编排。每书大体按书名、作者、卷帙、存佚、序跋、作者传略、载录资料、现存版本等项著录,部分书还附有编者所作考证的按语。索引包括书名索引和作者索引,均以笔画为序。

该书规模宏大,资料丰富,为研究我国古代医学文献提供了很大的方便,是我国第一部比较全面的医籍目录通考专著。但其在整体编制上尚有不足之处,如缺少编写体例和目录总纲,书后未附引用书目,旁及非书目文献不够等。

(九)《全国中医图书联合目录》

薛清录主编,1991 年中医古籍出版社出版。

该书是在 1961 年版《中医图书联合目录》基础上修订而成,是一部全国性的中医图书联合目录,收录了全国 113 家图书馆所藏 1949 年前出版的中医药图书 12124 种。该书采用分类编年的方法编排,在目录的整体结构上能够反映出中医学术发展的历史源流。根据现存中医古籍的实际状况,以学科分类为主,兼顾到中医古籍的体裁特征,将医书分为医经、基础理论、伤寒金匮、诊法、针灸按摩、本草、方书、临证各科、养生、医案医话医论、医史、综合性著作 12 大类。大类之下又分成若干小类,有的还进一步展开形成 3 级类目。各书的著录顺序依次为总序号、书名(包括卷数、异名、附录)、成书年代、著者(包括朝代、姓名、字、号、别名、著作方式)、版本(出版时间、地点、出版者、版本类别)、馆代号等。该书前有参加馆代号表,后附书名笔画索引检字表、书名笔画索引、书名音序索引、著者笔画索引检字表、著者笔画索引、著者音序索引。

该联目基本上反映了 1949 年前出版的中医图书的现存状况,对检索中医古籍、研究医史文献、交流中医学术、共享文献资源发挥了积极作用。

(十)《中国中医古籍总目》

薛清录主编,2007 年上海辞书出版社出版。

该书是对《全国中医图书联合目录》的增订,收录了国内 150 家图书馆馆藏的中医书目 13 455 种,是迄今为止收录现存文献范围最广、种类最多的中医书目,其中古籍实际新增品种较之《联目》达 2263 种。其收录重点是 1911 年以前历代刊行的中医古籍,及其在民国期间的重刻本、影印本、复制本。其中有些书并未见于历代书目,有些则已被列入亡佚书目录中,如宋·杨介所撰《存真图》,已被文献辞典列为亡佚类,现已发现该书的清抄绘本,收藏于国家图书馆。该书吸纳了中医文献学、目录学的最新研究成果,订正了 1991 版《联目》在学科划分、著作人的判断、成书年代的确认、版本源流的梳理等方面存在的错讹不足之处。

《总目》的参加馆达到 150 个,较 1991 版《联目》新增了 37 个,增加了参加馆的多样性和代表性,也显示着中医古籍资源蕴藏的潜力是巨大的,范围是宽广的,有待于进一步的整理和发掘。

(十一)《历代史志书目著录医籍汇考》

李茂如等编著,1994 年人民卫生出版社出版。

该书是考溯历代医籍流传存佚的工具书,汇采历代史志、公私书目以及诸家文集、札记、论说等文献 183 种,按其类属析为"史志""书目""广录"3 篇。各篇所载文献,按时代先后排列。其有后出之辑佚、补编、续编或考证、注释等书,则一律附于初目之后。各篇所举各种文献,均先著录著作时代、作者生平、书旨大要、篇目卷次,以及其中有关医书之著录概况,间附按语说明;次则辑录其中有关医学诸书之著录原文,以供医家之检索讨究。本书辑录医书原文,间亦广采法家、农家、谱录诸门中有关法医、兽医、食养诸书。

由于该书的资料排列以所属时代之先后为序,故对我们从总体上考察历代医籍的流传演变情况有较大帮助。但该书未编制书名索引与作者索引,查检起来颇有不便。

(十二)《中国医籍大辞典》

上、下册。裘沛然主编,2002 年上海科学技术出版社出版。

这是一部全面反映我国历代中医药文献概况的中医书目辞典,收录上自先秦、下迄 20 世纪末存世或公开出版的历代医药书籍词目 17 600 余条,亡佚医籍词目 4700 余条。所有词目按照中医药学科分类编年法排列,同一学科的词目,根据成书或初刊年代排列;成书年代不详者,或据作者卒年,或据刊本年代入编;无从考证者,按照古代文献排列于民国初年前、近代文献排列于 1949 年末的原则入编;"亡佚类"收录的词目,按照书名首字笔画笔形顺序编排。每条词目,扼要介绍卷册数、著作者、成书或刊行年代、流传沿革、内容提要、学术特点或价值、出版单位、版本、存佚情况、藏书单位等项。书末附有"词目(书名)索引""作者姓名字号索引"。

该书收录时限长,对古今中医图书均有介绍,内容全面丰富,分类清晰,检索方便,其提要对于了解某部图书的内容、价值、版本等均有参考价值。

(十三)《历代中药文献精华》

尚志钧、林乾良、郑金生等编著,1989 年科技文献出版社出版。

该书是一部内容丰富、全面的本草学专门书目,共分上、中、下 3 编。上编为"本草概要",概述我国药学文献发展历史,划分为酝酿萌芽期(先秦)、草创雏型期(秦汉魏晋六朝)、搜辑充实期(隋唐五代)、校刊汇纂期(宋)、药理研究期(金、元)、整理集成期(明)、整理普及期(清)及近现代等 8 个阶段。中编为"本草要籍",重点介绍《神农本草经》《桐君采药录》《雷公药对》《李当之本草》《吴普本草》下迄《植物名实图考》《本草思辨录》等 77 种名著,分述其命名、作者、成书、卷数、流传、存佚、版本及内容提要与评价等。下编为"本草大系",广泛搜集自南北朝以前下迄清代见诸各种著录的本草学文献,一般均有简的介绍,总数达 700 余种。书末附作者、书名索引,是学习、研究我国药物学的重要工具书。

(十四)《中国针灸荟萃·现存针灸医籍》

郭霭春主编,1985 年湖南科技出版社出版第 1 版,1993 年出版修订本。

该书是《中国针灸荟萃》丛书的第 2 分册,是一部针灸专科的辑录体书目。修订本收录上自先秦、下至 1989 年的针灸医籍共计 355 种。所录文献分为两类:一为"针灸专科医籍",即全书内容均为针灸的或以针灸为主兼及相关学科的;二为有针灸内容的"综合性医籍"。每类之下,按其成书年代先后编排,每书先介绍书名、成书年代、作者;再详录该书序跋、目录(指该书篇目)、提要评介、现存主要版本。书后附有书名索引和作者索引。

该书著录详悉,资料丰富,序跋目次全文照录,为针灸医疗、科研、教学人员提供专题资料,具有一定的学术价值。

第四节 综合性目录

综合性目录一般都包含有中医书目,另外,研究中医药也不可能不涉及其他学科文献。因此,了解掌握综合性目录知识,也是中医图书检索不可缺少的内容。下面介绍一些常用的综合性目录:

（一）《郡斋读书志》

南宋晁公武撰。晁氏字子止，澶州清丰（今山东巨野）人，因晁氏世居汴京昭德坊，故人称为"昭德先生"，家中藏书甚富，又受他人所赠，达 24 500 余卷。南宋初绍兴年间（1131—1162 年），他将藏书一一清点校勘，撰写提要。原刻 4 卷，另有姚应绩续《后志》2 卷，赵希弁《附志》1 卷。

《郡斋读书志》与《后志》收书皆至南宋为止，《附志》兼及庆元（1195 年）以后的书，总计著录古籍 1468 部（其中医书 46 部）。全书按经史子集分类编排，为四部 43 类，每部之前有序，称为"总论"，每书之下有提要，其提要偏重于考证，并附入不少遗闻佚事。

本书是我国第一部有解题的私人书目，对后世解题目录的发展有较大的影响，因此历来为目录学家所推重。

（二）《遂初堂书目》

南宋尤袤（1127—1194）撰。袤字延之，自号遂初居士。无锡人，南宋绍兴十八年（1148）进士，曾任秘书丞、礼部尚书。

《遂初堂书目》（今传本）共收录图书 3000 余种。凡 44 类，计经部 9 类、史部 18 类、子部 14 类、集部 3 类。所收图书，一般仅录其名而不详卷数，亦不详作者姓名，但对所收刻本书之各种版本则多予以说明，所收版本主要有旧监本、秘阁本、京本、旧杭本、杭本、严州本、越本、吉州本、池州本及川本等 10 数种，但未确记刻书地点与年月。

该书开创了中国古代书目著录版本的先例，对研究宋代图书的出版和流传情况有一定价值。

（三）《直斋书录解题》

南宋陈振孙撰。陈氏字伯玉，号直斋，浙江安吉人，早年他在福建莆田任职时，收购、传抄当地藏书家旧书，得五万余卷，仿晁公武《郡斋读书志》体例，撰成是书。原书 56 卷，已佚，现在流传的 22 卷本是清代修《四库全书》时从《永乐大典》中辑出的。

该书分类虽未标出经史子集之名而直接分为 53 类，但考察类目次序，依然保持了四部顺序。前 10 类属于经部，次 16 类属史部，再次 20 类属子部，后 7 类属集部。其小序视需要方撰写，在 53 类中仅 9 类撰有小序，用以说明增创类目的内容及类目演变的情况。每书之下均录有其卷数、作者，并介绍一书主旨，品题得失或考核版本。

全书共著录图书 3039 部，51 180 卷（其中医书 86 部，763 卷），较全面地反映了南宋以前的图书情况。《四库全书总目》称其"古书之不传于今者，得藉是以求其崖略；其传于今者，得藉是以辨其真伪，核其异同，亦考证之所必资，不可废也。"应当说这个评价是中肯的。

（四）《四库全书总目提要》及《四库全书简明目录》

《四库全书总目提要》，又称《四库全书总目》，清·纪昀等编纂，1789 年首次刻版刊行，1965 年中华书局出版校定断句影印本。

全书 200 卷，其中著录收入《四库全书》的古籍 3461 种，未收入《四库全书》的存目书 6793 种。本书卷 103~104 子部 13~14 为医家类书目，著录医书 97 部，子部 15 为医家类存目，著录医书 94 部。

《总目》的分类，是正统派的四部分类法，在划分部类子目方面，参考了过去的各种公私书目，斟酌去取，使四部分类法更能适用于著录一切旧籍以及当时兴起的一些新著，达到了更为切合实用、更为完善的境地。《总目》的分类法分部、类、属 3 级，计分经、史、子、集 4 部，

44类,65属。如子部之下有儒家类、医家类、术数类等14类,术数类之下又分数学之属、占候之属、占卜之属、阴阳五行之属等7属。

《四库全书总目提要》卷帙浩繁,使用不便,而且存目太多,与四库藏书实际情况不符。因此,乾隆又命四库馆另编《四库全书简明目录》20卷。其特点是:①删去存目部分;②著录书籍3470种,比总目略多;③每种书提要从简,使用起来比《总目提要》方便。1957年古典文学出版社出版的标点本,书后附有四角号码书名和著作索引。

此外,还有许多补充、订正、研究《四库全书总目提要》的书目,如清人邵懿辰撰、近人邵章续录的《增订四库简明目录标注》,清·阮元的《四库未收书目提要》,今人余嘉锡的《四库提要辨证》等,都是重要的参考书。

(五)《续修四库全书提要》

王云五主持编撰,1972年中国台湾商务印书馆据日本京都大学人文科学研究所藏油印本编排印行。共20册,附有按四角号码编排的书名索引。

本书是1931年7月至1945年7月间,由我国经学、史学、文学、文字学、目录学等各方面专家学者合作撰写的,专收《四库全书》未收录的图书、新发现古籍、乾隆后的著作和辑佚书、《四库》虽收但后发现珍贵版本之书等,后因战争未能按计划全部完成。现行刊本已有相当规模,全书体例大体维持旧制,仍以四部分类,增加"外国史、西方格致"等若干小类。共提要著录古籍10 070种,不列存目,其中史部增加12倍之多,医学类在子部,分医理、医方、药理3个部分,共收医书543种。

本书特点:一是参加撰写提要的85人,基本上都是海内各科著名学者;二是提要撰写比较统一、规范,大体上包括作者、内容提要、附录及述评等,各条目大都附有提要撰写者姓名;三是兼收海外藏书,其中包括大英博物馆、巴黎博物馆及日本内阁文库之馆藏;四是所采图书均附有版本记载。

本书对于了解、考证《四库全书总目提要》以外的古籍,具有一定的学术参考价值。

(六)《贩书偶记》

孙殿起编,1936年印行,新中国成立后中华书局和上海古籍出版社先后再版。

本书收录了作者经营书店一生中所见的清代乾隆以后刊印的著述,同时也兼收少量四库以前未被《四库全书总目》收录的著作,以及辛亥革命后至抗战之前的著作。每书著录书名、卷数、著者、版本等项,不著提要。全书按经、史、子、集四部分类,医家类在卷九,不再分细目,共收医书153种。书前有分类总目,书后附有按四角号码编排的书名和著者综合索引。

由于该书对见于《四库全书总日》之书,概不收录(卷数、版本不同者除外),故可作《四库全书总目提要》之补编参考。

另孙氏在《贩书偶记》出版后,又积累资料5000余条。其1958年去世后,由雷梦水加以整理出版,名为《贩书偶记续编》,编制体例悉依原书,医家类在卷九,下分细目22个,共收医书92种。

(七)《中国丛书综录》

3册。上海图书馆编,上海中华书局1959—1962年出版,上海古籍出版社1982—1983年再版,2006年重印。

本书是我国目前最完备的一部丛书联合目录,收录了全国41个主要图书馆(上海古籍出版社版增至 47 个)实际馆藏的历代丛书 2797 种,古籍 38 891 种。

该书第一册是"总目分类目录",也就是丛书目录。将 2797 部丛书分类编排为"汇编"和"类编"两个部分:"汇编"著录综合性丛书,分杂纂、辑佚、郡邑、氏族、独撰 5 类;"类编"著录专科性丛书,分经、史、子、集 4 部,各部之下再分若干细目。子部医家类中,共收医学丛书 139 种。每种丛书,均著录书名、编辑者、版本,并详列丛书所收图书的书名、卷数等情况。书后附《全国主要图书馆收藏情况表》《丛书编撰者索引》(2006 年重印本新增入)《丛书书名索引》《索引字头笔画检字》。

第二册是"子目分类目录",收录子目 7 万多条,分经、史、子、集四部,部下又分类。每书著录其书名、卷数、著者及所属丛书,某些子目本身又包括几种著作,另编《别录》,附于四部之后。医家类在子部,下分 22 大类,内科、外科、五官科等又加以细分,载录医书 1357 种。

第三册是"子目书名索引"和"子目著者索引",是为第二册服务的工具。书前附有"四角号码检字法""索引字头笔画检字""索引字头拼音检字",以便读者进行多途径检索。

《中国丛书综录》无论从丛书书名、子目书名、子目作者、著作类别的任一角度都可以进行检索,方便查找中医图书所属丛书及丛书的馆藏情况,对于研究我国古代文化起到重要作用。

(八)《民国时期总书目》

20 册。北京图书馆主编,1986—1997 年书目文献出版社出版。

该书以北京图书馆、上海图书馆、重庆图书馆的藏书为基础,收录 1911 年至 1949 年 9 月我国出版的中文图书(包括 1911 年以前印行、以后连续出版的多卷本图书)约 12.4 万种,其中医药类 3863 种。除线装书、期刊、少数民族文字图书、外国驻华使馆等机构印行的图书未予收录外,基本上反映了这一时期全国中文出版物概貌。每书著录流水号、书名、著者、出版、形态、丛书、提要附注与馆藏标记 8 项内容。全书按学科分 20 册;哲学、宗教、社会、政治、法律、军事、经济、文化教育、语言文字、文学、艺术、史地、理、医、农、工、总类等,每一学科正文后附有书名索引。

该书目对绝大多数图书均撰有内容提要和必要说明,故对读者查阅图书有较大帮助,是检索民国时期图书出版情况的重要工具。

(九)《中国近代现代丛书目录》

3 册(目录 1 册,索引 2 册)。1979—1982 年上海图书馆编印。

本书收录上海图书馆馆藏 1902—1949 年各地出版的中文丛书(线装古籍除外)5549 种,含子目图书 30 940 种。凡《中国丛书综录》已收者不录。目录正文按丛书名首字笔画顺序排列,每一丛书注明主编、出版单位和出版时间,下列该丛书之子目。正文前编有《丛书书名首字索引》,按笔画排列。书末附有《丛书出版年表(1902—1949)》,依年份将丛书列出,出版年不详者,则集中排在最后。《子目索引》分上下两册,上册为"子目书名索引",下册为"子目著者索引"和"丛书编者索引",均按笔画排列。下册还附录"中国著者名、字、号、笔名录""外国著者中文译名异名表"。

本目录虽属馆藏目录,但从检索角度来看,填补了中国近代现代丛书目录的空白。其不足之处是缺少子目分类目录,不能满足读者从学科或专题角度检索图书的需要。

(十)《古籍目录》

国家出版局版本图书馆编,1980 年中华书局出版。

本书收录范围包括"五四运动"以前的著作,"五四运动"以后对古籍整理加工的著作,从古籍中摘录或选编的资料书以及古籍的今译、新注和选本。全书分综合、学术思想、历史、文化教育、语言文字、文学艺术、农书、医药、其他科技书共 9 类。其中医药类收医籍 524 种,分为 17 个大类,每种书著录书名、作者、出版者、出版年月、开本、字数、单价、印刷次数和印刷量。部分书附有版本及内容简要说明。通过本目录可以全面了解我国 1949—1976 年古籍整理、出版情况。

此外,常用的综合性目录还有:

1.《百川书志》,明·高儒撰,1957 年上海古典文学出版社出版。

2.《读书敏求记》,清·钱曾撰,1984 年书目文献出版社出版。

3.《铁琴铜剑楼藏书目录》,清·瞿镛撰,2000 年上海古籍出版社出版。

4.《皕宋楼藏书志》,清·陆心源撰,1990 年中华书局出版。

5.《善本书室藏书志》,清·丁丙撰,1986 年广陵书社出版。

6.《中国善本书提要》,王重民撰,1983 年上海古籍出版社出版。详见第三章中医文献的版本。

7.《中国古籍善本书目》,中国古籍善本书目编辑委员会编,1989 年上海古籍出版社出版。详见第三章中医文献的版本。

（高日阳）

第三章 中医文献的版本

第一节 概　述

我国的古代纸质文献,主要是以写本和印本两种形式流传于世。由于写刻的时代不一,地区各异,写刻者不同,以及抄写方式或刻印方式、装帧形式的不同等原因,古代文献就有了各种各样的版本,在此基础上就逐渐形成了关于版本的学问。

一、版本释义

书之称本,据现存文献,首见于《文选·魏都赋》李善注引应劭《风俗通》:"按刘向《别录》,雠校:一人读书,校其上下,得谬误,为校;一人持本,一人读书,若怨家相对,为雠。"《北齐书·樊逊传》:"时秘府书籍纰缪者多,逊乃议曰:按汉中垒校尉刘向受诏校书,每一书竟,表上,辄言:臣向书、长水校尉臣参书,太史公、太常博士书,中外书合若干本,以相比校,然后杀青。"文中所言"合若干本,以相比校",即含有书有"别本之义"。可知汉代刘向校书时,已有"本"的称谓。唐·王冰《黄帝内经素问》序:"时于先生郭子斋堂,受得先师张公秘本,文字昭晰,义理环周。"宋·林亿等序云:"臣等承乏典校,伏念旬岁,遂乃搜访中外,裒集众本,浚寻其义。"又《千金要方》林亿等序云:"公私众本,搜访几遍。"这些记载皆非常明确的是以本谓书。

"版""本"二字合为一词,始见于北宋。"版"亦写作"板",仅指雕版印本,是雕版印刷术发展的结果。沈括《梦溪笔谈·技艺》:"板印书籍,唐人尚未盛为之。自冯瀛王始印《五经》,已后典籍,皆为板本。庆历中,有布衣毕升,又为活板。"《宋史·邢昺传》:"景德二年,上幸国子监阅库书,问昺经版几何,昺曰:'国初不及四千,今十余万,经、传、正义皆具。臣少从师业儒时,经具有疏者百无一二,盖力不能传写。今版本大备,士庶家皆有之。'"这里"版本"与"传写"之本相对而言,说明"版本"为印本书的专称。朱熹《上蔡语录》后《跋》:"熹初得友人括苍吴任臣写本一篇,后得吴中版本一篇。""写本"与"版本"并然分称。也就是说,自从雕版印刷术发明以来,人们习惯用"版本"二字作为印本的代称,使版本一词成为当时区别于写本的特称。

版本的概念,愈到后代愈扩大。清·叶德辉《书林清话·版本之名称》:"雕版谓之板,藏本谓之本。藏本者,官私所藏,未雕之善本也。自雕版盛行,于是板本二字合为一名。"他把版本扩大到一切书写的著作,不只是雕印本,举凡稿本、抄本、写本、拓本等,都包括在内。

今天,版本一词的含义更加广泛,包括古今所有用不同的方法,在不同的地点、不同时间形成的各种不同书本,诸如拓印本、石印本、铅印本、油印本、复印本、影印本等,总称为图书的各种版本。而宋代人所称的版本,今天则称之为刻本或刊本。

有了成形的书籍,便有了版本;对版本之间的歧异现象加以留意、比较、推断,就是一种萌芽状态的版本研究之学。现代一般认为版本研究之学诞生于西汉,发展于魏、晋、隋、唐,至宋而正式成为一门独立的学问,清代则达到鼎盛。但版本学正式定名却迟至清末。叶德辉《书林清话·版本之名称》:"近人言藏书者,分目录、板本为两种学派。大约官家之书,自《崇文书目》以下,至乾隆所修《四库全书总目提要》,是为目录之学。私家之藏,自宋·尤袤遂初堂、明·毛晋汲古阁,及康雍乾嘉以来各藏书家,断断于宋元本旧钞,是为板本之学。"简单地说,所谓古籍版本学,是专门研究各种版本的刊印质量、格式、版本之间的关系、源流、鉴别,并追溯书籍传播历史的学问。

二、版本学的功用

(一)读书治学,须择善本

读书治学,特别是整理发掘祖国医学遗产,必须要有版本学的知识。在雕版印刷技术广泛运用之前,书籍都是以抄本的方式流传,即便在雕版发明以后,许多书籍也是以抄本方式传播。盖雕印书籍虽好,但梨枣印版,功费力繁,成本甚巨,非一般财力所能承担,重要如《永乐大典》,也只能以抄本形式存世。书籍在长期抄写或刊刻流传过程中,不可避免因抄写者粗心或者原本字迹不清,出现豕亥之讹,甚至出现脱简错简之误。如王冰《黄帝内经素问序》就指出,当时流传的"世本纰缪,篇目重叠,前后不伦"。经过王冰整理校注后的《素问》流传了三百年左右,宋神宗熙宁年间林亿、高保衡等重校《素问》时,已是"文注纷错,义理混淆"。"遂乃搜访中外,裒集众本,浸寻其义,正其讹舛……正缪误者六千余字,增注义者二千余条。"(《重广补注黄帝内经素问序》)可见三百年间,又出现的错讹之多。所以,读书治学,必须要择善本而读。清·张之洞《书目答问·略例》:"读书不知要领,劳而无功;知某书宜读而不得精校、精注本,事倍功半。"而如何判断某书、某本之善与不善,这正是版本学的任务。也就是说,版本学可以帮助我们对书籍版本的时代及优劣做出评判,从而正确取舍。反之,因读误本,往往以讹传讹,酿成笑柄。宋·朱彧《萍州可谈》卷一载:"姚祐元符初为杭州学教授,堂试诸生,《易》题出:乾为金,坤亦为金,何也? 先是,福建书籍刊版错误,坤为釜遗二点,故姚误读为金。诸生疑之,因上请。姚复为臆说,而诸生或以诚告。姚取官本视之,果釜也,大惭曰:祐买著福建本。升堂自罚一直,其不护短如此。"福建本指福建建阳的麻沙本,因所刻之书,不够精工,印刷稍多,往往模糊不清。姚祐读书不慎择版本,以致当众出丑,闹了笑话。研读医籍,尤应重视版本的选择。明·陆深《俨山外集》卷八,记元代名医戴元礼路过金陵,遇到一医家求医者甚众,遂前往观察。一病者持药方已离去,医家追告病人煎药时须加"锡"作药引,元礼甚异之,探问其故,乃知医家援引误本以"饧"为"锡"。又如《太平惠民和剂局方》,是宋代著名的官修方书之一,书中搜集了诸多名家医方,并由多位医官参校,宋元时期盛行一时,刊印众多,也因此出现了良莠不齐的翻刻本,其中有不少错误。南宋周密《癸辛杂识》指出:"且以牛黄清心丸一方言之,凡用药二十九味,其间药味寒热讹杂,殊不可晓。尝见一名医云,此方是前八味,至蒲黄而止,自干山药以后凡二十一味,乃补虚门中山芋丸,当时不知缘何误写在此方之后。"《医籍考》著录有《增广校正和剂局方》一书,是在日本发现的一种南宋刊本，丹波元胤指出："今兹本则否，前八味为牛黄、金箔、麝香、犀角、雄黄、龙脑、羚羊角、蒲黄，后二十一味与大山芋圆同。但有黄芩，无熟干地黄为异。是则合乎《杂识》所云。先子尝以此八味疗中风及惊痫，殊有神验。此等关系匪轻。所以医方之书，必贵古本也。"正因为古代书籍在流传过程中，会因为抄录、翻刻而产生错误、脱漏等种种问题，进而影响到治学成果，因此前贤都相当注重书籍的版本问题，也都不断地对后学耳提面命，再三强调。

（二）古籍整理，须审版本

雕版印刷术发明之前，图书的传播靠手工传抄，班固《汉书·艺文志》言，武帝时鉴于"书缺简脱，礼坏乐崩"，"于是建藏书之策，置写书之官"。写书之官，即抄写图书的官员。图书在不断传抄过程中，不免有豕亥之讹、脱漏之误。雕版印刷虽然能大量复制图书，但在不同时期，不同地区，不同人们的编纂校订过程中，彼此也有一定差异，因而在整理古籍的过程中，广收版本，考镜源流，审定版本，是首先要做也是最关键的工作。远在西汉时期，刘向奉旨校书时便注意及此。章学诚《校雠通义·校雠条理第七》指出："校书宜广储副本，刘向校雠中秘，有所谓中书，有所谓外书，有所谓太常书，有所谓太史书，有所谓臣向书、臣某书。夫中书与太常、太史，则官守之书不一本也。外书与臣向、臣某，则家藏之书不一本也。夫博求诸本，乃得雠正一书，则副本固将广储，以待质也。"需要说明的是，广事搜求得到不同版本以后，还须理清其系统，甄别其优劣，然后始能确定当以何者为主校本，何者为参校本。工作底本选择之当与不当，将大大影响校勘质量。如《本草纲目》，最初由明万历二十一年金陵胡承龙初刊，即所谓金陵本。该本甚为珍贵，国内外仅存五部。20世纪30年代，文献学家王重民访美时，于美国国会图书馆发现一部明代崇祯十三年印本，扉页有"歙县程嘉祥摄元堂"字样，另有一页"较书姓氏"刻有"新安婺源县学程嘉祥少岐甫较正重刻"等字，计12行，每行24字。王氏将程氏本与金陵本核对，方知程氏本并非重刻，乃取胡承龙旧版，剜去原版的"辑书姓氏"，改刻一页"较书姓氏"，冒作重刻本。由于金陵本《本草纲目》世所稀见，1993年8月上海科技出版社据上海图书馆所藏影印出版。金陵本初刻影印发行，对于推动《本草纲目》的研究意义重大。然而令人遗憾的是，上海科技出版社这次影印，对原书中空缺和笔画残缺、模糊之处，进行了填写描改，据刘山永《本草纲目金陵本影印本描改错误举例》，误改误描之字达220余个。如果贸然以影印本作底本或参校本，不考察原本，则不免以讹传讹。

（三）图书收藏，须重版本

版本学在图书馆的图书管理、编目、收藏与流通方面，功用尤大。采购某种古籍，需熟悉版本情况以正确判断其价值；登录保管，需熟悉版本情况而决定其列为普藏、特藏，有利于古籍的保存；图书借阅，需熟悉版本情况，以便对不同读者提供不同版本，做到对口服务；编写古籍目录，则更需要熟悉版本源流及存佚情况，始能做出全面反映，收到考镜源流、辨章学术的功效。

版本学知识对于图书收藏爱好者尤为重要。我国历代都有收藏图书的传统，除了国家典藏外，更涌现出无数对保存文化典籍卓有贡献的藏书家。宋代刻书发达以后，收藏家更是不惜重金，追求善本、珍本。早在明清之际，宋版书已不可多得，当时藏书家曾以页计价征购宋代刊本。近现代，不但宋版书如凤毛麟角，就是元明刊本也日渐稀少。借助于版本学知识，可以鉴定古代书籍刊印的年代，确定不同版本的价值，以利于保护、收藏和收购。

总之，学习和研究版本学知识，可以帮助我们提高区别版本真伪、优劣的能力，了解版本的历史源流，增强对版本价值的认识，在学习和工作中更好地选择和利用图书版本。

第二节　古籍版本的版式

一部完整的册页式古籍,其款式结构包括全书的外观款式和内页版式两部分。而内外款式的各个组成部分,在流传发展过程中逐渐形成了特定的名称术语。

一、外观款式

就线装书而言,其外部结构主要有以下术语(图 3-1):

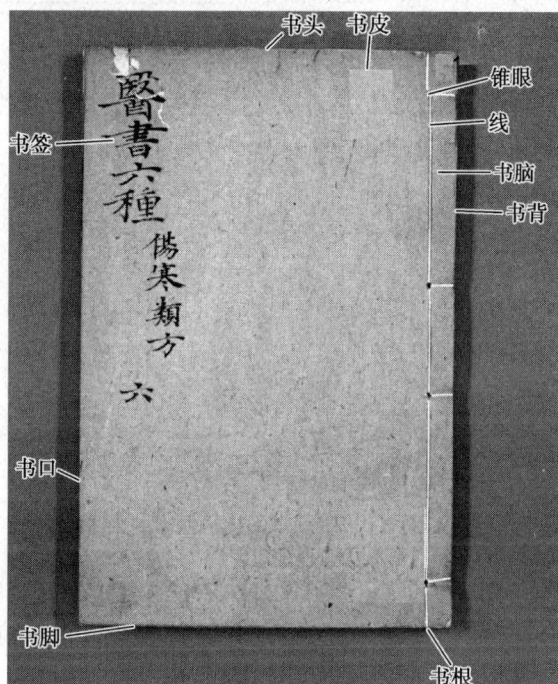

图 3-1　线装书的外观款式

1. 书皮　亦称封面、书衣、书面、封皮。是一部古籍的最外层,起保护的作用。我国古代十分重视书皮的选料,一般都用较硬的纸张或绢、绫、布。书皮上一般题有书名。

2. 书签　书的前封面的左上角,贴有一个长方形的纸条,叫做书签。书签上面题有书名,有时也题写册次及题签人的姓名等。

3. 书脑　书页折叠后,左右边栏以外锥眼订线以右的地方。

4. 书背　亦称书脊,书页装订缝合处与书口相对的侧面,能够反映书籍的厚度。

5. 书口　书籍左侧可以翻页阅读的开口。

6. 书头　书册上端切口处。

7. 书脚　书册下端切口处。

8. 书根　书脚装订线的右侧部分。书根上往往有关于一书情况的记载,如书名、卷数、册数等。

二、内页版式

内页版式是指一种版本每一页面写印的格式。传统文献中的简策和缣帛已经有了一定的版式规范，如长短大体一致，大小基本相同，特别是书写顺序自上而下、自右向左的模式早已定型。纸写本文献开始有了界栏行格，尤其是雕版印本文献出现后，更是发展出诸如边栏、界行、书耳、版心、鱼尾、象鼻、白口、黑口、天头、地脚、行款等一系列固定模式（图 3-2）。

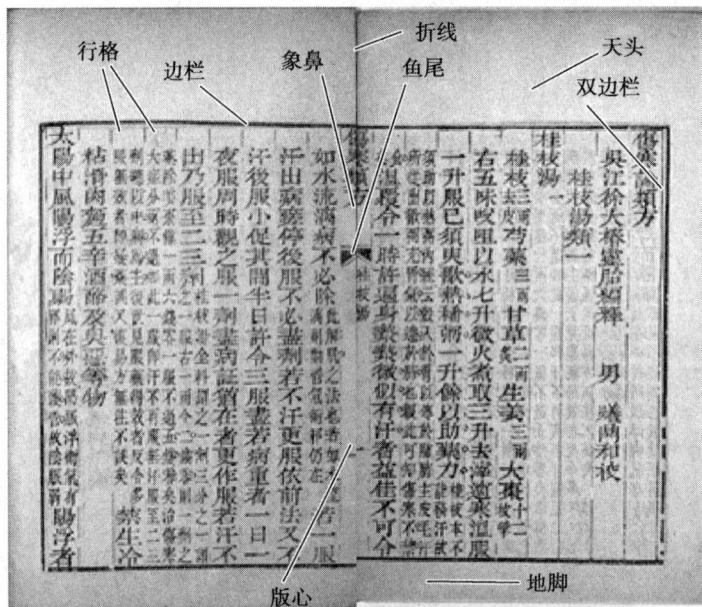

图 3-2　雕版书的内页版式

1. 版框　一个完整的书版印出一个印张，即为一页，也作一叶。版框也称版廓、边栏、栏线，为廓定书版版面范围而设置的栏线。上方叫上栏，下方叫下栏；单线的叫单边或单栏；双线的一般是外粗内细，又称文武栏。版框之外的部分，上栏称天头（也叫书眉），下栏称地脚，其左右空白部分各称为边。

2. 行款　指书页中正文的行数和每行字数。由于同一种书，不同时代或不同刊家的刊本，其行款常有所不同，具有一定的时代特征，因而行款也是鉴定或区别版本的依据之一。计数时，以半页（半版）为标准，称为每半页若干行，每行若干字。

3. 版心　亦称页心。图书印本都是单面印刷或抄写，印刷或抄写后的纸张对折成两面，即在两个叶面的中心部，有一无正文之空行，称为"版心"。此处多刻有鱼尾或象鼻，其空白处，有的还印有书名、卷数、页码或本页字数，版心下方还往往印有刻工姓名。

4. 鱼尾　即刻在版心中段如鱼尾形状的图案，版心中间用作折页基准的图形。版心中只有一个鱼尾的，称"单鱼尾"，上下两端各有一个鱼尾，称为双鱼尾，偶尔有上、中、下三个鱼尾的。鱼尾方向相反称对鱼尾或逆鱼尾，方向相同称顺鱼尾。鱼尾框内全部涂黑的称黑鱼尾，鱼尾框内空白的称白鱼尾。

5. 象鼻、白口、黑口、书耳　宋代以后，书籍装订均在版心处对折，然后粘连或订线，对折的准绳主要是鱼尾，有时也在鱼尾与版框之间印一条黑线作为标线，叫做象鼻。印有黑线的称黑口,黑线较细的称细黑口或小黑口,黑线较粗的或全黑者称粗黑口或大黑口。鱼尾与版框之间没有黑线称白口;刻有文字者称口题,也称花口。在版框左右两边栏的上方,有的刻有一个小方格,里面题刻篇名(又称小题),这就是书耳,又称耳格。

第三节　中医古籍版本的类别

雕版印刷始于唐代中期,主要应用于雕印佛经、历书、字书等,唐代晚期才有零星诗赋作品被刊刻。五代时期,冯道倡议并主持刻印《九经》《文选》《初学记》《白氏六帖》等,遗憾的是,唐、五代印刷品传世极为罕见。北宋时期,雕版印书大行,大大丰富了图书的式样,出现了丰富的版本类型。按刻印者的性质不同,大致可以分为官刻、坊刻、私刻三大类;按刻书的地区划分,宋以来全国各地主要有浙本、蜀本、建本、平阳本等;根据刻印的先后次序划分,主要有祖本、原刻本、重刻本、复刻本、影刊本、精刊本等;根据版式、字体大小划分,有大字本、小字本、巾箱本、袖珍本、百衲本、配补本等;根据内容的完整与否划分,有足本、删节本、增补本等;根据文物、学术价值划分,有孤本、秘本、珍本、善本等。但古代存留下来的书籍,总的可以分为刻本和抄本两大类。这里以时代为经,概要介绍中医古籍版本的类别及主要特征。

一、历代刻本

(一) 宋刻本及其特点

宋刻本即宋代雕版印本,又有北宋南宋之别。宋代雕版印刷业蓬勃发展,从中央国子监到地方公使库,从私家个人到民间书坊,都持续不断地校刻了大量的图书典籍,其中一部分还流传到了今天。

1. 官刻本　官刻本指由中央、地方各级政府机构及书院等官设教育部门支持刊印的书籍,因单位不同又有多种名称,主要有:

(1)监本:国子监所刻印的书称为监本。国子监,亦称国子学,是中国封建社会的教育管理机关和最高学府。晋武帝咸宁二年始设,隋炀帝时改名国子监。此后唐、五代、宋、明、清沿用。国子监刻书始于五代后唐刻印"九经"。《宋史·职官五》:国子监兼"掌印经史群书,以备朝廷宣索赐予之用,及出鬻而收其直以上于官。"可见国子监印书主要供朝廷所用,同时也向社会发卖,但不以盈利为目的。由于是国家官方出资刊印,所以监本的文字装帧、印刷质量十分精美讲究。

(2)公使库本:金兵南下,临安(杭州)建立了南宋王朝,原国子监书版多遭毁弃。南宋初期,搜寻到一些北宋旧监本书籍,国子监无力重雕,即令临安府及两浙、两淮、江东等地方政府部门刻版,然后送归国子监,但只刻印少部分,其他书版多存在原地印卖,或由读者赎买。因此,南宋时期地方官刻书迅速发展起来。中央在地方设置的各路使司、地方州(府、郡)县学、书院等都普遍刻书、印书。这其中以各地方公使库刊印书籍最为有名,公使库刻书称公使库本。宋朝制度,各路州军皆给公使钱,作为宴请、馈赠官员赴任或罢官以及进京往来费用,专门设有一个类似招待所的机构——公使库,经营抵当铺、熟药、酿公使酒、刻书等作为补充财源。据叶德辉《书林清话》记,两浙东路茶盐司刻过《外台秘要方》《资治通鉴》等。

宋代编校刊印了大量医学书籍。据南宋王应麟《玉海·艺文》艺术类记载,太平兴国三年诏医官院经验方合万余首,集为《太平圣惠方》百卷。天圣四年命集贤校理晁宗悫、王举正校定《黄帝内经素问》《难经》《巢氏诸病源候论》。天圣五年令国子监摹印颁行,诏学士宋绶撰《病源序》。景祐二年命丁度等校正《素问》。嘉祐二年,置校正医书局于编修院,命掌禹锡等五人从韩琦之言校《灵枢》《太素》《甲乙经》《广济》《千金》《外台秘要方》等。今《脉经》后附国子监绍圣元年六月二十五日牒文云:"本监先准朝旨开雕小字《圣惠方》等五部出卖。并每节镇各十部,余州各五部,本处出卖。今有《千金翼方》《金匮要略方》王氏《脉经》《补注本草》《图经本草》等五件医书,日用而不可缺,本监虽见印卖,皆是大字,医人往往无钱请买,兼外州军尤不可得,欲乞开作小字重行校对出卖,及降外州军施行。"可见,国子监不仅开雕了大字本的医药书籍,为了广其流传,还重新加以校对,开雕了小字本。这些医书校勘、刻印俱精,影响很大。南宋时期,国家虽处于危难之中,但印刷事业并未衰减。《玉海·艺文》:"大观中,陈师文等校正《和剂局方》五卷,绍兴二十一年,以监本药方颁诸路。绍兴二十七年,王继先上校定《大观证类本草》三十二卷,《释音》一卷。诏秘省修润,付胄监镂板行之。"

2. 私刻本、坊刻本

(1)私刻本:亦称家刻、家塾刻本,是指私人出资刻印的图书。由于校刻人比较注重书籍底本的选择和进行精细的校订,质量一般较高。家塾刻本往往印有某某家塾之印记。北宋廖莹中为贾似道门客,人品不足道,但刻书极用心,其刻《九经》精加校勘,不惜工本。他在淳熙年间刻印的韩愈《昌黎先生集》、柳宗元《河东先生集》,字体在褚(遂良)、柳(公权)之间,秀雅绝伦,堪称精品。

(2)坊刻本:宋代的坊刻十分兴盛,有建宁府黄三八郎书铺、建阳麻沙书坊、临安府尹家书籍铺、临安府棚北睦亲坊南陈宅书籍铺、临安荣六郎书籍铺、建安余氏万卷堂等众多的名号,其中最著名的当推临安陈起的陈宅书籍铺和建安余氏勤有堂。陈起,字宗之,号芸居,宋临安钱塘(今浙江杭州)人。宋宁宗时乡试第一名,后居杭城钱塘棚北大街睦亲坊,开书肆陈宅书籍铺,从事编著、出版、卖书和藏书诸业,书铺所刻图书以刻技精湛、字体俊丽、工料上乘,成为坊刻精品,为后世珍重。福建的刻书世家,主要集中在闽北建阳县的麻沙和书坊二镇。建安余氏家族世居福建建安县崇化坊书坊镇,由北宋至明代,累世从事雕版印刷事业。传世的宋刻本中以余仁仲万卷堂最有名。又有余靖安经营的勤有堂,至元代,余志安将勤有堂规模进一步发展。至明代,余氏家族数十人皆从事刻书事业。由于余氏刻本流传广远,清代乾隆皇帝还敕令福建巡抚派人专门查访余氏家族刻书的兴衰始末。

宋代私人刊刻医书,较早的如元丰中所刊名医初虞世的《古今录验养生必用方》,徽宗时所刊史堪的《史载之方》,名医庞安时的门人魏炳所刊庞安时的《伤寒总病论》等。又如森立之《经籍访古志》著录《活人事证方》20卷,宋椠本,酌源堂藏。题记云:"总目首墨匮内有信甫题言,次有嘉定丙子叶麟之序。八行,行十四字。序后有建安余恭礼宅刻梓木记。"又《医学真经》1卷,宋椠本,题记云:"首有景定甲子自序。目录首有环溪书院刊行六字。"此等刊刻,以私刻或坊刻为多。坊刻医书今可考者,如杭州大隐坊刻印之《南阳活人书》,新喻(今江西新余县)吾氏刻印之《增广太平惠民和剂局方》,汾阳博济堂刻印之《十便良方》。四川眉山万卷堂以刻印医书著称,所刻《新编近时十便良方》附有刻书目录:《太医局方》《王氏博济方》《集验方》《苏沈良方》《孙尚药方》《南阳活人书》《普济本事方》《海上方》《初虞世方》

《鸡峰普济方》《李畋该闻集》《本草衍义》《郭氏家藏方》。以上所述,反映了宋代坊刻医书的大致情况。

3. 宋刻本特点　宋代是雕版印刷初步发展和兴盛的时期,在历史上有着承前启后的划时代意义。它上承五代以前诸卷子写本的优点及唐、五代雕印本初步形成的某些版式,复经广大设计、书写、雕刻、印刷、装帧人员的大量实践,在纸张选择、版式设计、书法艺术、雕刻技术、印刷质量、校对水平、图书装帧、印书范围、印刷地区等各个方面,都达到了空前的高度与广度,使宋刻本具有鲜明的特点。在刻印地点方面,形成了以浙江、福建、成都为中心的刻印盛地,所以宋版书又习惯以地名称谓,有所谓浙本、闽本、蜀本等。江浙地区刻印的书谓浙本,宋代南迁建都临安以来,书肆林立,十分兴盛,为我国古代刻书之中心区域,浙本又分为杭州本、越州本、衢州本、严州本、婺州本等。宋代所谓国子监本,绝大部分是在杭州刻印。医书由北宋校正医书局校定,经国子监奉敕准奏开雕,许多为杭州刻印。《伤寒论》卷前附元祐年间国子监牒文云:"八月一日奉圣旨,令国子监别作小字雕印,内有浙路小字本者,令所属官司校对,别无差错,即摹印雕板。"此文明确提出,此前有一批医书为浙路雕印之小字本。朱肱《南阳活人书》重校自序云:"遂取缮本重为参详,改一百余处,命工于杭州大隐坊镂板,作中字印行。"福建一带刻本谓建本,又称闽本。建指福建省建州(今建瓯县)。建本中又有建阳本、麻沙本、泉州本等。据史料记载,建阳自北宋时就有书坊,南宋时更是书坊林立,尤以麻沙镇、崇化镇为著。麻沙为建阳县小镇,当地多榕树,木质松软,多取之雕版印书。但由于许多书坊牟利求速,校印粗劣,讹误较多,质量不佳,此即所谓"麻沙本"。四川刻本谓蜀本,又称川本。成都、眉山等地,是古代刻书中心之一,刻书极多。如宋·尤袤《遂初堂书目·正史类》著录有川本《史记》《前汉书》《后汉书》、小字《旧唐书》、大字《旧唐书》。江西一带刻本谓江西本,以江州本、建昌本、吉州本为著名。清·黄丕烈《百宋一廛书录·产科备要》题记:"此书载于《读书敏求记》,以为纸墨精好可爱。余所得本,正与遵王之说合。全书无序,有目,题曰《卫生家宝产科方》。分八卷,目录有结衔一行云:翰林医学差充南康军驻泊张永校勘。每卷题曰《卫生家宝产科备要》。末卷有跋语三行云:长乐朱端章以所藏诸家产科经验方编成八卷,刻板南康郡斋,淳熙甲辰岁十二月初十日。盖是尤是淳熙原刻也。"淳熙是南宋孝宗年号;南康即今江西南康。

宋刻本在用纸与字体方面,浙本、蜀本、江西刻本、湖南刻本多用树皮纸,而闽北盛产竹子,故闽刻多用竹纸。还有一种"公文纸印本",将过期作废的公文簿册拿来在反面印书,可谓废物利用。在字体方面,唐代形成了以欧阳询、颜真卿、柳公权三家为代表的诸多书法名家,故宋代雕版书写手,多宗欧、颜、柳三家。浙本宗欧体,蜀本宗颜体,闽本师柳体,江西刻本则兼而有之。因为颜书笔画肥壮,故谓肥体;欧、柳书笔画瘦劲,故称瘦体。宋刻本还有大字本、小字本一说。大字本即字体较大的本子,宋代国子监本中多有大字本。如《脉经》后附国子监牒文中记载《千金翼方》《金匮要略方》等"五件医书,日用而不可阙,本监虽见印卖,皆是大字,医人往往无钱请买"。今存《医说》宋本,每半叶9行,每行18字。《经籍访古志》著录该书云:"每半版高七寸二分,幅五寸,左右双边,九行,行十八字。"小字本即字体较小的本子,《伤寒论》附国子监牒文称:"八月一日奉圣旨,令国子监别作小字雕印。"

总之,宋代的雕版印书在印刷事业、刻书数量与质量、版本款式、雕印技术、装帧形式等各个方面,在前人的基础上开创了全新的局面,对后世雕版印书具有重大影响。宋版书官刻本、家刻本质量较高,错误较少,而坊刻本刻印质量逊于官刻本和家刻本;南宋刻本不如北宋刻本;浙本特别是杭州刻本质量最好,蜀本次之,建本最差,建阳麻沙本几乎成为劣本的同义语;蜀本由于宋元交战,多毁于兵火,故流传最少,最为珍罕,浙本稍多,建本传世最多。

（二）金、元刻本及其特点

1. **金刻本**　金代文化上深受汉文化的影响,曾设译经所翻译汉籍。刻书业也有一定的规模,国子监刻书、家刻、坊刻一应俱全,最为著名的当属平水地区的坊刻。平水是平阳府的别称,在今山西临汾市,是当时全国的刻书中心,集中出现了书轩陈氏、中和轩王宅、李子文、张谦、徐氏等众多书坊,刻印的图书被称为"平水本"。金代官刻本以国子监为主,其刻印之书,多系经、史、子、集中之要籍。宋徽宗政和二年成书的《圣济总录》,其时当已镂版,由于国祚垂危,未及颁行。至钦宗靖康二年,金兵侵宋,汴京陷落,天下州府图书,皆被掳掠一空。此版也为金人所获,后为全国刊印颁行。清·黄丕烈《士礼居藏书题跋记》著录有金刻本:太医张子和先生《儒门事亲》三卷附《扁华诀病机论》《直言治病百法》二卷、《三法六门方》一卷、《十形三疗》三卷、《世传神效名方》一卷、《撮要图》一卷、《治法杂论》一卷。又《黄帝内经素问》存世尚有金刻本残存,卷三至卷五、卷十一至十八、卷二十、附亡篇一卷。

2. **元刻本**　元代刻书总的来说是因袭南宋。元朝刚建立时,便将南宋府库中的藏版以及书籍照单全收,还招募了一大批江南的工匠刻印图书;各地的家刻、坊刻本也多出自宋朝遗民,刻书风格与南宋差别不大。官刻本主要有:

（1）兴文署本:兴文署是元代官方设置的刻书机构之一,主要刻印经、史、子三类图书。所刻图书较多,装潢也比较讲究。

（2）九路官署本:元成宗大德九年江东建康道肃政廉访司组织下属宁国、太平、信州、集庆等九路联合刻印《十七史》,版式统一,一律半叶 10 行,行 22 字。

（3）书院刻本:元代书院十分兴盛,新建、改建的约二百余所,比较有名的有:广信书院、梅溪书院、圆沙书院、西湖书院、豫章书院、象山书院等。书院藏书丰富,有学田赋收作刻书经费,所刻图书质量上乘。

元代官方刻印医书,据《御药院方》高鸣序,该书首次刊印为壬寅年,当南宋理宗淳祐二年,此为元代刊印医书之最早记录。太医院刻印医书有《圣济总录》《危氏世医得效方》《伤寒论》等。民间私人刻书相当繁荣,著名的有岳氏刻《九经》、李璋刻《九经》和《四书》,刘贞刻《大戴礼》等。坊刻数量较宋代尤甚,主要分布在北方平水、南方建宁等地。元代坊刻、私刻医书如张存惠晦明轩之《重修政和经史证类备用本草》《新刊医林类证集要》《奇效良方》等,郑希善宗文堂刻《经史证类大全本草》,余志安勤有堂刻《太平惠民和剂局方》《新编妇人大全良方》《普济本事方》《洗冤录》等,叶日增广勤书堂刻《针灸资生经》《新刊王氏脉经》等,平水许宅刻印《重修政和经史证类备用本草》,孝永堂刻《伤寒论注解》,严氏存耕堂刻印《和剂局方》《图注本草》《药性歌括总论》,余彦国励贤堂刻印《新编类要图注本草》,张士宁刻印《如宜方》,胡仕可刻印《胡氏本草歌括》,吴瑞刻印《吴氏日用本草》等。元代其他方面刻印医书亦不少,《平津馆鉴藏记》著录有《新刊补注释文黄帝内经素问》12 卷、《经史证类大观本草》31 卷,《类证增注伤寒百问歌》4 卷、新刊东垣先生《兰室秘藏》3 卷、《奇效良方》65 卷。今存版本中如元顺帝至元刊《黄帝内经素问》《灵枢》各 12 卷,书末有至元五年己卯胡氏古林书堂新刊书牌。《内外伤辨惑论》有年代不详之元刻本,《伤寒论注解》有元初刻本等。

3. **元刻本特点**　元代刻书,集中于大都、平水、杭州、建阳,构成元代四大刻书中心。刻书字体多宗赵(孟頫)体,因赵家居吴兴,又称"吴兴体"。赵孟頫是宋朝宗室,入元后深得元世祖忽必烈宠信,官拜翰林学士承旨,为当时最优秀的书法大家,其字体主导了整个元代的书法风貌,故元代无论官刻私刻,字体都仿赵字。元刻本字体上的另一特点是多简,无避讳。元朝的国字是八思巴制定的蒙古新字,故对汉字的使用放松了要求,导致元刻本多俗字和简体字。另外,元代皇帝的名字系音译,多字长文,不大讲究避讳。版式早期多左右双边,晚期多四周双边;元初多白口,以后多黑口,甚至粗大黑口;喜刻花鱼尾,且不限于书口处。装帧同宋本,流行蝴蝶装、包背装。

总之,元刻本最显著的四大特点是:黑口、赵字、无讳、多简。

(三) 明刻本及其特点

有明一代,几近三百年的历史,文籍兴盛,刻书业规模大,存世刻本数量多。

1. 官刻本

(1)经厂本:明朝的太监有很大的势力,其机构总称"二十四衙",经厂则是司礼监下属的专门刻印经籍的部门,由粗通文墨的太监主其事,刻印了大量经书、诰、律、明代史书等。

(2)南北监本:明朝国子监分南北二处,北国子监是明成祖迁都北京以后于永乐元年建立,二监并存,又称"南雍"和"北雍"。南监继承和搜罗了大量宋元时期的旧版片,嘉靖以前,主要从事旧版刷印。北监刻书最多的是在万历年间,可考的约150种,经、史、子、集四部都有。

(3)藩刻本:明代朱姓藩王,在地方上逐渐形成了一股特殊的强大势力。许多藩王府养士、藏书、刻书,形成了刻书较佳的"藩府本"。刻书较多的有弋阳王府、蜀藩、楚藩、周藩、宁藩、赵藩。

(4)书帕本:叶德辉《书林清话·明时书帕本之谬》:"明时官吏奉使出差,回京必刻一书,以一书一帕相馈赠,世即谓之书帕本。"书帕本在官刻本中质量最差,诸如随意题写书名、著者含混不明、内容杂凑、校对粗疏等,为后人所鄙薄。

官刻与藩府刻医书,据明·周宏祖《古今书刻》所列医书有:内府《素问》《难经》,礼部《素问钞》,都察院《千金宝要》,国子监《幼小方》《珍珠囊》《本草方》《脚气治方》,太医院《铜人针灸图》《医林集要》,南京国子监《脉诀刊误》,南直隶苏州府《卫生宝鉴》《脾胃论》《珍珠囊》《内外伤辨惑论》《格致余论》《东垣试效方》《新效方》。其他州府、布政司、按察司所刻医书也不少。藩王府所刻如周定王府《普济方》,辽简王府《东垣十书》,宁献王府《活幼心法》,赵简王府《素问》《灵枢》,兴献王府《医方选要》,秦靖王府《孙真人千金宝要》,鲁恭王府《鲁府禁方》等。

2. 私刻本、坊刻本 明代坊刻不仅发达而且分布广,建阳、苏州、杭州、新安、北京等地,书坊数不胜数。明代私家刻书极盛,最负盛名的是毛晋,平生嗜卷轴,广求天下善本,积书至84 000 册,藏于汲古阁、目耕楼。毛晋所刻书籍称"汲古阁本"。

明代私刻医籍比较著名者有熊均、吴勉学、王肯堂等。熊均,字宗立,室名种德堂。好阴阳之说,尤擅于医,一生自著、校勘、注释或增补医书很多。自著、校注者如《素问运气图括定局立成》《名方类证医书大全》《黄帝内经素问灵枢运气音释补遗》《勿听子俗解八十一难经》等,刊印医书约 20 余种。

吴勉学,字有愚,号师古。安徽歙县丰南人。博学,喜欢藏书并留心医学。毕生致力于出版事业,校刊经史子集约数百种,含医书50 余种,其中影响较大者为万历二十九年刊刻王肯堂辑《古今医统正脉全书》44 种,215 卷。

王肯堂,字宇泰,江苏金坛人。王氏仕宦多年,然尤擅于医学,一生自著及校勘医书亦很多。如自著《六科准绳》、校勘《千金翼方》等多种。

明代坊刻以文史书籍为多,但也刻印过不少医书,如建阳熊氏种德堂《黄帝内经素问》《灵枢经》等,苏州童涌泉《类经》及《类经图翼》等,陈长师《古今医统大全》及《妇人良方》等,杭州段景亭读书坊《证治医便》,金陵周曰校(字应贤,号对峰,室名万卷楼)之《黄帝内经素问》及《灵枢经》《东垣十书》等。

3. 明刻本特点　明代刻本是在宋、金、元刻本的基础上,继承了那些带有共性的范式,但也具有某些时代特点。印书地点较元代更广,官刻、私刻、坊刻几乎遍及国内。尤其以建阳、苏州、金陵、新安、杭州、北京等地为盛。雕刻技术水平较高,且活字印刷也较普及,加之套印、插图、饾版、拱花等新技术的使用,在印刷史上尤胜前朝。印刷纸墨方面,嘉靖以前以皮纸为主,竹纸次之;万历以后,竹纸为主,皮纸次之。明朝中叶以前,装帧流行包背装;中叶以后流行线装。字体与版式方面,明初至正德时期,黑口,赵字,继承元代风格;嘉靖至万历时期,除司礼监刻本外,其他官私刻本,一变为白口、方字、仿宋。万历后期至崇祯时期,白口、长字、有讳。明初承袭元代,不讲究避讳,至穆宗隆庆以后,讳法稍严。

总之,明代刻书事业鼎盛,在规模和数量上都远超宋元,印刷工艺也达到很高境界。但明刻本多讹脱、窜乱旧式、刻意作伪,为后代所诟病,即使国子监刻本,也有"校勘不精,讹舛弥甚"之病。

(四) 清刻本及其特点

清代康、雍、乾三朝经济繁荣,国力强盛,为刻书提供了物质基础。同时,清初顾炎武等一批知识分子有感于宋明时期空谈性理误国,强调学追汉唐,经世致用,逐渐形成独具历史特色的乾嘉朴学。在这种社会背景下,清代官、私刻书业达到鼎盛。学者也热衷于版本校勘,出现了大批校勘精审、刻印典雅的图书。

1. 官刻本

(1) 武英殿本:康熙十二年,内府于武英殿设修书处,校对官吏及写刻工匠均聚一处,由翰林院词臣总领其事,所刊之书称武英殿本。如《御纂朱子全书》《御选四朝诗》等,还有大臣赞助雕刻的,如江南织造曹寅刊刻、武英殿印行的《全唐诗》900 卷等。雍正朝武英殿铜活字印《古今图书集成》,乾隆朝雕印《十三经注疏》《二十四史》等。

(2) 官书局本:官书局是清末兴起的地方官府刻书机构,创始于同治,盛极于光绪。同治二年创金陵书局,同治六年创浙江书局,其后还有崇文书局、广雅书局等,刻印了大量经、史、子、集书籍,并涌现了一批著名的学者,如张文虎、俞樾、黄以周、叶昌炽等。

官方刊印的医书主要有:乾隆年间《御纂医宗金鉴》90 卷、《小儿药证直诀》3 卷等。雍正年间《正人明堂图》《伏人明堂图》《侧人明堂图》《脏腑明堂图》等。光绪三十三年,京师医局刊印《古今医统正脉全书》等。

2. 私刻本、坊刻本　清代考据学发达,私人藏书极盛,涌现出了一批著名的校勘家、收藏家,他们所刻之书,校勘精审,版本精良,质量上乘。如鲍廷博《知不足斋丛书》30 集 207 种。黄丕烈《士礼居丛书》收精校精刻善本 23 种,其中医书《伤寒总病论》6 卷,附杂记 1 卷,《洪氏集验方》5 卷。钱熙祚《守山阁丛书》,收《黄帝内经素问》《灵枢经》《胎产秘书》等。陆心源《十万卷楼丛书》收书 52 种,含医书 8 种:《史载之方》《海藏老人阴证略例》《本草衍义》

《医经正本书》《新编张仲景伤寒发微论》《新编张仲景伤寒百证歌》《宋徽宗圣济经》《卫生家宝产科备要》等。孙星衍辑刊《平津馆丛书》，全10集42种，其中医书《华氏中藏经》《素女方》《千金宝要》《秘授清宁丸方》等。

清代各地坊刻书肆林立、名称众多。影响较大者如始于明朝的苏州席氏扫叶山房、安徽屯溪菇古堂书房、金陵郑氏奎璧斋书坊、北京陶氏五柳居等。

3. 清刻本特点　清代刻书，初期版式继承明代刻书风格，多左右双边或四周双边，白口，双鱼尾。不少刻本均有书名页，正中刻大字书名，右上小字刻著者姓名，左下小字刻藏版或刻印者；有些坊刻本则书名页内容尤多，几近乎广告。字体，康熙以后流行非颜、非柳、非赵的"馆阁体"。自康熙以来，沿用讳字旧习较甚。装帧方面，线装书居于主体。

二、抄本概述

广义的写本，是指以手写的形式留存的本子，又叫抄本。古代的简书、帛书、卷子本等，都是手写，如敦煌卷子，有唐写本、五代写本等。这里指与雕版印刷相对的本子。印刷术发明的早期，仍以写本居多。宋以来，印刷术普及了，写本才逐步减少，但其绝对数量仍然相当大，只是就写本与印本的比例而言，写本少，印本多。在印刷术高度普及的明清及近代，写本仍发挥着巨大的作用，大部头的《永乐大典》和《四库全书》就只有写本，没有财力刻印这么大的书。写本由于抄写时间、方法及所用纸张、抄写人员不同，有多种名称：

1. 旧抄本　也称古抄本，指抄写者或抄写年代不详的抄本。如黄丕烈《荛圃藏书题识续录》著录有《杨仁斋直指方论》旧抄本。清·张金吾《爱日精庐藏书志》著录有《伤寒九十论》旧抄本。

2. 影抄本　也称影写本。即原书字形、行款，或缺笔修改及虫蛀残损等，均按原样，以保持底本的固有面貌。如清·孙星衍《孙氏祠堂书目》著录有《洗冤录》旧影写本、《黄帝八十一难经》影写日本国本、《广成先生玉函经》影写宋本。张金吾《爱日精庐藏书志》著录有《重校证活人书》影写宋刊本、《伤寒论注解》影写金刊本、《新刊王氏脉经》影写元刊本。

3. 名家抄本　指知名书法家、收藏家或医家的手写抄本。如《华氏中藏经》元·赵孟頫写本。孙星衍《平津馆鉴藏记》著录有《钱氏小儿直诀》4卷，题记云："此本余从天一阁写得之。"清·邵懿辰《四库简明目录标注》著录《针灸资生经》注云："广勤堂本，近归杭州丁氏，余从借得影写本。"清·毛扆《汲古阁珍藏秘本书目》著录有《甲乙经》六本，从宋本影抄；《本草注节文》四本，陈日行宋版影抄。毛扆是著名藏书家毛晋之子，毛晋藏书很多，抄书也十分精善，被称为"毛抄本"。上述名家抄本，当然也属于精抄。

4. 精抄本　指纸墨精良，书写工整，内容错误较少的本子。如清·王文远《孝慈堂书目》著录有《王宇泰医论》，毛斧季精抄。

5. 蓝格抄本　即以纸或绢上画有界格或界栏为载体而抄成的本子。日本《东洋医学善本丛书》影印《黄帝三部针灸甲乙经》古抄本，即为蓝格抄本。又《上海图书馆善本书目》著录有《幼幼新书》，为明蓝格抄本。

6. 稿本　作者亲笔书写的原稿称为"手稿"，如清·赵学敏《本草纲目拾遗》一书手稿尚存。经过清理誊抄后的书稿，称为"清稿"。按写稿时间，又有初稿本、修改稿、定稿本、原稿本等名。

第四节　中医古籍版本的鉴定

版本鉴定的目的主要是确认一个本子刻(或抄写、排印)于什么时间,什么地点,谁刻的,是否稀见,是否完整,在现存各本中处于何等地位。版本鉴定可以从版本形式、书籍内容、前人研究成果三个方面入手。

一、版本形式

版本形式包括:牌记、刻工、字体、版式、纸墨、讳字、装帧等,这些都或多或少透露出该版本刻印年代的相关信息。

1. 据牌记　牌记俗称书牌子,又称木记,是用以记录出版单位的长方形墨围。叶德辉《书林清话·宋刻书之牌记》:"宋人刻书,于书之首尾或序后、目录后,往往刻一墨图记及牌记。其牌记亦谓之墨围,以其外墨栏环之也。又谓之碑牌,以其形式如碑也。"牌记一般是用长方框围起来。刻上一行或两行字,说明刻书时间、地点或者刻书人、刻书铺号等。后来为了美观,出现了钟形、鼎形、琴形等形状。大概相当于今天的版权页。牌记的刻书识语,是判定版本年代的重要依据。如《证类本草》金刻本扉页有张存惠晦明轩木记,木记是一幅龟驮碑的图案,碑文为关于版刻时间、内容的说明(图 3-3)。明刊《新刊校正王叔和脉诀提要》一书,卷末有荷花莲叶龛式牌记,内刻"隆庆丁卯岁四仁堂刊"。元刊《新刊王氏脉经》,序后有"天历庚午仲夏建安叶日增志于广勤堂"牌记,都明确交代了刻书的时间、地点、堂名,据此可以判定其刊刻时代。但据牌记鉴定版本,须警惕是否为后世翻刻本,以及书版易主,牌记是否被挖改等问题。

2. 考刻工　刻工是刻字工匠名,宋版书中在版心下端多刊有刻工姓名,元明清以及近代刻本一直相沿。一位刻工一生总要刻许多书,其中有些书有明确年代(例如有序跋、牌记之类),这些有固定刊刻年代的本子可作为标准件,其所刻其他书则可参照标准件推定其刊刻时代。如南宋孝宗乾道七年姑孰郡斋刊李椁《伤寒要旨》,刻工有黄宪、毛用等人;而另一种《洪氏集验方》中,刻工也有黄宪、毛用之名,据此可知两者为同时代的刊本。

3. 察字体　一般来说,宋版书,浙江系统刻本多用欧体,四川刻本多用颜体,福建刻本多用柳体。山西平阳刻本叫平水本,字体为赵体。元浙本仍袭宋浙本风格,但书体受赵孟𫖯影响,增加了赵体风格。明代刻本,分早、中、晚三期,字体不同。早期多赵体字,中期正德、嘉靖间则仿宋浙本作欧体字,但比宋本要板滞得多,笔画硬,有其形而无其神。晚期隆庆、万历至崇祯间,逐步形成长方形的横细竖粗的宋体字。清代通行的是仿宋字,但在康熙至乾隆间又同时盛行一种软体字写刻,以康熙年间扬州刻《全唐诗》为代表。字比较小,笔画宛转圆熟,像写出来的。

4. 究版式　宋浙本系统版式多白口、单鱼尾、左右双边,版心记字数及刻工,很少有牌记。书名在鱼尾下方,多简称。宋蜀本类浙本,记字数及刻工,但不如浙本多。宋建本则前期类似浙本,中后期多黑口、四周双边、双黑鱼尾,版框左栏外上方有时有书耳或耳题。建本书名上往往加上"监本音注"或"监本重言重意互注"一类冠词,表示自己的本子是以监本为底本,可靠,而且内容又较监本为多,这些花样都是出于商业考虑。元浙本,版式仍宋浙本,

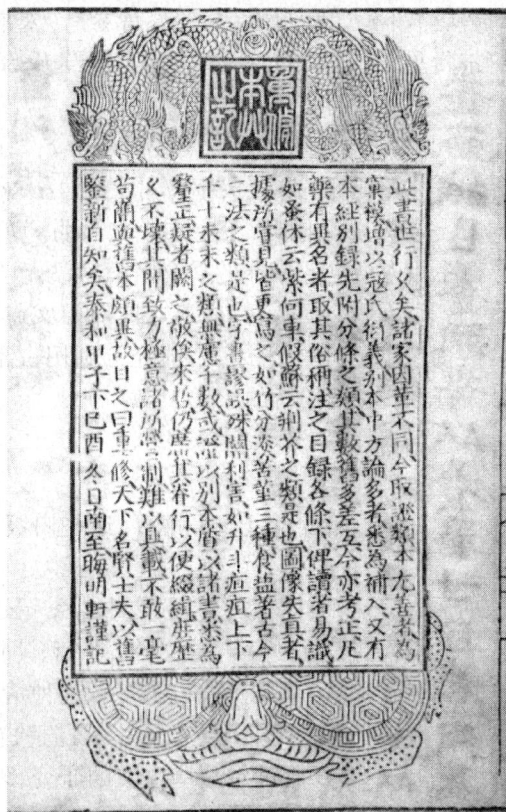

图 3-3　《证类本草》晦明轩本牌记

但也出现了一些细黑口，刻工也少于宋浙本。元建本，几乎全是黑口，而且越晚越粗，双黑鱼尾，或花鱼尾。平水本，白口，双黑鱼尾，四周双边。明本早期沿元建本，大黑口，四周双边，双黑鱼尾，上鱼尾下记书名。明中期仿宋浙本，一变为白口，单鱼尾，左右双边，版心上记大小字数，下记刻工。明晚期仍多白口，左右双边，单鱼尾，但书名往往置于鱼尾上方，且用全称，卷端大书名后多罗列撰人、校人、评阅人等官衔姓名。封面页（书名页）流行左中右三栏式，中刻大字书名，右上方刻撰人或评阅人，左下方刻"××堂藏板"或"××堂梓"。清代基本沿用了明后期这些版式风格。

5. 看纸张　宋浙本多是白麻纸、黄麻纸，蜀本多白麻纸，宋建本多竹纸，发黄，质量比浙本、蜀本差得远。元浙本仍用白麻纸、黄麻纸。平水本近浙本，元建本仍用竹纸。明代早期好的印本仍是白麻纸（皮纸），一般书用竹纸。明代盛行一种"白棉纸"，有厚薄两种。万历以后多用竹纸，微黄，较薄，日久易脆。清代武英殿本喜用开化纸，《四库全书》即用开化纸抄写，白而匀洁，但日久会出现黄斑。清代的书籍大部分仍用竹纸，稍讲究的则用皮纸。

6. 观装帧　宋版原装多是蝴蝶装。元本有蝴蝶装，大多是包背装。明代早期包背装，后期则变为线装。清及民国刻本一般都是线装。佛经以经折装为常见。

7. 查讳字　避讳是古代特殊的文化现象，主要是国讳，就是帝王的名字不能直接书写，要采取一定方式避讳。这就为确定版刻的下限提供了一定参考。宋代刻书一般都避讳，其中浙江系统刻本最严格，四川、福建刻本则不甚严。元代刻书不避讳，只是有覆刻宋版偶沿旧本避讳不改的。明代刻书基本不避,只有最后三位皇帝泰昌(朱常洛)、天启(朱由校)、崇祯(朱由检)避讳。明末刻本常见"校"改"较"。清代则自康熙开始均避讳。避讳常见方式是缺笔,另一种方式是改字,改字多用同音替代。

在中医古籍中,避讳改字也相当普遍。《太素·经脉同异》:"手太阴之脉,出于大指之端,内屈循白肉,至七节后大泉。"萧延平按:"《灵枢》《甲乙经》……大泉,均作太渊,唐人讳渊作泉。"又该书《阴阳合》:"景主左手之阳明,丁主右手之阳明。"萧延平按:"景,《灵枢》作丙,唐人避太祖讳丙为景,犹讳渊为泉也。"李渊的父亲名李昞,故改"丙"作"景"。唐代苏敬撰《新修本草》,至宋代唐慎微著《证类本草》时,因避赵匡胤祖父赵敬讳,将苏敬改为苏恭。避清圣祖玄烨的讳"玄府"改为"元府"等。总之,若能充分利用古籍中的讳字,有助于判定书籍版本的时代,鉴别作品的真伪,考证作者的年代。

二、书籍内容

书籍内容包括序跋、人名、地名、官名、年代、事件等,这些内容不可避免会打上时代烙印,提供该版本的重要信息。

1. 读序跋　书的正文前后,一般都有序、跋,序、跋之中常常记述作者著书的目的、书名释义、卷帙多少、流布状况。序、跋之末署作序跋者的姓名、职衔、朝代、年月等。这些都是判断刻书年代的重要内证。书的翻刻越多,序跋往往也越多。这种情况,一般应根据时间、内容,排出主从关系,并加以考证。如清代起秀堂刊本《小儿药证直诀》,即有阎孝忠原序、钱仲阳传、钱乙序、董汲序、陈世杰序等。可以通过对这些序文的研究,理清彼此之间的关系,为确定该书的成书时间与刊刻时间提供可靠的依据。但有些翻刻、影刻本仅照录原有序跋而又不作说明,应加细审。

2. 审内容　主要是审查那些可以判断该书成书时间的内容,如人名、地名、官名、年代、事件,都可以据以鉴定版本。每个人都有特定的生活时间和空间,书中出现的生活年代最晚的人物可以作为该书成书的可能上限;地名、官名也会因社会的发展而变动,书中出现了新的地名和官名,可以作为判断该书成书的上限。确定了该书成书的上限和下限,就为版本的鉴别确立了稳固的基点。如萧延平《黄帝内经太素·例言》关于杨上善生活年代:"杨氏《日本访书志》,据本书残卷中丙字避唐太宗讳作景,以为唐人,后复据《唐六典》,谓隋无太子文学之官,唐显庆中始置,杨氏奉敕撰注称太子文学,当为显庆以后人。余则更有一说,足证明其为唐人者,检本书杨注,凡引老子之言,均称玄元皇帝。考新、旧《唐书·本纪》,追号老子为玄元皇帝,在高宗乾封元年二月,则杨为唐人,更无疑义。再查隋大业距唐乾封不过五十余载,自来医家多享大年,或上善初仕隋为太医侍御,后侍唐为太子文学,亦未可知。总之,太子文学,隋即无此官,唐封老子为玄元皇帝又在乾封元年,则杨书当成于乾封以后,可断言矣。"杨守敬及萧延平即根据书中避讳及事件,判断杨上善生活的年代及《黄帝内经太素》成书时间的上限。

三、前人研究成果

前人的研究成果包括该书的题记、藏印、各种图书目录对该版本的著录,以及有关该版本研究的著作、论文。

1. 读题记　历代学者、藏书家获得珍贵的古籍,往往考察其版刻源流,记录该书的版刻特征、流传经过,写下个人的研究心得,题识于卷首、卷尾或扉页上,这就是题跋识语。我们可以利用这些题跋识语,鉴别版本时代,区分版本优劣。如藏于上海图书馆明代吴迁抄《金匮要略方》后有吴迁的《跋》,言抄写于明洪武二十八年秋,并有自己的印章。书前有徐乃昌题记:"明钞本金匮要略方二卷,仲焴先生世守秘笈,徐乃昌题。"并钤有朱文"徐乃昌印"。书中有夹纸,题曰:"明据绍圣刻本钞。"徐乃昌为近代藏书大家,著有《积学斋善本书目》等,徐氏题记和书中夹纸题记,对吴迁钞本的年代及所据底本都有进一步的揭示。

2. 审藏印　古代藏书家有个传统,喜欢在其收藏的图书上钤上自己的藏书印,表明书为其鉴定或收藏。一般来说,该版本的刻印下限,应该早于鉴藏该版本的藏书家收藏该书的年代。《幼幼新书》有一种版本,钤有"明善堂"的藏书印记。"明善堂"之印系清世宗之子怡亲王弘晓的印章。弘晓是有名的藏书家。因此,可以判断此本是内府传出的珍本。

3. 查著录　鉴别版本的重要工作是查核前代图书目录著作,何时开始著录该版本古籍。文献目录不仅著录文献的名称、卷数、作者、成书时间等,有的还著录该文献的版本情况,如牌记、刻工、版式、讳字、装帧、序跋、题识、藏印等,这类版本目录对于版本鉴别有很大帮助。如孙星衍《平津馆鉴藏记》著录《新刊补注释文黄帝内经素问》12卷下:"题启元子次注,林亿、孙奇、高保衡等奉勅校正,孙兆重改误。前有启元子王冰《黄帝内经素问》序,后题将仕郎守殿中丞孙兆重改误……总目一卷,后题云,元本廿四卷,今并为一十二卷刊行。总目前有'本堂今求到元丰孙校正家藏善本,重加订正,分为一十二卷'云云,木长印。总目后亦有木长印,字已灭去。卷十二后有'至元己卯菖节古林书堂新刊'十二字,木长印。"

《中国中医古籍总目》对现存中医古籍的版本及收藏地进行了较为详细的著录,为我们查找版本和鉴定版本提供了重要线索,是目前考察和利用中医古籍版本的重要工具书。

第五节　中医善本的概念与版本的利用

一、善本的概念及划分标准

善本是指版本价值较高的图书。汉代已有"善书"之说,如《汉书·河间献王刘德传》:"从民得善书,必为好写与之,留其真。"这里的"善书"即好书、善本之谓。善本之名,出于宋人,指校勘精审,无文字讹脱的本子。欧阳修《集古录跋尾·唐田弘正家庙碑》:"自天圣以来,古学渐盛,学者多读韩文,而患集本讹舛,惟余家本屡更校正,时人共传,号为善本。"又宋·朱弁《曲洧旧闻》卷四:"宋次道龙图云:校书如扫尘,随扫随有。其家藏书,皆校三五遍者,世之畜书以宋(次道)为善本。"宋·叶梦得《石林燕语》卷八:"唐以前,凡书籍皆写本,未有模印之法,人以藏书为贵。不多有,而藏者精于雠对,故往往皆有善本"。在这里,"善本"概念是以校雠的好坏为标准的。

到明清两代,善本的含义又有所变化。清·张之洞《书目答问·语学》:"善本非纸白、版新之谓,谓其为前辈通人用古刻数本,精校细勘付刊,不伪不阙之本也……善本之义有三:一足本(无缺卷、未删削),二精本(精校、精注),三旧本(旧刻、旧抄)。"即完善无脱漏、精确无讹错,时代又较早的本子为善本。丁丙《善本书室藏书志》将"旧刻、精本、旧抄、旧校"四者作为善本的选择标准。旧刻指宋、元旧刊;精本指明本中刻印尤精,世间罕传者;旧抄指明、清名家抄本、影抄本;旧校指经过名家校勘过的版本。

今人在前人旧说的基础上,总结出了一套比较科学严密的界定标准。《中国古籍善本书目》规定的善本入选原则为 3 条:一历史文物性,二学术资料性,三艺术代表性,即所谓"三性";并制定了 9 条收录标准。

(1)元代及元代以前刻印、抄写的图书(包括残本和零页)。

(2)明代刻印、抄写的图书(包括具有特殊价值的残本与零页),但版印模糊、流传尚多者不收。

(3)清代乾隆及乾隆以前流传较少的印本、抄本。

(4)太平天国及历代农民革命政权所印行的图书。

(5)辛亥革命前,在学术研究上有独到见解或有学派特点或集众说有系统的稿本及流传很少的刻本、抄本。

(6)辛亥革命前,反映某一时期、某一领域或某一事件资料方面的稿本以及流传很少的刻本、抄本。

(7)辛亥革命前的名人学者批校、题跋或过录前人批校而有参考价值的印本、抄本。

(8)在印刷上能反映我国古代印刷技术发展、代表一定时期技术水平的各种活字印本、套印本或有较精版画的刻本。

(9)明代印谱全收。清代的集古印谱、各家篆刻印谱的钤印本,有特色或有亲笔题记的收,一般不收。

古籍中凡符合九条中任何一条者,均可列入善本。

二、中医古籍善本

中医古籍善本既具有一般古籍善本的共性,同时又具有其自身的特性。故马继兴《中医文献学》针对古医籍的具体情况,提出了划分中医善本书的 10 条标准:

(1)出土的(和个别传世的)简书、帛书和卷子本医书。由于其年代均系千余年的古书,因而在国内的均已列入珍贵文物,如湖南长沙马王堆出土简帛医书、敦煌卷子、武威汉代医简等。

(2)根据古卷子本刻印的最早影刊本。如日本安政元年(1854 年)江户医学馆影刊古卷子本《医心方》等。

(3)凡宋、金、元及明初刊刻的医书,在刊本历史上都是较早的,因而即使刻工稍差的麻沙本或宋、元刻本的残卷、残叶等均是善本书。如北京图书馆藏金刊本《黄帝内经素问》残存 12 卷(原 24 卷),又《亡篇》1 卷。宋刊本王焘《外台秘要》残存 36 卷(原 40 卷)。这些刊本虽是残本而未能补完,但其价值很高,仍算善本。

(4)宋、元医书刊本的最早影刊本。如明·顾从德刊影宋本《黄帝内经素问》,明·赵开美刊影宋本《伤寒论》等。

(5)明末以后的医书,虽然通行的刊本种类较多,但如该书的学术价值大,确属原刻版或早期刊本均属善本。如《本草纲目》的初刻,即金陵刊本及万历二十一年(1603 年)刊的江西刻本。

(6)当代各大图书馆及藏书家所藏医书只存孤本一部,或仅有极少数部,其刊年虽较晚,但仍属善本书。如 1861 年日本刊刻的金礼蒙《医方类聚》,1873 年黄世格辑译成蒙文的《普济杂方》之类。

（7）精刻校勘本的医书，其刊年虽晚至清代末期，仍属善本。如嘉庆二十二年（1817年）张海鹏精刻《墨海金壶》本的4种宋人所撰医书：王貺《全生指迷方》、董汲《旅舍备要方》、王衮《博济方》、韩祗和《伤寒微旨论》。又如道光年间宛邻书屋精刻《张氏丛书》本的张琦《素问释义》、黄元御《素灵微蕴》《四圣心源》及《长沙药解》、庄一夔《庄氏慈幼二书》等均是。

（8）某些医书刊本经名家圈点校批或序跋题记，更增加其学术参考价值者。如北京图书馆藏清·傅山批明·赵府刊《黄帝素问灵枢经》，栖芬室藏清·连自华朱墨手批道光刊郭成勋《证治针经》之类。

（9）有较高价值的手写本医书原稿，或精抄本医书。前者如中医研究院藏明·夏英手稿及绘图《灵枢经脉翼》3卷。民国初年孙鼎宜手稿《黄帝内经章句》18卷。后者如中医研究院藏精抄本《医宗金鉴》，该书书法端整，朱丝栏抄写，黄绫包书皮。

（10）凡系版本学上的少见类型，或有著名医家钤记的版本。前者如北京图书馆藏清代铜活字版《军中医方备要》。后者如中医研究院藏明万历十三年官椠《保赤全书》，其卷首目录有王肯堂印"宇泰"等名医印鉴。清代洄溪草堂原刊本徐大椿《难经经释》，其序后有名医徐大椿印章"徐大椿印""徐灵胎"。

三、善本书目

学习研究中医文献，整理中医古籍，必须善于利用善本书目。我国历代都有修纂国家藏书目录的传统，除了官方组织学者编纂书目，民间也涌现了很多藏书家，他们往往不惜重金，搜求善本、孤本，建藏书之阁，精心校勘、评注、圈点古书，编制藏书目录。如南宋·尤袤《遂初堂书目》、清·钱曾《读书敏求记》、陆心源《皕宋楼藏书志》、丁丙《善本书室藏书志》等。在这些藏书目录中，多有关于善本的记载。新中国成立以来，国家也十分重视善本书的保护、利用及书目编纂工作，组织编纂了全国性的善本书目，供我们学习、利用。

（一）《中国善本书提要》

王重民撰，1983年上海古籍出版社出版。著录作者在北京图书馆、北京大学图书馆和美国国会图书馆所经眼的中国古籍善本书4400余种（包括补遗100余种）。所收各书大部分是清康熙以前的校刊本、钞本，其中包括六朝、唐写本，宋刻本60余种，金、元刻本100余种，影钞宋元刻本、明钞本150余种，明朱墨印本100余种。每书除记述书名、卷数、册数、每半叶行数、每行字数、板框高下大小、牌记等版刻特征外，更撰著了内容丰富的提要，考校版本源流，介绍作者生平事略、该书内容及其研究价值，详记序跋、题识。

（二）《中国古籍善本书目》

中国古籍善本书目编辑委员会编，1989年上海古籍出版社出版。本书分为经、史、子、集、丛5部，收录了全国各省、市、县公共图书馆、博物馆、文管会、文献馆、高等院校、中国科学院及所属各研究所781个单位的藏书约6万多种13万部。各书著录书名、卷数、编著注释者、版本、批校题跋者等。特别是新发现的善本，填补了某些学科领域的空白。

（三）《中国国家图书馆古籍珍品图录》

任继愈主编，1999年北京图书馆出版社出版。本书从中国国家图书馆丰富的馆藏中，选择400余种古籍珍品，分四部分编录：①古籍善本；②甲骨金石；③中外舆图；④少数民族文献。每部类下按年代顺序编排，各幅图版从形态、特点、价值等方面予以提要介绍。

（四）《北京大学图书馆藏善本书录》

　　张玉范、沈乃文主编，1998 年北京大学出版社出版。该书将北京大学图书馆所藏珍品 174 种分 5 类：宋元刻本；明刻本；抄本、稿本、校本；古代日本朝鲜本；活字本、套印本、绘本。从形态、特点、价值等方面予以提要介绍。

（李具双）

第四章　中医文献的校勘

　　校勘是整理古代文献的一项重要基础性工作。离开校勘,古代中医文献的挖掘和利用便无从谈起,对中医学的继承也就成了无源之水,无本之木。因此,为了充分利用古代中医文献,必须努力掌握中医古籍校勘的规律和方法,为在中医科学研究和中医临床工作中正确使用古代医籍做好学识准备。

　　校勘并非易事,而是一件枯燥而又繁琐的工作,要求校勘者既要细心,又要有恒心。古人云:校书如扫尘,旋扫旋生。因此,在校勘过程中保持认真严谨的治学态度尤其重要。

第一节　概　　述

一、校勘

　　根据中华中医药学会 2012 年 7 月 1 日发布的《中医古籍整理规范》的定义,校勘是指利用古籍的不同版本和其他相关资料,通过对比分析、考证推理,指出和纠正古籍在流传过程中发生的各种字、句、篇、章等方面的不同和错误。

　　校勘最早称"校雠"或"雠校",由"校"和"雠"两个近义词复合而成。校,《说文》解释为"木囚",即刑具枷械的统称,后引申为对文字的考核。《文选·长杨赋》:"校武票禽。"注引贾逵《国语注》:"校,考也。"《国语·鲁语下》:"昔正考父校商之名《颂》十二篇于周太师,以《那》为首。"雠,《说文·言部》段玉裁注曰"雠者以言对之",后引申为考核文字。"雠""校"合用,最早见于刘向《别录》。《文选》李善注引应劭《风俗通义》云:"按刘向《别录》:'雠校,一人读书,校其上下,得谬误为校;一人持本,一人读书,若怨家相对,故曰雠也。'"("故曰雠也"四字原脱,据《太平御览》卷六一八补。)可见,"校雠"或"雠校",就是指对比上下文,或对比版本之间的异同,发现文字错误,进而订正之。

　　但是,刘向、刘歆父子校书所做的工作,并不只是校正文字,还包括厘定篇次、鉴别版本、编修目录、撰写提要等方面,实际上包含了目录、版本、校勘等古籍整理的内容。于是"校雠"或"雠校"有了狭义和广义之别。人们把校正文字的含义看做狭义的校雠,把包含了目录、版本、校勘等古籍整理的含义看做广义的校雠。

　　"勘"与"校"也是近义词,《说文》解释为"校也",《玉篇·力部》:"勘,覆定也。"清·钮树玉《说文新附考》:"勘,古亦作刊。《玉篇》:'刊,削也,定也,除也。'""勘"即是校对、核定之意思。

校勘成词，大约在南北朝时期。《梁文纪》卷七载沈约《上言黄籍奏》云："宜选史传学士谙究流品者为左民郎、左民尚书，专典校勘。"又如《魏书·霍光传》："乃令国子博士李郁与助教韩神固、刘燮等勘校石经。"可见，最初校勘或勘校的含义相当于广义的校雠。

至宋代，"校勘"开始用于古籍文字正误真伪的比较审定，如宋代欧阳修《书〈春秋繁露〉后》："予在馆中校勘群书，见有八十余篇，然多错乱重复。又有民间应募献书者献三十余篇，其间数篇在八十篇外。乃知董生之书流散不全矣。"后来，这种用法日渐普遍，逐渐代替了狭义"校雠"。清代以后，"校勘"与"校雠"二词的分工日趋明晰。"校雠"多用其广义，如章学诚的《校雠通义》；"校勘"多用狭义，如阮元《十三经校勘记》等。大约在近代，"校勘"完成了它的术语化过程，成为特定的古籍整理工作以及相关学科的专有名称。

二、校勘学

古人在长期的校勘实践活动中，积累了大量的经验，在不断思考、总结归纳的基础上，形成了关于校勘的理论体系，这样，便形成了一门新的学问——校勘学。

校勘学是研究与总结校勘方法及规律的一门学科。校勘学是文献学的一个重要分支，它与目录、版本、辑佚、辨伪等学科共同构成了文献学的有机整体。中医文献学是文献学在中医领域的延伸，是医与文的交叉学科，校勘学也是其不可分割的一部分。

校勘学的任务是研究古籍校勘的一般规律和法则，如校勘的历史、经验、对象、依据、方法、条件和程序等，从而为古籍校勘实践提供理论指导。在中医文献学中，还要结合中医古籍本身的特点，讨论如何利用校勘学研究的成果，为更好地利用中医古代文献服务。

校勘作为古籍整理实践活动的历史，远远悠久于把它作为研究对象的校勘学的历史。清代是校勘学的形成时期，戴震、段玉裁、王念孙、王引之、卢文弨、顾广圻、俞樾等校勘了大量古籍，同时也出现了一大批校勘方面的著作，他们在校勘的原则、规律、方法等方面都开始了自觉的理论探索。20世纪初，随着甲骨文、敦煌遗书等一系列考古重大发现，一大批近代学者，如王国维、罗振玉、胡适、鲁迅、郭沫若、闻一多、杨树达等，继承了清人校勘整理古籍之风尚，开拓了校勘的新领域，推动了校勘学的完善和发展。特别是陈垣《校勘学释例》（原名《〈元典章〉校补释例》）的出现，突破了以经典古籍校勘为主的框架，具有更为普遍的概括性和理论性，建立了系统化的校勘学理论体系，对校勘学的发展影响深远。

三、中医文献校勘的目的与意义

文献自产生之日起，在流传过程中发生的篇章散乱和文字错讹就是不可避免的。这种现象在晋代以前尤其普遍。从载体方面来看，晋代以前文献载体以竹木简、缣帛为主。受材质的影响，书籍内容易导致散乱缺失；受传播方式影响，易产生传抄错误。"孔子读易，韦编三绝"，反映的是材质对文献的影响；《抱朴子·内篇·遐览》中的古谚说"书三写，鱼成鲁，虚成虎"，以及《吕氏春秋·察传》关于子夏订正"晋师三豕涉河"之事，反映的则是传抄产生的文字错讹。五代时期以后，由于雕版印刷技术的发明，古籍中大面积的篇章散乱现象已不再多见，但是，由于受底本质量、刻工水平、印刷技术、保管条件等因素的影响，或多或少的文字错讹现象依然存在。这就要求我们运用科学的校勘方法，对现存古籍进行整理、考订和勘正，为人们利用古医籍提供一个较为真实可信的文本。

校勘的目的在于恢复古籍原貌,然而,真正的复原几乎是不存在的。正如胡适《〈元典章〉校补释例》序云:"校勘之学起于文件传写的不易避免错误。文件越古、传写的次数越多,错误的机会也越多。校勘学的任务是要改正这些传写的错误,恢复一个文件的本来面目,或使他和原本相差最微。"由于中医古籍流传久远,最晚的也已超过百年,加之流传过程错综复杂,可资校勘的材料有限等原因,中医古籍校勘也只能是尽可能使古籍接近原貌。

校勘对于准确、充分地利用中医古籍的重要意义,主要体现在如下三个方面:

(一)　校勘是阅读中医古籍的首要条件

书不校不能读,这是历代学者的经验之谈。清代学者王鸣盛《十七史商榷》卷首《自序》云:"欲读书必先精校书,校之未精而遽读,恐读亦多误矣。"清代藏书家叶德辉更直截了当地说:"书不校勘,不如不读。"(《藏书十约·校勘》)

学习或从事中医学专业,离不开阅读中医古籍。在现存的古医籍中,原稿本、原抄本和原刻本已经是凤毛麟角,鲜有所见。绝大部分现存古医籍已然经历了数不清的辗转抄刻,同一种书籍的不同版本之间,文字有出入的情况极为常见;而不同书籍转引的同一段文字之间,其出入也不小。因此,校勘成为阅读中医古籍、准确理解中医古籍内容的首要条件。

王冰的《黄帝内经素问注序》,给我们描述了《素问》流传至唐代时的错乱程度。他说:"世本纰缪,篇目重叠,前后不伦,文义悬隔,施行不易,披会亦难。岁月既淹,袭以成弊……诸如此流,不可胜数。"错乱到了如此严重的程度,如不进行一番认真的校勘整理,不仅原文无法读懂,《素问》本书恐怕不久也会失传。所以王冰做了一件惠及后代的事情,整整用了12年的时间,对《素问》进行了全面的校勘整理和注释,使这一经典医籍得以流传下来。然而,经过王冰整理的《素问》,历经一段时间的流传,到了宋代,又出现了许多错误,宋臣林亿等在校勘时"正谬误者六千余字",使这部经典得以继续传承。明清以后,直至现代,仍然有不少医家对《素问》进行校勘,纠正诸多错误。1991年由人民卫生出版社出版的《黄帝内经素问校注》除了对经文进行校勘之外,还对王冰注文进行了全面精审的校勘,专门针对王注的校语就达1200条,为阅读王冰注提供了很好的帮助。

其他中医古籍,如《灵枢》《难经》《神农本草经》《伤寒论》《金匮要略》《中藏经》《脉经》《甲乙经》《太素》《诸病源候论》《千金方》《外台秘要》等,情况也大抵如此。因此,古医籍必先经校勘而后读之,正其讹误,通其文字,恢复或接近其原貌,才能让其发挥更大的作用。

(二)　校勘是研究中医古籍的前提

研究任何一部中医古籍,无疑都要依据文字可靠的版本,否则就难免以讹传讹,不能得出正确的结论。郭沫若在《十批判书》中说:"材料缺乏,顶多得不出结论而已,而材料不正确便会得出错误的结论,这样的结论比没有更要有害。"因此,校勘是研究中医古籍的重要前提,无论是从文献学角度进行研究,还是对中医古籍学术内容的研究,都离不开校勘。

由于中医学的内容直接关系到人的生命健康,文本的正确与否更具有特殊的意义。明·陆深《金台纪闻》载:"金华戴元礼,国初名医,尝被召至南京,见一医家迎求溢户,酬应不闲,元礼意必深于术者,因注目焉。按方发剂,皆无他异。退而怪之,日往观焉。偶一人求药者,既去,追而告之曰:临煎时下锡一块。麾之去。元礼始大异之,念无以锡入煎剂法,叩之,答曰:是古方耳。元礼求得其书,乃'饧'字耳。元礼急为正之。"由于该医家所据之本"饧"字(繁体字作"餳")误为"锡"字,医家读书时又不懂校勘,以致引起药物误用。倘若是毒副作用大的药物,必然造成严重后果。

（三）校勘是整理中医古籍的基础和重要内容

现存中医古籍的数量达万种以上，充分利用这些古医籍，是继承和创新中医学的重要内容。而利用古医籍的前提条件是必须进行古籍整理。古籍整理主要包括标点、校勘、注释、翻译、影印、汇编、辑佚、编制目录索引等各项工作。校勘除了本身是古籍整理的一项重要内容外，还是其他各项工作的先导和基础。原因就在于上述各项古籍整理工作都需要有一个文字正确的或者错讹最少的底本。如果不先做好校勘，底本有文字错误，就会影响其他几项工作的质量，甚至错上加错。因此，必须首先对古籍进行校勘，尽可能恢复古书原貌，在此基础上，古籍整理的其他各项工作才能顺利进行。

唐代王冰整理校注《素问》，为该书的流传做出了重要贡献，影响深远。但是由于底本的原因，有些文字错误未能及时发现，王冰基于错误的文句所作的注释难免会出问题。宋代林亿的新校正曾多次明确指出王冰根据误本所犯的注释、句读等错误。如《素问·气厥论》："大肠移热于胃，善食而瘦人，谓之食亦。"王冰注云："胃为水谷之海，其气外养肌肉，热消水谷，又铄肌肉，故善食而瘦人也。食亦者，谓食入移易而过，不生肌肤也。亦，易也。"针对王冰注文，林亿新校正指出："按《甲乙经》'人'作'又'。王氏注云'善食而瘦人也'，殊为无义，不若《甲乙经》作'又'，读连下文。"王冰此处对"瘦人"的解释实属牵强，原因就在于校勘不到位。新校正指出应依《甲乙经》作"又"，属下句，所以原文当为"大肠移热于胃，善食而瘦，又谓之食亦。"如此校勘之后，文义便明白顺畅了。

第二节　中医文献校勘的对象

中医古籍校勘的主要对象，是从各种版本及相关文献中发现的异文。异文是指古籍的某一字、句在各种版本之间，或同书前后文之间，或相关文献之间的差异。古籍的每一次传抄和刊刻，文字上都会产生或多或少的异文。通过校勘获得的异文分为错误性异文、非错误性异文和难以判定是非的异文。

一、错误性异文

错误性异文指通过考辨可以判定的文字错误。包括脱文、讹文、衍文、倒文、错简等情况。它们不是原作者的本意表达，而是书籍成书后，在辗转传抄、刊刻过程中，由于抄写、刊刻者一时不慎，或者不明字义句义，或者抄写、刊刻者对古书进行了整理加工等原因，于无意间产生的异文，是校勘过程中需要订正的文字。

（一）脱文

脱文又称脱、夺、夺文、漏、阙、阙文，是指古籍在流传过程中脱漏的文字。或脱一字、数字，或脱一句、数句，多的甚至是整节、整段地脱漏。前人又有"脱简"一词，指早期竹木简形制的书籍，由于编连绳索松断，导致个别简片滑脱的现象。"脱简"反映在文面上就是文句的缺失，也属于脱文的一种情况。

例1：

阳气者，烦劳则张，精绝，辟积于夏，使人煎厥。（《素问·生气通天论》）

"张"字之上夺"筋"字，"筋张"、"精绝"两文相对。今夺"筋"字，则义不明。王注曰：

"筋脉胀张(《素问》原文作䐜胀),精气竭绝。"是其所据本未夺也。(俞樾《内经辨言》)

古文中对句常见,如"上"对"下"、"前"对"后"之类,可借以勘正在书籍流传中产生的文字错误。俞樾认为,《生气通天论》原文"烦劳则张"应作"烦劳则筋张","筋张"与下文"精绝"为对文,补入"筋"字才能文通义顺,并举王冰注文作佐证,很有说服力。

例2:

公孙光,齐淄川唐里人也,好医术,为当时所重。初淳于意就光家求学,光悉以教之,所授妙方,子无以教人。(《医说·公孙光》)

上文出自癸酉(1933)夏五月陶风楼盍山精舍影残宋刊本《医说》。"所授妙方,子无以教人"句,明显是对话,与前句不属。校之文渊阁《四库全书》本,"所授妙方"之上有"曰"字,则文义顺畅,可见前者有脱文。

（二）讹文

讹文,又称讹、谬、误字,是指古籍在流传过程中产生的错字。导致讹文的原因有形近而讹、音近而讹、因上下文而讹等多种。

1. 形近而讹　因字形相近致误,即古人所谓"形讹"。中医古籍版本中常见的"戊""戌""戍"不分,"已""巳""己"混淆,以及"芩"与"苓","炙"与"灸","母"与"毋","日"与"曰"等字形相似的汉字用错现象很普遍。还有因字体变化带来的讹文,像籀文、篆文、隶书或草书等,如果抄书者或刻书者不具备辨识能力,则极易造成讹文。还有直行竖排的书写习惯与汉字结构相冲突造成的讹文,有一字误为二字、二字误为一字的情况,如《战国策·赵策四》"左师触詟愿见太后",据王念孙考证,"詟"当是"龙言"二字误为一字(见《读书杂志》)。还有古书中的各种符号误为字的情况,如缺文符号"□"误为"口"字,重文符号"々"误为"之"字等,都属于字形相似导致的讹文。

例:

是主骨所生病者,头痛颔痛,目锐眦痛,缺盆中肿痛,腋下肿,马刀侠瘿,汗出振寒,疟,胸胁肋髀膝外至胫绝骨外踝前及诸节皆痛,小指次指不用。(《灵枢·经脉》)

踝:原作"髁",而周本、统本及张注本均作"踝"。《说文》足部:"踝,足踝也,谓之左右隆然环起也。"骨部云:"髁,髀骨也。"二字训异,此处作"踝"为是,故据改。(河北医学院《灵枢经校释》)

《灵枢经校释》采用的底本是四部丛刊影印赵府居敬堂刊本。底本原文"胫绝骨外髁前及诸节皆痛"之"髁"字,另外三个版本即周本、统本及张注本均作"踝"。校勘者引用《说文》对两字的训释作为论据,认为作"踝"为是,故将讹文"髁"改为"踝"。

2. 音近而讹　因字音相同或相近致误,即古人所谓"音讹"。产生音讹的主要原因是汉字本身形、音、义不统一,即同音或音近的汉字字形不同,字义也不同,在使用时容易造成混淆。

例1:

今时之人不然也,以酒为浆,以妄为常,醉以入房,以欲竭其精,以耗散其真,不知持满,不时御神,务快其心,逆于生乐,起居无节,故半百而衰也。(《素问·上古天真论》)

新校正云:按《甲乙经》"耗"作"好"。

清代胡澍《黄帝内经素问校义》云:"'以耗散其真'与'以欲竭其精'句义不对,则皇甫谧本作'好'是也。'好'读嗜好之好。好亦欲也。作'耗'者,声之误。"按照胡澍的解释,原句意思是说,因恣情纵欲而使阴精竭绝,因贪图美色而使真气散失。显然,作"好"则文通义顺,作"耗"则文义费解。《素问》原文作"耗"者,盖因"耗""好"古音相近致误。

例2:

心神烦乱怔忡,兀兀欲吐,似懊恼状。《经》云心恶热,火热上炎,是以心繁神乱,心为热扰,使血不足,怔悸足矣。(《杏苑生春·卷三·热病》)

此段文字见明代金陵书坊蒋氏石渠阁刻本《杏苑生春》。原文"是以心繁神乱"之"繁"字于义不通,当是"烦"字音讹所致。

3. 因上下文而讹　因受上下文的影响,古书在传抄或刊刻过程中,也可能产生讹文。

例1:

慧然在前,按之不得,不知其情,故曰形……心开而志先,慧然独悟,口弗能言,俱视独见。(《素问·八正神明论》)

清代俞樾《内经辨言》指出,"慧然在前"当为"卒然在前",此讹文是受下文"慧然独悟"的影响而产生的。并举王冰注文以"卒然"释前句"慧然",用"清爽"注后句"慧然",说明王冰作注时原文尚未出现错误。

例2:

寻万物之性,皆有离合。虎啸风生,龙吟云起,磁石引针,琥珀拾芥,漆得蟹而散,麻得桂而涌,桂得葱而软,树得桂而枯,戎盐累卵,獭胆分杯,其气爽有相关感,多如此类,其理不可得而思之。(《医说·物性皆有离合》)

癸酉(1933)夏五月陶风楼盇山精舍影残宋刊本《医说》原文中"麻得桂而涌"句,"桂"字明代顾定芳刻本、明代吴中珩校刻本、日本万治元年刻本、文渊阁《四库全书》本中均作"漆",又检《本草经集注·序录下》《证类本草·序例下》皆作"麻得漆而涌",故作"漆"为是。《医说》原文中"桂"字是受下文"桂得葱而软,树得桂而枯"影响产生的讹文。

(三)衍文

衍文,又称衍、剩、剩文、羡文,指古籍在流传过程中多出的文字。少者衍一字、数字,多者衍一句、数句,甚至整节、整段。衍文产生的原因,除了一般的抄刻致衍以外,还有涉上下文而衍、注文混入正文而衍等几种情况。

例1:

《金匮》云:病人脉数,数则热,当消谷引饮,而反吐者,因反发汗,令是阳微膈气虚,脉乃数。(《杏苑生春·噎膈》)

《杏苑生春》现存明代金陵书坊蒋氏石渠阁刻本,原文"令是阳微膈气虚"句文义不通。检《金匮要略·呕吐哕下利病脉证治》原文"令"下无"是"字,据《金匮要略》删去"是"字,则文义顺畅。可见"是"字为衍文,属于抄刻中无意产生的错误。

例2:

白虎苍术汤

知母　石膏各二钱　苍术各一钱二分　甘草一钱　粳米一合(《杏苑生春·湿》)

原文方中"苍术各一钱二分"之"各"字,明显是受上文"各二钱"影响而产生的衍文,据文义当删。

例3:

人有重身,九月而喑……无治也,当十月复。《刺法》曰:无损不足,益有余,以成其疹。

然后调之。(《素问·奇病论》)

新校正云：此四字本全元起注文,误书于此,当删去之。

《素问·奇病论》原文"然后调之"四字,与前文不相连贯,据林亿的说法,是由于全元起注文误入正文导致的衍文。又《甲乙经》卷十二、《太素·重身》中该段文字中均无此四字,可见林说为是。

（四）倒文

倒文,又称倒、倒错,指古籍在流传过程中相邻的字、句位置次序发生颠倒错乱。多数为两个字颠倒,也有多字颠倒、句子次序颠倒的现象。

例1：

夫半产、正产,妇人之常事也。然其间多有产后染成大患,忽绝无月行,忽宫脏亏损不禁,忽积成癥瘕,而岁久月深,倾损性命,此无他,轻之以为半产,而不甚将养之所致也。不知半产之后,其将养过当如正产十倍。正产止血脏空虚,半产即肌肉腐烂。(《医说·半产正产》)

癸酉(1933)夏五月陶风楼盍山精舍影残宋刊本《医说》原文中"其将养过当如正产十倍"句,"过当"二字明代顾定芳刻本、明代吴中珩校刻本、日本万治元年刻本、文渊阁《四库全书》本中均作"当过",据文义作"当过"为是。原文"过当"二字为倒文。

例2：

肾虚之候,心悬如饥,胸痛引脊,腹大小腹痛,清厥意不乐,溲变,胁冷,耳鸣。(《杏苑生春·五脏虚实》)

《杏苑生春·五脏虚实》原文中"腹大小腹痛"句文义不属。此段文字出自《素问·脏气法时论》,原作"大腹小腹痛"。可见原文"腹大"二字是倒文,据《素问》乙转,则文通义顺。

（五）错简

错简原指秦汉以前竹木简形制的书籍,由于编连绳索松断,竹木简次序错乱而形成的大面积文字颠倒。后世亦将其作为一个专词,把古籍中一切位置错乱而相距较远者,统称为错简。有的学者亦将此部分与倒文合并为一类讨论。书籍一旦形成错简,虽经重新编定整理,却很难恢复原来次第。错简表现在文面上,必然在脱简处造成脱文,而在错入处则形成衍文。

例1：

岐伯曰：反四时者,有余为精,不足为消,阴阳不相应,病名曰关格。(《素问·脉要精微论》)

新校正云：详此"岐伯曰"前无问。

林亿在整理该篇经文时,发现此段前无问句,有违《素问》全篇体例,故出注摆出问题,但未给出答案。日本丹波元简《素问识》中认为："此一项三十九字,与前后文不相顺承,疑是它篇错简。"清代张文虎《覆瓿集·舒艺室续笔》中进一步指出："疑此文是《玉机真藏论篇》错简。"

例2：

五邪所见：春得秋脉,夏得冬脉,长夏得春脉,秋得夏脉,冬得长夏脉,名曰阴出之阳,病善怒,不治,是谓五邪,皆同命,死不治。(《素问·宣明五气》)

新校正云：按阴出之阳病善怒,已见前条,此再言之,文义不伦,必古文错简也。

《素问·宣明五气》"阴出之阳病善怒"句在"五邪所见"条文内与上下文义不伦,而前条"五邪所乱"中已言"阴出之阳则怒",故林亿断定此处为错简。

比较严重的错简还包括书籍在流传过程中产生的篇目分合、次序颠倒的现象。古医书在流传中,两篇错合一篇,一篇误分两篇,篇章次序错乱等,都时有发生。比如《内经》,就曾有过一段错简严重的时期。通过林亿新校正提供的线索可知,王冰当年篇次调整量至少有二十处之多。如全元起本《宣明五气篇》原与《血气形志篇》误合一篇,《皮部论》与《经络论》误合一篇,而王冰则将其各分为两篇;全本两出《四时刺逆从论》,内容稍异,王本则合为一篇;全本有《经合论》《真邪论》,内容相同,王本则合为一篇,更名为《离合真邪论》等。

二、非错误性异文

非错误性异文包括古今字、异体字、繁简字、通假字、避讳字等。非错误性异文也是校勘的对象,其处理方式当视具体情况分别对待。依照中医古籍整理的一般原则,以学术研究为目的出版的古籍整理著作,一般以繁体字排版,用字以保持原貌为主。如果整理出版的目的是普及通行本,以简体字排版,则原文中的繁体字需改为简化字,异体字须改为规范字,古字须改为今字,以方便读者阅读。然而,在实际操作中,由于中医古籍的特殊性,即便是普及本,某些繁体字、异体字、古字也需要特殊对待。

(一) 古今字

古今字是指古字和今字,即记录同一个词较古时的用字和对应的较后的用字,多数情况下是以古字为声符、加上一表义偏旁而成。古字又称"初文",今字又称"后起字"。早期汉字数量较少,为表达丰富的思想和语言,一个字除表示本义外,还得兼表别的意义。后来,为了解决一字多义的矛盾,人们又在原字的基础上,附加某些相应的偏旁或文字,形成新的合体字,来代替原字所表示的一部分含义,于是便产生了今字。

古今字在古医籍中普遍存在。常见者如"藏府"与"脏腑"、"支"与"肢"、"差"与"瘥"、"齐"与"剂"、"内"与"纳"、"莫"与"暮"、"被"与"披"等。同一古医籍的不同版本,常见此本用古字,彼本用今字的现象,甚至在同一版本中,古今字混用也是常事。古籍整理过程中,一般情况下,古字可以改为今字。但是在中医古籍中,确实有古字不宜改为今字的情况。例如,涉及中医四大经典的语句及相应的注释,古字最好不改。这些语句本身带有时代性,而且在中医业内世代相袭,深入人心,使用古字可以保持中医传统风格。如《内经》中的"藏府""被发缓形"等。另外,古字已经成为中医常用固化名词者,也不宜改为今字,如"藏象"一词。

(二) 异体字

异体字是指读音、意义相同,只是形体不同的字。即一字多形。如"暖"与"煖"、"蛔"与"蚘"、"灾"与"災"、"柏"与"栢"、"痹"与"痺"、"暗"与"瘖"、"疏"与"疎"、"惟"与"唯"等,都是异体字关系。

中医古籍中存在着大量的异体字,给阅读、印刷常常带来许多麻烦。1956年中国文字改革委员会曾对异体字进行了整理,公布了《第一批异体字整理表》(以下简称《一异表》),停止使用了1055个异体字,可以作为校勘整理古籍的参考。一般而言,对异体字的校勘也有两种处理方法。一是保留原字,多见于以繁体字排版时;一是以《一异表》等国家标准规范律齐,多见于以简体字排版时。但后者在中医古籍整理中存在特例,需特殊对待。比如,中医古籍中有一些字形的使用,在今天看来虽然不属于规范字,但它们在中医学上是有特殊意义的,这些异体字在中医古籍整理过程中则不适宜改动,如"蹻"与"蹺"、"瘖"与"喑"、"剗"与"铲"等。另外,中医古籍中记载了大量古代的人名、地名,其中也有不少异体字,均不宜改动。上海辞书出版社 1989 年版《辞海·凡例》指出,人名、地名"可能引起误解的,保留原来的繁体或异体",这就是"名从主人"原则。如"毕昇"不作"毕升","吴崑"不作"吴昆"。

(三) 繁简字

繁简字是指繁体字和简体字,指读音相同、意义相同,只是笔画多少不同的字。凡音义相同的汉字,在未经简化以前,称为繁体字;经过简化,笔画简单的字,称为简体字。简体字形古已有之,过去多称为俗字或俗写字,中医古籍版本中常可见到,并不是汉字改革以后另造的字形。

在校勘整理中医古籍时,对繁简字的处理方法有二:以繁体字排版时,多改为规范繁体字,或保留原貌;以简体字排版时,当以中国文字改革委员会公布的四批简化字加以律齐。但在中医学中具有特殊含义,使用简化字不能准确表达的繁体字,则不宜简化,如"癥瘕"不宜写作"症瘕"等。

(四) 通假字

通假字又称通借字,是指甲乙两个字的形体和意义本不相同,但由于二字读音相同或相近,当用甲字而借用了乙字。当用的甲字称"本字",借用的乙字称"通假字"。

通假字是在校勘古医籍时经常遇到的异文。一般的处理方式是保持原貌,不常见者出注说明。由于甲乙字之间在意义上毫不相干,只是音同或音近,所以在校勘时必须特别小心,切不可将通假字当作误字处理。一般而言,通假字甲乙两字的读音是一致的,如遇不同,则应读本字之音。例如《素问·阴阳应象大论》云"能冬不能夏","能"为"耐"之通假字,当读"耐"音,而不能读"能"的本音。

(五) 避讳字

避讳字是指为了避讳君主或尊长的名字而代以改字、空字和缺笔的用字形式。改字即将原字改用与之意义相同或相近的字;空字即空其字不写,或用空围符号"□""某""讳"代替;缺笔即在原字的基础上缺漏笔画,多缺字末一两笔。

避讳在我国历史上实行的时间很长,涉及的范围很广,不仅避真名,还要避嫌名(音同或音近的字)。因此随着中医古籍的代代相传,古籍版本中存有大量的避讳字。这些避讳字不仅给阅读古籍带来了一定困难,而且还容易把讳字当作正字,造成理解错误,或受避讳字影响产生脱、讹、衍、倒等文字错误。

避讳在中医古籍中造成的混乱现象也很常见。有为避讳改人名者,如吴太医令吕广,在隋代因避隋炀帝杨广讳改为吕博,唐代参与编修《新修本草》的苏敬,在宋代因避赵敬讳改为苏恭等,极易给后人失察者带来误会。有因避讳改物名者,如山药,唐代以前本名"薯蓣",先是在唐代为避李豫讳改为"薯药",后又在宋代为避赵曙讳改为"山药",后世不明真相者,误以一物为二物,以致某些方剂中出现"薯蓣"与"山药"并存的现象。还有校勘时误以讳字为讹文者,如"玄府",为避清圣祖玄烨讳改为"元府",后人不知,将"元"作为讹文处理。因此,处理避讳字,也是校勘的一项重要内容。一般而言,不影响文义者,避讳字可以不改,影响文义者,需径改回原字并出注说明。为保证校勘质量,有必要掌握一些避讳的常识和规律。有关避讳方面的知识,可参阅陈垣所著《史讳举例》。

　　避讳字虽然给古籍阅读与流传带来了许多麻烦，但它也具备有利的一面，因为历代帝王名讳不同，避讳字便不啻为时代之标志，成为校勘过程中判断、鉴别版本时代的重要依据。

三、难以判定是非的异文

　　难以判定是非的异文指根据现有的材料分析无法判断正误的异文。此类异文大多是在古籍流传过程中，因简帛剥蚀，或辗转抄刻，或经分删增合，而导致的文字不同。由于异文出现的年代已久，又无新的可靠的资料佐证，所以常常是难以判定是非。具体表现有三种情况。

（一）同书不同版本之间的异文

　　通过同一种古籍的各种不同版本之间的对比，可以发现许多难以判定是非的异文，古注中多以"一曰""一云""一本作""别本作""某某本作"等加以表述。例如《素问·阴阳应象大论》："冬伤于寒，春必温病。"《素问校释》云："温病，元刻本、朝鲜刻本、道藏本均作'病温'。"《注解伤寒论·伤寒例》："阳脉濡弱，阴脉弦紧者，更遇温气，变为温疫。"成无己云："赵本注：一本作'疟'。"此类版本之间的异文，或两义均通，或难以考察，已无法判定何者为原作面貌。

（二）同书前后文句之间的异文

　　通过同一版本前后各篇章之间相同文句的对比，也可以发现难以判定是非的异文。此类异文在古代早期汇编而成的著作中较为多见，如《内经》《针灸甲乙经》《脉经》《外台秘要》等。例如《素问·阴阳应象大论》："人有五脏化五气，以生喜怒悲忧恐。"新校正云："按《天元纪大论》'悲'作'思'。"难以判定是非的异文也常见于古医籍中目录与正文标题之间的差异，《杏苑生春》明金陵书坊蒋氏石渠阁刻本中目录与正文标题不符有三十余处，如目录作"劳役所伤"正文作"劳倦所伤"，目录作"病源症治"正文作"病源证治"等。

（三）相类古籍中相同篇章之间的异文

　　由于古籍编撰时常引用他书的内容，故不同古籍中常有相同的篇章或文句。通过彼此之间的对比，也可以发现一些难以判定是非的异文。例如《甲乙经》《太素》都是在《素问》《灵枢》的基础上编撰而成，导致各书之间原文有很多相同之处。但经过各自的辗转流传，四部医书中原来相同的部分如今却出现了许多文字差异，其中相当一部分是难以判定是非的。如关于"六经气血多少"，《素问·血气形志篇》《灵枢·五音五味》《灵枢·九针论》《针灸甲乙经》卷一第七、《针灸甲乙经》卷一第十六、《太素·任脉》《太素·知形志所宜》均有论述，各书互有差异，至今难以定论。

　　难以判定是非的异文是校勘过程中经常遇到的现象，需保留底本原貌，在相关异文处出校，有的可以结合理校提出倾向性意见，确难判定是非者，则采取两说并存的方法，罗列异文，存疑以待来者。在历代中医古籍校勘实践中，面对证据不足，难以判定是非的异文，绝大多数学者都持小心审慎的态度，避免主观臆改。比如日人丹波元简介绍其力作《素问识》的校勘原则时就说："如其疑义，则举众说，不敢抉择是非。"

　　总之，古书在流传过程中产生的各种异文，都是校勘工作要面对的问题，是校勘的对象。古书之所以会产生异文，有主观原因和客观原因两个方面。主观原因包括传抄翻刻时的疏忽大意和校勘者、刊刻者的有意删改。删改的动机，有校勘者在证据不足情况下的臆断妄改，有为本朝避讳而改动前人文字，也有出于政治目的肆意删改。客观原因也很多，诸如书籍保管不善造成的脱落破损、印刷不清晰、汉字字体的变迁等。

除各种异文而外，书籍流传中在内容上、编次上也容易产生程度不同的差异。所以，中医古籍校勘的对象也包括书籍的篇次和内容等方面，厘定篇次、考核内容也是校勘的内容之一。

第三节 中医文献校勘的程序与方法

一、中医文献校勘的程序

对中医文献进行校勘，必须遵循一定的程序。所谓校勘的程序，是指校勘古籍时所采取的步骤。校勘一部中医古籍的一般程序，基本可以分为如下几个步骤：

（一）搜集版本和有关资料

一旦确定要对某部医籍进行校勘，第一步应该做的事情就是广泛搜集所校之书的不同版本，以及和该书相关的其他校勘资料。

广集版本首先要掌握所校古籍的现存版本情况。可以通过查核历代目录工具书，如史志目录、公私藏书目录等，了解该书的版本源流情况；通过各大公共图书馆的馆藏目录或其网站，获取现存版本信息。从理论上讲，应该对校勘书籍的现存版本进行穷尽性搜集，掌握全部现存版本，才能取得最好的校勘效果。如果现实条件不允许，则对于较好和较早的版本，须尽量加以搜集。校勘精良的版本，自然讹误较少，而书籍少传抄、翻刻一次，出错的几率也会降低一些。总的来看，时代越早的版本，就越接近古书的本来面目，可靠性也就越大。

除了搜集所校古籍的各种版本，还要搜集与该书相关的其他校勘资料。比如该书引用之书、后代引用该书之书、历代对该书的研究整理成果等，都在搜集之列。

（二）选定版本

对于收集到的版本，通过分析版本源流，比较版本优劣，选出其中一种最好的本子作为校勘的底本。底本是指古籍整理过程中作为工作基础的版本。校勘古籍时，选定一个本子作为校勘基础，再用多种方法对其进行校勘，此本即为校勘所用底本。由于底本是校勘古籍的基础和蓝本，直接关系着全书校勘的成败优劣，影响着校勘的可靠性和科学性，因此选定底本必须抱着十分慎重的态度。事先要进行充分的版本调研，研究版本流传轨迹，理清版本系统。选择底本的条件通常为版刻时间早、内容完整、文字错讹少、刻印清晰等。

用来同底本相对照的版本，称对校本。对校本可选择多个版本，根据在校勘过程中所起的作用不同，可分为主校本和参校本。主校本又称"通校本"，是指校勘时作为主要依据的版本，即全书从头至尾都要与底本核校一遍的版本。参校本是指校勘时用来在疑似之处加以参考的版本，不必通校全书。主校本的选定也要参照底本的标准，尽可能使用质量较高的版本。根据版本系统多寡，参校本可以有若干个。

至于在内容上与所校勘之书有密切关联的其他书籍，可以作为校勘时的他校本使用，如可以用《汉书》校《史记》，用《针灸甲乙经》校《内经》等。他校本的选定一般以行业内公认的通行本为主。

（三）拟订体例

在对全书具体字句进行逐一核校之前，有必要对校勘过程中可能遇到的一些共性问题加以统一和规范，使校勘整理后的古籍，在体例上保持前后一致。比如，对繁体字、异体字、通假字、古今字的处理，对中药名称的规范，对篇目的分合排序，格式、符号的处理，以及校勘过程中可能遇到的其他方面的问题，都要有所规定。预先拟订体例对于多人参与的校勘活动，或者对于卷帙较大的古籍，尤其重要。校勘体例的具体内容主要在书前的点校说明或校注说明中陈述。

（四）校勘异文

此步骤是针对底本字句的逐一核校，是校勘过程中最核心、最主要的部分。首先要运用对校的方法，将底本与主校本逐字比照，不同之处再与参校本相比照，校出并标识底本与校本之间的全部异文。其次，在对校的基础上，结合本校、他校、理校法，必要时运用综合考证的方法，通过对异文的分析，确定异文的性质，对异文审定正误，决定取舍。对异文分析判定的水平是本次校勘活动学术价值高低的重要观测点，也是校勘成败的关键所在。再次，通过撰写校勘记，在出现异文的相应部位出校（需要统一处理的可以体现在点校说明或校注说明之中），把对异文的判定处理结果固化在整理后的文本之中。

二、中医文献校勘的方法

校勘的方法，是指依据各种校勘资料，对古籍中的脱、讹、衍、倒等文字错误所采取的勘正方法。清代以前，学者们曾做过大量古籍校勘工作，在实践中也曾运用了各种校勘方法，但一直缺乏系统的理论总结。清代以后，学者们开始探讨校勘方法中的规律和特点，其中以近人陈垣《校勘学释例》中提出的四校法影响最广。陈垣在校勘《元典章》时，积累了丰富的校勘资料，并吸取前人的校勘经验，著成《校勘学释例》，在"校法四例"中，总结出勘正古籍文字错误的四种校勘方法，即对校法、本校法、他校法和理校法，从而构成了古籍校勘学的方法论体系，影响深远，至今仍被广泛采用。四种校勘方法并非完全孤立，在校勘实践中往往综合运用，所以又有了综合校法。

（一）对校法

对校法是以同一古籍的其他版本与底本相互对照进行校勘的方法，是最基本、最重要的校勘方法。

《校勘学释例·校法四例》云："对校法，即以同书之祖本或别本对读，遇不同之处，则注于其旁。刘向《别录》所谓'一人持本，一人读书，若怨家相对者'，即此法也。此法最简便，最稳当，纯属机械法。其主旨在校异同，不校是非，故其短处在不负责任，虽祖本或别本有讹，亦照式录之；而其长处则在不参己见，得此校本，可知祖本或别本之本来面目。故凡校一书，必须先用对校法，然后再用其他校法。"

对校法将版本之间的错误，按照原貌记录下来，不加任何改动。其优点在于"最简便，最稳当""不参己见"，可以保持版本的本来面目，避免了凭主观臆断妄改古籍原文的弊端。其缺点则是"不校是非"，不作判定。对校法是四校法的基础，在实际工作中，一般把对校法作为文本校勘的第一步，即收集校勘异文的过程，然后再结合其他校勘方法辨明是非和决定取舍。

例1：

帝曰：夏取盛经分腠何也？岐伯曰：夏者火始治，心气始长，脉瘦气弱，阳气留溢，热熏分

腠,内至于经,故取盛经分腠,绝肤而病去者,邪居浅也。(《素问·水热穴论》)

新校正云:按别本"留"一作"流"。

宋臣在整理《素问》时,运用对校法,发现"阳气留溢"之"留"字在《素问》的另一个版本中作"流",于是通过校勘记记录下来。

例2:

寒气客于冲脉,冲脉起于关元,随腹直上,则脉不通,不通则气因之,故喘动应衣矣。(《太素·邪客》)

杨上善云:有本无"起于关元"下十字也。

据杨上善校语,他将底本与另一版本相对照,发现另一版本并没有"起于关元"后边的"随腹直上,则脉不通,不通"十个字,文义均通,出校将此情况记录下来供读者参考。

例3:

若表已解,而内不消,大满大实坚有燥屎,自可除①下之,虽四五日,不能为祸也。(《伤寒论·伤寒例第三》)

①除:敦煌 P.3287 作"徐徐"。(刘渡舟《伤寒论校注》)

现代中医古籍校勘,也离不开对校法。《伤寒论校注》的底本是明赵开美摹宋刻本。整理者将底本与敦煌卷子 P.3287 的内容相对照,发现底本中的"除"字敦煌本作"徐徐",两者文义有差别,属于难以判断是非的异文,出校记提醒读者注意。

(二) 本校法

本校法是以同一古籍前后文字之间相互对照进行校勘的方法。如有底本以外的其他版本,本校法是校勘的一种辅助方法;如无底本以外的其他版本,本校法是一种重要的校勘方法。

《校勘学释例·校法四例》云:"本校法者,以本书前后文字互证,而抉摘其异同,则知其中之谬误。吴缜之《新唐书纠缪》,汪辉祖之《元史本证》,即用此法。此法于未得祖本或别本以前,最宜用之。予于《元典章》,曾以纲目校目录,以目录校书,以书校表,以正集校新集,得其节目讹误者若干条。至于字句之间,则循览上下文义,近而数页,远而数卷,属词比事,抵牾自见,不必尽据异本也。"

运用本校法,可目录与正文相校、上下文相校、不同章节相校、注文与正文相校等。

例1:

泻六经火

泻心火:黄连。泻小肠火:木通。泻脾火:白芍药。泻胃火:石膏。泻肺火:黄芩中枯者,山栀佐之。泻大肠火:黄芩细实者。泻肾火:知母。泻膀胱火:黄柏……(《杏苑生春》卷三)

明金陵书坊蒋氏石渠阁刻本《杏苑生春》卷三第五篇标题为"泻六经火",据该版本的目录,此标题当为"泻六经火药",根据正文与目录的对应关系,结合此篇的具体内容,此处可据目录校正正文标题。此种属于本校法中的目录与正文相校。

例2:

曰:经言,有见如入,有见如出者,何谓也? 然:所谓有见如入者,谓左手见气来至,乃内针,针入,见气尽,乃出针。是谓有见如入,有见如出也。(《难经·第八十难》)

元代滑寿《难经本义》:"所谓有见如入"下,当欠"有见如出"四字。

前文问句中"有见如入""有见如出"并提,答语中结尾处也说"是谓有见如入,有见如出也。"可见从上下文义来看,原文确实脱"有见如出"四字,否则文义前后不相符。南京中医学院编《难经校释》便采纳了滑寿的观点,在原文中补入了此四字。此种属于本校法中的据上下文的文义相校。

例3:

治之要极,无失色脉,用之不惑,治之大则。逆从到行,标本不得,亡神失国^①。去故就新,乃得真人。(《素问·移精变气论》)

①亡神失国:此句与上下文义不连,疑"失国"当作"失身","身"与下"新"、"人"叶韵。(郭霭春《黄帝内经素问校注》)

此段句义讨论的是治病,何言失国?上下文义不属。整理者根据韵句规律,认为"失国"当作"失身",有一定道理。《素问》用韵颇多,清代学者甚至认为其"通篇有韵",江有诰《素问韵读》根据《素问》用韵规律,校正出许多讹误。此例是现代学者依韵校勘的一则实例。此种属于本校法中的据上下文的音韵相校。

例4:

名曰心痹,得之外疾……名曰肺痹,寒热得之,醉而使内也……名曰肝痹,得之寒湿……名曰肾痹,得之淋浴清水而卧。(《素问·五藏生成》)

于鬯《香草续校书·内经素问》:"寒热"二字,似当在"得之"之下,方与上下文例合……二字倒转,为失例矣。

《素问·五藏生成》此段原文前后句子之间内容上有密切联系,句式上有对应关系,所以于鬯认为"寒热得之"与上下文例不合,属倒文,应作"得之寒热"。此种属于本校法中的据上下文的文例相校。

例5:

小儿耳鼻口间生疮,世谓之月食疮,随月生^①,因以为名也。世云:小儿见月初生,以手指指之,则令耳下生疮,故呼为月食疮也。(《诸病源候论·伤寒大小便不通候》)

①随月生:此后原有"死"字,衍文,从本书卷三十五月食疮候删。(南京中医学院《诸病源候论校释》)

《诸病源候论校释》的底本为清代周学海本。底本原文"随月生死"文义不通,整理者运用本校法,将此处原文与同书卷三十五"月食疮候"文字相对照,"月食疮候"文中作"随月生",并无"死"字,结合文义,可确定"死"字为衍文,故将其删除。此种属于本校法中的据不同章节相校。

四校法中最容易混淆的是理校与本校。因为本校不仅仅是利用本书前后文字上的对应关系,还涉及对古籍著述义例的推求,如句式的对应、语言习惯的对应等,所以本校与理校都是借助于合理的逻辑类推。但两者的区别就在于本校"有本书资料(不一定是异文,或者不是异文)可作比较依据",而理校则没有,因而相对而言,本校的可靠性比理校更强。

本校法是获取内证的重要手段,特别是在无版本对校的情况下,更显得十分必要。但运用本校法需要注意一点,即书籍最好是出自一人之手。若是多人合著,由于每个人行文习惯不同,对问题的认识也不尽相同,如果用本校法前后互证,强求一律,就会导致以不误为误,造成新的文字错误。特别是先秦古籍,流传至今,有些经多人改撰,已非一人之作,运用本校法时尤宜慎重。

（三）他校法

他校法是以不同古籍中的相关、相似内容与底本对照进行校勘的方法，是古籍校勘中的一种辅助方法。

《校勘学释例·校法四例》云："他校法者，以他书校本书。凡其书有采自前人者，可以前人之书校之；有为后人所引用者，可以后人之书校之；其史料有为同时之书所并载者，可以同时之书校之。此等校法，范围较广，用力较劳，而有时非此不能证明其讹误。"

运用他校法，必须首先明确他书的范围。据陈垣所论，"他书"的内涵包括三个方面：一是指本书所引之书，二是指引用本书之书，三是指记载了某些相同内容之书。就中医古籍而言，他书的内涵可以再扩大些，如递相承袭之书、内容密切相关之书、相同作者之书也应列入。这是因为中医古籍的内容多有渊源关系。基本理论中，《内经》《难经》《伤寒杂病论》《脉经》《甲乙经》《太素》《病源》，以及金元医家的著作和明清温病学的论著，大多一脉相承；药物学著作中，《神农本草经》《本草经集注》《新修本草》《开宝本草》《嘉祐本草》《证类本草》《政和本草》，以至《本草纲目》等，其对药物的论述则是在前人基础上的补充、修改和发挥；方书中，《肘后方》《千金方》《外台秘要》《太平圣惠方》《圣济总录》以至《普济方》等，亦是在前人的基础上不断发展；临床各科、养生康复等著作，大抵也是如此。中医古籍中内容密切相关的著作也很多，如《脉经》与《甲乙经》，《千金》与《外台》等，都可用作校勘的依据。作者相同的著作，如张仲景的《伤寒论》与《金匮要略》，孙思邈《备急千金要方》与《千金翼方》，成无己《注解伤寒论》与《伤寒明理论》等，由于反映的学术思想具有一致性，某些内容具有相关性，故可用作他校本。

他校法的特点是范围最广，用力最劳。因他书涉及面广，运用此法，必然需要耗费大量时间和精力。不过，随着计算机和网络技术的广泛应用，现今他校资料的检索和获取方式已经发生了重大变化，借助中医古籍数据库（如《中华医典》之类）或网络资源，能够便捷地将最有价值的他校资料搜索定位，进而实现合理的分析判断。中医古籍在流传过程中往往以讹传讹，各版本之间比照有时难以发现问题，反不如运用他校法获益更多。因此，在当今的古医籍整理实践中，为提高校勘质量，没有理由不充分利用古籍数据库和网络资源，将他校法的功用发挥到极致。

运用他校法需要注意的问题有二：其一，由于古人引书往往意引，不似今人严格。古人为了自身的编写目的或行文方便，常改动原文，或凭记忆引书，或摘取有关内容，中间不示省略。故对于"前人之书"和"后人之书"，必须考察古人引文的准确度，以确定其校勘价值。其二，在校勘考证过程中，他校所得一般只作为参考，如果没有确凿证据，不宜轻易据改。

例1：

皮寒热者，皮不可近席，毛发焦，鼻槁，不得汗；肌寒热者，肌[①]痛，唇舌槁，无汗；骨寒热者，病无所安，汗注不休，齿本槁痛。（《难经·第五十八难》）

[①]肌：原作"皮肤"，据《灵枢·寒热病》改。（南京中医学院《难经校释》）

南京中医学院《难经校释》的底本为1956年商务印书馆出版的《难经本义》。底本原文"皮肤痛"与前句"肌寒热者"文义不符，根据他书《灵枢》的文句，作"肌痛"则文义通顺，所以据《灵枢》改正底本文字。

例2：

鱼跃之脉，主两肾皆绝，荣卫俱亡，指下寻之即有，泛泛高虚，前定而后动，殊无息数，宛

若鱼游于水面,头不动而尾缓摇之貌,故曰鱼翔。旦占夕死,夕占旦死。(《杏苑生春·怪脉》)

原文中前曰鱼跃,后曰鱼翔,前后不一。宋代施桂堂《察病指南·七死脉》:"吴仲广云:鱼翔之脉,主肾与命门皆绝,卫气与荣血两亡。其脉来指下,寻之即有,泛泛高虚,前定而后动,殊无息数,宛如鱼游于水面,头不动而尾缓摇之貌,故曰鱼翔也。又曰:亡阳之候。死矣。旦占夕死,夕占旦死。"此段文字与上文基本一致,前后均作"鱼翔"。又《脉经》中并无鱼跃之说。《脉经·扁鹊诊诸反逆死脉要诀第五》有:"脉困,病人脉如虾之游,如鱼之翔者,死。"可见,据他书《察病指南》及《脉经》,原文"鱼跃之脉"当作"鱼翔之脉"。

(四)理校法

理校法是指根据文理、医理推测底本正误的校勘方法,是古籍校勘中的一种辅助方法。

《校勘学释例·校法四例》云:"段玉裁曰:'校书之难,非照本改字不讹不漏之难,定其是非之难。'所谓理校法也。遇无古本可据,或数本互异,而无所适从之时,则必用此法。此法须通识为之,否则卤莽灭裂,以不误为误,而纠纷愈甚矣。故最高妙者此法,最危险者亦此法。"

理校法的特点是在底本有疑误,又没有其他版本依据的情况下,或者虽有他本,但诸本说法互异,无所适从时,以文理、医理或其他事理作为依据,仍能判断出底本是非。也就是在其他三校法无法使用的情况下,仍能校出疑误。所以说此法最为高妙。但另一方面,因为此法纯属据理判断,在没有其他客观线索作为佐证的情况下,其结论带有一定的冒险性。从本质上看属于假说,不应当作确论。

基于以上特点,运用理校法必须审慎严谨,不能主观臆断。若要准确运用理校法,必须不断提高学术水平。就中医古籍整理而言,一方面要精通文字学、音韵学、训诂学等古汉语知识,另一方面要精通中医专业知识。中医古籍中还涉及大量古代传统文化知识,如历史、文学、哲学、天文、地理等,校勘者也必须熟悉。如果没有广博的知识做基础,理校便会得出错误的推断和结论,不仅不能纠正古书中的讹误,反而会产生新的讹误,使古籍距原貌愈来愈远。

理校之法应该慎用,但并非不能用。在使用对校、他校、本校的过程中,凡遇需要确定是非、判断正误,特别是诸本说法互异、无所适从时,大多离不开理校方法。理校法与其余三法之不同在于:理校法单纯凭借逻辑推理,而其余三法都必须借重文字实证。理校法既可以论证古籍异文的正误,也可以在没有任何相关资料可供比勘的情况下推求古籍中的文字讹误。

例1:

太阳脏独至,厥喘虚气逆,是阴不足阳有余也,表里当俱泻,取之下俞。(《素问·经脉别论》)王冰注:阳独至,谓阳气盛至也。阳独至为阳有余,阴不足则阳邪入,故表里俱泻,取足六俞也。下俞,足俞也。

新校正云:详"六"当为"穴"字之误也。按府有六俞,脏止五俞,今脏腑俱泻,不当言六俞,六俞则不能兼藏,言穴俞则脏腑兼举。

林亿在整理《素问》原文时,对王冰的注文同时进行了校勘。此例王冰注中"取足六俞"之"六"字,林亿经医理分析,认为当是"穴"字,在治疗时才能同时兼顾脏腑。此处"六"与"穴"当是形近之误。

例2：

行不欲离于世，被服章，举不欲观于俗。（《素问·上古天真论》）

新校正云：详'被服章'三字，疑衍。此三字上下文不属。

林亿认为《素问》原文"被服章"三字与上下文之间没有任何联系，在文理医理方面均不通，故疑为衍文。这也是运用理校法的校勘。但出于慎重，只是出了疑似校记，并没有下肯定的结论。

（五）综合校法

综合校法是指综合运用对校法、本校法、他校法、理校法对古籍进行校勘的方法。校勘过程中可根据具体情况不同程度地运用综合校法。从前人的校勘经验来看，经典的校勘成果往往是采用综合校勘取得的，即所谓"曲径旁通，多方求正，终得其是"。

例1：

有膈痰而渴①者，年盛必作黄疸，此由脾胃虚热故也，年衰亦发痈疽，腑脏虚热，血气否涩故也。（《诸病源候论·石火丹候》）

①渴：原作"湿"，从元本改。本卷疽候亦作"渴"。（南京中医学院《诸病源候论校释》）

这是一个对校与本校相结合的例子。校勘者将底本即清代周学海本《诸病源候论》原文"有膈痰而湿者"改为"有膈痰而渴者"。其依据有二：一是"湿"在对校本即元本中作"渴"，这是采用对校法；二是"湿"在同版本同卷"疽候"中亦作"渴"，这是采用本校法。两相印证，证据确凿，改之有理。

例2：

气行交通于中，一周于身，下水一刻，日行二十分有奇①。（《灵枢·五十营》）

①二十分有奇：原作"二十五分"，据《甲乙》卷一第九改。按：《太素》卷十二"营五十周"、《素问·八正神明论》王注引均作"二十分"，《医学纲目》卷一谓："二十五分，当作二十分"，详考其数值，当以《甲乙》为是，故据改。（河北医学院《灵枢经校释》）

此例运用他校与理校相结合。校勘者运用了多重他校，最后通过理校的分析，决定取舍，判定是非，体现了理校的优势。从校勘记中看，他校本有《甲乙经》《太素》《素问》，还有《医学纲目》的观点作旁证，最后通过理校，"详考其数值"，判定"二十分"为是，做出结论。

第四节　校勘成果的处理

按照校勘的一般程序，运用以上校勘方法校出的异文，要进行分析考证，并根据具体情况做出改或不改的处理判断。除了在校注说明或点校说明中有统一规范的事项之外，正文中对有价值的异文都需要进行记录，对确属文字错误的异文进行改正，同时对记录或改正之处做出说明或解释，用文字的形式逐条记录下来，附载于校勘后的文本中。这种说明或解释的行为叫做"出校"，用来说明或解释的条文即校勘记，简称校记。校勘记是校勘内容和成果的文字记录，具有重要的学术价值，它可以使校正者有据，误校者留迹，两通或多歧者存异。

一、出校原则

对于在校勘过程中发现的古籍文本中的各类异文，其处理方式需具体分析，当视所校之

书的不同情况、适用范围、读者对象等规定具体的出校原则。一般情况下,可遵循以下原则:

(一)应出校者

有校必记是出校的重要原则。拟订校勘体例时规定可以径改的事项,需在书前校注说明或点校说明中统一说明,除此之外,凡改动底本上的任何一个字,都必须出校。这样做的目的,就是要留有痕迹,便于读者查考底本的原貌,也便于读者做出自己的判断。

底本与校本互异,底本有误而校本不误者,若采用改后出校法,则需据校本改正并出校。

底本与校本虽然一致,但按文义疑有讹、脱、衍、倒之属又缺乏依据者,保留原文不作改动,出校存疑。

底本与校本互异,但两者文义皆通,难以判断何者为是,如校本之文有参考价值,可出校以存疑,并提示何说义长。

底本与校本虚词互异,如属底本错讹,且影响文义者,须校改并出校。

底本中原有其字的通假字,于首见处出校。

底本中的避讳字,有碍于文义文理者,改回原字并出校说明。

底本中引录他书文献,如引录之原文窜改较多,且有损文义,系著者原误者,原文不改,可出校;系后来致误者,可以改动原文并出校。

底本中涉及的具体史实,如人物、地点、年代等,若记述有明显错误,原文不改,出校。

底本目录与正文不符,如正文正确而目录有误,据正文订正目录,出校;如目录正确而正文错漏,可据目录订正正文,出校。

校本比底本多出的序、跋、前言、后记等,可根据具体情况选择补入,并出校说明。

凡前人校记已发现的问题为己采用时,应出校说明出处。

(二)可不出校者

凡底本不误,校本有误者,一般不出校。

底本中明显的错字、别字或"日"与"曰"、"己"与"巳"混淆之类,可以径改,不出校,但须在校注说明或点校说明中统一说明。

底本与校本虚词互异,如无关宏旨者,可以不改,一般不出校。

底本中的避讳字,如系习用已久,无碍于文义文理者,不必回改;如系缺笔、空字,则径改回原字,不出校。两者均须在校注说明或点校说明中统一说明。

底本中的异体字、古字、俗写字等,除特殊情况外,统一以规范字律齐,不出校,在校注说明或点校说明中统一说明。

底本中引录他书文献,虽有删节或缩写,但不失原意者,无需据他书改动原文,可保持底本原貌,一般亦不必出校。

如底本目录编排凌乱,可据校定后的正文重新编排目录;若底本无目录,据正文提取目录。两者均应在校注说明或点校说明中统一说明。

着重符号酌情删改,重文符号改回原字,间隔符号"○"以标点符号代替,或空格,或另起一行,均不需出校,必要时在校注说明或点校说明中统一说明。

底本校本皆有脱文,或模糊不清难以辨认者,以虚缺号"□"按所脱字数一一补入;无法计算字数者,以不定虚缺号"▨"补入。两者均不需出校,可在校注说明或点校说明中统一说明。

原著者的个人学术见解与错误,不属校勘范畴,不出校。

二、出校的基本方法

在校勘工作中,运用对校、本校、他校、理校等校勘方法,发现各种类型的异文,根据出校原则进行分析和考辨,以确定出校的范围。针对已经确定出校的异文,可采取两种不同的出校方法,即不改出校法和改后出校法。

(一) 不改出校法

不改出校法即对底本原文不作改动,校勘的内容和结果在校勘记中加以说明和记录。具体方法是在有异文的文字旁标注序号,再按照相应的序号撰写校勘记,置于当页下方(横排版)或左侧(竖排版)。也有将校勘记集中置于一段文字之下,或一篇、一卷、甚至全书正文之后的情况。

例:

由邪气内薄于五脏,横连募原也。(《素问·疟论》)

新校正:案全元起本"募"作"膜",《太素》、巢元方并同,《举痛论》亦作"膜原"。

《疟论》原文"募原"二字经林亿校勘,全元起本作"膜原";《太素》《诸病源候论》亦作"膜原";《素问·举痛论》亦作"膜原"。王冰于《举痛论》下注云:"膜,谓膈间之膜;原,谓鬲肓之原。"可见"膜原"当是一成词,原文"募"作"膜"为是。但为保持原貌,林亿并未改动原文,采用的是不改出校法。

(二) 改后出校法

改后出校法即先将底本原文的错误改正过来,然后将底本的原貌、校改的依据在校勘记中加以说明和记录。具体方法与校记的位置同上。

例:

渴利后损[1]候　夫渴利病后,荣卫虚损,脏腑之气未和,故须各宣畅也。(《诸病源候论·消渴病诸候》)

[1]后损:原作"损后",宋本、汪本同,倒文,据周本乙转。(丁光迪《诸病源候论校注》)

此例属倒文,校勘者直接改动原文后,于校勘记中告诉读者底本原作"损后",乃依据对校本之一周本乙转。

对古医籍进行校勘时,针对古书的具体情况,可选择不改出校法或改后出校法,选择的标准主要依据整理古书的目的。不改出校法适用于珍本古籍或以学术研究为目的的古籍整理。它的优点是能够保留底本原貌,不掺杂校勘者的主观意识,客观性强,即所谓"死校";缺点是阅读时不连贯,须随时查对校勘记。改后出校法适用于普及性读物或以实用为目的的古籍整理。它的优点是已经把底本中的错误改正过来,读者能够直接阅读原文,省去参阅校记的麻烦,即所谓"活校";缺点是底本原文已经改动,不免掺杂有校勘者的主观意识,读者容易被误导。

然而,在实际校勘工作中,通常视书籍、异文的具体情况,以两种出校方法相结合,交互使用。

例1:

假令得肝脉,其外证:善洁,面青,善怒;其内证:齐左有动气,按之牢若痛;其病:四肢满,闭淋,溲便难,转筋[1]。有是者肝也,无是者非也。(《难经·第十六难》)

[1]其病四肢满闭淋溲便难转筋:《难经悬解》作"其病满闭,溲便难,四肢转筋"。(南京

中医学院《难经校释》）

例2：

尺寸者，脉之大要会也。从关至尺是尺内，阴之所治也；从关至鱼际是寸内①，阳之所治也。（《难经校释·第二难》）

①寸内：原作"寸口内"。《难经汇注笺正》："寸口内，《难经集注》黄氏重刻《佚存丛书》本无口字，《千金翼》亦作寸内。"据改。（南京中医学院《难经校释》）

同为一本《难经校释》，针对具体情况，采用了不同的出校方法。例1与《难经悬解》进行了对校，发现异文，但两者皆通，难定取舍，因无更多证据，故不改动原文，存两说待考。例2则采用了改后出校法，改动的依据是前人的校勘成果，校勘者认为其观点充分，可以立说，故据改。

三、校勘记的撰写

撰写校勘记是古籍校勘工作的最后一个重要环节，是校勘成果的主要表现形式。撰写校勘记有三点要求：首先要体例统一。同一部书中的校勘记，要求在句式、术语、格式、文风等方面保持前后的一致性。特别是多人合作校勘的书籍，更要注意体例统一。事先拟订校勘体例，校勘过程中人人遵照执行，可以避免前后体例出现矛盾。其次要内容完整。校勘记应按照格式、术语等要求书写完整，不可缺项。第三要用语规范简明。针对不同类型的校勘记，使用术语应规范，避免口语化，以简明扼要的语言准确体现校勘成果。

（一）校勘记的类型及常用术语

伴随着表达各种校勘成果的需要，校勘记也呈现出不同的类型。主要有是非校勘记、倾向校勘记、异同校勘记和存疑待考校勘记。在长期的校勘实践中，也逐渐形成了一些校勘术语，学者们相袭为用，借以记载和传达校勘成果。实际上，校勘术语就是浅近的文言文，将其运用到校勘记中，可避免白话冗长，多费笔墨。各种类型的校勘记所使用的术语各有侧重。在本章列举的校勘实例中，已涉及不少校勘术语。在此，结合校勘记的类型，就一些常用的校勘术语分述如下。

1. 是非校勘记及术语　是非校勘记是指对所校内容的讹、脱、衍、倒能够明确判断是非并且进行纠正的校勘记。此类校勘记常使用"改""补""删""乙正"等术语来撰写。

用于改后出校法的有"据改""据补""据删""乙正"等，用于不改出校法的有"当作""当改""当删""当补"等，多用于说明有明确校勘依据的成果。

例1：

鳖甲煎丸方

鳖甲（十二分，炙）　乌扇（三分，烧）　黄芩（三分）　柴胡（六分）　鼠妇（三分，熬）干姜（三分）　大黄（三分）　芍药（五分）　桂枝（三分）　葶苈（一分，熬）　石苇（三分，去毛）　厚朴（三分）　牡丹（五分，去心）　瞿麦（二分）　紫葳（三分）　半夏（一分）　人参（一分）　䗪虫（五分，熬）　阿①胶（三分，炙）　蜂窠（四分，熬）　赤硝（十二分）　蜣螂（六分熬）　桃仁（二分）（《金匮要略方论·疟病脉证并治第四》）

①阿：底本作"附"，形近之误，据赵开美本改。（何任《金匮要略校注》）

《金匮要略校注》底本为1340年元代仿宋刻本《新编金匮方论》，即邓珍本。此例运用对校法，将底本与赵开美本相对照，校出讹文，又根据中药名称，厘定是非，故校勘记用"据某本改"的形式说明底本原文已改正。

例2：

"未睹其疾"者，先知邪正何经之疾也①，"恶知其原"者，先知何经之病，所取之处也。（《灵枢·小针解》）

①先知邪正何经之疾也：孙鼎宜："先"当作"未"，"正"当作"在"，"之疾"二字衍。（河北医学院《灵枢经校释》）

此例"先"句乃解释前文"未睹其疾"的句意，根据词义对应的关系来看，"先"为"未"之误，"正"为"在"之误，"之疾"二字为衍文。校勘者虽然采用的是不改出校法，但是非判断已很肯定。

2. 倾向校勘记及术语　倾向校勘记是指对所校内容的讹、脱、衍、倒的是非判断没有确切把握，但能提出一定倾向性意见的校勘记。此类校勘记常使用"疑误""疑脱""疑衍""当作""当删""当改""似脱""似倒""义长""义胜""于义为长""于义为胜""似为是""可参"等术语来撰写。多用于表明校勘者的倾向性意见，为慎重起见，底本原文不作改动。

例1：

春不病颈项，仲夏不病胸胁，长夏不病洞泄寒中，秋不病风疟，冬不病痹厥，飧泄，而汗出也。（《素问·金匮真言论》）

新校正云：详"飧泄而汗出也"六字，据上文疑剩。

宋臣林亿等整理《素问》时，采取了极为审慎的态度。《重广补注黄帝内经素问序》说："正缪误者六千余字，增注义者二千余条，一言去取，必有稽考。"对于难以确认之处，只提出倾向性意见，绝不妄改底本。此例"飧泄而汗出也"与上下文义不属，林亿怀疑是衍文，提出倾向性意见，供后人参考。通读《素问》新校正，措辞频繁使用类似"疑衍""疑剩"之语，可见整理者主观上具有刻意避免妄下断言的意识。

例2：

凡候热病而应衄者，其人壮热，频发汗，汗不出，或未及发汗，而鼻燥喘息，鼻气鸣即衄。凡衄，小儿止一升，或数合，则热因之为减；若一升二升①者死。（《诸病源候论·伤寒鼻衄候》）

①一升二升：本书卷四十六温病鼻衄候作"一斗数升"，义较长。（南京中医学院《诸病源候论校释》）

此例运用本校法校出异文"一升二升"和"一斗数升"，校勘者只表明倾向性，认为作"一斗数升"文义更顺，但为慎重，没有改动原文，留待后人研究取舍。

3. 异同校勘记及术语　异同校勘记是指所校内容众本各异，难以抉择取舍，只列出异文而不加以判断是非的校勘记。此类校勘记常使用"一作某""某本作某""某本有某""某本无"等术语来撰写。多用于说明是非难定的异文，校勘者亦无倾向性意见。

例1

伤寒六七日，发热微恶寒，支节烦疼，微呕，心下支结，外证未去者，柴胡加桂枝汤主之。（《注解伤寒论·辨太阳病脉证并治第七》）

成无己注：赵本无"加"字。

例2

病①胁下素有痞，连在脐傍，痛引少腹，入阴筋者，此名藏结，死。（《伤寒论·辨太阳病

脉证并治法第三》)

①病:《玉函》卷三"病"下有"者若"二字;《补亡论》卷五"病"下有"人"字。(郭霭春《伤寒论校注语译》)

以上两例分别通过对校法和他校法校出异文。例1"柴胡加桂枝汤主之"或"柴胡桂枝汤主之"文义都通,但含义不同;例2"病胁下素有痞""病者若胁下素有痞"或"病人胁下素有痞"三种表达方式均不影响句义。在没有其他证据的情况下,很难取舍,属于难定是非的异文。故校勘者只是在校勘记中摆出事实,供读者参考,并无倾向性意见。

4. 存疑待考校勘记及术语　存疑待考校勘记是指对所校内容难以判断是否讹、脱、衍、倒,或者虽然能够判断讹、脱、衍、倒,但由于缺乏证据不便改动底本原文的校勘记。此类校勘记常使用"未详""存疑""待考"等术语来撰写。多用于已知有误或怀疑有误,但缺乏证据而无从校正者。

例1:

肠胃之长,凡长六丈四寸四分,受水谷六斗六升六合八分合之一,此肠胃所受水谷之数。(《太素·身度》)

杨注:计肠胃所受之数,垂升之半,合之大半也。

萧延平按:"六丈四寸四分"《灵枢》《甲乙》作"五丈八尺四寸","受水谷六斗六升六合八分合之一"作"受水谷九斗二升一合合之大半"十三字。注"垂"袁刻作"乘",其义均未详。

萧延平校勘记先载明他书异文两处,然后说明杨上善注文中的"垂"字袁刻本作"乘"字,此乃运用他校法和对校法校出的异文。前两处他书异文难定取舍,杨注作"垂"或"乘"文义均晦涩难懂,又缺乏旁证,于是萧氏直书"其义均未详"。萧延平整理《太素》的按语中,类似"未详"之类的用语多处可见,一方面说明《太素》流传日久,错讹不明之处在所难免,同时体现学者校书的严谨态度。

例2:

病在脾,愈在秋,秋不愈,甚于春,春不死,持于夏,起于长夏。禁温食饱食,湿地濡衣。(《素问·脏气法时论》)

丹波元简云:吴:"温"作"湿",注云"湿食,水果之类"。高同,云:"湿食,水湿之食也"。张云:"温,言非热,防滞也。"简按:二说未详孰是。(丹波元简《素问识》)

关于《素问》原文"温食",丹波元简列举了三条前人的解释。其中吴崑《素问吴注》认为"温"是讹字,当作"湿"。高士宗《黄帝素问直解》也认为"温"当作"湿"。而张景岳《类经》则认为不是讹字。对于两种截然不同的观点,丹波元简直接表明了多闻阙疑、以俟来者的态度。

(二)校勘记的样式

校勘记可分为简式和详式两大样式。根据校勘的具体对象以及校勘者所要表达的学术观点精深或浅显的需要,采取不同的校记方式。普及性古籍整理多采用简式校勘记,出校少而精,简而明,避免繁琐考证;研究性古籍整理多采用详式校勘记,出校广而博,深而透,并进行相应的分析和考证。

1. 详式　详式校勘记应包括校、证、断三个部分。"校"是指通过对校、本校和他校所发现的讹、脱、衍、倒等异文;"证"是指校者对讹、脱、衍、倒等异文的分析论证,包括转述前人的见解;"断"是指校者对讹、脱、衍、倒等异文是非正误的判断。用前人习用的术语来说,这三层也可称为一校二按三断,总称"按断"。由于整理者也可能不作结论,因而有"按而不断"之谓。

例1:

百合洗方　右以百合一升,以水一斗,渍之一宿,以洗身。洗已,食煮饼①,勿以盐豉也。《金匮要略方论·百合狐惑阴阳毒病脉证治第三》

①煮饼:赵开美本作"煮饼",《千金方》卷十作"白汤饼"。庞氏《伤寒总病论》谓煮饼是"切面条,汤煮水淘过,热汤渍食之"。丹波元简《金匮要略辑义》引张师正《倦游录》云"凡以面为食煮之,皆谓汤饼"。"饼""饼"形近而误,以赵开美本为是。(何任《金匮要略校注》)

此则校勘记采用了不改出校的方法。校记首列赵开美本和《千金方》卷十两条异文,继而引用庞氏和丹波氏两条佐证,最后做出结论,"饼"与"饼"系形近而误,以赵开美本为是。以上校记证据充分,断定"煮饼"为是,结论可信。

例2:

风之伤人也,或为寒热,或为热中,或为寒中,或为疠风,或为偏枯,或为风也①,其病各异,其名不同,或内至五藏六府,不知其解,愿闻其说。《素问·风论》

①或为风也:《太素》卷二十八"诸风数类"作"或为贼风也"。《甲乙》卷十第二上"或"字作"其"。《千金》卷八第一作"或为贼风"。《读素问钞》云:"或当作均"。高士宗注:"或为风病之无常。"《素问识》云:"下文有脑风、目风、漏风、内风、首风、肠风、泄风,恐为风之间有脱字。"(山东中医学院《黄帝内经素问校释》)

在详式校勘记中,按而不断的两段式也很常见,主要用于存疑待考类校勘记。此则校勘记仅两段,按而未断。先载他书《太素》《甲乙》《千金》中的异文,其次引滑寿、高士宗、丹波氏的校注作为按语。只存疑待考,未作论断。

2. 简式　简式校勘记以简要记录校勘结果为目的,不作论证。简式校勘记的书写形式并没有固定的公式,但前人在长期的校勘实践中逐渐形成了一些成例。张舜徽在《中国古代史籍校读法》"校书的具体方法"一节中,针对不改出校法,归纳出十种常见的情况和相应的校记方式:

凡文字有不同者,可注云:"某,一本作某。"

凡脱一字者,可注云:"某本某下有某字。"

凡脱二字以上者,可注云:"某本某下有某某几字。"

凡文字明知已误者,可注云:"某当作某。"

凡文字不能即定其误者,可注云:"某疑当作某。"

凡衍一字者,可注云:"某本无某字。"

凡衍二字以上者,可注云:"某本某字下无某某几字。"

字倒而可通者,可注云:"某本某某二字互乙。"

字倒而不可通者,可注云:"某本作某某。"

文句前后倒置者,可注云:"某本某句在某句下。"

以上是针对不改出校法,就一般常见情况举出的例子。对于有确凿证据,可以在改动底本原文后出校,即应用改后出校法者,当在以上各条基础上灵活运用,如:

凡脱一字者,可注云:"原脱,据某本补。"

凡脱二字以上者,可注云:"某某几字原脱,据某本补。"

凡文字明知已误者,可注云:"原作某,据某本改。"

凡衍一字者,可注云:"此下原有某字,据某本删。"

凡衍二字以上者,可注云:"此下原有某某几字,据某本删。"

字倒而不可通者,可注云:"原作某某,据某本乙。"

文句前后倒置者,可注云:"某句原在某句下,据某本移此。"

简式校勘记并不仅限于以上所举,由于校出的异文多种多样,表达校勘成果的校勘记写法也随之灵活多样,若要达到运用自如的程度,还需在校勘实践中多加体会,融会贯通。

（曹　瑛）

第五章　中医文献的注释

为古书作注可以远溯到秦汉时代。其兴起的原因，刘师培在《中国文学教科书·周代训诂学释例》中讲述得很清楚：

> 三代以前，以字音表字义，无俟训诂。然言语之变迁，略有数端。有随时代而殊者，如《尔雅》"夏曰岁，商曰祀，周曰年，唐虞曰载"，《孟子》"夏曰校，商曰序，周曰庠"是也。同一事物而历代之称各殊，则生于后世必有不能识古义者。若欲知古言，必须以今语释古语。同一名义而四方之称各殊，则生于此地必有不能识彼地之言者。若欲通方言，必须以雅言证方言。且语言既与文字分离，凡通俗之文必与文言之文有别，则书籍所用之文，有必以通俗之文解之。综斯之故，而训诂之学以兴。

既然注释之学兴起的原因有多方面，如时代变迁、地域不同、语言俗雅之别等，古注的内容自然也就十分丰富，包括解说词语音义、探究语源、诠释典故、串讲文义、考史叙事以及辑录评语、附说己见等。也就是说，除了书中的字词，凡其中提到的有关典章制度、山川地志、服饰车马、人物爵里，注释者认为有必要说明的，都成为注释的对象。其中又以解释字词音义为主，传统习惯把它称为训诂学。训诂之学虽然不能涵盖古书注释的全部内容，但确是注释的重要基础。它是学术性、实用性很强的一门学问，其质量有赖于注释者深厚的知识积累。因此，清人杭世骏在论述注释之难时说：

> 作者不易，笺疏家尤难。何也？作者以才为主，而辅之以学。兴到笔随，第抽其平日之腹笥，而纵横曼衍以极其所至，不必沾沾獭祭也。为之笺与疏者，必语语核其指归，而意象乃明；必字字还其根据，而证佐乃确。才不必言，夫必有什倍于作者之卷轴，而后可以从事焉。（《道古堂文集·卷八·李太白集辑注序》）

医籍注释同样源远流长。以早期的经典著作《内经》为例，从它产生的时代起，注释工作就开始了。如《灵枢·小针解》逐句解释了同书《九针十二原》的某些段落，《素问·针解》也对该文有所诠释。此后名家辈出，全元起、陶弘景、杨上善、王冰、林亿、成无己、李时珍等，都对古代医学要籍进行了大量的注释工作，或疏通文字，或阐发医理，或补缺正误，其中不乏真知灼见。不仅反映了注释者深刻的学术思想以及对医理的发展创新，更显示了他们分析问题的方法和运用语言材料的能力。正如唐代王冰在《黄帝内经素问注·序》中所说："且将升岱岳，非径奚为？欲诣扶桑，无舟莫适"。这些注释如同"舟"、"径"，是帮助我们读懂古医籍的凭借，至今仍能给我们以启发。

第一节　古籍旧注的体例

我国古籍注释历史悠久，内容丰富，体例众多。综合起来看，常见的主要体例有传、注、说、故、训、解、笺、疏、义、考、微、音义、章句、直解等。

一、传

传，是解释或阐述经文义旨的文字。《公羊传·定公元年》："主人习其读而问其传。"何休注："读谓经，传为训诂。"也就是说"传"与解释训诂的意思相同。现存最早以"传"命名的典籍，是孔子所作的《易传》，也叫"十翼"，是孔子对《周易》的经文作发挥说明的文字。此后使用这种体例写作的，内容也各有不同。有依照经文逐字逐句解释的，如《毛诗诂训传》；有不依照经文而别立新说的，如《春秋左氏传》《尚书大传》；有阐明经文中微言大义的，如《春秋公羊传》《春秋谷梁传》等。《汉书·艺文志》把所谓"采杂说，非本义"的叫外传，如《韩诗外传》。另外还有内传、大传、小传、集传、补传之分。我们今天所谓的"传"，多指依照经文逐字逐句加以解释的，如《毛诗诂训传》那样的体例。

二、注

注，是用得最多、流行最广的注释名称。《说文解字》："注，灌也。"张舜徽《中国古代史籍校读法》云："注，取义于灌注。文义艰深，必解释而后明，犹水道阻塞，必灌注而后通。"在西汉，解释经书者以"传"为名的居多，东汉以后，以"注"为名的注释书籍逐渐增多，如郑玄《周礼注》《仪礼注》《礼记注》，高诱《战国策注》，王弼《周易注》，郭象《庄子注》，刘孝标《世说新语注》，唐·王冰《黄帝内经素问注》，清·张志聪《黄帝内经素问集注》《黄帝内经灵枢集注》，清·陈念祖《金匮要略浅注》等，还有各种校注、补注等，种类繁多，不胜枚举。

三、说

"说"之名起于《说卦》。《字书》云："说，解也，述也。解释义理而以己意述说之也。"《易·说卦》孔颖达疏："《说卦》者，陈说八卦之德业变化及法象所为也。"《说文》："说，释也。"《墨子·经上》："说，所以明也。"《后汉书·孔奋传》："奋晚有子嘉，官至城门校尉，作《左氏说》云。"李贤注："说，犹今之疏也。"可见"说"的主要意思就是解释说明。"说"原本与"传"相对称，侧重于义多自出，即所释不是传述师说，而是自宣己见。在汉以前，"说"以说解经籍原文的要义为主，如《墨子·经说》《韩非子·内储说》《外储说》。而宋以后，"说"在说解经文的意蕴时，往往以辩证旧注的误说为标的，加强了考辨性质。

四、故

"故"与"诂"同，都是疏通解释经文的意思。张辑《杂字》："诂，古今之异语也。"《说文》："诂，训故言也。"段玉裁注："故言者，旧言也，十口所识前言也。训者，说教也。训故言者，说释故言以教人，是之谓诂。分之则如《尔雅》析故、训、言为三，三而实一也。汉人传注多称故者，故即诂也。"简言之，以今言解释古言。《汉书·艺文志》载解释《诗》的有《鲁故》

《齐后氏故》《韩故》《毛诗故训传》等，均已亡佚。以"诂"为名的后代也有，如《隋书·经籍志》载有《古今字诂》《杂字解诂》。清代王引之《春秋名字解诂》、洪亮吉《左传诂》、阮元《经籍籑诂》等都是这一类的著作。

五、训

训，《尔雅·释诂》说："训，道也。"邢昺疏《尔雅·释训》时解释篇名说："此篇以物之事、义、形、貌告道人也，故曰'释训'。"所以"训"就是把事物的形貌意图告诉别人。以"训"作书名，自然是将书中要表达的意思告诉读者。但直接以"训"为书名的很少，往往和诂、注、篆等连称。譬如毛亨《毛诗故训传》是最早的例子。后有汉·何休《论语注训》和《孝经注训》、卫宏《古文尚书训旨》、晋·刘兆《周易训注》、梁·曹侯彦《字义训音》、宋·薛季宣《书古文训》、清·江永《礼记训义择言》、朱骏声《说文通训定声》、宋翔凤《小尔雅训篆》等。凡为训，多以训解经书和小学书为主。

六、解

解，《说文》："判也。""判"字本义是将木头分为两半，所以解的意思就是分析、分解。作为一种注释的类型，解主要是指将经文意思分解明白，其实还是解释说明的作用。"解"常和其他类型的注名连用，如解诂、解谊、注解、解说、解义、悬解等。相关的书有汉·何休《春秋公羊传解诂》、服虔《春秋左传解谊》、清·黄元御《伤寒悬解》《金匮悬解》等。也有单用"解"为书名的，如宋·范祖禹《诗解》、李樗《毛诗详解》、清·姚绍虞的《素问经注节解》等。惯常所见的，主要是集解，即集合、汇篆诸家注释。如三国魏·何晏《论语集解》就集合了孔安国、包咸、马融、郑玄、陈群、王肃、周生烈等诸家为《论语》所作注释。类似的还有晋·裴骃《史记集解》、清·孙希旦《礼记集解》，都是模仿何晏的体例。这有一个好处，就是一些注释家的注本虽然亡佚，但通过保存在集解中的片言只字，仍可窥见他们的注释思想。

七、笺

笺，《说文》云："表识书也。"表识即是注明。汉·郑玄为《毛诗》作注，既释经文大义，亦补充毛《传》不足，也是解释《诗》之大作。郑玄所注"三礼"皆称"注"，唯注《毛诗》称"笺"。元好问《论诗三十首》："独恨无人作郑《笺》。"亦可知后人对郑玄《毛诗传笺》的推重。笺作为注释的特点是注释详细，不仅解释经文，于前人相关注释难解处也有说明。用作书名的，如清·江藩《尔雅小笺》、汪继培《潜夫论笺》、黄节《汉魏诗风笺》、近人郭绍虞《元好问论诗三十首小笺》，多含谦虚之意。此外，笺多与其他注释类型组合，构成诸如笺注、笺疏、笺证之类的注释名称，如清·吴兆宜《徐孝穆集笺注》、钱绎《方言笺疏》等。

八、疏　正义

"疏"是疏通的意思。解释经文，疏通其费解、讹误之处，是疏的主要作用。"正义"和"疏"意思相同，两者不仅对古书原文加以解释，还对前人的注文进行解释。疏之体起于魏晋，陆玑曾作《毛诗草木鸟兽虫鱼疏》，解释说明《毛诗》中记载的草木、鸟兽、虫鱼等生物。此外如《尚书义疏》《毛诗义疏》《周官礼义疏》《礼记义疏》等。唐·孔颖达奉诏撰五经正义时，专主一家之说，《易》用王弼注，《尚书》用伪孔安国传，《诗》用毛《传》、郑《笺》，《左传》用杜预注,《礼记》用郑玄注,坚持疏不破注的原则,以他们的注为准则,决定对前代诸家、近代义疏的取舍。以疏为名的,最常见的是"十三经注疏"。医书有清·叶霖《难经正义》、民国刘士祯述义刘瑞瀜疏证《伤寒杂病论义疏》、等。本来在宋以前,注与疏是分成两部书,宋以后,为了便于阅读,才把注与疏刻在一起,在经传原文、注文的后面用"疏"字隔开,便于人们阅读。

九、义

"义"是义理、道理的意思。作为训诂注释的"义",主要是指疏通、解释书的义理。以"义"名书的颇多,据《隋书·经籍志》,仅与《周易》有关的就有干宝《周易爻义》、刘瓛《周易乾坤义》、梁武帝《周易大义》、南平王《周易几义》、梁蕃《周易开题义》等。与"义"相关的注释名称还有义疏、义注、义证、义章、义略、异义、精义、校义等。《隋书·经籍志》同样载有《毛诗义疏》《毛诗述义》《尚书义注》《尚书文外义》等。元代滑寿《难经本义》、清人胡澍《素问校义》、日本丹波元简《金匮玉函要略辑义》《伤寒论辑义》也很著名。

十、考

"考"不仅有注释的内容,而且注重考订辨证。与考有关的,有考证、考辨、考订、考异、考误、通考等名,自宋以后渐多,如宋·王应麟《三家诗考》《诗地理考》,元·马端临《文献通考·经籍考》,明·王以宁《春王正月考》,陈士元《论语类考》,陈第《毛诗古音考》,李时珍《奇经八脉考》,吴崐《医方考》等,清·朱彝尊《经义考》,胡秉虔《西京博士考》,惠栋《古文尚书考》,周广业《孟子四考》,戴震《毛郑诗考证》,潘眉《三国志考证》,宇文绍奕《石林燕语考异》,钱大昕《廿二史考异》,秦蕙田《五礼通考》,钱坫《九经通借字考》等。

十一、微　隐

"微"与"隐"都是指阐发经文的微言大义、内在的深义。如《汉书·艺文志》载有《左氏微》《铎氏微》《张氏微》《虞氏微传》。此外还有唐·陆淳《春秋微旨》,宋·卢仝《春秋摘微》,清·魏源《诗古微》《书古微》《公羊古微》,江永《律吕阐微》等。唐·颜师古注:"微,谓释其微旨。"一般指阐发书中精微、隐微之处。所以后世的注述,有叫发微、阐微、见微、解微、探微、指微等各种名目。如明·马莳《黄帝内经灵枢注证发微》《黄帝内经素问注证发微》,近代曹颖甫《金匮要略发微》等。

"隐"与"微"略同,《史记·司马相如列传》:"《春秋》推见至隐。"唐·司马贞《索隐》引李奇曰:"隐犹微也,言其义彰而文微。"以隐为名的如晋·郭象《论语隐》,无名氏《毛诗音隐》《礼记音义隐》。

十二、音　音义

音,指文字的读音。不言而喻,凡以"音"为名的注释图书,均以释经文或注释读音为目的,注释方式则多以反切注音为主。由于阅读古书会碰到很多难字、多音字,故以"音"为名的书籍较多,如汉·郑玄《周礼音》,魏·王肃《周易音》,晋·徐邈《古文尚书音》《毛诗音》《礼记音》,陈·顾野王《尔雅音》,唐·陆德明《尚书释音》,清·顾炎武《诗本音》等。

"音义"是指在释音的同时兼及释义。其实一些释音的著作同时也释义,如上文所举晋·徐邈《毛诗音》《古文尚书音》等。音义之外,还有音训、音注、音证、音释、音解、音辨等名称。此外还有唐·释玄应《一切经音义》、宋·邹季友《书传音释》、元·胡三省《资治通鉴音注》、清·江声《尚书集注音疏》、清·陆懋修《内经难字音义》等,都是注音义的典范之作。

十三、章句

章,《说文》:"乐竟为一章。"引申为一句话结束为一章。这和我们今天理解的"章"的概念不同。譬如《关雎》:"关关雎鸠,在河之洲。窈窕淑女,君子好逑。"这就是一章。所谓"章句",是在解释词义之外,再以分章析句的方式串讲经文大意,为的是使文章意义更为明显。它也是传注的一种,但往往传注比较简明而章句较为繁琐。汉人解《尚书》有《大小夏侯章句》《欧阳章句》,解《春秋》有《谷梁章句》和《公羊章句》,此外王逸有《楚辞章句》,赵岐有《孟子章句》,刘歆有《春秋左氏传章句》,清·孙鼎宜有《难经章句》等。

十四、直解

直解是用通俗易懂的语言翻译解释经书的一种方式,如元·许衡《大学直解》《中庸直解》,元·贯云石《孝经直解》,明·张居正《书经直解》《四书集注直解》,清·高士宗《黄帝内经素问直解》、程林《金匮要略直解》等。

古籍旧注体例之异名颇多,以上所列,仅为常见之名,且其中大部分均可与他名合而称之。虽名称迥异,实殊途同归,全归于注释这一大旨。但它们各有侧重,只有深入地研读,才能掌握各种著述体例的特征。

第二节 中医古籍注释的内容

古医籍注释,内容涉及广泛。好的注释,不仅富于医理的阐发,还精于文理的诠释,同时文辞典雅,给人耳目一新的感觉。中医古籍注释主要包括以下几个方面内容。

一、注明字音

辨音识字,是阅读古籍首先遇到的问题。前人在整理古医籍时,对于生僻字常常给以音释。释音有的融于该书注文当中,如杨上善《黄帝内经太素》、张介宾《类经》,释音都与注文写在一起;有的则附于该书每卷的卷末,如王冰《黄帝内经素问》等。古籍注音常用的有直音法与反切法。

(一) 直音法

直音法即用一常见的同音字为另一个繁难字注音,是反切法出现之前最主要的注音方法。例如:

①清浊相干,乱于心中,是谓大悗。(《太素·营卫气行》)杨上善注:"悗,音闷。"

②至其当发,间不容瞚。(《太素·知针石》)杨上善注:"瞚音瞬。"

③病偏虚为跛者,正月阳气冻解,地气而出也。(《素问·脉解》)马莳注:"跛,音波,上声。"

（二）反切法

反切法即用两个汉字——上字取声，下字取韵（包括声调）切出一个新的字音的方法。反切始于东汉末年，起初称作"反"或"翻"，唐代忌用"反"字，改称"切"，后世合称为"反切"。这种方法在古注中使用最普遍。例如：

黔，渠廉反。q(ú)+(l)ián——qián

孔，康董切。k(āng)+(d)ǒng——kǒng

瘤，力求切。l(ì)+(q)iú——liú

搯，徒刀切。t(ú)+(d)āo——tāo

患，胡惯切。h(ú)+(g)uàn——huàn

由于古今语音的变迁，有些汉字用这种方法很难准确地拼读出来。因此，要想正确读出古医籍中所有的反切释音，还需要掌握一些相关的音韵知识。

1. **阴平和阳平的变异问题**　反切下字和被切字的声调必须一致，但是阳平声的反切下字可以切阴平字，阴平声的反切下字也可以切阳平字，这是因为宋代以前平声不分阴阳的缘故。例如：

公，古红切。g(ǔ)+(h)óng——gōng　　今音：公，阴平；红，阳平。

羁，居宜切。j(ū)+(y)í——jī　　今音：羁，阴平；宜，阳平。

恢，苦回切。k(ǔ)+(h)uí——huī　　今音：恢，阴平；回，阳平。

新，息邻切。x(ī)+(l)ín——xīn　　今音：新，阴平；邻，阳平。

刀，都劳切。d(ū)+(l)áo——dāo　　今音：刀，阴平；劳，阳平。

轻，去盈切。q(ù)+(y)íng——qīng　　今音：轻，阴平；盈，阳平。

（以上是以阳平切阴平）

龙，力钟切。l(ì)+(zh)ōng——lóng　　今音：龙，阳平；钟，阴平。

慈，疾之切。j(í)+(zh)ī——cí　　今音：慈，阳平；之，阴平。

徒，同都切。t(óng)+(d)ū——tú　　今音：徒，阳平；都，阴平。

团，度官切。d(ù)+(g)uān——tuán　　今音：团，阳平；官，阴平。

房，符方切。f(ú)+(f)āng——fáng　　今音：房，阳平；方，阴平。

谈，徒甘切。t(ú)+(g)ān——tán　　今音：谈，阳平；甘，阴平。

（以上是以阴平切阳平）

2. **j、q、x 和 g、k、h 的变异问题**　反切上字的声母和被切字的声母必须一致，但是由于语言发展变化的关系，反切上字的声母如果是 g、k、h 时，被反切字的声母有时需要变为 j、q、x。例如：

鸡，古奚切。g(ǔ)+(x)ī——gī 当变为 jī

契，苦计切。k(ǔ)+(j)ì——kì 当变为 qì

奚，胡鸡切。h(ú)+(j)ī——hī 当变为 xī

皆，古谐切。g(ǔ)+(x)ié——gié 当变为 jiē

反过来说，当反切上字的声母为 j、q、x，而反切下字的韵母是洪音（简单地说，洪音是指韵母没有介音 i，也可以说洪音相当于开口呼和合口呼）时，被反切的字声母 j、q、x 要变为相应的 g、k、h。例如：

归，举韦切。j(ǔ)+(w)éi——jéi 当变为 guī

窥,去随切。q(ù)+(s)uí——quí 当变为 kuī

毁,许委切。x(ǔ)+(w)ěi——xěi 当变为 huěi(huǐ)

匡,去王切。q(ù)+(w)áng——qáng 当变为 kuāng

为什么会有这样的变化呢?原来中古声母为 g、k、h 的字,后来语音分化为两组,一组仍然发 g、k、h 的读音;一组则变为 j、q、x。

3. z、c、s 与 j、q、x 的变异问题 当反切上字的声母为 z、c、s,反切下字的韵母是细音(简单说,细音的韵母里含有介音 i 或 ü,也可以说细音相当齐齿呼和撮口呼)的时候,被反切字的声母就要由 z、c、s 变为 j、q、x。例如:

酱,子亮切。z(ǐ)+(l)iàng——ziàng 当变为 jiàng

青,仓经切。c(āng)+(j)īng——cīng 当变为 qīng

详,似羊切。s(ì)+(y)áng——sáng 当变为 xiáng

反过来说,反切上字的声母为 j、q、x,反切下字的韵母是洪音的,被反切字的声母就要变读为 z、c、s。例如:

醉,将遂切。j(iāng)+(s)uì——juì 当变为 zuì

仓,七冈切。q(ī)+(g)āng——qāng 当变为 cāng

桑,息郎切。x(ī)+(l)áng——xáng 当变为 sāng

由于古今语音的变化,使用古人所做出的反切,有时的确不能得出正确的读音,其实这不是古人所作的反切有问题,也不是"上字定声,下字定韵"的原则有问题,而是语音演变的结果。汉语语音演变是有规律的,按照这些规律,许多音变现象都能够得到解释。

二、解释字词

解释古书的字词,是古医籍注释中最基本的内容,古人称之为"训诂"。清代学者陈澧解释说:"盖时有古今,犹地有东西,有南北。相隔远,则言语不通矣。地远,则有翻译;时远,则有训诂。有翻译,则能使别国如乡邻;有训诂,则能使古今如旦暮。"(《东塾读书记》卷十一)古代医学家注释医学典籍,也非常重视字词的解释。古书字词注释,主要有以下几种类型:

(一)说明字的通假、古今、正异关系

中医古籍中借字、古字、异体字很多,前人注释时常常指出它的本字、今字或正体字。例如:

①阳胜则身热,腠理闭,喘粗,为之俛仰……能冬不能夏。(《类经·法阴阳》)张介宾注:"俛,俯同。能,耐同。"

②高梁之变,足生大丁。(《素问·生气通天论》)王冰注:"高,膏也。梁,粱也。"

例①"俛"同"俯",两字是异体字;"能"通"耐",两字则是通假字的关系,"能"是借字,"耐"是本字。例②言"高梁"是借字,其本字是"膏粱",而"膏粱"古义为"肥美的食物"。

(二)解释词的本义

所谓词的本义,是指词在文字产生阶段的意义,即文字形体结构所反映的并有史料可以印证的意义。例如:

①治之要极,无失色脉,用之不惑,治之大则。(《素问·移精变气论》)王冰注:"惑,谓惑乱。"

②膀胱足太阳之脉,起于目内眦,上额交颠上。(《太素·经脉连环》)杨上善注:"颠,

顶也。"

例①"惑"的本义是"惑乱"。例②"颠"的本义是"顶"。

（三）解释词的引申义

所谓词的引申义,是指由词的本义直接或间接地繁衍出来的意义。

①寒则腠理闭,气不行,故气收矣。（《素问·举痛论》）王冰注:"闭,谓密闭。"

②夫病温疟与寒疟而皆安舍?（《素问·疟论》）王冰注:"舍,居止也。"

例①"闭"的本义是"关闭门",王冰释"密闭"用其引申义。例②"舍"的本义是"房舍",王冰释"居止",用其引申义。

（四）注明词的特定含义

古医书中有许多含义很广的词语,前人往往根据上下文义,注明它的特定含义,以便使人容易理解。例如:

①眚于一,其主毛显狐狢,变化不藏。（《素问·五常政大论》）吴崑注:"一,北方水也。"

②上盛则气高,下盛则气胀。（《素问·脉要精微论》）王冰注:"上,谓寸口;下,谓尺中。"

"一"在古书中有十几个义项,含义非常广泛,因此例①吴崑特意注释"一"指"北方水"。"上""下"在古书中含义较多,例②王冰特意注释其在句中的含义,"上,谓寸口;下,谓尺中。"

三、串讲句意

串讲句意古代称为"章句"。其作用是使文句意义显明,便于读者理解原文。串讲句意,古人往往通过以下三种表现形式:

（一）单纯串讲

单纯串讲是指对词义不加解释,只讲解句子意义。例如:

①天至广不可度,地至大不可量。（《素问·六节藏象论》）王冰注:"言天地广大,不可度量而得之;造化玄微,岂可以人心而遍悉。"

②视喘息,听音声,而知所苦。（《太素·阴阳大论》）杨上善注:"须看病人喘息迟急粗细,听病人五行音声,即知五藏六府、皮毛肤肉、筋脉骨髓何者所苦,此谓听声而知者也。"

以上注文通过串讲,来说明正文的意义。

（二）串讲寓释词

串讲寓释词是指在串讲的同时,把需要解释的疑难词语的意义反映在串讲中。这需要读者阅读注释时仔细对照原文和串讲释文,才能准确知道所释词语的意义。例如:

①久风为飧泄。（《素问·脉要精微论》）王冰注:"久风不变,但在胃中,则食不化而泄利也。"

②中满者,泻之于内。（《素问·阴阳应象大论》）马莳注:"谓蓄积有余,腹中胀满,当从而泻之。"

例①王冰在串讲中用"食不化而泄利"解释"飧泄"。例②马莳在串讲中用"腹中胀满"解释"中满"。

（三）串讲并释词

串讲并释词是指在单纯串讲或串讲寓释词的同时,单独列举疑难词语加以解释。有的

注文先串讲后释词,有的先释词后串讲。例如:

①水精四布,五经并行,合于四时五藏阴阳,揆度以为常也。(《素问·经脉别论》)王冰注:"从是水精布,经气行,筋骨成,血气顺,配合四时寒暑,证符五藏阴阳,揆度盈虚,用为常道。度,量也。以,用也。"

②高梁之变,足生大丁,受如持虚。(《素问·生气通天论》)吴崑注:"高梁,即膏梁,美食也。足,能也,持虚,轻也。膏梁之人,内多滞热,故其变病能生大疔。受病之初,不觉其重,有如持虚器然,毒发则不可为矣。"

例①王冰在注文中先串讲原文,后对"度"和"以"单独注释。例②吴崑在注文中先释词义,后串讲原文。

四、阐发义理

义理,指文章的思想内容。阐发义理是古代医书注释的重要内容。前人在注释字词含义的同时,常常阐明义理。例如:

①五藏之道,皆出于经隧,以行血气。(《素问·调经论》)王冰注:"隧,潜道也。经脉伏行而不见,故谓之经隧焉。"张介宾注:"隧,潜道也。经脉伏行,深而不见,故曰经隧。"

②因而强力,肾气乃伤,高骨乃坏。(《太素·阴阳》)杨上善注:"亡精伤肝,复因力已入房,故伤肾也。肾以藏精主骨,肾伤则大骨坏也。"

例①王冰、张介宾的注释都阐发了"经隧"的义理:因为"隧"有"潜道"之义,而经脉循行的特点正是"伏行,深而不见",与"隧道"相似,所以称为"经隧"。例②杨上善用"肾以藏精主骨"阐明了肾伤高骨乃坏的原因。

五、分析语法

前人注释时,也常常分析语法现象。所涉及的内容包括分析词性、虚词、活用、语序及省略等。注文虽不使用语法术语,但读者比照原文与注文,能体会出原文的语法现象。例如:

①治之以马膏,膏其急者;以白酒和桂,以涂其缓者。(《灵枢·经筋》)丹波元简注:"故用马膏之甘平柔缓,以摩其急,以润其痹,以通其血脉;用桂、酒之辛热急束,以涂其缓,以和其营卫,以通其经络。"

②虽有大风苛毒,弗之能害。(《素问·生气通天论》)王冰注:"大风苛毒,弗能害之。"

例①丹波元简用"摩其急"来注释"膏其急",说明"膏"在此是作动词,涂抹之义,与下文"涂"同义避复。例②王冰用"弗能害之"来注释"弗之能害",说明"之"是"害"的宾语,也就是宾语前置句。

六、说明修辞

前人为把医理说得明白通畅,形象生动,又富有文采,十分重视修辞。注释者为使读者理解其含义,常常要说明正文所使用的修辞手法,包括比喻、借代、夸张、互备等。例如:

①天之道也,如迎浮云,若视深渊。视深渊尚可测,迎浮云莫知其极。(《素问·六微旨大论》)王冰注:"言苍天之象,如渊可视乎鳞介;运化之道,犹云莫测其去留。六气深微,其于运化,当如是喻矣。"

②气之离于藏也,卒如弓弩之发,如水之下崖。(《太素·脉行同异》)杨上善注:"如弓

弩之发机,比湍流之下岸,言其盛也。"

例①王冰注文,分析了正文所用修辞手法,揭示比喻的目的是说六气运化精深,如浮云漂泊不定,难以掌握。通过王冰的注解,读者可以很容易理解正文的深刻含义。例②原文用"如弓弩之发,如水之下崖"比喻兼夸张脉气离藏之气势不可挡,注文指出比喻的含义是"言其盛"。

七、指示句读

古书没有句读,古人注释时,大多是在应该断句之处加注,因此有注的地方,往往应句读。另外,古人注释时,往往串讲原文,因而在串讲中虽不直接说明句读,却隐含了句读。例如:

①凡治病察其形气色泽脉之盛衰病之新故乃治之无后其时。(《太素·四时脉诊》)杨上善注:"形之肥瘦,气之大小,色之泽夭,脉之盛衰,病之新故,凡疗病者,以此五诊。诊病使当,为合其时,不当,为后其时也。"

②风雨寒热不得虚邪不能独伤人。(《太素·邪传》)杨上善注:"虚邪,即风从虚乡来,故曰虚邪。风雨寒热,四时正气也,不得虚邪之气,亦不能伤人。"

例①杨上善注文虽没有直接说明句读,但已隐含了句读。据杨上善注文,原文应标点为:"凡治病,察其形气色泽、脉之盛衰、病之新故,乃治之,无后其时。"例②之句历来存在句读分歧,有的从"虚"后断,有的从"邪"后断。杨注通过对"虚邪"的解释,说明"虚邪"是一个词语,应从"邪"后断开。根据杨上善注释,应断为:"风雨寒热,不得虚邪,不能独伤人。"

八、分析篇章

篇章结构是文章的组织形式,也是表达思想的线索。医籍注释有的通过分析篇章结构、句段关系,说明一段或一篇的主旨,便于读者明确文章的组织结构,更加正确地把握文章内容。有的则对全篇总结概括,以帮助读者全面掌握原文的思想和主旨。例如:

①黄帝曰:用针之理,必知形气之所在……用针之要,无忘养神。(《太素·知官能》)杨上善注:"以上四十七章,内经之大总,黄帝受之于岐伯,故诵之以阅所闻也。"

②足太阳脉,令人腰痛,引项脊,尻背如重状。(《素问集注·刺腰痛》)张志聪注:"按此篇承上章而复记病在形身之外,经络之间,令人腰痛者,有刺取之法也。"

例①是杨上善对一段经文的总括。例②张志聪注释则告诉读者此篇承接上章,阅读时要前后两章结合起来理解。

九、校勘文字

古籍在流传过程中,由于传抄翻刻等原因,常会有"讹、衍、夺、倒、错简"五类情况出现。所谓"讹",又称为"讹文",是抄刻错误的字;"衍",又称为"衍文",指抄刻时误增的字句;"夺",又称为"脱"或"脱文",指因水渍、虫蚀、抄刻不慎等原因而亡失的字句;"倒",又称"倒文",指句中误倒的文字;"错简",指位置错乱,本应在彼而误置于此的文字。对于古籍中出现的这些问题,旧注常加校正。其校勘方法,归纳起来一般分为对校、他校、本校、理校四种。详见第四章。

第三节　注释常用术语及注文形式

一、常用术语

前人在注释古书时,逐渐形成了一整套约定俗成的术语,每个术语都有其适用范围和特定的含义。了解这些术语的含义和使用方法,可以更好地理解前人的注释。古人注释术语很多,清代阮元主编的《经籍籑诂》归纳为二十八种,仅将常用术语介绍如下。

(一) 曰、为、谓之

"曰""为""谓之"这三个注释术语,可用于解释词义,也常用来分辨同义词或近义词之间的细微区别。被释词放在术语之后。例如:

①初候,鸿雁来;二候,玄鸟归。(《类经图翼·二十四气七十二候》)张介宾注:"大曰鸿,小曰雁。"

②痈发于嗌中,名曰猛疽。(《太素·痈疽》)杨上善注:"腐肉为痈,烂筋坏骨为疽。"

③工巧神圣,可得闻乎? (《素问·至真要大论》)林亿新校正:"按《难经》云:'望而知之谓之神,闻而知之谓之圣,问而知之谓之工,切脉而知之谓之巧。'"

(二) 谓

以具体的概念解释抽象或宽泛的概念,古注多用"谓"字表示。被释词放在术语之前。例如:

①治之以兰,除陈气也。(《素问·阴阳应象大论》)王冰注:"除谓去也。陈谓久也。"

②然则脾之善恶,亦可得见乎? (《太素·四时脉形》)杨上善注:"善,谓平和不病之脉也。"

(三) 貌、状

"貌""状"一般用在动词或形容词的后面,表示某种性质或状态,可译为"……的样子",也可不译出。例如:

①有病肾风者,面胕庞然壅。(《素问·评热病论》)王冰注:"庞然,肿起貌。"

②少气,身漯漯也,言吸吸也。(《太素·少气》)杨上善注:"漯漯、吸吸,皆虚乏状也。"

(四) 犹

用近义词互相解释或指明词语的引申意,多用"犹"表示。被释词放在术语之前。例如:

①阴争于内,阳扰于外,魄汗未藏,四逆而起,起则动肺,使人喘喝。(《太素·阴阳杂说》)杨上善注:"藏,犹闭也。阴阳争扰,汗出腠理未闭,寒气因入,四支逆冷,内伤于肺,故使喘喝。"

②日中而阳气隆,日西而阳气已虚。(《素问·生气通天论》)王冰注:"隆犹高也,盛也。"

(五) 言

"言"主要说明句子的含义或比喻义。被释词放在术语之前。例如:

①黄帝曰:持针纵舍奈何? (《类经·针刺类》)张介宾注:"纵言从缓,舍言弗用也。"

②厥阴之脉,令人腰痛,腰中如张弓弩弦。(《素问·刺腰痛篇》)王冰注:"如张弦者,言强急之甚。"

(六) 之言、之为言

"之言""之为言"这两个术语是以声训方式释义,旨在用释词说明被释词得名的由来。释词与被释词之间必须音同或音近。被释词放在术语之前。例如:

①豆角谓之荚。(《广雅·释草》)王念孙《广雅疏证》:"荚之言夹也,两旁相夹,豆在中也。"

②凡服下药,用汤胜丸。(《注解伤寒论·辨可下病脉证并治》)成无己注:"汤之为言荡也,涤荡肠胃,溉灌脏腑。"

(七) 当为、当作

"当为""当作"是用来校勘讹字的术语。《说文解字》"只"字段玉裁注:"古人云'当为'者,皆是改其形误之字。"讹字放在术语之前。例如:

①肾热者,色黑而齿槁。(《太素·五藏痿》)杨上善注:"槁,当为槁。色黑齿枯槁也。"

②呜呼! 窈窈冥冥,熟知其道?(《素问·征四失论》)王冰注:"今详'熟'当作'孰'。"

(八) 如字

"如字"这个术语涉及多音字的问题。一字多音,在特定的语言环境中,需要特别注明。在具体上下文里,这个字要依照它本来的读音去读,叫如字。例如:

①所谓诚其意者,毋自欺也。如恶恶臭,如好好色,此之谓自谦。(《礼记·大学》)唐·陆德明注:"恶恶,上乌路反,下如字……好好,上呼报反,下如字。"这是说,第一个"恶"字读wù,即厌恶的恶;第二个"恶"字要读它本来的音è。第一个"好"字读hào,即爱好的好;第二个"好"字读它本来的音hǎo,即美好的好。

②送行勿泣血,仆射如父兄。(杜甫《潼关吏》)清仇兆鳌注:"射,如字,不夜音"。即射在文中读shè,不读yè。

(九) 读为、读曰、读作

"读为""读曰""读作"是以本字解释通假字的术语。通假字放在术语之前。例如:

①失枕,在肩上横骨间。折使榆臂齐肘,正灸脊中。(《素问·骨空论》)王冰注:"榆读为摇,摇谓摇动也。"

②群吏撰车徒,读书契,辨号名之用。(《周礼·考工记》)郑玄注:"撰,读曰算。算车徒,谓数择之也。"

③厌之令病人呼譩嘻,譩嘻应手。(《素问·骨空论》)吴崑注:"厌,读作压。"

此外,"音某""某某反""某某切"几个常用术语在第二节"直音法"、"反切法"里已详细介绍,此节不再举例。

二、注文形式

古籍注文形式各种各样,可以从不同的角度去划分。按注文与原文的关系,可分为单行注、随文注;按注释与原文作者的关系,可分为自注、他注;按注释者的数量,可分为独注、集注;按注释的时间先后,可分为首注、补注;按注释内容言,可分为校注、评注、译注等。试分述如下:

（一）单行注、随文注

单行注是指注文在正文之外单独成书。早期的注释，如《左传》《公羊传》《谷梁传》注《春秋》，伏生《尚书大传》注《尚书》，注与经各自单行。单行注一般是先列书名、篇名，然后摘录所注的字词与文句，后附相应注文。这种格式的好处是注文集中，但缺陷很明显，读注文时还必须另找与所注释相对应的原书正文，否则会不知所云。

随文注是将注文夹附在正文之中。这样既可避免翻检之劳，又可使文、注相互印证，对阅读正文、理解注文都有好处。所以现在我们看到的，大都属于随文注。如唐·王冰《黄帝内经素问》、唐·杨上善《黄帝内经太素》等。

（二）自注、他注

为别人的书作注，叫他注；为自己的书作注，叫自注。司马迁作《史记·三代世表》就已有自注。班固《汉书》的表、志也含有不少自注。后代史书多袭其成例。自注只是著述的补充手段，所占的篇幅一般不大，因此最常见的还是他注，如全元起《素问训解》、王冰注《黄帝内经素问》、杨上善《黄帝内经太素》、张介宾《类经》等都属于他注。

（三）独注、集注

独注，即对一部古籍独立地进行注释。如郑玄的《周礼注》、邢昺等的《尔雅疏》、唐代杨上善《黄帝内经太素》、王冰注《黄帝内经素问》、梁·全元起《素问训解》等。独注是最基本、最常见的注释体式，也是最富于原创性的注释体式。

集注，即汇编或综合不同注家对同一古籍的注释。集注异名很多，又称"集解""集传""集说""集释""集疏""集证""训纂"等。如《王翰林集注黄帝八十一难经》，又名《难经集注》，是现存最早的《难经》注本，它集三国吴·吕广、唐·杨玄操、北宋·丁德用、虞庶、杨康侯五家注《难经》之文，合为一编。其中吕注是《难经》最早注文，丁注中的《难经》得以部分保存，另外书中还多处引用《黄帝内经》等经典医籍及其他经史书籍之文，故本书对于后人整理研究古本《难经》，了解早期《难经》注本具有重要参考价值。

（四）首注、补注

首注是"指某一典籍的最早的注释"。《素问》的首注是南北朝时全元起的《素问训解》，《灵枢》的首注是西晋·皇甫谧《黄帝三部针灸甲乙经》，《难经》的首注是三国吴·吕广《黄帝众难经》，《伤寒论》的首注是金·成无己《注解伤寒论》等，首注是开创性的，著述难度大，值得珍视。

补注是在首注及其他注本的基础上进行的补充。好的补注，能够将前人漏注、误注、略注之处，一一订正充实，帮助人们更准确地理解原文。如宋·林亿等《重广补注黄帝内经素问》，宋·丁德用《补注难经》，宋·李元立《难经十家补注》，宋·掌禹锡、林亿等《补注神农本草》《重广补注神农本草并图经》等。补注不求面面俱到，更避免细大不捐，而是无缺则录，有缺则补，重在发挥拾遗补阙的功能。

（五）校注、评注与译注

校注，即校勘加注释，又称"校释""校义""校诠""校诂"等。早在汉代，人们就开始使用校注这种注释体式，如郑玄经注中，常有"古文某作某"，"今文某作某"（如《仪礼·士冠礼》："今文礼作醴"）的注文，就是在注释中兼用校勘。如南宋史崧校正本《灵枢》《内经灵枢略》、宋·林亿等《校订备急千金方》，当代钱超尘《宋本伤寒论校注》《黄帝内经太素新校正》等。

评注,即在注释之外再加上不同角度的评论。评论方式,可包括全书总评、篇章总评(或置于篇章之前,或置于篇章之末)、文中夹评、眉评等。在评注体中,评论可为注释者自评,也可采用集评。评论和注释可以分截,分别标示,也可以浑然一体,融注释于评论之中,或融评论于注释之中。

译注,即注释加翻译。译注大致有两种形式:一是以译为主,兼用少量注释,以补充解释那些无法用翻译准确表达的事物,如某些名物制度、历史典故、专门术语、逻辑概念等;二是注译并重,有注有译。译注体出现较晚,是一种颇受现代读者欢迎的注释体式。

三、实例分析

古籍注释的体例,古今不同。今人注释古籍,释文都在原文之下,注释的内容都有序号和原文所注之处相联系,一目了然,不难掌握。虽然具体某一家注释某书可能有所不同,但一阅凡例即可明白。古籍旧注则不然,旧注都附于原文之中,多在句子之后,且集诸家注于一书。一般采用了原文、传注、笺疏(正义)、释文(音义)等比次合刊的方式。下面以《十三经注疏·春秋左传正义》的一段注文为例,说明古注的体例、注释的方法以及术语运用等,从中可以学习古人分析问题的方法(图5-1)。

六气曰阴阳风雨晦明也

分为四时序为五节　六气之化分而序之则成

注六气至之节○正义曰六气并行无时止　息但气有温暑凉寒分为四时春夏秋冬也　疏　序此六时以为五行之节之计一年有三百六十五日序之为五行每行得七十二日有余土无定方分主四季故每季之末有十八日为土正主日也

寒过则为冷○菑音灾下同

过则为菑阴淫寒疾　气为泄之

阳淫热疾　○嘴昌兖反　热过则喘渴

风淫末疾　末四支也风为缓急　雨湿之

雨淫腹疾　气为泄

注○泄息列反下如字　晦淫惑疾　晦夜也为宴寝气为泄之

淫心疾　明昼也思虑烦多心劳生疾○思息利反　疏　过则至心疾　正义曰上云淫明

生六疾总谓气味声色此云过则为菑独谓六气也故历言六气之淫各生疾也此六者阴阳风雨有多少时也今言淫者谓人受用此气有多少时晦明则天有常矣无多少时也今言淫者谓人用此气有多少过度者也阴过则阴过则冷多则四支缓急阳过则热多则腹肠过度者也阴过则雨多则腹肠过度则热风雨有余则人亦然以其气人与人以其气不以以风雨过度则心散此四者虽各有节而能自防护受之不乱也则人亦各有此病也虽然亦疾雨有节则人亦无此病则其晦海者昼以劳敬当用心思烦多昼以当安息夜以安处女用心过度则害当之有节五节无限五则无限必为菑害故过则为菑也○注末四至缓急○正义曰人之身体头本为元乱也则首四支为末故以末为四支调手足也风气人身则四支有缓急贾逵以末疾为首疾谓风眩也

图5-1　《十三经注疏·春秋左传正义》节选

这是《左传·昭公元年》中的一段原文及注疏。大字为《左传》原文,紧接着原文的小字是晋代杜预的注文。"疏"字后是唐代孔颖达为《左传》原文和杜预注所作的解释。其中"○"前是孔颖达做义疏时写的提示语,说明他下面将解释的内容。"疏"后有"注"字的,表示"疏"的对象是注文,"疏"后无"注"字的,表示"疏"的对象是正文,如第一个"疏"后的小字"注六气至之节"表示要解释的是杜预注,第二个"疏"后的"过则至心疾"句,表示要解释的是正文"过则为菑"至"明淫心疾"。在两个○之间的内容如"注末四至缓急"表示对杜预注"末,四支也。风为缓急"进行解释。一般来说,义疏的内容如果既有正文又有注文的话,总是把有关正文的注释放在前边,把有关注文的注释放在后边。在这两类内容前都有"正义曰"三个字,是指孔颖达所作的《左传正义》。此外,杜预的注释后面如果出现"○",其后的小字则是唐代陆德明在《经典释文》一书中为一些生僻字作的释音。注音主要采用两种方法,一是同音字,如"葘,音灾";一是用反切释音法,如"喘,昌兖反""泄,息利反""思,息利反"。

通过上面这段注释我们可以看出汉唐人做注释,重在释词和读音上,释词常用的方法是释字和串讲,如"末,四支也""晦,夜也""明,昼也"等;串讲如"寒过则为冷",是解释"阴淫寒疾"。同时在串讲中也解释了"淫"的意思即"过","寒"的意思是"冷"。孔颖达的义疏则不仅有释词,如"过即淫也""头为元首,四支为末,故以末为四肢。谓手足也",更有对原文义理的分析论述及疏通。

医书的注释与其他古书注释体例格式小有差异,即只对医经原文加以解释(包括音义),而少有对注文加以解释疏通的笺疏。因此更为简洁明了,紧扣原著,易于把握(图5-2)。

图5-2　《素问·著至教论》节选

这是《素问·著至教论》中的第一段。大字是《素问》正文,正文后的小字是唐代王冰的注文。"新校正"是北宋林亿等的注文。在王冰的注文中,有解释词语的,如"明堂,布政之宫也。八窗四闼,上圆下方,在国之南,故称明堂";也有串讲文义的,如释"诵而颇能解"四句"言所知解,但得法守数而已,犹未能深尽精微之妙用也"。在新校正中,有说明校勘的,也有释义,如正文"疑于二皇"的"疑",王冰作怀疑解,新校正则云:"按全元起本及《太素》'疑'作'拟'"。

再如《太素·知针石》中的一段(图5-3)。

其中大字是《太素》的正文,小字接着经文的是杨上善的注文,其后以"平按"开头的是清末萧延平的校语。在杨上善的注文中,有解释词义的,如"五,谓皮、肉、脉、筋、骨也";有串讲文义的,如对正文"至其当发,间不容眴"注为"至其气至机发,不容于眴目也。容于眴目即失机,不得虚实之中";也有注音的,如:"眴,音瞬"。萧延平的注文主要做了同源文献的校勘,如对正文"手动若务,针耀而眴"注为:"眴,《素问》《甲乙》作'匀'。"

其形妙之道浅识不知也　是谓冥冥莫知　变利观其适当知气之行变动者也　意视义观适之可以静意无劳于众物也视其义　眴静按眴素问甲乙作　动若务针耀而手转针时专心一务平按眴素问甲乙作匀　手眴素问甲乙作眴新校正云甲乙眴作眴全元起本及太素作眴　当发间不容眴至其气至机发不容于眴目也容于眴目即失机不得虚实之中眴音舜平按　勿远而不泻勿容于虚实甲乙作眴实之之要　五虚勿近五实五谓皮肉脉筋骨也此五皆虚勿近泄之此五皆实　人有虚实

图 5-3　《太素·知针石》节选

第四节　作新注的方法与要求

一、作新注的方法

古籍注释是古籍整理中的基础工作,需要深厚的学识和长期的积累作为支撑才能够很好地完成。但古籍注释还是有一定的方法和规律可循的,大致而言,有以下主要方法。

(一) 学习和参考旧注

我国古籍注释历史悠久,成就斐然,是前人为我们留下的珍贵遗产。我们今天用现代汉语注释古代典籍,最大的便利就是可以学习和利用这些典籍旧注。旧注有许多优点,一是去古未远,处在类似的语言环境下,作注者对词语的理解比我们今天的理解要更为准确,资料也比我们今天充足,因而注释结果比较可靠;二是注释详细,体例完善。当然,旧注也有不少问题和错误,需要我们甄别使用,去粗取精。

(二) 充分利用工具书

工欲善其事,必先利其器。注释古书,经常会遇到一些疑难问题,这就需要借助工具书。工具书是读书治学的工具,是"无声的老师",如字典、词典、政书、类书、年表、图录等,具有解答疑难问题、指点读书门径、提供资料线索与研究成果等多方面的作用。常用的工具书,释字方面的有《说文解字》《尔雅》《方言》《康熙字典》《正字通》《汉语大字典》《中华大字典》《广韵》《字海》《异体字字典》等。释词方面的有《辞海》《辞源》《经籍籑诂》《汉语大辞典》等。历史方面的有《二十四史纪传人名索引》《中国历史纪年表》《历代职官表》等。地理方面的有《方舆胜览》《舆地广记》《大清一统志》等。医学方面的有《中国医籍大辞典》《中国医籍通考》《中华本草》《中医方剂大辞典》《中国药学大辞典》《中医大辞典》《中药大辞典》等。随着电子数据库的日趋兴盛与发展,我们也要充分利用先进的电子检索手段,解决疑难问题。

(三) 借鉴前人的研究成果

前人的一些研究成果也是我们注释必不可少的参考资料,如清代王念孙、王引之父子的训诂学著作——《读书杂志》《广雅疏证》《经传释词》《经义述闻》等，以及刘淇《助字辨略》、阮元《经籍籑诂》、俞樾《古书疑义举例》等。医学方面著作如王冰注《黄帝内经素问》、杨上善《黄帝内经太素》、杨玄操注《难经》、张介宾《类经》、李中梓《内经知要》、黄元御《素问悬解》《灵枢悬解》、陶弘景《本草经集注》等，这些学者的研究成果对我们的注释很有帮助。

（四）搜集相关语言材料进行分析

在一定的历史时期内，语言的变化不大，我们可以搜集相关的语言材料为我们的注释提供佐证。搜集语言材料眼界要宽，经史子集各种材料都可以利用。这一点清代学者做得很好，例如：

强自取柱，柔自取束。（《荀子·劝学》）王引之注："柱与束相对成文，则柱非屋柱之柱也。柱当读为祝，《哀十四年公羊传》'天祝予'，《十三年穀梁传》'祝发文身'，何、范注并曰：'祝，断也。'此言物强则自取断折，所谓太刚则折也。《大戴礼》作强自取折，是其明证矣。"（《读书杂志·荀子第一》）

王引之的这段分析之所以正确，就是因为他充分利用了同一时期的语言材料作证明，进行分析判断。

（五）分析所注书的语言特点和语法规律

不同时代的语言有不同的特点，甚至不同的作者也有不同的用语习惯。《左传》《周易》《论语》的用语就和《孟子》的用语有很多不同的地方，这是值得我们注意和分析的。还有一些常见的古代语法修辞及语言规律，如宾语前置、定语后置、状语后置、古今词义演变、通假字、异体字、对文、连文等，明白其用法，对我们解释词义很有帮助，当然，做到这些需要深厚的语言学素养和充分的阅读思考。例如：

每年当冬至日夏至日灸之，前后仅万余壮。（《儒门事亲》）

有人把"仅万余壮"解释为"仅仅灸了一万多壮"。"一万多壮"是言其多，而谓"仅仅"显然不确。究其原因，在于不知"仅"字的意义在古今汉语里曾出现过几次变化，在上古汉语中，"仅"一般指情况限于某个小的范围、某个较低的程度，或言数量之少，往往译作"才、只、不过"等，这一意义为现代汉语所保留。大约到了唐宋时代，"仅"字又读作"jìn"，常表示数量之多，或指情况达到某种较高的程度。如韩愈《与李翱书》"家累仅三十口"。意思是养活的家属几乎三十口人。"前后仅万余壮"是说前后几乎一万多壮，是言数量之多。

二、古籍注释的要求

宋·寇宗奭在《本草衍义》卷七"柴胡"条指出："注释本草，一字亦不可忽，盖万世之后，所误无穷耳。苟有明哲之士，自可处治。中下之学，不肯考究，枉致沦没，可不谨哉！可不戒哉！"从事古籍注释是非常严谨的工作，来不得半点马虎，否则就可能误导读者。以下是一些具体要求：

（一）注释要有针对性

注释者要根据不同类别古籍的特点，恰当地确定注释的重点，即要有针对性。学术内容不同的书，有不同的注法和要求。清·钱大昭在《三国志辨疑·自序》中说："注史与注经不同，注经以明理为宗，理寓于训诂，训诂明而理自见。注史以达事为主，事不明，训诂虽精，无益也。尝怪服虔、应劭之于《汉书》，裴骃、徐广之于《史记》，其时去古未远，稗官载记碑刻尚多，不能会而通之，考异质疑，而徒戋戋于训诂。"这就是说，注史书要以补充解释史实为主，训诂文字虽有必要,但不能过分执着于训诂文字。对于中医古籍注释既要重视字词的训诂,又要兼顾文理与医理,其目的是要阐明著作中的医学道理。例如:

夏日在肤,泛泛乎万物有余。(《素问·脉要精微论》)王冰注:"泛泛,平貌。阳气大盛,脉气亦象万物之有余,易取而洪大也。"

该注释前半部分对"泛泛"进行词义训释,后半部分把文理与医理融为一体,"脉气亦象万物之有余"是在分析文理,用"象"一词告诉我们这是一个比喻句,"易取而洪大也"是在讲解医理,告诉我们夏日的脉应是"洪大"之象。

(二)注释宜简明流畅

注释的主要作用是为读者阅读古籍扫除理解障碍。因此,注释必须以传意为目标,宜简明流畅,不枝不蔓,切忌冗注、缺注。冗注是指本不必出注而冗余地注了一大堆文字,或者只是堆砌注释材料,没有适当地整理或说明,从而使注释比原文更复杂,让读者望而却步。此外,还要注意缺注的情况。注释者要经常换位思考,从读者的角度去考虑哪些该注,哪些无须注。不能从注者自身水平出发,以为某些词常见易懂,而省去注释。例如:

冬三月,此谓闭藏。(《素问·四气调神大论》)王冰注:"草木凋,蛰虫去,地户闭塞,阳气伏藏。"

王注简洁明白,仅用了十四个字就讲明了寒冬三个月谓"闭藏"的原因。从大自然现象看,是草木凋零,蛰虫去藏;从医理分析,是由于地气闭塞不能生发而使阳气伏匿。

(三)注释要和校勘相结合

中医古籍年代久远,又因几经传抄翻刻,书缺简脱,文词差错,在所难免,若失于校勘,原文的讹、衍、脱、倒等现象就会导致注释错误。因此注释离不开校勘工作,要注释精确无误就必须和校勘结合起来。例如:

天台周进士病恶寒,虽暑亦必以绵蒙其首,服附子数百,增剧。(《丹溪翁传》)

朱丹溪《格致余论·恶寒非寒病恶热非热病》"进士周本道,年逾三十,得恶寒病,服附子数日而病甚,求予治。"可知"百"为"日"之讹。又如:

热,承气汤;外感,解散,加姜汁、酒。(《金匮钩玄·厥》)有人翻译为"热厥,服承气汤;外感,解表散汗,再加姜汁与酒。"

此段译文失于校勘,导致与原意不符。考原文"解散"二字之前脱一"双"字,当为"双解散",即表里双解之义,方出刘完素《黄帝素问宣明论方》卷六。将"双"字补出,文义也便明确,据此今译为"热厥,宜服承气汤;兼有外感的,宜服双解散,加姜汁与酒"。

(四)注释者要有丰富的学识积累

注释者必须掌握丰富的古代汉语和古代文化知识,才不会犯一些常识性的错误,注释起来才能得心应手。这不仅是注释学的要求,也是古典文献学其他分支学科的基本要求。虽然我们可以随时查阅资料,但掌握这些知识,可以省去不少环节,提高注释效率,达到良好的效果,如果没有丰富的学识积累而贸然作注,只会见笑于方家。例如:

庶厥昭彰圣旨,敷畅玄言,有如列宿高悬,奎张不乱,深泉净滢,鳞介咸分。(《黄帝内经素问注·序》)有人翻译为"希望使圣人的旨意显明,使深奥的理论得到全面陈述阐发,有如众星宿高悬天际,奎宿和张宿次序不乱,又如深泉清净明澈,鱼类和甲壳类动物全能分辨。"

译文中"深泉"二字保留不变,是不明白古代避讳方法。按《说文》:"水原也,象水流出成川形。"水出地曰泉,故泉不能言深浅。此为避讳唐高祖李渊名讳,改"渊"为"泉",故"深泉"当解释为"深渊"。

（五）注释者要有科学严谨的态度

注释是非常细致、繁琐的工作,要求我们耐得住寂寞,能够沉下心来,以十年磨一剑的心态去做踏实的工作。另外,要多动手,勤查书,因为记忆力再好也有记错的时候,在没有把握的情况下不要对自己的记忆力过分自信,尽量多从书中求证。而对于自己不知道,也无法查到的东西,宁可付之阙如,也不能自作聪明,强不知以为知,贻误读者。对此,前人已有垂范。读郑注"三礼",常会见到"未闻"一词,这就是郑玄对自己不知道的地方作的标注,朱熹《诗集传》《楚辞集注》也常用"未详""未闻"等词老实说明自己不懂,这些都很值得我们学习。例如：

"淄川王美人怀子而不乳……饮以莨菪药一撮,以酒饮之,旋乳。"(《史记·扁鹊仓公列传》)有人翻译为"淄川王的一个妃子怀孕后不下奶汁……给她服用一撮莨菪药,用酒拌服,很快就下奶了"。

显然译者望文生义,自作聪明,把"乳"理解为"乳汁"。按《说文·乙部》"人及鸟生子曰乳。""乳"是生育的意思。应当把"不乳"翻译为"难产",把"旋乳"译为"很快生下孩子"。由于不明"乳"的这一含义,竟然把催产药说成催乳药,若照此用药,岂不贻害病家？

（薛芳芸）

第六章　中医文献的考证、辨伪与辑佚

文献在流传过程中,由于转抄或记录,有意无意地会出现错漏甚至作伪等现象;或因为人为或自然的因素,原有的文献散佚或部分残留,中医文献亦然。一些存在错漏或散佚的中医文献往往很有价值,值得整理并利用,但对此首先必须进行考证或辑佚,以恢复原貌。一些以假乱真的中医文献,则必须进行考订,辨别真伪,被确认的伪书则必须明确指出,不能误导读者。

第一节　中医文献的考证

一、考证概述

(一) 考证

考,本义是"老",《说文解字》:"考,老也。"段玉裁《说文解字注》:"凡言寿考者,此字之本义也"。证,本义是"告发",《说文解字·言部》:"证,告也。"《论语·子路》:"其父攘羊,而子证之。"引申为验证,《广雅·释诂四》:"证,验也。""考证"一词在宋代文献中经常使用,欧阳修《传易图序》中云:"《易·需》之辞曰:'需于血,出自穴'……是皆险怪奇绝,非世常言,无为有训故、考证,而学者出其臆见,随事为解,果得圣人之旨邪?"王应麟著有《汉艺文志考证》一书。

考证,或作"考信""考定""考校""考较""考究""考核""考述""考订""考据""考异"等。它是研究语言、历史等的一种方法,即根据事实的考核和例证的归纳,提供可信的材料,做出一定的结论。

考证源于对文献的疑问,其历史悠久,代有发展。自西汉开始,考证方法即开始大量用于古籍文献的整理工作,这是由于"秦火"之后,文献亡佚颇多,汉代留存的一些重要典籍往往存在多种版本,人们也有多种解释,于是便有加以辨析和考证的必要。东汉考证之学大兴,出现了考证学大家郑玄。宋末考证之风兴盛,司马光及其助手所撰《资治通鉴考异》开史家为己著自撰考证之例。明末清初出现了一大批考证大家如顾炎武、黄宗羲、惠栋、戴震、段玉裁、王念孙、王引之等。

(二) 考证学

考证学的提法最早见于宋代,周必大《毛拔萃洵文集序》云:"大抵考证之学,易差难精,

亦在乎秉笔者审之而已。"关于考证学的范畴,历代学者有不同见解,概括起来,大体有三类:

一是学问之全体。段玉裁在《娱亲雅言》中说:"考核者,学问之全体,学者所以学为人也,故考核在身心性命、伦理族类之间,而以读书之考核辅之。"在《戴东原集序》中又说:"义理、文章,未有不由考核而得者……考核益精,文章益盛。"段氏认为考核是学问的全体,包括读书之考核和为人之考核,义理、辞章都包括在内。

二是考语义、名物、典制等。江藩《经学入门》曰:"考据者,考历代之名物、象数、典章制度,实而有据者也。"

三是考典籍的包括义理在内的各种内容,如对古代文献的疏通、诠释、审查和批判。

考证学有广义和狭义之分,广义考证是对古文献的整理、考订与研究,包括文字、音韵、训诂、目录、版本、校勘、辨伪、辑佚、注释、名物典制、天算、金石、地理、职官、避讳、乐律等。而狭义考证则是围绕古籍文本展开的考证,目的是探求"事实"与"文献"之"真"与"详",为进一步研究打好基础。

(三) 古籍考证学

古籍考证学的研究对象是古籍的考证,其目的是为了总结历代学者考评古籍的经验,研究考证古籍的基本法则和规律,为古籍考证提供理论指导和方法示范。古籍考证学的内容包括三个方面,一是古籍考证理论,主要是研究考证的目的、原则、功用、类型、内容和方法等;二是古籍考证学史,即总结古籍考证实践和考证经验的历史;三是古籍考证的程式,即考证步骤,包括考证的操作过程和考证的成果体式。

二、考证的内容

(一) 文献文本考证

研究典籍首先要了解作品的基本情况,如作者、成书年代、卷数等。古籍之中,这些基本情况不明确或有误的情况时常存在,对此必须进行考证;其次,古籍伪品数量不少,必须辨别真伪;再次,书籍的内容也必须考订正误。这些都属于文献文本考证的范围。

1. 考证书籍作者　由于种种原因,文献典籍在流传过程中,作者信息可能丢失,这就需要对作者加以考证。如现存之《中藏经》,传说为华佗所作,然而书中内容多怪诞,颇不足信,且《隋书》及新旧《唐书》均未著录,疑为六朝人所作,特假托华佗之名而已。再如《脉诀指掌病式图说》一书在现存本(《医统正脉》本)卷首均题以"丹溪先生震亨彦修父著",但经过考证,此书的撰者为李杲而非朱丹溪。

2. 考证作品年代　很多古代医籍不仅作者不详,成书年代也不清楚,如《黄帝内经》显然为托名"黄帝"之作,因此作者不详,成书年代更是说法不一。根据考证,通常认为成书年代是先秦到西汉时期,而我们现在看到的版本,是经过了后人的整理、补充、校注,甚至还有唐宋时期的痕迹,其确切的年代已很难确定。再如《麻疹全书》,《全国中医图书联合目录》《中国医学大辞典》均记作"元·滑寿撰",而书中内容大部分辑自清·谢玉琼《麻科活人全书》(刊于1748年),并引有明代李士材《医宗必读》"痰论"、清初朱纯嘏(1634—1718)《痘疹定论》"加减消毒拔疵汤"等内容,且最早刻本是清代光绪三十一年(1905年)汤鼎烜氏校刻本,故此书为清代所出,将之视为元代滑寿之作肯定有误。

3. 考证著述正误　古书编纂或刊印时,除了出现文字方面的讹误外,常常出现知识性的错误,这是作者或刊印者的不严谨或随意性所造成的。文字错误是校勘学的研究对象,而著述本身的错误则可通过文本考证来解决。如《本草品汇精要》成书并刊刻后一直没有面世,清康熙年间被发现并重新刊印,方流传于世。但现存罗马国立图书馆的《御制本草品汇精要》中少数药物内容与《本草纲目》相同,疑为刻印时原书有缺损,直接用《本草纲目》的内容予以补充,而原书文字究竟如何有待进一步考证。再如很多同名方剂,在不同的医书中其药物组成与剂量,由于转抄或刊刻过程中出现差错,往往内容存在出入,原方到底如何,需要进行考证,还其本来面目。

考证著述本身的错误最有效的途径是运用史源学的方法,古代医书有的注明出处或有的不注出处,但总能找到源头,可通过先贤论著追根溯源,考证文本的正误。

(二) 知识内容考证

清代钱大昕《潜揅堂集》云:"予好读乙部书,涉猎卅年,窃谓史家所发讨论者有三端,曰舆地、曰官制、曰氏族。"而事实上,知识内容的考证相当广泛,涉及古籍中的人物、史事、典制、名物、天文、地理等,几乎无所不包。

1. 人物　关于人物的考证包括生卒年、籍贯、家学渊源、仕宦经历、生平事迹、习惯喜好、著述等方面。史传、别传、外传、行状、墓志、神道碑、传闻轶事、方志、宗谱、笔记、总集、别集、诗话等文献都可以作为考证的文献资料。人物考证最详尽的资料是年谱、人物志等文献,医书人物的考证还可以通过作者自序或刊刻者的序言来进行考证,书中的内容也可以作为人物时代考证的依据。

2. 史事　关于史事的考证包括历史事件真实性的考证、对传闻异辞的考证、对语焉不详记载的补遗。史事考证需要依据经传、诸子、史书、文集等,参考文献越多,史事的考证的正确率就越高。医疗史事的考证除了诸子百家文献之外,医书、地方志是引用最多的著作。

3. 典制　关于典章制度的考证,包括职官、礼仪、刑法、兵制、食货、科举等诸多方面。对典章制度的考证必须有凭有据,切忌凭空臆造。

4. 名物　主要是对动物、植物、矿物、器物等名物的考证。《尔雅》的《释草》《释木》《释虫》《释鸟》《释兽》《释畜》等,就其性质而言,都属名物考证。《本草纲目》药物条下《释名》一项,就是对涉及药物的动、植、矿物、器物的解释与考证。历代经史类著作的注疏及学术笔记,多有对名物的考证内容。

5. 天文、地理　关于天文历法的考证研究,《史记·天官书》《汉书·天文志》《后汉书·天文志》《通志·天文略》等均属天文类著述。《黄帝内经》中很多篇章也有天文气象知识,如《素问》之"天元纪大论""五运行大论""气交变大论""至真要大论""六元正纪大论"等均与天文历法有关,是将天文气象知识与医学联系在一起进行研究。

地理学知识,如地名的古今变迁、水之源流、郡县图志等均是考证学中的重要内容。北魏·郦道元《水经注》、唐·李吉甫《元和郡县志》、宋·乐史《太平寰宇记》、宋·王应麟《诗地理考》、明·徐弘祖《徐霞客游记》等均为地理考证方面的名著。地方志可以作为地理考证的重要素材。本草文献如《本草经集注》《新修本草》《证类本草》《本草纲目》等记载有药材产地与环境的内容,这是研究药材历史演变、道地药材的重要依据,其中的地理知识十分重要,只有考证精确,才能了解古今品种是否一致。

古医籍的知识内容考证,除了以上所述人物、名物、天文地理外,还有病名、药物、方剂、针灸、经络、腧穴、气功、学术理论的考证。下面"辨伪方法"章节有专门论述。

三、考证的方法

文献考证方法一般可分为四种:本证法、旁证法、理证法、归纳法与演绎法。本证法与旁证法是有本可据的考证方法,理证法是有理可察的考证方法,而归纳与演绎法是通过多种证据进行归纳与推理的考证方法。

(一) 本证法

本证法,又称内证法,即利用同一图书资料,寻求证据来考证问题。一部古籍前后所载内容往往有出入,可以通过比勘发现疑问,考订正误。如《苏沈良方》为苏轼的《苏学士方》和沈括的《灵苑方》二书混合而编成。粗看很难辨识书中方剂属沈括还是苏轼,但通过本证法可以考证出部分内容的出处,如《苏沈良方》卷一"论鸡舌香"曰:"予集《灵苑方》……""论胡麻"中云:"……予已于《灵苑方》中论之……"据以上引文考证,此二节均属沈括的原文。再如《黄帝明堂灸经》一书未记著作年代和撰者,但通过收载该书内容的《太平圣惠方》卷100来考证,《太平圣惠方》成书于宋初,故《黄帝明堂灸经》此书的成书年代必然在北宋之前。另书中将太渊穴均改为太泉穴,是为避唐高祖之讳,且引有甄权(隋末唐初人)、张文仲(唐代武则天时人)诸家佚文,故认定此书撰成时间当在唐代中后期。

(二) 旁证法

旁证法,又称他证法、外证法。即利用某一图书资料以外的其他相关资料进行考证。旁证所用的资料有两种,一种是书证,一种是物证。书证所利用的相关资料是图书,以彼书考证此书。如唐代孙思邈《千金翼方》卷2至卷4本草部分均未注明出处,但内容与《证类本草》中所引《新修本草》的原文基本相同,据此考证,《千金翼方》3卷本草内容即引自《新修本草》。再如影宋本《刘涓子鬼遗方》卷4"相痈知有脓可破法"下面有一段话"脓深难见,上肉厚而生肉火针",文义不通而费解。而《千金翼方》卷23"诊痈疽有脓法"中也有一段相同的文字:惟"生肉"二字作"生者用",且无"上"字,为"脓深难见,肉厚而生者,用火针",如此语义清晰明了。

物证所利用的相关资料是存世文献之外的实物、遗迹,如古代遗迹、金石器物、碑版志铭、甲骨卜辞等。医药方面的内容在这些载体中往往有所存在,考证时需充分利用这些物证。

(三) 理证法

理证法,是指没有文献资料和实物遗迹等证据,仅用推理进行考证的方法。如张仲景《金匮要略方论》卷上"痉湿暍病脉证治第二"中有一段文字:"《脉经》云:痉家其脉伏坚,直上下",这明显不是张仲景的原文,《脉经》作者王叔和是张仲景以后的人,张氏不可能引用《脉经》的内容,是后人整理时把《脉经》文字混入而成。再如《素问·金匮真言论》有云"夏暑汗不出者,秋成风疟。此平人脉法也。"前述"风疟",后云"脉法",前后无逻辑关系,疑似古代错简而造成编排上的错误,不可勉强解释。

(四) 归纳法与演绎法

归纳法,又称多证法,是指搜集大量同类性质的相关材料进行考证分析,从而得出结论的方法。归纳法往往结合演绎法进行考证,即通过排比类似材料归纳出一般的结论,再通过结论对其他相关材料进行考证。如明代薛己所撰《薛氏医案》(24种或16种),其原书名当为《家居医录》,这可以从内证和外证多方面进行考证。内证方面从刊行年代看,《家居医录》刊于嘉靖三十年(1551年),当时薛氏约64岁,正当其晚年,而《薛氏医案》最早刊本则是明万历年间(1573—1619年)(薛氏已殁近20年之后);从刊本本身来看,《家居医录》和《薛氏医案》均包括有薛氏自作和薛氏整理前人医著的内容,另《家居医录》的版心有上、中、下三栏,其上栏均记以《家居医录》字样,中栏则分别记以所辑各书之名,如《陈氏小儿痘疹方论》《正体类要》《内科摘要》《女科撮要》。外证方面主要可以通过薛己的生卒年代进行考证,薛己生年约在1488年左右,卒年为1558年,《家居医录》刊行正是薛氏晚年。通过以上诸证归纳推绎,《家居医录》是《薛氏医案》原来的书名。

四、考证的原则

通常来说,考证必须遵循一些基本的原则,其一,要善于质疑,多加思考,提出问题,这样才能找到值得考证的研究之点;其二,要排除先入为主的主观意向,坚持从材料出发,实事求是,不可主观臆断;其三,孤证不立,必须尽可能地博采证据,不能仅凭一条证据立论或下结论;其四,推论演绎诸环节需符合逻辑和情理,否则会得出荒谬的结论;其五,对不同的考证对象要区别对待,不同学科的考证原则有所不同;其六,避免以今类古,不能以今音、今义解释古典文献。

古医籍的考证更要做到以下两个方面:

(一)判断事物要科学客观

医籍文献的考证,最主要的是要尊重历史事实,搜集资料尽可能全面,对于医家学术观点尽可能避免名不符实与张冠李戴,对待学术思想切忌片面主观臆断,严禁盲从古说与牵强曲解。对于无法判断的内容,宁愿存疑,也不可随意定论。

(二)收集资料要全面细致

医籍文献的成书年代、撰者以及著述内容的考证,应尽量收集资料,资料越多,则考证结论越接近真相。对于所收集资料的取舍与分析,不可粗心马虎,更不能随文衍义。特别对于一些医理与医术,更需要广泛查证资料,在文献不足的情况下,切莫随意望文生义,盲目判断,否则会给后学与读者产生误导,贻害无穷。

第二节　中医文献的辨伪

一、辨伪概述

古代文献浩如烟海,种类繁多,但其中伪书不少,清末张之洞在《輶轩语·语学》中说:"一分真伪,而古书去其半。"大量的伪书对于考证历史源流会带来相当大的困难,一些事情以讹传讹,有时就是依据伪书而来,因此研究文献首先需要辨别真伪,即所谓的"辨伪"。

伪书,通常指原著的真实作者隐匿自己的姓名而托名前人的作品。换言之,所谓伪书,即一部书所题作者、成书年代与事实不符,书中的内容不是或不全是题记撰人所作。辨伪,就是辨别伪书的年代和作者的真伪,体现其原本的文献归属,从而认定图书的核心内容是否可靠。考辨古书的真伪、时代和作者,是历史研究的重要课题,对于整理和利用古籍来说,也是一个重要的环节。

清代辨伪名家姚际恒《古今伪书考》序说："造伪书者,古今代出其人,故伪书滋多于世。学者于此,真伪莫辨,而尚可谓之读书乎?是必取而明辨之,此读书第一义也。"在这里,他提出了辨伪乃"读书第一义"的主张。郭沫若在《十批判书·古代研究的自我批判》中对辨伪的重要性作了这样的论述:"无论做任何研究,材料的鉴别是最必要的基础阶段。材料不够固然大成问题,而材料的真伪或时代性如未规定清楚,那比缺乏材料还要更危险。因为材料缺乏,顶多得不出结论而已,而材料不正确便会得出错误的结论。这样的结论比没有更要有害。"

辨伪的作用概括起来有四个方面:一是通过辨别真伪,确定其古籍真实的学术价值与文献价值;二是辨伪是古籍整理的前提,无此则整理工作的意义与价值将大打折扣;三是不辨真伪,则文献资料缺乏可靠性,其内容也无法利用;四是对文献真伪进行辨别,可以确定内容的真实性,对于正确梳理学术源流具有重要意义。

在汗牛充栋的中医药古籍中,有一些著作真伪相参,有的则全系伪作。这就需要通过辨伪工作,揭示真正的作者和撰著时代,藉此展现文献真实面貌,正确了解学术流派。如果不能正确辨伪,则谈不上进一步的中医药文献整理与研究。

二、伪书产生的原因

伪书是一定社会历史环境下的产物,其形成的原因十分复杂。张舜徽《中国古代史籍校读法》将伪书产生的原因归结为托古、邀赏、争胜等。王余光《中国历史文献学》归为四点:一是原书佚失之后,由后人伪造;二是政治斗争或学派的分歧争胜;三是抬高身价或贪赏牟利;四是后人失于明察而误断致伪。洪湛侯《中国文献学新编》认为托古传书、造伪补佚、弋名牟利、相攻争胜、好事妄为是产生伪书的主要原因。

根据前人的研究总结,伪书产生的最主要的原因有以下几方面:

(一) 因原书亡佚而作伪

由于历代兵燹动乱、自然灾害,典籍的散失与积聚变动极大。原书佚失之后,后代追求完美者想弥补古籍的缺略而使之完整,故而作伪,如《列子》就是属于这种情况。此种情况由来很久,胡应麟《四部正讹》有云:"赝品之昉,昉自西京乎?六籍既焚,众言淆乱,悬疣附赘,假托实繁。"其时东莱人张霸伪造了一部102篇的《尚书》进献朝廷,当时就被揭穿,这是盗用亡佚文献之名而作伪的最典型的事例。

(二) 因政治需要而作伪

统治阶级内部出现派系斗争,为了制造舆论根据,常常编造伪书,以达到某种政治目的。例如西汉后期社会上骤然出现许多"古文经",或托之孔府壁中所见,或托之中央秘阁所藏,或托之民间所传,都是在刘歆、王莽等人鼓吹托古改制的历史条件下出现的。有人甚至采用伪造书籍的手段来陷害对手,如唐代"牛李党争"中,李德裕、牛僧儒两派斗争多年,李德裕门人韦瓘用牛僧儒的姓名伪撰《周秦行纪》来陷害牛僧儒,以达到政治目的。

(三) 因崇古观念而作伪

整个封建社会中,普遍存在厚古薄今、迷信古人、崇拜圣贤的心态,很多好事者伪托古人以抬高自己,到处招摇撞骗,这种现象在汉代"游侠"中尤为盛行。汉·刘安在《淮南子·修务训》中就说:"世俗之人,多尊古而贱今,故为道者,必托之于神农、黄帝而后能入说。乱世暗主,高远其所从来,因而贵之。为学者蔽其论而遵其所闻,相与危坐而听之,正领而诵之。"《汉书·艺文志》中称为黄帝、神农、伏羲等的著作达 40 余种之多,正是这种时尚的体现,如《易卦》托名伏羲,《本草》托名神农,《内经》托名黄帝,《周礼》托名周公等。

(四) 因学术相争而作伪

古代学者时常有门户、观念之争,特别是同时代才名相当的学者,更是相互轻视,彼此攻击。为维护学派之学说观点,争胜对方,依靠古书是其重要的手段之一。此类现象,战国百家争鸣时已现端倪,此后也不乏其例。曹魏时期的王肃伪造《孔子家语》最具代表性,当时王氏想在郑玄经学之外别树一帜,在集《圣政论》的同时,为了替自己找出有力的证据,于是伪造出一部《孔子家语》,并自注解。后人对此多有评说,直到清代,经过姚际恒、崔述的考证,此属伪书确凿无疑。

(五) 因兴趣好事而作伪

有一些好事之徒,他们或出于兴趣而造伪书,如张湛造《列子》;或由于技痒,如明代的丰坊善于写篆书,造《子贡诗说》《申培诗说》二书,先用篆书写就,附以楷书作音注,以抒发自己的才学而后快;或出于游戏,如明杨慎《杂事秘辛》,本是遣兴之作,但后世以为是真。

(六) 为邀赏牟利而作伪

历史上,每当战乱初平、天下初定后,统治阶级必下诏以重金求书,此时便有人趁机进献以谋取名利,汉代张霸所献的《尚书》当属其列。后来随着雕版印刷技术的发展,书商为了牟利,私自改窜书籍书名及内容等后发行的现象十分普遍,如宋代刘过《龙川集》即被书商巧易姓氏,内容原封不动地变成了另一位同时作家苏过的诗集《斜川集》。

此外,有些作者出于逃禁、避嫌等缘由,其所著书籍不能以作者真名流传,逃禁者如《全唐诗话》,旧题宋·尤袤撰,以便于行世。避嫌者如韩偓《香奁集》,实为五代时和凝所作。

在中医古籍中,伪书的形成原因主要有崇尚上古,托名神农、黄帝,如《神农本草经》《黄帝内经》;制造神秘,托名仙家隐逸,如《刘涓子鬼遗方》;托名先贤,以示尊贵,如《中藏经》《银海精微》;原书亡佚,后世伪造,如桂林古本《伤寒杂病论》。另外,古代书贾为了牟利而造伪的现象也十分普遍,有些医籍在流传过程中,经过多次多人传抄或整理,也造成真书之中有伪文的情况。

三、中医文献的辨伪方法

辨伪工作一开始便和校书工作联系在一起,汉代刘向、刘歆父子就是通过校书来考定古书真伪和时代的,后世学者文人都十分注重辨伪,并积累了丰富的理论与经验。但是将辨伪理论和方法加以系统化,总结其中的规律性知识的,当推明代的文献学家胡应麟。他在所著《四部正讹》一书中,指出考核伪书之法有八,即:一、核之《七略》,以观其源;二、核之群志,以观其绪;三、核之并世之言,以观其称;四、核之异世之言,以观其述;五、核之文,以观其体;六、核之事,以观其时;七、核之撰者,以观其托;八、核之传者,以观其人。即是说,遇着一部可疑的古书,首先要检查一下最早的图书分类目录《七略》,看是否有所著录;其次,是翻阅历代史书的《经籍志》《艺文志》,研究这部古书什么时代见于著录,以考其流传的线索;三是从作者同时代人的写作中,检查有没有谈到或称引这部书的地方;四是从后世的书籍中,检查有没有引申或发挥这部书的言论;五是检查是否和作者所处时代的文体相合;六是从内容上检查是否与作者所处时代的事实相符;七是检查所标作者姓名,是否出于托古;八是检查首先传播这部古书的是什么人。

此后,近人胡适在《中国哲学史大纲》中提出审定伪书的证据有五,即史事、文字、文体、思想、旁证。近代对辨伪方法进行系统总结的,还有著名学者梁启超,他在《中国历史研究法》中根据前人的辨伪古籍经验,综合为十二条:

1. 其书前代从未著录或绝无人征引而忽然出现者,什有九皆伪。如明人所刻《古逸史》中有《三坟记》《晋三乘》《楚史檮杌》等。

2. 其书前代虽有著录,然久经散失,乃忽有一异本突出,篇数及内容与旧本完全不同者,什有九皆伪。如抄本《慎子》与四库本、岱山阁本全异,《四部丛刊》竟采用之。

3. 其书不问有无旧本,但今本来历不明,不可轻信。如河内女子所得《泰誓》、梅赜所上《古文尚书》等。

4. 其书流传之绪,从他方面可以考见,而因以证明今本题某人旧撰为不确者。如《神农本草》,汉志无其目,盖蔡邕、吴普、陶弘景等经千年间直至宋代然后规模始具,实为集体作成。

5. 其书原本经前人称引,确有佐证,而今本与之歧异者,则今本必伪。如今本《竹书纪年》。

6. 其书题某人撰,而书中所载事迹在本人后者,则其书或全伪或一部分伪,如《越绝书》题子贡撰,未见汉志,书中叙及汉以后建制沿革,《管子》书中记西施事。

7. 其书虽真,然一部分经后人窜乱之迹,既确凿有据,则对于其书之全体,须慎如选择。如《史记》今本有太初、天汉以后事,且有宣元以后事。

8. 书中所言确与事实相反者,则书必伪。如刘向《列仙传》自序云:"七十四人已见佛经。"佛教输入后于刘殁二百年,即此一语足证其伪。

9. 两书同载一事绝对矛盾者,则必有一伪或两俱伪。

10. 各时代之文体,盖有天然界画,多读书者自能知之,故后人伪作之书,有不必从字句求枝叶之反证,但一望文体,即能断其伪者,如《古文尚书》多文从句顺,《关尹子》有翻译文体。

11. 各时代之社会状态,吾人据各方面资料可以推见崖略,若某书中所言其时代之状态与情理相去悬绝者,如《神农》二十篇,晁错引文有"石城十仞,汤池百步,带甲百万"之语,即可断为伪。

12. 各时代之思想,其进化阶段自有一定,若某书中所表现之思想与其时代不相衔接者,即可断为伪。如今本《管子》有批评寝兵、兼爱之说,显系墨翟、宋钘以后人著作羼入。

综合前人的辨伪方法,归纳起来不外乎从内证与外证两个方面进行考察,内证主要考察文体、文法、文风、思想以及历史事实与名物制度,外证主要考察作者、书籍流传。中医药文献的辨伪除了以上要点之外,还需要通过医药知识进行辨伪。因此,中医药文献的辨伪方法主要有以下几个方面:

（一）从目录版本考察

目录学与辨伪学关系相当密切,一些提要式的书目里,常有关于古籍考辨的记载,从史书的《艺文志》《经籍志》至私家藏书志、书目提要中,不但可以看出各个朝代藏书的情况、书籍的聚散和整理,更可以从中考察某书的流传过程、传者何人、流传有无中断。如《仙授理伤续断秘方》一般认为是唐代著作,但有人认为该书作为一部正骨名著,若较早地流传于唐代,则唐宋书目应有所著录,然而此书非但在官修的唐宋史志书目中未见著录,而且在宋代著名私人书目《郡斋读书志》及其《附志》,以及《直斋书录解题》中也无著录,而最早著录始见于明《国史经籍志》,可知该书在宋以前未见流传,旧题唐人著作值得商榷。又如《太素》一般认为系隋代著作,但《隋书·经籍志》末见著录,始见于《旧唐书·经籍志》,并且现已知晓的杨氏著作计有10部,其中9部均见于《旧唐书·经籍志》,而《隋志》中竟无一杨作。这一现象可作为《太素》主唐说的重要依据之一。

我国版印书籍至宋代已成熟,故宋代之后的伪书,可以通过版式来进行判断。版本作伪通常是书商所为,其作伪的手法大体有四种:①剜改书名、刻书年代、书坊牌记等;②伪造序跋、题记、名人批注和名家藏印;③伪造蛀痕和把书纸染黄;④利用丛书中零本冒充单行本、新刻本,或撤去目录以残本充全本,如孙星衍《平津馆鉴藏记》著录明版《重刊诸病源候总论》一书,注云:"目录后有歙岩镇汪氏主一斋校刊木印。《四库全书》所录为明汪济川、方镶刊本,此本卷一巢元方衔名后当有汪、方二人名,已为书贾剜去。"书商剜去时间可考的人名,以便将刊行时间随意提前。又《重修政和经史证类备用本草》注云:"旧有庞氏得其善本,后平阳张存惠因庞氏本附以宗奭《衍义》为之板行。今山东安察金事茂君彪购求得之,副督御史原君杰命工重镂诸梓,末年月姓名已为书贾剜去。"剜去后刻者姓名,以充前刻。

(二) 从语言特点考辨

历史的发展,时代的更迭,总要给语言以影响,一定的历史时期有一定的语言文字反映所属的特定的时代,因此利用古医籍中的语言特点来分析其成书年代,也是一种行之有效的方法。这可从医籍的文体、文法及音韵等角度去进行考辨。

如从文体的角度考察《黄帝内经》即可知晓,如此长篇大段论理的著作,不独三代以前,即使春秋时亦无此种文体,用《论语》《老子》等可作反证,故此书不可能成书于春秋之前。再如钱超尘教授曾从音韵的角度对《黄帝内经》的成书年代进行考察,先秦时"鱼""侯","真""文","质""物"分为两部,而在汉代已经合用。《黄帝内经》中"鱼""侯"两部合用在70例以上,"真""文"合用的数量超过分用的数量,"质""物"也有一些合用的例证,并且"质""物"都有大量与"月"部合韵的例子,这些都是汉代音韵的特点,说明《黄帝内经》成书于汉代。又"明"字在西汉虽有与"耕"部字相押的情形,但还不多,到东汉已转入"耕"部。《黄帝内经》中"明"字与"耕"部相押主要出现在七篇大论中,这说明七篇大论当是东汉之作。(《内经语言研究》)

(三) 从引用文献考辨

人们在著述时一般要引用各种文献,从被引文献的写作年代也可辨别医籍的真伪或推测伪书的成书年代。如《银海精微》中的八廓是经《世医得效方》(1343年)改革后的八廓,并在此基础上加入了八卦正名;而在《原机启微》(1373年)中曾引用过该书对小儿疳积上目(小儿角膜软化症)病因的论述及救苦汤、金花丸、拨云散等方,这说明该书系1343—1373年间的作品,约成书于元末明初。

(四) 从作者生平考辨

古人对著作很重视,有立言之称,跟立德、立功合称三不朽,因此凡是某人在史书或方志上有传或有碑铭之类者,都会提到或详列其著作名称,故考订作者生平传记也是考辨医书真伪的一条重要途径。

有人考辨朱丹溪著作的真伪即是从考查作者生平开始的。据不完全统计,题名"丹溪"

的医学著作不下 30 余种。根据宋濂《故丹溪先生朱公石表辞》和戴良《丹溪翁传》记载,丹溪亲撰医书计有 5 种,其余题名丹溪之医著或经后人整理成书,或托名丹溪之伪书。宋、戴二氏与丹溪过从甚密,故他们关于丹溪著作的记载当属翔实可靠。

(五) 从书中内容考辨

通过分析医书的内容来辨别伪书,是最重要且最可靠的方法,也是颇显辨伪者功力的一种方法。它要求辨伪者认真阅读原著,并有较为丰富的医学、史学及文化知识。具体可从以下几个方面着手:

1. 药名　若书中所载药名为后世才开始使用,其书必伪或有部分伪篇。如《内照法》旧题汉·华佗著,但书中有些药物如青黛、肉豆蔻、荜茇、荆三棱、骨碎补等都是唐代以后才开始使用,宋代《开宝本草》才开始记载的,汉代的华佗不可能使用唐代以后才开始使用的药物,因此《内照法》不可能出自华佗之手。又如《华佗神医秘传》一书中有"华佗神膏",方中有三七、儿茶,三七首载于明·李时珍《本草纲目》,为时珍新增药物,称"此药近时始出,南人军中用为金疮要药,云有奇功";儿茶首载元·忽思慧《饮膳正要》,可知两药均为晚出之药,如何能为汉代华佗所用,故《华佗神医秘传》也非华佗之作。

2. 病名　如《咽喉脉证通论》曾被认为是宋人著作,但书中有关于"棉花疮"(即杨梅疮)的记载,此病是 15 世纪前后从国外经广东传入我国的,因此该书至少是明代以后的著作,而不可能成于宋代。又如《华佗神医秘传》有治青腿牙疳神方。考"青腿牙疳"之名出自《医宗金鉴·外科心法》,谓"此证自古方书罕载其名,仅传雍正年间,北路随营医官陶起麟颇得其详",可见"青腿牙疳"之名出自清代雍正年间,该书不可能为华佗所著。

3. 方剂　如《银海精微》旧题唐·孙思邈撰,但书中有凉膈散、双解散、八正散、川芎茶调散、导赤散诸方,其中凉膈散、双解散为宋金刘河间方,八正散、川芎茶调散出于《太平惠民和剂局方》,导赤散出自《小儿药证直诀》,唐代孙思邈不可能预知宋金医方,足证该书是后人伪托之书。又《仙授理伤续断秘方》旧题唐人著作,但从其医方特点来看,具有宋代方剂的特征,如丸剂"穿衣"为唐代医方所无,最早见于北宋方书,而该书中大红丸、小红丸均以朱砂为衣,大活血丹则用挪漆为衣,显示了宋代医方的特征。故该书非唐人著作,而成于宋代。

4. 地名　州郡的分合和改名古今不同,有些地名具有一定的时代特征,故可以利用书中所载的地名来考定其成书年代。如《雷公炮炙论》一般认为成书于南北朝刘宋年间,但从书中所提及的 8 个州县名考证,发现其设置年代大部分在唐代,无一是刘宋时地名。同时使用以上地名,最早是在唐武后垂拱二年(686),因此该书著作年代的上限为 686 年。

5. 避讳　有些学者根据《太素》避唐讳(如书中为避唐高祖李渊讳将"太渊"改为"太泉",为避唐世祖李昞讳将"甲乙丙丁"改为"甲乙景丁"),而不避隋讳("其见浮而坚者""足长尺二寸,广四寸半",隋文帝杨坚,隋炀帝杨广),认为该书成于唐初。又如《西方子明堂灸经》一般认为是元代著作,但书中共有三次出现"大敦"穴名,均改作"大训",这在其他医籍中鲜有记载,显然是避讳字。查宋代皇帝,光宗名惇(都昆切,音敦)。书中避"敦",显然是为了避光宗之嫌名,这说明该书当属南宋成书,因为元人是不可能为宋代皇帝避讳的。

6. 器具　如《雷公炮炙论》书中共有 18 处使用瓷器。虽然已有零星的考古报道表明隋唐以前就有瓷器,但瓷器的大规模烧制和广泛使用却是在隋唐以后,据此有人认为《雷公炮炙论》成书年代不会早于唐代。

7. 学术观点　《银海精微》旧本题孙思邈著,但该书与《千金要方》目门比较,二书治目病的学术观点迥然不同。《千金要方》治目病重在治肝,不外补肝与泻肝两大法门;而《银海精微》治目病重在清热,突出除邪,所用之方多以清热祛风之品组成。可见两书非出自一人之手。《千金要方》为孙氏之作历代无疑,《银海精微》显然为托名孙氏之伪书。

此外,还可从人名、官名、朝代名、历法、度量衡等方面进行考辨,若书中出现后代的人名、官制、朝代名以及使用后世的历法、度量衡等情况,那么此书若非全伪,至少也经过后人改窜或增益,其中杂有部分伪篇。

四、伪书的价值和利用

伪书与一般的伪品不一样,伪品一经认定便失去了史料价值,而伪书尽管作者与成书年代不准确,但其内容经过细致的分析,识伪存真,伪中取真,可以从中获取真正的科学研究的素材。书的真伪和书的价值是两个不同的概念,真书里面可能有没有价值的东西,而伪书里面也许保存着有用的资料。一般来说,伪书的使用价值主要体现在以下方面:

(一)史料价值

伪书所述内容未必都是伪事,造伪者也不会全凭虚构,造伪时往往对当时流行的古书或辑录征引,或窜乱增删,而这些凭借之古书后世大多亡佚,这些伪书就保存我们今天所需的古籍珍贵佚文了。伪书能反映所处时代的思想风貌、特征、风俗习惯等,也能体现伪造者本人的思想体系。如《周礼》这部书,如果把它当成周公作的,用它来分析周代的制度,固然是荒谬的,但这部书是战国或汉代人参考了战国时多数政治制度,取长补短,如果用来研究战国至汉初的制度,还是有一定的史料价值的。又如《尚书·禹贡》儒家附会为大禹时的作品,实际此书成于周秦之际,是我国古代流传至今的最早的地理文献,也是我国早期土壤学和水利工程学的重要文献,是一部完整的、系统的原始自然地理和政治经济地理的说明书,为后世地志所祖述。

(二)科学价值

伪书大多是作者与年代作伪,但其内容主要还是反映客观事实,其所承载的古代科学知识能够反映出作伪时期人们的认识水平。如《神农本草经》是托名神农氏的"伪书",实际上此书成于多代多人之手,尽管如此,它奠定了我国本草学发展的基础,在医学史上具有重要的科学和历史价值。《黄帝内经》包括《素问》和《灵枢》两部分,托名黄帝,书中较完整地总结了脏腑经络学说,奠定了我国医学理论体系的基础,是我国现有的一部最早、最完整的古医学经典。这两部书里面保存了许多古代医学知识,对于它们在医学上的作用我们应该给予足够的肯定。《周髀算经》和《九章算术》都曾托名周姬,且为我国最早的天文、算学著作,书中最早提出了数学中的勾股定理,这两部书是我国数学史上的重要著作,具有重大的学术价值。

(三)思想价值

有的伪书虽然托名以传,但是细考书中对于古史的记载,思想内容十分丰富,有助于了解一个时代的社会文化。如《列子》是伪书,虽然不是列御寇所著,不能代表先秦的思想,但是作为晋朝文献来研究,它却完全可代表作伪时代即魏晋时代的思想。所谓王肃的《孔子家语》及其自注,在驳斥郑玄的一些怪诞说法上,王肃提出了很多可取的见解,对于研究汉代思想史具有重要价值。

（四）文学价值

伪书中有许多是文学作品，有的虽然本身并非文学作品，但在结构布局上、行文风格上，给文学创作以极大影响，或者书中蕴藏着丰富的文学史料。如《山海经》原以为大禹、伯益所作，实为战国时成书，经秦、汉人增删而成，但此书是我国志怪小说之鼻祖，是我国最早的一部神话粗略结集，在我国小说发展史上占有一席之地。

伪书在文学方面体现的另一种功能就是保存了古代的神话。把神话当做历史看固然不可，但神话可以表现古代民众的心理，将其当小说来读，也许可以知道古代的文化。如《列子》的文学剪裁工夫极为高妙，大可作为文学创作之借鉴，其载有大量的寓言故事，如杞人忧天、愚公移山、夸父追日等，这些寓言神话色彩较浓，故事情节完整，人物性格鲜明，创作手法上很有特色，其中有些可能就是先秦留传下来的神话传说和民间故事。

（五）语言价值

每个时代都有每个时代的风格，伪书本身也和真书一样具有很大的时代特征，是创作时代的语言标本。如《文选》中李陵《答苏武书》开头有几句互相道慕的话："子卿足下：勤宣令德，策名清时，荣问休畅，幸甚幸甚。远托异国，昔人所悲，望风怀想，能不依依。"这种客套话是东汉、魏、晋以后的作品里才有的。信的末尾说："勿以为念，努力自爱。时因北风，复惠德音。李陵顿首。"这种希望对方回信的客套话，是六朝后期书信的特点，而西汉的信札一般是开门见山，有什么说什么。《文选》收录的书信，除了这一封外，别的都没有这种写法，因此很早以前就有人怀疑这不是西汉的作品，而是六朝人的伪作。所以，作品的语言反映了一定时代的语言特点，这对研究古代汉语具有很高的价值。

伪书保存了大量的古代史料，对于研究古代的科学技术、文学思想、语言演变等方面具有重要的利用价值，因此对伪书要做到一分为二地对待，其价值不可一味抹杀，而要做到认真考证后合理使用。

第三节　中医文献的辑佚

一、辑佚概述

（一）辑佚概念

"辑"者，搜集、聚集之谓；"佚"者，散失之意。"辑佚"又作"辑逸""辑遗"，定义有狭义和广义之分。狭义的辑佚单指辑佚古书，即把佚书现存的片段资料加以搜集整理，最大限度恢复佚书的原貌。广义的辑佚除辑佚书之外，还有辑佚文、辑佚诗、辑佚句。中医文献上的辑佚主要是狭义的辑佚医籍。

在历史的长河中，由于天灾及人为的因素，我国古籍多有散失。然而，有些书籍在当时有一定影响，曾被其他书籍抄录、征引，因此虽然原书已经散失，其文字却还或多或少被辗转保存着。这种被保存的文字在文献学上称作佚文，将某书的佚文搜集起来，经过考订、编排，以求恢复部分或全部原貌的工作，这就是辑佚或辑复。

古籍辑佚历史悠久，从简单的辑佚，到辑佚学的出现经历了一个较长的过程。辑佚学逐渐成为中国古典文献学中的重要分支学科，它与文献学中的校勘学、注释（传注、训诂）学、目录学、版本学、辨伪学等既密切相关,又同等重要。

(二)古籍散佚

辑佚工作的出现,缘于古书的散佚。古代书籍在流传过程中,亡佚现象十分严重。正如马端临在《文献通考·经籍考》序中所说的:"汉、隋、唐、宋俱有《艺文志》。然《汉志》所载之书,以《隋志》考之,十已亡其六七;以《宋志》考之,隋唐亦复如是。"中医古籍也是同样情况,《汉书·艺文志·方技略》著录的医药书籍 38 家 881 卷,今唯存《黄帝内经》18 卷的阙残改编本;《隋书·经籍志》著录的医药书籍 256 部 4510 卷,今仍存世者已不足 10 部。《黄帝素问》至西晋时,皇甫谧已发现有所亡佚;梁全元起的《素问》注本,北宋时犹见著录,以后即不复获见;《神农本草经》至北宋而逐渐失传,可见中医药古籍的亡佚现象也是十分严重的。古书散佚的原因很多,主要有以下几个方面:

1. 历代兵燹祸乱   根据隋·牛弘、明·胡应麟的统计,从秦始皇下令焚书至南宋末年,总共经历了十次大的灾厄,使图书遭到重大损失。其后如清代乾隆时销毁禁书和八国联军侵华、日寇犯汉等,图书损伤也很惨重。

2. 载体不易留存   古书的时代越早,传播越难。如简册之繁重,卷轴之零杂,都不利于收藏,极易散佚。

3. 传播中的选择及淘汰   雕版印刷发明以前,手写传抄不易,学者抄写书籍,往往有所抉择。在性质相近的书籍中,有些水平稍差的,往往传抄较少,逐渐亡佚。如《甲乙经》之所以能代传不废,与其内容翔实,从理论到实践全面完整,自成体系是分不开的。但和它同时代的或其以前的多种针灸文献,却都不能保留下来而亡佚无遗了。

在历史发展中,每当从分裂的局面归向全国统一时,在某些学术领域中,常对一些零散的书籍进行综合整理的工作,编为新书,而原有的各种单行本往往逐渐被扬弃。那些属于初创的内容及比较简陋的书籍,被后起的、经过深入研究而更加完备严密的书籍所代替。这种现象在本草文献中最为典型,如《本草经集注》出而《神农本草经》渐亡,《新修本草》出而《本草经集注》渐亡,《证类本草》出则《新修本草》《开宝本草》《嘉祐本草》等单行本都逐渐散佚了。至《本草纲目》出而《证类本草》少被人知乃至于今,不是时人已知爱惜古书,恐怕《证类本草》也会散佚。

卷帙过多的著作,因不便抄写、保存,极易亡佚。如隋代编有《四海类聚方》2600 卷,原书不传,其简编本《四海类聚要方》,《隋志》著录 300 卷,至唐代仅存 16 卷,唐以后竟全部亡佚。

由此可见,书籍散失的原因是多方面的,其中由于传播艰难,自然淘汰,以致亡佚的居绝大多数。

二、辑佚简史与医籍辑佚成就

(一)辑佚简史

辑佚工作起源于何时,这是值得探讨的问题。一般文史学者认为,辑佚工作肇始于宋,北宋·陈景元从马总《意林》、李善《文选注》、鲍照《舞鹤赋》中辑出《相鹤经》1 卷,叶德辉认为这是宋代辑佚书。南宋·高似孙曾辑有《古世本》一书,他在《史略》中介绍了辑佚缘由与过程,云:"《世本》叙历代君臣世系,是书不复见……予阅诸经疏,惟《春秋左氏传》疏所引《世本》不一,因采掇汇次为一书,题曰《古世本》。"另一位著名学者王应麟,采集散见于多种书中的郑玄《易》注、《书》注辑成《郑氏周易》《郑氏尚书注》，同时又辑出了《三家诗考》，这些都是辑佚的开创工作。

元代的辑佚书籍不多，值得称道的仅有元末陶宗仪的《说郛》，此书分类选辑"士林罕见"的经、史、小说、杂记一千余家。但此书辑佚不注文献出处，对明代的辑佚工作带来了不良影响。

明代嘉靖年间，张四维重录《永乐大典》时，从中抄出《名公书判清明集》及《折狱龟鉴》二书，是现存最早的《永乐大典》辑佚本。胡应麟辑有《搜神记》《柯山集》《二酉缀遗》。胡鼎祚辑有《三才记》《汉魏八代诗乘》《古乐苑》《唐乐苑》《历代文纪》《履斋遗集》等，被认为明代一大辑佚学家。明代对辑佚的认识与论述也较宋人明确具体，并具有一定的理论色彩。

清代辑佚无论是实践活动还是理论探讨都达到一个高峰，期间辑佚之风益盛，尤其在清代编定《四库全书》时，先后从《永乐大典》中辑出了 375 种佚书，计 4926 卷，包括史书、天文、历算、农桑、医药、诗文等各类书籍。今《四库全书总目》中凡标明"永乐大典本"者均是从《永乐大典》中辑复而得，这些辑本有活字版即所谓"武英殿聚珍"本印行。清代在汉学家实事求是的考据学风影响下，辑佚方法也日渐精密。章学诚（1738—1801）、皮锡瑞（1850—1908）、叶德辉（1864—1927）等都对辑佚有所论述。章学诚在《文史通义》卷二《博约中》有云："今之俗儒，且憾不见夫子未修之《春秋》，又憾戴公得《商颂》而不存七篇之阙目，以谓高情胜致，至相赞叹。充其僻见，且似夫子删修，不如王伯厚之善搜遗逸焉。盖逐于时趋，而误以襞绩补苴谓足尽天地之能事也。幸而生后世也，如生秦火未毁以前，典籍具存，无事补辑，彼将无所用其学矣。"其对辑佚爱好者的讽刺令人发噱。皮氏则把辑佚与校勘、训诂这两门古老的学科等同视之，而且认为在清代已经形成了相对独立的辑佚书学派，也不甚明确地提出了辑佚学的概念。

（二）医籍辑佚成就

中医文献学界有人提出约成书于汉末的《名医别录》应是最早的医籍辑佚工作，辑者佚名（一作陶氏）。其实从某种角度而言，梁代陶弘景《本草经集注》也可视作《神农本草经》的辑佚之作。在陶作《本草经集注》之前，《神农本草经》的传本已散乱不一，仅就药物条文而言，已有"或五百九十五、或四百四十一、或三百一十九"之别，是陶氏"苞综诸经，研括烦省"，确定了《神农本草经》的文字，才有我们今天所见之《神农本草经》之文。

与普通文献的辑佚一样，医籍的辑佚正式开始于宋代，王炎辑复《神农本草经》标志着医籍辑佚的肇始。王氏辑本名《本草正经》，其书 3 卷，但又已亡佚，现在仅有自序一篇保存在王氏的《双溪文集》中，云："本草旧经三卷，药 365 种，梁陶弘景附《名医别录》亦 365 种……嘉祐中掌禹锡补注，附以新补八十有二种，新定十有七种，合一千八十有二种，分二十有一卷。新旧混并，经之本文遂晦，今撅旧辑为三卷……存古者，不忘其初也。"

明清之季，受到时代的影响，医籍的辑佚工作也日益开展。仅《神农本草经》一书，在明代有卢复的辑本（1616 年），清代则有孙星衍（1729 年）、顾观光（1844 年）、王闿运（1864 年）、黄奭（1865 年）、姜国伊等人的，先后竟达 6 种之多。清代修《四库全书》时，从《永乐大典》中辑出的医书共 21 种，计有《颅囟经》2 卷，《博济方》5 卷，《苏沈良方》8 卷，《脚气治法总要》2 卷，《旅舍备要方》1 卷，《伤寒微旨》2 卷，《全生指迷方》4 卷，《卫生十全方》3 卷，《奇疾方》1 卷，《卫济宝书》2 卷，《太医局程文》9 卷，《产育宝庆方》2 卷，《集验背疽方》1 卷，《济生方》8 卷，《产宝诸方》1 卷，《急救仙方》6 卷，《瑞竹堂经验方》5 卷，《流注指微赋》1 卷，《钱氏小儿药证直诀》3 卷,又《阎氏方》1 卷,附《董氏小儿斑疹备急方论》1 卷。另有《水牛经》《安骥集》《痊骥集》3 种,属兽医之书。其中《流注指微赋》为存目书。而《小儿药证直诀》一书,四库馆臣在辑成之后,发现存有仿宋真本,虽撰就提要,聚珍本印行,但是怕招致物议,所以,辑本和真本均未著录,也不存目,提要也没有编入《四库全书总目》。

20 世纪以来,辑佚医籍主要的有:1913 年左右,廖平据《千金翼方》《千金要方》《外台秘要》等辑成《伤寒论古本》3 卷。1932 年,张骥据《证类本草》辑录了雷敩的《雷公炮炙论》3 卷。1959 年,上海科技出版社出版了《传信方集释》,这是根据《证类本草》辑出,并加以注释的。

现代对医药典籍的辑佚贡献最多的是尚志钧先生,他辑复了诸如《神农本草经》《本草经集注》《名医别录》《新修本草》《本草拾遗》《开宝本草》《图经本草》《海药本草》《雷公炮炙论》等一批古代本草著作,马继兴先生等所著《神农本草经辑注》则在方法学上堪为典范。其他高文柱辑《小品方》、谢海洲等辑《食疗本草》、黄龙祥辑《黄帝明堂经》等也有较大影响。

日本学者为辑佚中医古籍也做出了很大贡献,曾从《医方类聚》中辑出唐·昝殷《食医心鉴》1 卷,从多种古书中辑出崔禹锡《食经》2 卷,又有森立之辑《神农本草经》《本草经集注》等。

三、医籍佚文种类与辑佚书的资料来源

(一) 佚文种类

张灿玾先生《中医古籍文献学》总结佚书遗文存留情况有八种,谓:①书、文并亡,即书固亡而别书亦无所征引;②书虽亡而知其大义;③书虽亡而文未亡或基本未亡;④大部分亡佚而体例尚明;⑤大部分亡佚而体例亦不明;⑥小部分亡佚;⑦存有部分或少量遗文而不知所出者;⑧书已亡而仅凭追忆而尚存余义者。

马继兴先生所著《中医文献学》将医籍佚文分为两大类,即有明确出处的佚文和可以辨认出处的佚文。前者又包括直接引有原书名称的佚文(如《汤液本草》之引《珍珠囊》《用药心法》等)和间接转引的佚文(如《证类本草》中的《神农本草经》佚文等),后者包括有旁证可考的佚文(如《伤寒论》宋人校本中的"平脉法""辨脉法"两篇,可借王叔和《脉经》中引有张仲景相同佚文判断属《伤寒论》原文)和文字本身可证的佚文(如从语气、体例、内容等特征判断)。

以上两家对医籍佚文的分类可以说明常见医籍佚文的面貌。

(二) 资料来源

辑佚的资料来源多是现存的引有该书佚文的古籍。张舜徽先生所著《中国古代史籍校读法》指出:"大抵辑佚工作者用力的途径和方法又有下列几方面:①取之唐宋类书,以辑群书;②取之子史及汉人笺注,以辑周秦古书;③取之唐人义疏,以辑汉魏经师遗说;④取之诸史及总集(如《文苑英华》之类)以辑历代遗文;⑤取之一切经音义(以慧琳《音义》为大宗)以辑小学训诂书。"

概括起来,保存佚文的来源主要为以下几种:

1. 类书 从辑佚的角度看,类书是保存佚文最多的文献之一,故从事辑佚一般最先将目光盯在类书上。古代医学类书,如唐代《备急千金要方》《千金翼方》《外台秘要》等,宋代的《太平圣惠方》《圣济总录》《证类本草》《幼幼新书》,明代的《普济方》《古今医统大全》,清

代的《古今图书集成·医部全录》等，日本的《医心方》等，朝鲜《医方类聚》《东医宝鉴》《乡药集成方》等，均保存了众多古代的医籍佚文。

2. 文史　唐宋时代的文史类书，也保存不少现已亡佚的中医文献。如唐代的《北堂书钞》《艺文类聚》《初学记》，宋代的《太平御览》等。尤以《太平御览》卷帙浩繁，引录的古籍达2579种，其中中医古籍有数十种之多。

3. 古注　有些古籍的注文，也引用大量医籍佚文，如唐·李善《文选注》中收录着《神农本草经》《名医别录》《经方小品》《本草经集注》《仙药录》等十多种医药古籍的佚文，因此也是辑录佚书的重要来源。

此外，尚有地方志、笔记杂抄之类，也有部分古医籍佚文。敦煌、吐鲁番、马王堆等地的出土文物中亦多佚书，文献价值颇大，如《本草经集注》残卷、《新修本草》残卷、《刘涓子鬼遗方》残片（摹本见《西陲古方技书残卷汇编》）；日本发现的《黄帝内经明堂》残卷等，对于辑佚工作都是十分重要的根据或参考资料。

当然，完善的医书辑佚工作不能仅限于以上资料来源，还应当遍搜所有该书成书之前的一切相关医籍。

四、医籍辑佚方法

（一）辑佚步骤

医籍辑佚需要选择有意义的佚书，并经过全面考证、收集佚文、材料鉴定、校勘注释、合理编排等一系列的程序。

1. 正确选择医籍　散佚的古代医籍数量众多，因此选择什么样的医书进行辑佚需要论证，对其意义及可行性进行评估，然后考虑能否辑复该书。准备辑复的医书应当有文献与实用价值，这是医书辑佚工作的基本前提；其次，并非所有已散失的古籍都能通过辑佚复原，辑佚的对象必须要有足够的佚文存世，否则内容较少，辑佚后出版也有困难。

2. 考察辑佚对象　选择好辑佚书籍之后，需要对作者情况、成书年代、著作内容、学术思想、框架结构及其流传情况，以至时代背景、社会风尚等方面作全面系统综合性研究，不然辑成的书籍很容易脱离其本来面目，造成错误。如四库馆辑录刘敞的《公是集》，由于不明前人诗集的编排通例，误将诗篇次序颠倒了。很多医书散佚后，只能从一些类书、史书、方志笔记中找到佚文，而框架体例原貌很难再见，这就需要进行全面考察佚文，进行合理编排，尽量恢复原貌。

3. 多方收集佚文　佚文是辑佚工作的主要基础，散失的古籍由于被其他书籍征引而使辑复成为可能，经过系统考察并摸清佚文的分布状况后，即可开展收集佚文的工作。搜集医籍佚文不能局限一种或少数书籍，应该扩大线索，多方发掘，才能有一个充实可靠的基础。以辑录《吴普本草》为例，收集医药著作如《证类本草》中的佚文固不可少，而唐代的《北堂书钞》《艺文类聚》《初学记》《文选注》，宋代的《太平御览》《事类赋》等，都是不可疏略的来源。

收载佚文的书籍，有迟有早，有详有略；同一种书，也有版本不一。辑佚时，一般宜选取成书年代较早、引录较详的书籍作为底本；并应选择最佳版本，以保证质量，减少差错。

现代的网络文献及电子书籍为更多地查找佚文提供了便利。

4. 正确鉴别佚文　对所收集的所有佚文要进行考察与辨别，古籍中同名异书的现象普遍存在，标有原书书名的未必就是原书佚文，切忌随手录用。如果审核不清，辨识不密，很容易张冠李戴,贻误后学。误辑材料的先例很多,如马国翰将《晏子春秋》原文误为是刘向所作的《晏子春秋叙录》,而把它辑入刘向的《别录》中去。又如北宋·王衮《博济方》的四库馆辑本中,竟杂有南宋陈自明的《管见大全良方》。古代中医类书中标明《本草》或《本草经》曰者,未必是《神农本草经》的原文,很多为后世本草著作的内容,不可不辨。

5. 校勘注释佚文 后书在辑录佚文的时候往往会出现文字的讹误,或者对佚文有所增删,因此对所收集的佚文要按照一般古籍的校勘学方法进行校勘注解,订正文字,注明异同。

6. 整理编排 这是辑佚的最后一道工序。继以上各项工作之后,根据所得各种学术资料,通过整理研究,拟定体例,编制目录,然后条理佚文,编辑成书。

(二) 辑佚注意事项

1. 辑佚标准 梁启超《中国近三百年学术史》在总结清代辑佚的基础上提出"鉴定辑佚书优劣之标准"为:①佚文出自何书,必须注明;数书同引,则举其最先者。能确遵此例者优,否者劣。②既辑一书,则必求备。所辑佚文多者优,少者劣。③既须求备,又须求真。若贪多而误认他书为本书佚文则劣。④原书篇第有可整理者,极力整理,求还其书本来面目,杂乱排列者劣。此外,更当视原书价值如何。若寻常一俚书或一伪书,搜辑虽备,亦无益费精神也。

总体而言,辑佚工作的各环节都必须作好,做到资料完备,翔实可信,审辨是非,考订异文,编次得体,减少讹误。不然只是资料排列,学术价值不大。

2. 避免错误 前人在辑佚方面取得了很大成就,但由于辑佚工作十分艰巨复杂,因此往往存在某些不足之处。正如刘咸炘所说:"辑书非易事也,非通校雠、精目录,则伪舛百出。"这是非常确切的经验之谈。他在《辑佚书纠缪》一书中指出过去辑佚的四大弊病:第一是漏。第二是滥(又分二端:一、臆断;二、非本书文)。第三是误(又分二端:一、不审时代;二、据误本、俗本)。第四是陋(又分三端:一、不审体例;二、不考源流;三、臆定次序)。

医书的辑佚过程中也要注意以上问题,要尽量避免遗漏,对医理不可臆断,切忌不做详细考证即草草进行辑佚工作,这样所成的辑复本价值不会很大,很难得到读者认可。总之,对医籍的辑佚既要具有扎实的中医理论功底,又必须对文献学有全面研究。

(陈仁寿)

第七章　中医文献现代研究方法

　　浩如烟海的中医文献,蕴含着丰富的疾病防治的科学认识和有效方法。但是,在现代条件下,传统的中医文献研究和利用方法具有效率偏低,受学者主观认识干扰大的特点,中医文献的潜在价值,在有限的研究周期里难以得到充分的发掘和利用。探索适合中医学特点的文献研究新方法,有效获取中医文献中保存下来的科学认识和医学成果,对于增强中医文献研究的活力,提高中医学基础研究与临床工作的效率和水平均具有重要意义。

　　近年来,中医文献工作者不断尝试引入现代科学的技术手段和研究方法,将其应用于中医文献的研究,取得了一定的成果,如统计学方法、系统综述方法、数据挖掘方法以及中医文献的数字化技术等。统计学方法和数据挖掘方法采用数学和逻辑学的原理,结合数据库技术,可以分析传统方法难以处理的海量数据和复杂关系,通过数学运算和逻辑推理,获取中医文献中疾病、证候、症状、治则治法和方药间的内在联系。系统综述是循证研究的重要手段,通过对古今中医文献的方论、医案等研究,总结有效治疗方案,对指导临床医疗工作有较为重要的价值。文献的数字化技术则改变了中医文献的存在和传播方式,使学习、获取、检索和研究中医药文献资料更加高效。此外,还有一些新的方法还在探索中,如文献计量学、本体论、语料库等方法。

　　这些中医文献研究的新方法,在一定程度上改变着传统文献研究的面貌,赋予传统的文献研究以时代特征。但是,我们也应当清醒地认识到,中医文献的现代研究方法必须建立在可靠的传统文献研究的基础之上。只有如此,采用中医文献现代研究方法取得的成果,才具有科学性的保障。

第一节　多元统计

　　统计学是运用概率论和数理统计原理、方法,探讨各学科统计学研究的设计,数字资料搜集、整理、分析和推断,从而掌握事物内在客观规律的一门学科。多元统计方法,即多变量统计分析,是在各学科研究中应用十分广泛的一大类统计分析方法,它能够在多个对象和多个指标互相关联的情况下分析它们的统计规律。多元统计方法能帮助研究人员利用复杂的资料,通过对某一领域或某一事物的多个变量的变化进行观察分析,发现事物内在联系和相互作用规律。在众多的统计方法中,频数分析、相关分析、多元回归分析、聚类分析、因子分

117

析、主成分分析等统计方法单独或者结合运用,能在一定的数据规范化和数值标准化研究的基础上,对分散的、庞杂的和差异性较强的古代中医文献资料进行综合分析研究,可以帮助中医研究者,从整体上较为全面地总结中医文献所记载的各类疾病的病因、病机、症状、证候、组方用药特点和规律,研究中药的药性特点,探索中药和方剂的主治病证和作用机制。例如,对中风病的研究,在全面收集历代中风主治方剂的基础上,以方剂作为观察样本,以药物作为指标变量,采用频数统计的方法,既能够从全部样本中获取古代治疗中风病的高频药物,也可以分析比较不同时期主治药物使用频率的变化,从而分析中风病理法方药的大致演变规律;采用因子分析的方法,可以获取古代医家治疗中风病的基本药物组合,进而通过药物的功效和主治,分析古代医家对该病病因病机的认识;采用聚类分析,获取聚类方,可用来筛选和发现新的治法和有价值的主治方剂。因此,这类方法对于深入地挖掘文献中蕴藏的学术价值,为中医的临床和科研提供可信的研究素材和文献依据,促进中医药学术的发展具有重要的参考意义。

一、中医文献的统计学研究

20 世纪 80 年代初,中医院校普遍开设了统计学课程,统计学在中医药学各领域研究中的应用逐渐扩展深入。最早运用统计学方法研究中医文献的报道见于 1985 年,曾大方对《临证指南医案》方案进行了统计分析,文中运用了频数统计的方法,对医案进行分类归纳,创造性地把统计学方法应用于中医文献研究。此后,统计学方法开始在中医文献研究中加以应用,但限于当时的条件,多元统计分析方法还没有普及,缺少高性能计算机和软件的支持,应用范围还比较窄,对中医文献的统计学研究一直局限于以手工计算基础上的频数统计与比较分析。20 世纪 80 年代末期至 90 年代中期,计算机及软件技术有了巨大发展和普及,计算机和统计软件开始在医学领域广泛应用,复杂的统计计算逐渐由计算机及应用软件承担,运算速度越来越快和精度越来越高,为深入地统计分析中医文献提供了客观条件。罗国安首先使用计算机对《方剂学》常用药物进行了频数分析。此后,在计算机技术的支持下,涌现出一大批中医文献的统计学研究成果。这些研究虽然仍然以频数分析的方法为主,但研究的复杂程度却比以前有很大提高,积累了很多研究经验,为统计方法在中医文献研究中的深入使用奠定了基础。

1996 年以后,高性能计算机和大型统计软件逐渐普及,中医文献统计学研究开始发生深刻变化,其主要表现为,研究对象逐渐扩大到各类中医文献;研究方法从频数分析向多元回归、聚类分析等多元统计分析方法转移,积累了丰富的经验,探索出一系列研究的新规范和新途径。例如,周德生运用 R 型系统聚类分析,研究明清时期津液亏损医案辨证用药规律,归纳出九类用药结构;高飞运用频数分析、相关分析和结构分析等统计学方法,对《伤寒杂病论》中柴胡类方证进行研究,阐述了各方证之间的内在联系;丁爱民等对老年性痴呆文献报道中常用药物进行灰色关联度分析,提出了治疗老年性痴呆的基本方。近年来,中医药文献的统计学研究成果越来越多,在一定程度上推动和促进了中医药学的发展。

总之,统计学方法在中医文献研究中的应用,经过简单的手工频数分析到计算机辅助频数分析,再到计算机为主的多变量统计分析的三个阶段。统计学方法与中医文献研究的结合越来越紧密,已经成为研究中医文献的重要手段。

二、常用的统计分析方法

（一）频数分析

频数（frequencies）也称"频次"，指对某类总体数据按照一定标准进行分组，统计出各个组内含个体的个数。频率则是指每个小组的频数与数据总数的比值。不同变量的频数或频率，表明该变量所对应的组的作用程度。频数或频率数值越大，表明该变量对于总体水平所起的作用也越大；反之，频数或频率的数值越小，表明该变量对于总体水平所起的作用越小。通过频数分析对不同时代中医文献中各类病证的病因、病机、症状、证候、治法、主治方剂、主要药物以及方剂的功效、主治等的出现频数和频率进行比较。根据频数和频率的差异，筛选主要症状、治疗药物和治疗方法，推论粗略的证治规律。

频数分析结果具有可靠性好的特点，往往能反映中医文献中有关疾病辨证、组方和用药的基本面貌。频数分析还可以作为开展多元统计分析的基础和参照，用来检验和判别多元统计分析结果的价值。此外，因子分析、聚类分析等多元分析中，为了提高分析的效率和减少低频变量所带来的干扰，对变量偏多的统计数据，可以根据频数统计结果剔除低频数据，进行降维简化，只分析高频变量，以便于获取有价值的统计结果。

常用的统计学软件均具有频数分析功能。但需要注意的是，中医药文献统计资料的指标变量数（列数）往往比较多，如中药、方剂文献的研究资料中，作为研究指标变量的中药数量一般在数百个乃至上千个。很多统计软件支持的指标变量数在 256 个以下，难以满足研究的需要。因此，在选择统计分析软件时，需要保证软件所支持的指标变量数目足够多。

（二）因子分析

因子分析（factor analysis）又称因素分析，是一种通过对不同变量的相关性分析，将变量的数量加以综合分类简化，以较少的变量来代替原来变量中所含信息，从而帮助研究者分析影响变量的主要潜在因素的方法。因子分析的主要目的就是用少量因子去描述许多指标或因素之间的联系，将相对比较密切的几个变量归在同一类中，每一类变量就成为一个因子，以较少的几个因子反映原始资料的大部分信息。运用这种研究方法，我们可以从中医文献记载的各类疾病理法方药的海量资料中，筛选和提取出具有代表性的症状、药物配伍，分析不同时期医家关于病因病机、治法方药认识的学术特点和发展规律。常用的大型统计学软件，如 SPSS 和 SAS 等，均支持因子分析。

（三）R 型（指标）聚类分析

聚类分析（varable clustering analysis）有样本（Q 型）聚类分析和指标（R 型）聚类分析两类，在中医文献研究中主要使用 R 型（指标）聚类分析。这一方法通过对不同样本（行）的指标（列）构成进行相似程度分析，使相似程度大的指标聚合成一类，如此反复，使相似程度大的聚合成一个较小的一类，直至把所有变量聚合完毕为止，最终形成一个由亲近至疏远，由小到大的分类系统，从而把变量间的亲疏关系表达出来。此法适用于对事物类别的面貌尚不清楚，甚至在事前连共有几类都不能确定的情况。现有的中医文献统计研究常常把症状、药物及其属性作为指标进行聚类，得到的若干组症状组合、药物组合和相关属性的组合，通过对这些组合的分析，探讨常见证候、诊断标准、主治方药和药性规律。SPSS、SAS 等大型统计学软件均支持聚类分析。

三、中医古代文献数据的规范化和标准化

中医古代文献数量多,时代跨度大,各类名词术语、药物的用法用量等常常不规范,使用条件和使用标准不统一。在目前条件下,直接使用中医文献中的原始数据开展统计学研究仍然具有难以克服的困难。因此,开展中医古代文献的统计学研究,首先必须进行数据的规范化和标准化研究,使文字描述为主的文献资料科学化、数值化。

中医古代文献数据的规范化主要包括病名、病因、病机、症状、证候、治法、功用、药名、方名、药性等名词术语的统一和规范。如失眠症状的描述,有"少睡""不寐""不得卧""不得眠""目不瞑"等的不同,必须区分同质和不同质的术语,将同质的术语加以合并,不同质的术语加以区分,并规范各自的名称。再如药名的规范,除了进行药物异名的规范外,还必须结合研究对象的特点,根据不同的炮制对药物作用的影响,对同一药物的不同制剂类型加以区分,如生黄芪和炙黄芪、生甘草和炙甘草、生大黄和各类大黄的炮制品等,在研究中可以将同一药物的不同制剂类型视为不同的指标,这样符合中医学的实际用药特点。症状、证候、药物、方剂等分类的统一和规范可参考相关国家标准和权威文献。

中医古代文献数据的标准化,主要是各类研究指标取值的标准化。诸如病名、病因、病机、症状、证候、治法、功效、药性等难以量化的指标,一般在统计表格的数据记录中采取出现赋"1",不出现赋"0"的方法。少量的指标如症状严重程度、药性的寒热等,也可以根据原始文献的具体描述进一步进行分级取值。药物数据是中医文献中有量化记录的一类数据,药物用量的取值方法常用的主要有 2 种:

(1)某一药物在处方中出现赋"1",不出现赋"0"。这种药物数据标准化方法应用最多,可以用于所有标明药物剂量和没有标明药物剂量方剂的研究,但是由于取消了药量的差别,会对研究结果产生一定的影响。

(2)将所有药物剂量按不同历史时期相应的度量衡换算比例统一单位为克(g)。这种剂量标准化的方法保留了原方剂中的剂量信息,在配伍研究中显得十分重要。同时,中药方剂的剂型较为复杂,不同剂型方剂的同一药物用量可能会相差很大。因此,可能的情况下尽量采用一日用量加以规范。由于这种标准化赋值方法,会把大量的无剂量方剂排除,从而在一定程度上影响研究结果的完整性。

总之,两种药物用量标准化方法各有特点,要根据研究的具体需要加以选择使用。

除了上述规范化和标准化要求外,在研究开始之前还应该对研究对象、研究的文献来源范围、研究材料的纳入和排除标准等内容进行明确,在此基础上构建规范化的指标名称和标准化赋值的数据才具备开展研究的基本条件,从而保证统计学研究工作的顺利开展。

第二节 系 统 综 述

系统综述是一种对原始研究结果进行综合研究方法。该方法针对某一具体的临床问题,系统全面地收集所有已发表和未发表的相关的临床研究文章,用统一的科学评价标准,筛选出符合标准有质量的文献,进行定性分析或定量合成并加以说明,推导出可靠结论的循证医学研究方法。

一、系统综述与中医文献研究

系统综述研究最早开始于 20 世纪初。在 20 世纪 60 年代,医学领域的系统综述文献开始大量涌现,20 世纪 80 年代,系统综述被引入我国并应用到医学领域,尤其是在临床医学方面,已经成为一种重要的研究方法。随着多学科交叉研究的发展,系统综述的重要性被越来越多的学者所认识,在中医文献研究领域也开始引入这一方法。近年,已有学者开始这一尝试,但尚无成熟的研究经验可资借鉴。

系统综述研究是一种基于证据可靠性的研究。循证医学认为,基于随机对照试验(randomized contorl tirals,RCTs)的系统综述的结论最可靠,其他类型的文献资料的可靠性由高到低共分 5 个等级:① Ⅰ级:基于多个 RCTs 研究结果;② Ⅱ级:基于样本量足够的 RCT 单个研究结果;③Ⅲ级:基于设有对照组但没有随机分组的单个研究结果;④Ⅳ级:无对照组的病例观察;⑤Ⅴ级:专家意见。显然中医古代文献中传统研究方法所获取的结果,并不符合系统综述的 Ⅰ~Ⅲ级高可靠性证据要求,因此无法进行精确的定量分析。但是我们可以把古代的医案、医论、方剂等文献作为Ⅳ、Ⅴ级证据看待,然后采用系统综述的定性分析和半定量分析的方法进行研究。

二、系统综述的方法

系统综述需要个人或课题组具有多种能力,如信息检索、相关领域专业知识、分析研究经验和能力等,并且能够投入大量的精力和资源。通常完成一项很小的系统综述需要 3~5 人组成的课题组投入几周甚至更长的时间。因此,开展系统综述研究,通常采用建立课题组进行协作研究的方式开展。那些个人独立完成的系统综述,其结论的可靠性往往不高。一般来说系统综述研究需要经过以下步骤:

(一) 提出明确而具体的问题

系统综述的开展必须以一个明确而具体的问题为基础展开。提出的研究问题应具有科学性、可行性和避免重复,并可能通过研究得到回答。具体应包括:研究对象是什么? 如病例或疾病;研究的干预措施是什么? 如某种方剂或某种疗法;研究的结局是什么? 如某种临床事件或症状。在回答上述问题的同时,还应在问题提出阶段制订出详细的研究方案。

(二) 检索和选择文献

针对研究目标,制定合理的检索策略,并尽可能全面的获取数据源,全面地收集相关的文献,包括未发表的文献,最大限度地确保文献不遗漏。然后根据研究目标和研究方案中的文献纳入和排除标准,从已获取的义献中筛选符合要求的文献。按照系统综述的要求,文献的选择需要至少 2 人以上参加,若出现争议文献可以经由第三方或双方协商解决,以尽量减少因个人认识差异对研究造成的偏倚影响。

(三) 评价纳入研究的文献

针对文献中的干预方案和实施过程中系统偏倚进行评价,对随机误差可能性大小的测量指标和研究结果的可推广价值进行评价,以避免出现低质量的文献对结果的夸大情况。依据严格的评价标准,对文献中的研究内容和结果进行客观评价是获取有价值系统评价结论的前提和基础。如果文献中的内容真实性存在问题,则其推广应用价值就毫无意义。中医古代文献不同于现代医学文献中实验与临床研究,其真实性评价目前仍然缺乏一个科学系统的标准体系,这是制约中医古代文献系统综述研究的主要瓶颈。

（四）提取纳入文献中的资料

对于中医古代文献,需提取以下几类资料:①一般资料:包括研究名称、作者、出处等;②研究方法资料:主要指研究所用的方法是病例还是专家意见;③基线资料:包括研究对象的年龄、性别、病因病机、证候、现病史等;④干预措施资料:包括治疗采用方法、方剂、药物、剂量、疗程,有无对照或参照等;⑤结局资料:如治愈情况、不良事件数等。

（五）分析资料获取结果

系统综述方法根据收集到的资料性质和可靠性,可采用定性或定量的方法进行分析,以获取相应的结果。定性分析仅需要对纳入文献的研究情况进行描述即可。定量合并分析主要采用 Meta 分析方法,但研究资料需要通过一系列可靠性检验。系统综述最重要环节是全面系统收集证据及并进行质量评价,不一定都要做 Meta 分析。

（六）解释结果并跟踪完善系统综述结论

结合专业知识,对研究结果进行解释,并获得研究结论。在研究结论中应对可能存在的误差进行详细的讨论,详细地分析结果的真实性和可能影响结果真实性的各类因素。并且在系统综述发表以后,定期收集新的文献,按前述研究步骤进行分析、选择、评价、资料提取和分析结果,并及时更新和补充到原来的系统综述中,从而使之更加完善。

第三节　数据挖掘

中医药有着几千年的发展历史,形成自己独特的发展轨迹,积累了不计其数的实践经验。在宏观上,中医有一套统一的理论体系,但是在实践中,却是百家争鸣,学派林立。千百年来传承和积累的中医文献汗牛充栋,海量的数据往往使学者其无所适从,使人皓首难以穷究其中的奥秘。在基础研究和临床工作中,人们对于历代医家的理论和实践经验,往往因为缺少一个合理的评判标准而难以取舍。近年来,随着计算机技术的日益成熟,数据挖掘技术开始从理论走向实践,并且被应用到各个领域,中医文献研究就是其中之一。

数据挖掘(data mining)是从大量的不完全的、有噪声的、模糊的、随机的数据中提取隐含在其中的、人们事先不知道的但又是潜在有用的信息和知识的过程。数据挖掘融汇了人工智能、模式识别、模糊数学、数据库、数理统计等多种技术方法,专门用于海量数据的处理。目前,数据挖掘在生物信息学、基因工程、分子生物学、环境监测等领域都有广泛的应用。本节主要介绍在中医药文献数据挖掘中应用较多的关联规则方法。

一、数据挖掘技术与中医文献中的知识发现

数据挖掘技术的发展是一个随着数据库技术的发展而逐渐演变的过程。在电子数据处理的初期,人们就试图通过机器学习来实现自动决策支持。机器学习的过程就是将一些已知的并已被成功解决的问题作为范例输入计算机,机器通过学习这些范例总结并生成相应的通用规则,使用它们可以解决某一类的问题。其后,随着神经网络技术的形成和发展,数据挖掘研究转向知识工程。与机器学习不同,知识工程是直接给计算机输入已被代码化的规则,计算机通过使用这些规则来解决某些问题。80 年代随着关系型数据库的成熟和应

用,又在神经网络理论的指导下,数据挖掘又重新回到机器学习的方法。

知识发现起源于从数据库中发现知识(knowledge discovery in databases,KDD),它首次出现于 1989 年。知识发现泛指所有从源数据中发掘模式或联系的方法,用来描述整个数据发掘的过程,包括最开始的制定研究目标到最终的结果分析,而用数据挖掘来描述使用挖掘算法进行数据挖掘的子过程。人们却逐渐发现数据挖掘中有许多工作可以由统计方法来完成,在研究中最好将统计方法与数据挖掘有机地结合起来。

从 20 世纪 90 年代末开始,在中医文献研究领域应开始应用 rough 集、模糊集、聚类分析、关联规则等数据挖掘方法进行中医药知识发现。数据挖掘技术已经应用于方剂配伍、方剂分类、用药规律、辨证、证候、证治、病案、中药药性和中药方剂的现代研究、针灸腧穴研究等领域,取得了一大批研究成果。

需要特别指出的是,进行数据挖掘时,也要首先对中医文献数据进行规范化和标准化,其一般方法可参见前第一节多元统计,具体的实现方式可以与数据库建设相结合,选择采用先控语言或后控词表等方式进行规范化和标准化。

二、运用关联规则开展中医文献数据挖掘

如果两个或两个以上变量之间存在某种规律性,就称为关联(Association)。规则(Rule)就是一个条件与一个结果的和。它可以描述为描述为 $X \Rightarrow Y$(X,Y 是属性的集合),其中 X 称为前件,Y 称为后件,即属性集合 X 为真可以推断属性集合 Y 也为真。关联规则就是寻找在同一个事件中出现的不同项之间的相关性,比如在某一中药的四气五味与其药理作用的相关性,治疗某一疾病的药物之间的相关性。

关联规则的描述主要通过两个重要概念实现:支持度(Support)和置信度(Confidence)。如果样本空间中有 S% 事件包含了($X \cup Y$),则 S 为该规则在该样本空间的支持度。如果在包含 X(前件)的事件中有 C% 支持 Y(后件),则称 C 为该规则的置信度。因此,支持度是规则前件和后件在样本空间的出现概率,置信度是在样本空间中,在前件出现的前提下后件出现的概率。置信度是对关联规则的准确度的衡量,支持度是对关联规则重要性的衡量。给定一个样本空间,挖掘关联规则就是挖掘出支持度和置信度分别大于用户给定的最小支持度和最小置信度的规则。如果置信度太低,说明规则的可信程度差;如果支持度太低,说明规则不具有一般性。支持度说明了这条规则在所有事务中有多大的代表性,显然支持度越大,关联规则越重要。另外,有些关联规则虽然支持度虽然很高,但置信度却很低,说明该关联规则实用价值不大。

关联规则的基本概念还包括了期望置信度(Expected Confidence)和作用度(Lift)。期望置信度是指在样本空间中,Y 出现的频率。期望置信度描述了在没有任何条件影响下,规则后件出现的概率。期望置信度描述了在没有 X 的作用下,Y 本身的支持度。

作用度是指置信度与期望可信度的比值。作用度描述了 X 的出现对 Y 的影响。作用度越大,说明 Y 受 X 的影响越大。一般情况,有用的关联规则的作用度都应该大于 1,只有关联规则的置信度大于期望置信度,才说明 X 的出现对 Y 的出现有促进作用,也说明了它们之间某种程度的相关性,如果作用度小于或者等于 1,则此关联规则也就没有意义了。

在关联规则的四个属性中,支持度和置信度能够比较直接形容关联规则的性质。

用 $P(X)$ 表示样本空间中 X 出现的概率,$P(Y|X)$ 表示在出现 X 的事务中,出现 Y 的概

率,则以上四个参数可用公式表示:

置信度:P(Y|X);

支持度:P(X∩Y);

期望可信度:P(Y);

作用度:P(Y|X)/P(Y)。

关联规则的数据挖掘可以分为两步:第一步是找到样本空间中所有支持度大于最小支持度的项集,这些项集称为频集。第二步是从频集中构造置信度不低于用户设定的最低值的规则。在这个过程中,识别或者发现频集是关联规则发现算法的核心。如果不考虑关联规则的支持度和置信度,那么在数据库中存在无穷多的关联规则。事实上只有满足一定的支持度和可信度的关联规则才有意义,同时具有较大的支持度和置信度的规则才是有价值发现。

我们举一个简单的例子来说明关联规则的支持度和置信度。

比如假设存在下列药物与证候的关系中:1表示使用该药,0表示不使用该药;证候表示不同方剂的主治证候(表7-1)。

表 7-1 关联规则的抽取

方剂	药物 1	药物 2	药物 3	证候
1	1	1	1	气血两虚
2	1	1	1	阴虚不足
3	1	1	1	气血两虚
4	0	1	0	阴虚不足
5	1	0	1	津亏血瘀

由上述样本可得下列规则:

Rule1:药物 1 且药物 2 且药物 3⇒气血两虚

Rule2:药物 1 且药物 2 且药物 3⇒阴虚不足

Rule3:药物 2⇒阴虚不足

Rule4:药物 1 且药物 3⇒津亏血瘀

则 Rule1 的支持度为 40%,置信度为 66.7%,

期望可信度是 40%,作用度是 66.7%/40% = 1.7;

Rule2 的支持度为 20%,置信度为 33.3%,

期望可信度是 40%,作用度为 33.3%/40% = 0.8;

Rule3 的支持度为 20%,置信度为 100%,

期望可信度是 40%,作用度是 100%/40% = 2.5;

Rule4 的支持度为 20%,置信度为 100%,

期望可信度是 20%,作用度是 100%/20% = 5。

如果我们规定了最小支持度为 30%,最小置信度为 50%,那么符合要求的只有 Rule1。Rule3 和 Rule4 虽然置信度高达 100%,但是由于支持度太低,因此也不具有一般性。

应当指出的是,数据挖掘工具虽然能够发现满足条件的关联规则,但它不能判定关联规则的实际意义。对关联规则的解释需要相关的专业背景和丰富的经验,并且对数据有足够的理解。在发现的关联规则中,可能存在两个主观上没有多大关系的指标,但它们的支持度和置信度却很高。这就需要根据专业知识、经验,从各个角度判断这是一个偶然现象或有其内在的合理性。反之,可能有主观上认为关系密切的指标,结果却显示它们之间相关性不强。只有很好地理解关联规则,才能去其糟粕,取其精华,充分发挥关联规则的价值。

第四节 古医籍数字化研究

一、古籍数字化是传统古籍整理的延续与发展

古籍是中华民族优秀的文化遗产。古籍的传承和发扬主要通过古籍整理的形式。对古籍的种种加工,一方面要有利于古籍的保存与传承,另一方面要有利于促进古籍知识的科学组织和有效利用,使古籍更便于今人以及后人的阅读利用。

古籍数字化就是从保护和利用古籍的目的出发,利用现代信息技术,将传统文献介质上的语言文字或图形符号等转化为能被计算机储存、传播、识别和管理的数字符号,并借助现代信息技术对古籍加以利用的一项系统工作。古籍数字化是在古籍整理研究领域引进数字化技术,是传统研究方法与现代科学技术结合而孕育出来的新方法、新技术。

20世纪90年代以来,日新月异的现代信息技术被广泛应用于古籍整理和开发,改变了传统古籍整理的概念,使古籍整理进入了一个新的阶段。通过古籍载体形式的数字化转变,以图像版古籍的形式可以实现古籍原貌的保存,以全文版古籍的形式可以实现古籍的全文数字化存储,并通过数字化深加工、多媒体处理和网络传输,优化古籍知识的存取和传播方式,形成有序的信息空间,实现古籍知识信息的即时即用和真正意义上的信息资源共享。

古籍数字化与传统的古籍整理相比,虽然在载体形式和工作方式上有所变化,但其保存古籍、便利读者的目的却是一致。在古籍数字化的过程中,如何选择最佳版本,如何处理古籍中存在的衍脱误倒问题,以及对古籍的数字化深加工,仍要在相当程度上借助于传统文献学的研究方法。因此,可以说古籍整理与古籍数字化的关系,是相辅相成的。古籍整理是古籍数字化的基础,只有这样才能保证古籍原文的准确无误,才能保证数据库的品质。古籍数字化则是传统古籍整理研究工作在数字时代的延续与发展,也是古籍整理未来发展的大势所趋。许多学者也一致认为,古籍数字化是我国古籍整理工作的发展方向。

正如史睿先生所指出的:①古籍数字化属于古籍整理和学术研究(或称校雠学)的范畴,而不仅仅是图书载体的转换或商业炒作的噱头。故必须以相关领域的学者(即内容专家,而非技术专家)为主导,才可能向正确的方向发展。②古籍数字化属于古籍整理和学术研究的范畴,那么就必须遵循古籍整理的基本原则,懂得学术研究的基本思维过程。③数字古籍目标应以纸本索引为向导,以应用为目标,将"知识发现"进行到底。应用是我们衡量古籍数字

化工作的指标。④深入标引和严格的规范控制是实现知识发现的必要手段。所以,我们必须破除 IT 技术的迷信,重新估价 IT 技术的功能与价值,并努力补上传统学术中标引和规范控制这一课。

二、中医药古籍数字化的进展和趋势

(一) 数字时代的到来和古籍数字化理论的进展

数字化(digital)是信息(计算机)领域的数字技术向人类生活各个领域全面推进的过程。近年来,数字化的推进速度十分迅猛。

20 世纪 90 年代初,美国科学家最先提出了数字图书馆(digital library)的概念。1994 年 9 月,美国国家科学基金会正式公布了一项为期 4 年,投入 2440 万美元的"数字图书馆启动计划"。全球随之展开数字图书馆研究的热潮。1995 年 3 月,法国新建的国家图书馆开始将其馆藏的 100 万册图书数字化。

我国图书情报界和 IT 业界自 1995 年开始对这一领域进行跟踪研究。1997 年 7 月,在前文化部副部长徐文伯推动下,经国家计委批准建立"中国试验型数字图书馆"项目,并开展与此有关的专题科研。此后数字化图书馆的研究日益升温。许多图书馆,尤其是一些条件好的高校图书馆,都不同程度地开展了数字图书馆的实践,把一些本馆有特色的资源数字化,并逐步提供网上服务。目前,我国的数字图书馆建设已经取得一定的成就,并积累了一定的经验。有些数字图书馆,如超星数字图书馆,已初具规模。

中文古籍与计算机的联姻最早出现在计算机技术发达的美国。1978 年,P. J. Ivanhoe 等人利用计算机编制了《朱熹大学章句索引》《朱熹中庸章句索引》《王阳明大学问索引》等一系列电子索引,被视为古籍数字化的发端。

我国的中文古籍数字化工作 20 世纪 80 年代初起步于中国台湾地区,最早被称为"计算机化"或"电子化"。1988 年,曹书杰先生在《古籍整理研究学刊》第 I 期发表了《古籍整理与电子计算机应用研究的思考》,第一次以论文的形式探讨了将计算机应用到古籍整理的可能性和有效性。

20 世纪 90 年代后期到新世纪之初,古籍数字化迎来了高速发展的时期。中文古籍数字化实践规模的扩大和深入,推动了古籍数字化理论的研究和思考。越来越多的学者加入到中文古籍数字化研究的行列之中,如史睿、李运富、李国新、姚伯岳、张轴材、柳长华、陈力等,共同构建起古籍数字化的理论体系。

(二) 中医古籍数字化资源的建设

我国中医古籍数字化资源建设工作起步于 20 世纪 80 年代,至今已有一批数字化成果,从信息组织的层次看,主要有古籍书目数据库、古籍全文数据库、古籍知识库三种形式。

1. 中医古籍书目数据库的建设　古籍书目数据库是最早建立起来的古籍机读目录数据库,是古籍数字化资源建设的最初阶段。用户可以通过分类、书名、著者等途径检索到相关的古籍信息。目前国内的中医古籍书目数据库主要集中在中医高校、科研院所专业图书馆,用以揭示馆藏、服务教学、科研。其中以上海中医药大学图书馆"中医古籍善本书目提要"和中国中医科学院图书馆及信息研究所的"馆藏中医古籍目录数据库""海外中医古籍联合目录数据库"最具特色。

(1)上海中医药大学图书馆"中医古籍善本书目提要数据库":上海中医药大学图书馆

"中医古籍善本书目提要数据库"是在上海中医药大学图书馆编撰的《中医药善本目录》基础上开发建设的中医古籍书目数据库。数据库全面系统地揭示了上海中医药大学图书馆特藏的1110部中医善本。其检索点丰富多元、灵活快捷。书名检索包括卷端正题名、同书异名、封面题名、丛编名称、丛编子目名称、合刻书名、繁体题名和英文题名8种,另外也可从版本主题、分类主题及联目序号等途径进行检索。

（2）中国中医科学院图书馆"馆藏中医古籍目录数据库"：中国中医科学院图书馆成立于1955年,是我国最早的中医专业图书馆,藏有众多珍贵而丰富的中医典籍,其中中医古籍5千余种（6万余册）,中医珍善本1300余种（116万余册）,历代版本8000余个,占存世中医古籍的60%。中国中医科学院图书馆"馆藏中医古籍目录数据库"是在《中国中医研究院图书馆馆藏中医线装书目》基础上建设的机读目录库。收录有馆藏中医古籍书目信息10 610条,提供书名、著者等多种检索途径。

（3）中国中医科学院中医药信息研究所"海外古籍书目数据库"：该库以收集到的11个国家和2个地区（日本、韩国、美国、加拿大、法国、英国、荷兰、越南、德国、意大利、梵蒂冈及中国台湾、中国香港地区）137个图书馆的240余种书目为依据,收录了以上国家和地区收藏的中医古籍27 250部。可提供联目号、类号、著作年、藏书号、正书名、修饰语、别名、卷、册、国别朝代、著者姓名、著作方式、版本项、善精孤有无、原丛书名、原丛书类号、子目编号、丛书子目、馆代号的多途径检索。

除了专门的中医古籍书目数据库之外,部分中医古籍收藏比较丰富的公共图书馆和综合性高校图书馆的书目数据库也可进行中医古籍书目的检索。如国家图书馆的"国图普通古籍书目数据库"和"国图善本古籍书目数据库"、上海图书馆"古籍书目数据库"、大连图书馆的"特色馆藏古籍线装书目"以及联合了北京大学、清华大学、复旦大学、南京大学、中国人民大学、北京师范大学等多家图书馆的CALIS（中国高等教育文献保障系统）古籍联合目录数据库。

2. 中医古籍全文数据库的开发与建设　古籍全文数据库是指以计算机可读的字符代码形式或以古籍文献页面扫描的影像形式存贮古籍文献原文中的内容,计算机可进行处理与查询的数据库。根据保存形式的不同,可分为全手工录入、全图像扫描、全图文结合三种方式。

（1）全手工录入方式：全手工录入方式是将古籍资源全文通过手工方式录入,形成电子文本,供用户查阅的数据库。其优点是经过标引及系统处理,凡录入的文字皆可检索、统计,且贮存空间较小,检索速度也快。缺点是未保持古籍原貌,文字录入难度比较大。目前国内外,包括台港等地的古籍全文数据库大多为这种类型。早期主要集中在对一种或数种中医经典著作的全文及词句的检索系统建设方面,如上海中医学院于1987年研制的"《针灸大成》检索系统"、陕西中医研究院完成的包括《针灸甲乙经》通检系统"在内的13种文献的检索系统、天津中医学院的"《黄帝内经》全文检索系统"等。近些年,随着计算机技术的不断发展,中医古籍数据库逐步转向了大型全文数据库的建设,以光盘版的《中华医典》为代表。

《中华医典》是对中医古籍进行全面系统整理而制成的大型电子丛书。最新版本的《中华医典》收录了中国历代医学古籍1000部,卷帙上万,4亿字,汇集了新中国成立前的历代主要中医著作,其中不乏罕见的抄本和孤本,大致涵盖了至民国为止的中国医学文化建设的主要成就,是至今为止规模最为宏大的中医类电子丛书,故被列为"九五"国家重点电子出版规划项目。《中华医典》按图书馆分类法将收入的1000部历代中医古籍分为医经、诊法、本草、方书、针灸推拿、伤寒金匮、温病、综合医书、临证各科、养生食疗外治、医论医案、其他等十二个大类,涉及了中医学的所有学科,大部分有影响的中医古籍均囊括其中。《中华医典》中还设置了内容丰富的辞典,辞典由"名医""名言""名词""名著""名药""名方"六个部分组成,对200多位古今名医的生平业绩,2500多条中医名言,6000多个中医名词术语,800多部名著内容,1200多味中草药生态、功用及彩色图谱,1000多种临床广泛应用的中成药药方及1000多个常用方剂都能快捷地查阅到。

《中华医典》的最大特点是重新录入,这使它能对单个字符进行操作,从而完成任意关键字、词、句的检索,用户只需点击鼠标,分秒之间,便可在浩如烟海的中医古籍中找到所需要的信息,并复制、打印出来。

(2)全图像扫描方式:全图像扫描方式是将古籍直接以图像格式扫描加上简单的标题和分类再存储到计算机中,这是国内采用最多的一种方式。该方式的优点是录入方便省力,文字不会产生错讹,能保存古籍原貌,有助于专业学者的研究。缺点是每"页"文献中文字内容的检索相当困难,同时贮存空间较大。如1997年,武汉大学出版社开发的"四库全书光盘版",以文渊阁《四库全书》为底本,将全书200余万页逐页扫描,压缩到150张光盘中,并将"总目"手工录入,读者可以在计算机上调阅其子部医家类的古籍善本,文字清晰,图像逼真。

(3)全图文结合方式:全图文结合建立数据库的方式是在古籍书页图像存储基础上,将书中具有检索意义的内容数字化转为电脑可识别的文字,并辅以适当的软件工具,为读者提供快捷的检索、统计、整理和编辑功能。该方式与手工录入方式相比,用文字自动识别系统部分替代了人工输入,使得用户既能快速准确地查找到所需内容,又能见到原汁原味的古籍,查证方便,是目前建立中医古籍全文数据库的首选。中国中医科学院信息所的"中医药珍善本古籍多媒体数据库"及《中国基本古籍库》(医书集成)(现已更名"中医典海")可为此类代表。

1)中医药珍善本古籍多媒体数据库:中国中医研究院信息所"中医药珍善本古籍多媒体数据库"为科技部于2001年立项"中医药珍籍秘典的整理抢救"项目子项目,项目由中国中医研究院信息所刘国正研究员主持,中国医史文献研究所、中药研究所、上海中医药大学、南京中医药大学等单位的20多位专家参加。课题组从现存8000余种中医药古籍中筛选出16种宋版、50种元版、389种明版、1045种清版极具学术价值的珍贵中医典籍,同时收录了146种国内已经失传的中医古籍,并在此基础上建立了"全国中医药珍善本古籍档案管理系统",系统著录了书名、卷数、附录、成书年代、作者、朝代、别名、籍贯、版刻年代、出版者、提要、书籍特征、书品状况、缺损情况、修复状况、藏书地等详细数据。项目组同时研制完成了"中医药珍善本古籍多媒体数据库",数据库对320种中医珍善本古籍进行了数字化处理,处理图形约万余页,并对古籍中病、证、方、药进行了准确标注。为了满足读者原文对照的要求,数据库采用了图文版对照阅读形式。

2)中医典海:

《中国基本古籍库》是对中国文化的基本文献进行数字化处理的宏伟工程,先后列为中国"全国高等院校古籍整理研究工作委员会重点项目"和中国"国家重点电子出版物十五规划项目"。由北京大学刘俊文教授总策划、总编纂、总监制。共收录自先秦至民国

（公元前 11 世纪至公元 20 世纪初）历代典籍 1 万种,选用版本 12 800 个。每种典籍均制成数码全文,并附所据版本及其他重要版本之原版影像,包括 4 个子库、20 个大类、100 个细目。

中医典海是汇辑历代中医药典籍的大型全文检索版数字丛书,列为爱如生数字丛书之二十一,由刘俊文总纂,北京爱如生数字化技术研究中心研制。中医典海以上古至民初为断,博采精选,去除复本、选本和今人、外国人著作,得历代中医药典籍一千余种。慎选宋、元、明、清各级善本以及日本、高丽刊本,采用爱如生独有之数字再造技术制作,还原式页面,左图右文逐页对照,眉批、夹注、图表、标记等无障碍录入和非嵌入式显示;毫秒级全文检索,可编辑、下载和打印。

3. 中医古籍知识库的建设与开发　知识库是人工智能和数据库结合的产物,它是以一致的形式存储知识的机构。知识库中的知识是高度结构化的符号数据。随着计算机、人工智能的发展,中医古籍数字化资源组织形式由基于字词检索的全文数据库开始转向深入到知识单元的基于概念检索的知识库系统建设,目的是对中医古籍进行更深层次的挖掘与利用,以消除数据库中的“信息孤岛”,实现中医古籍的知识发现功能。其中以中国医史文献研究所中医古文献数字化研究室的“中医药古文献知识库”最具代表性。

中国医史文献研究所中医古文献数字化研究室的“中医药古文献知识库”为国家科学技术部基础性工作——中医药科技信息数据库的子项目,项目由中国医史文献研究所主持,山东中医药大学、辽宁中医药大学、南京中医药大学、上海中医药大学等多家单位参加。项目组成功应用了柳长华提出的“基于知识元的中医古籍计算机知识表示方法”,通过中医领域专家对古籍的整理、校勘、解析、标引,构建了我国第一个中医古籍知识库系统。目前已建成中医古籍本草知识库、中医古籍方剂知识库,以及张仲景、陈士铎、新安医学、妇科、医案、蒙医药等 6 个中医古籍专题知识库,合计中医古籍 218 种。“中医药古文献知识库”具有良好的知识服务功能,在检索方式上,除了提供一般的关键词检索、全文检索外,还提供了功能强大的语义检索,可通过模糊查询的方式,实现知识元、知识体、属性词、语义成分之间的关联,达到知识库精确查找,减少冗余的目的。

2009 年 7 月,由中国中医科学院医史所、中医药信息研究所、中药研究所和青海省藏医药研究所等单位承担,柳长华主持的科技部基础性工作专项“350 种传统医籍整理与深度加工”启动,至 2013 年底完成,2015 年 2 月通过科技部验收。本项目是科技部首次在中医古籍整理方面予以重点立项,选题意义重大。项目选择 350 种有代表性的传统医籍作为整理研究的对象,并将传统的古籍整理与数字化建设相结合,运用“基于知识元的中医古籍知识表示方法”对其进行深度加工,在此基础上建立传统医籍的知识库系统。项目实施五年,完成了对 350 种古籍的整理和深度加工,采集古籍图像 16.5 万张,点校古籍 7078 万字,标引完成知识体 12.1 万条,知识元 40.7 万条,撰写中医古籍书目提要 330 种,构建中医古籍叙词表 10 万余条;开发了中医古籍数字化图书馆、知识库、标引系统、诊疗决策支持系统、叙词表加工系统等数字化成果(http://www.zywx.org.cn);建立了中医古籍知识加工与管理规范体系;创新实现了 20 种藏医药古籍影像数据库和全文数据库的数字化建设。本项目的实施为传统医籍整理与深度加工创造了一个新典范,并将为广大中医药工作者提供一个获取古籍知识的优秀平台。

(1)中医古籍数字图书馆:“中医古籍数字图书馆”是基于“350 种传统医籍整理与深度

加工"项目过程中采集整理的古籍图像文件、校勘点校取得的古籍文本数据以及版本考证等成果,为满足中医专业用户方便阅读中医古籍的需求,开发的古籍原图和全文文本的阅览应用系统。

系统支持目录导航的古籍原文的阅览功能、逐页顺序或跳转的古籍原文的阅览功能,阅览过程中支持文本模式与图像模式的切换,并可查阅详尽的古籍及其版本信息。

"中医古籍数字图书馆"涵盖了医经、本草、方书、临证各科等12类350余种常用中医古籍,用户可以在分类下查找需要阅读的古籍,也可在搜索框中输入书名,从而快速定位到所需阅读的古籍。

本系统支持文文本模式与图像模式模式,用户在阅读过程中,可以在两种模式下自由切换。文本模式下为一般用户普遍易于接受的简体、横排、标点、分段的形式,便于快速的阅读;而图像格式为古籍原始的图像,便于考察古籍的版本等原始信息。此外,系统还支持全文检索功能。

(2)中医古籍知识库:"中医古籍知识库"是基于"350种传统医籍整理与深度加工"项目过程中加工标引成果,为满足科研人员、临床医生、学院学生等各类中医专业用户快速高效地从中医古籍中查找和获取知识的需求,开发的基于古籍原始记载的中医知识的检索应用系统。

系统具备独有的中医知识分类检索、中医知识元检索,并对检索到的结果标注详细的原文出处。

"中医古籍知识库"从项目350种常用中医古籍中抽取标引的病证、方剂、本草、医案四类中医古籍知识体12.1万条,知识元40.7万条。用户可以从全库中,或者从选定的书目中精准快速地查找到所需要的中医知识。

(3)中医诊疗决策支持系统:"中医诊疗决策支持系统"是中医古籍专病叙词表研究成果的应用。凭借此系统,以证候表现为客观依据,医生可以在古籍中获取对现实病例的映射,从而借鉴前人对于此类病证辨证论治的思路,启发自己的临证实践。

"中医诊疗决策支持系统"源自古籍,集诸家学说,展各家之长,是临床医生提高诊疗水平的得力助手。

(4)20种藏医药古籍影像数据库和全文数据库:20种藏医药古籍影像数据库采用Mcrosoft Office Access 2007为后台数据库,利用ASP服务器技术和JavaScript、HTML、CSS等技术开发,首次为用户提供浏览藏医药古籍原图而建立并尚未进行过的影像资源网络共享平台。整个系统具操作简便,界面友好、灵活,使用安全等特点,实现了藏医药文献资源的有效贮存和共享。

20种藏医药古籍文献全文数据库以Microsoft office Access为后台数据库,利用ASP服务器技术和JavaScript等开发技术。对《四部医典》《藏中医术精选·入迷》等20种藏医药古籍文献内容进行深入、全面地分类和结构化,并将20种藏医药古籍电子版转换成系统能够兼容的字体。首次为藏医药界建立了藏医药古籍文献资源网络平台。数据库具备目录全文阅读和关键词搜索两大主要功能,整个操作系统方便、快捷、准确。通过项目的实施解决了数据库软件兼容藏文的问题,对藏医药文献全面数字化探索有效的技术和方法起到积极的示范作用,使古籍中所蕴藏的知识价值得到充分发挥,更好地服务于藏医学的可持续发展。

三、基于知识元的中医古籍计算机知识表示理论体系

知识表示是研究知识从自然记载形式过渡到适合计算机处理的表示形式,并在此基础上实现对知识的有效管理。柳长华在 2000 年主持国家中医药管理局"中医药古代文献数字化关键问题研究"课题的过程中最早提出了"基于知识元的中医古籍知识表示方法"的理论构想,其中包括了知识元、知识体、语义成分等一系列赋予全新内涵的核心概念。经过十余年的理论研究结合中医古籍数字化建设的实践,在国家自然科学基金项目"基于知识元的中医古籍计算机知识表示体系研究"(2010—2012)的支持下,系统梳理理论形成脉络的基础上,最终构建起了完整的理论体系。相关核心概念如下:

(一) 知识元

知识是由多个概念集合在一起并且形成一定的关系而构成的,中医学的知识也不例外。专家们对文献的理解也是通过对相互关联的一组词的分析理解,然后获得一个完整的概念。文献中的一个词通常不能表达某个完整概念,往往是一组词的相互关联,才能形成一个完整的概念,我们把这种语言现象视为知识元。

1. 知识元定义　知识元(element knowledge,EK)是知识系统中可以表达一个完整概念的不可再分解的最小知识单位。在形式上它是由多个语词、词组或短语构成的集合,在内容上它表达一项相对完整的知识。知识元对象表现为从自然文本中抽取出的由词语、词组或短句构成的一段连续的文字。

2. 知识元的构成　元概念:知识元中多个语义成分相互关联形成的核心概念,称为"知识元的语义概念",简称"元概念"。元概念在形式上可以是一个词、一个词组或者是一个短语,通常表述特定主题某一方面的属性。知识元构成如图 7-1 所示:

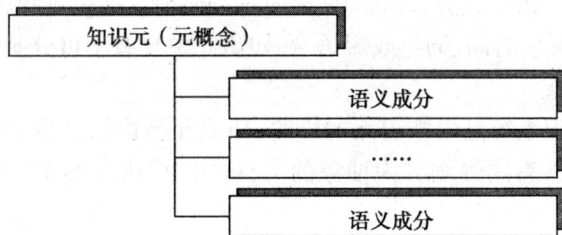

图 7-1　知识元构成图

语义成分:语义成分是构成知识元的基本要素,是知识元中具有完备语义的词、词组或短语,在知识元中具有不可分割性。

(二) 知识体

1. 知识体定义　知识体(body knowledge,BK)是知识系统中可以独立表达一个特定主题的不可再分解的知识单元。是位于知识元上一层次的知识,由两个及以上对应同一主题的知识元聚合而成,通过体概念来描述。通常将一部文献作为一个最大的知识体,一部书往往包含多个不等的层次(如卷、门类、篇章等),知识元之上的所有层次均为知识体。知识体对象表现为从自然文本中抽取出的包含有两个及以上对应同一主题知识元对象的一段连续的文字。

2. 知识体的构成 知识体是由一个以上的知识元构成的知识集合。两个以上的知识体又构成上一层次的知识体。因此，知识体具有多层次性。

知识体由体概念和体部件构成。知识体构成见图7-2：

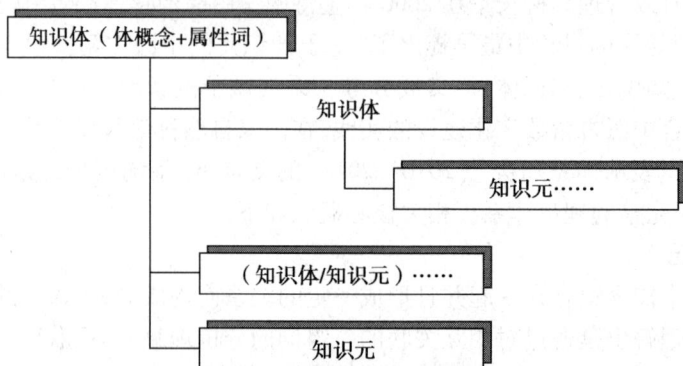

图7-2 知识体构成图

（1）体概念：一个以上知识元或知识体的集合，其所表达的核心概念，即知识体中多个聚合在一起的知识元所共同对应的主题称为"知识体的语义概念"。简称体概念。知识体的语义概念在文献中的表现形式多是具有较强构建能力的方、药、病证等或是具有指代性的卷次或篇章。

（2）体部件：一个知识体中，其下层知识的各个部分称为体部件。体部件可以有知识元，也可以有知识体和知识元。

（三）语义成分

1. 语义成分定义 语义成分（semantic components，SC）是构成知识元的基本要素，是知识元中完备表达单一概念的词、词组或短语，在知识元中具有不可分割性。

2. 语义成分的构成

（1）语义类型：知识系统是由知识元构成的，知识元是由语义成分构成的。知识系统中的语义成分可以按照共有属性划分为抽象的类，称之为"语义类型"，即通常意义上所谓的概念。

（2）语义关系：单独的语义成分往往不能表示完整的知识，语义成分的相互关联是知识表达的关键。语义成分之间关联的含义，称之为"语义关系"。

（四）中医古籍元数据

1. 元数据定义 元数据（metadata）是"关于数据的数据"或"关于数据的结构化数据"，元数据的应用，为网络信息资源的有序组织、适度控制和高效检索利用，提供了便利的条件。

2. 元数据与元概念的关系 中医古籍文献的数字化加工，分为知识解析和知识标引两个步骤。知识解析就是知识单元的切分；知识标引就是从知识单元中提取能够概括表达知识元或知识体核心内容的概念作为标引词。这些标引词，主要由反映中医古籍内部知识单元主题概念的术语构成，是提供给计算机来存取和管理数据的数据。但目前由于缺乏统一的规范，常出现标引概念的提取及概念用语使用上的不一致，这给计算机的数据处理、标引者标引及用户检索都带来了困难。针对这个问题，本理论体系引入了元数据理论，制定了系统的中医古籍元数据规范。这是规范古籍解析标引以及知识库的知识管理,实现数据库大规模模型共享与重用、知识获取与知识挖掘必不可缺的工作。

元概念在形式上由描述知识元的元数据与知识元上属的知识体的"体概念"共同构成,在内容上它属于知识元的名称。中医古籍语义元数据为元概念提取的规范化而制定,是元概念规范化的基础。

3. 中医古籍元数据分类　中医古籍是古籍形式和中医知识的统一体。一方面,作为古籍,它具备一般古籍的物理形态和古籍一般的结构体例;另一方面,"医籍,载医道之文也",它所承载的是中医学的专业知识。基于此,我们制定了两大类型的中医古籍元数据:中医古籍元数据和中医语义元数据。中医古籍元数据用于古籍外部特征的描述与管理,中医语义元数据用于中医知识单元内容特征的描述(图7-3)。

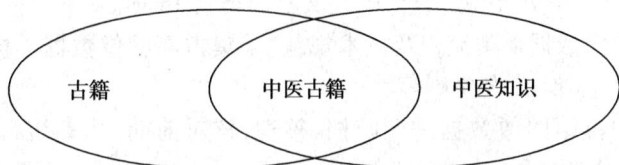

图7-3　古籍、中医古籍、中医知识的关系

四、中医古籍数字化的流程

(一) 选目

选定进行数字化加工的中医古籍。

1. 选目原则

(1)需求原则:按照科研课题设定的目标或按照产品用户的需求选择进行数字化加工的中医古籍。

(2)学科体系完备原则:选择能够支持整个中医药学学科体系的各类经典中医古籍作为数字化加工的对象。

(3)学术源流传承原则:《中国医籍考》《宋以前医籍考》等学术资料,选择能够反映中医药学某一学科发展脉络或反映某一医家学术思想传承的一系列古籍作为数字化加工的对象。

(4)善本原则:参考《中国古籍善本书目》等学术资料,通过对古籍版本源流的考察,选择最为精良的善本进入数字化加工的流程。

(5)易得原则:参考《中国中医古籍总目》等学术资料,调研所选书目的馆藏情况,选择有长期合作关系或允许对古籍进行数据采集的图书馆作为数字化加工的合作单位。

(6)综合评分考量:对以上五个原则,分别确定各自的权重和评分体系,通过评价得分高低选定书目。

2. 选目流程

(1)确定进行数字化加工的中医古籍。

(2)考察古籍版本流传情况,确定进行数字化加工的善本。根据需求情况,对于重要古籍选择多个版本进行数字化加工。

(3)调研古籍馆藏情况,联系图书馆进行数据采集前的准备工作。包括古籍是否残损、装帧情况、行款、书页数目等,填写"古籍资源调查表"。

(二) 古籍数据采集

1. 数据采集范围

(1)采集古籍所有书页的图像数据。

(2)采集能够反映古籍版本信息、装订方式等的古籍外观图像数据。

(3)著录古籍书目信息。

2. 数据采集流程

(1)根据"中医古籍书目元数据",采集古籍书目信息。包括题名、主要责任者、其他责任者、出版者、主题、附注说明、相关资源、时空范围、语种、资源类型、权限、日期、标识符、版本类别、载体形态、收藏历史、馆藏信息、中医文献分类共18项。

(2)根据古籍图像数据采集流程及技术规范,采集古籍图像数据。包括外观图像采集、书页图像扫描的技术标准、命名原则等。

(3)对采集到的古籍图像数据进行归档、整理,核对前期"古籍资源调查表"调研的数据,评判数据采集工作的质量。

(三) 古籍图像文本识别

对古籍图像文件进行 OCR 识别,将古籍资源由图像格式转换为文本格式。对于自动 OCR 的识别错误,通过人工干预的后处理加以审核修改。

基于古籍图像文本识别工作,形成图文对照的古籍阅览数据库。

(四) 古籍整理

古籍图像经过 OCR 识别后形成的文本格式古籍资源,交予中医文献研究专业人员进行校勘整理。

1. 整理内容

(1)核实书目著录信息。

(2)对文本进行段落划分,整理古籍篇卷目录。

(3)加注现代标点。

(4)综合运用各种校勘方法,参照不同版本勘正底本的错讹。

(5)对关键字词或生僻字词加以注释。

(6)撰写内容提要和点校说明。

2. 整理流程

(1)一校:以此次进行 OCR 识别的古籍作为底本,校正文本与底本之间的错误。对文本进行段落划分,整理古籍篇卷目录并加注现代标点。

(2)二校:综合运用各种校勘方法,参照其他古籍或版本勘正底本的错讹,撰写内容提要及点校说明。

(3)监审:通过抽查评判一、二校的工作质量。

通过古籍整理工作,形成规范的数字化古籍定本。

(五) 知识标引

经过整理的古籍文本,进行知识标引。通过标引过程可以实现由自然文本形式记载的中医学知识向适合计算机管理的科学数据的转换(图 7-4)。

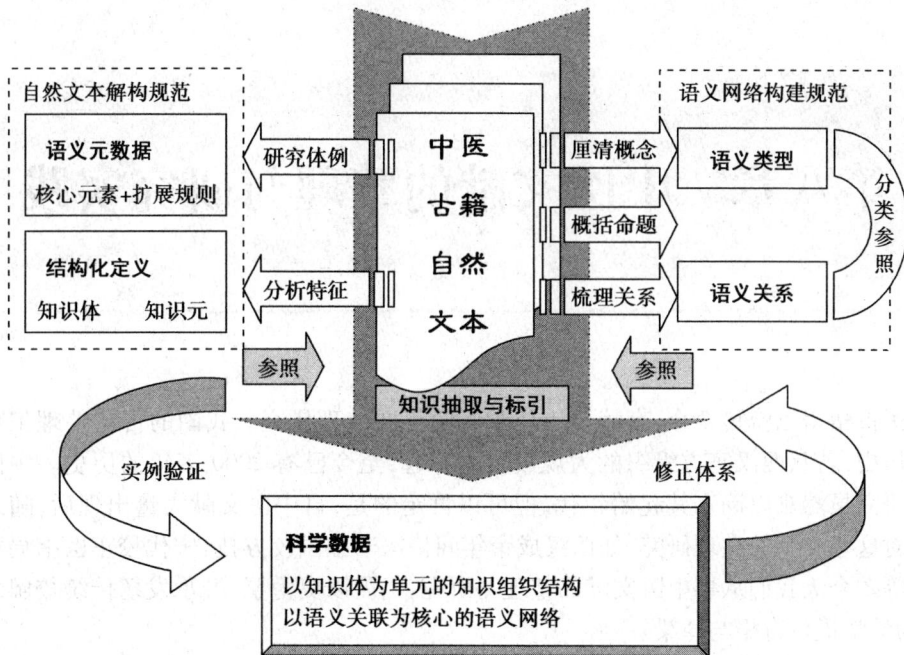

图 7-4 中医学知识存在状态由自然文本向科学数据转换示意图

（何 永 顾 漫）

第八章 中医文献的整理与研究实践

中医古籍得以流传至今,有赖于历代学者的不断整理研究。我国的古籍整理工作有着悠久的历史,若从西汉官方组织的大规模校书算起,至今已有 2000 多年的历史。中医古籍的整理研究虽然难以确言其起始年代,但可以肯定的是,自中医文献大量出现后,随之而来的便是对这些文献的整理研究,如西汉成帝年间侍医李柱国校方技、宋代校正医书局林亿校正医书等。今天我们从事中医文献的整理与研究,仍需以史为鉴,继承发扬传统校雠之学的方法,为治学提供舟楫与津梁。

第一节 历代中医古籍整理概况

一、中医古籍整理的内涵

(一)中医古籍

古籍,泛指古代之书籍。籍,书册、书籍也。《说文·竹部》:"籍,簿也。"段玉裁注:"引伸凡著之竹帛,皆谓之籍。"今天所谓的古籍,根据国家古籍整理出版规划小组对古籍整理范围的界定,一般是指辛亥革命(1911 年)以前的书籍。

中医古籍是指辛亥革命以前的中医古书。现存中医古籍的数量,据《中国中医古籍总目》所收全国 150 个图书馆截至 2007 年底的馆藏中医药图书为 13 455 种,除去 1911—1949 年间出版的近代中医药著作,有 9000 余种(含部分国外中医学著作)。若加上遗漏未收、未涉及的馆藏、我国港澳台地区馆藏与私藏,以及流散于国外者,则实际存世的中医古籍数量应大于此数。

(二)中医古籍整理

古籍整理,指对原有的古籍进行整理研究,这既是古人读书治学的方法,也是传承学术的路径。其方式主要包括选本、影印、校勘、注释、专题研究、辑佚、标点、今译、索引、提要等。

《中医古籍整理规范》中对于中医古籍整理的定义是"指运用文献学方法对中医古籍进行校勘、标点、注释、今译、辑佚、评述、影印、汇编等工作"。由此可知,中医古籍整理包括校勘、标点、注释、今译、辑佚、评述、影印、汇编、索引、编排等十个部分的内容。

二、中医古籍整理的历史回顾

中国医学源远流长,其学术传千载而不衰,其统绪历百世而未坠。在中医学术的传承中,医学典籍的传授发挥了不可替代的关键作用。对中医典籍的整理研习,也成为传承中医学术的重要方式与手段。

中医学历史上几次重要的古籍整理活动,都与中医学术传承发展的大势相连。上古到先秦时期为中国医学的"萌芽期"和"成熟期",其学术传承方式由"官守其学"向"师承授受"过渡,医学知识则经历了从"口耳相传"到"书于竹帛"的转型,中医最早的典籍也在此期整理成型;两汉时期为中国医学的"专门传授之期",其古籍整理活动主要有汉代李柱国校方技,《黄帝内经》的结集成书和张仲景《伤寒杂病论》的撰著;魏晋至隋唐时期为中国医学的"蒐茸残缺之期",其古籍整理活动主要有王叔和、皇甫谧、陶弘景、巢元方、全元起、杨上善、王冰、孙思邈、王焘等人的医书编集和注释工作;宋金元时期为中国医学的"新说代兴之期",其古籍整理活动主要有北宋校正医书局的医书校定及金元医家的经典研究和注释;明清时期为中国医学的"复古开新之期",其古籍整理活动主要表现为经典注解、考证(含辑佚)之作的大量涌现。

中医的古籍整理与学术传承随着文献载体的变革而不断发展演进,重大的技术变革往往催生突变,而缓步的技术改造则推动渐变。人类自结绳记事以来,先后经历了以甲骨、金石、缣帛、竹简等为载体的传媒时代,直到后来发明了纸张和印刷术。每一次传媒技术的进步,都带来了文明的飞跃。历史上各个时期对传统的继承从未中断过,伴随着科学技术的进步,也为不同时期的古籍整理带来新的生机和活力。西汉时期大规模的古籍整理,经整理的书籍书写于简帛上,但大部分没有保存下来。北宋时期整理的古籍,由于刻板印刷的广泛使用,大部分得以传世,也大大丰富了古籍整理的内容和形式。当代信息与计算机科学技术为古籍整理研究带来了革命性的改变,数字化存储与传播方式正在深刻地影响着此项工作未来的发展方向。

(一) 汉代中医古籍整理概况

我国的古籍整理自西汉以来即形成专门之学。历代学者运用古籍整理的方式,学习掌握知识,传承弘扬学术。因此,古籍整理不仅是整理出版古籍的一项工作,而且还是传承学术、延续传统的专门之学和必由之径。

我国历史上对文献的整理研究从未间断过,若就文献史料记载确可考察者而论,中医文献的整理研究至少应始于西汉。先秦及西汉前期,医学文献多处于单篇别行、师徒相传的阶段。到了西汉时期,随着社会稳定和经济发展,科学文化领域也有了新的进展。在医学发展和文献整理研究方面,具体体现在:

1. 中医文献的著录　中医书目之见于史志著录,应始于西汉刘向父子校书。当时由侍医李柱国校方技,最后由刘向、刘歆父子总成其事,著为《七略》;后经班固取舍,改编成《汉书·艺文志》传世,其中的"方技略"部分,为最早著录之中医书目。后人能对西汉时期中医文献及学术源流情况有所了解,幸赖此目保存之功。

近三十余年来,全国各地陆续出土了大量简牍帛书,其中大量的数术、方技文献尤为引人注目。这些出土医书,往往名不见于史志书目著录,亦未见传世古籍称引。然根据其内容体例,恰可按照《汉书·艺文志·方技略》的"医经、经方、房中、神仙"四家来分类(典型者如马王堆出土医书），而且显得十分妥帖，并无削足适履之弊。可见，《汉书·艺文志》的分类如实准确地反映了当时的学术状况，刘向父子的校书确为"辨章学术、考镜源流"之典范。

2. "医经"的形成　据《汉书·艺文志》方技序所云，医经所论述的是人的阴阳脏腑、经络俞穴、血脉骨髓、疾病、诊法、治疗等，以及如何使用针砭汤熨，如何处方用药的理论。如《汉书·艺文志》著录的"医经七家"，其中有"黄帝""扁鹊""白氏"之名，且各分为"内、外经"。据学者研究考证，这些医书大多数是由汉人在先秦文献的基础上，托古编纂而成的。《黄帝内经》的原始祖本，也应是这一时期的产物。

《黄帝内经》之成书，正如马继兴先生所指出："早期简帛医籍由于非常零星分散，易于亡佚的缺点，因此在周代以后多被整理汇编于内容更多的简帛医籍中去。而《黄帝内经》正是综合编集了大量早期简帛医籍的一部典型著作。"从这个意义上讲，《黄帝内经》亦可视作一部"古籍整理"之作，其成书是对先秦以来古医籍整理的成果。今本《黄帝内经》中尚存有一部分引用的书名和引文，当为《内经》成编之前的古医籍（如《揆度》《奇恒》《五色》等），其中有的书名与《史记·扁鹊仓公列传》所载公乘阳庆传授给淳于意的"黄帝扁鹊之脉书"中某些书名相同。

3. "经方"的编纂　依《汉书·艺文志》方技序之定义，所谓"经方"当即指临证治病之方。古人用方多强调"经用""已验"；古人制方之法，还特别讲究"气味"的调和（"辩五苦六辛"），以及制剂的工艺（"致水火之齐"）。

经方的知识主要来源于经验的积累，随着时代推移、经验累积日增，自然后出益繁，不断新陈代谢。如《汉书·艺文志》著录的"经方十一家"以及近些年出土的汉简，如《五十二病方》《武威汉代医简》等均属此类。这些经方书籍，应为当时学者利用医方文献整理而成。

《汉志》"经方十一家"中尚著录有"《汤液经法》三十二卷"，汉以后史志书目即不见著录，传世医籍中亦罕有引录。然近代于敦煌发现的古佚书《辅行诀脏腑用药法要》（以下简称《辅行诀》），保存有《汤液经法》的部分遗文，使今人有幸重窥这部沉寂千载的古经方著作之吉光片羽，对于研究古经方源流甚为可贵。钱超尘、张灿玾诸先生均指出《辅行诀》的发现证明了皇甫谧"仲景论广伊尹《汤液》"之说的可信性，《汤液经法》为张仲景医方之源。

4. 医经与经方的融合　对后世影响最大的中医临床文献，当属汉末张仲景的《伤寒杂病论》。张仲景参阅《素问》《九卷》《八十一难》《阴阳大论》《胎胪药录》多种医学文献，结合本人平脉辨证的临床经验，融合医经与经方整理编纂而成《伤寒杂病论》一书。由于其影响较大，后人奉之为医学经典。今日存世之《伤寒论》《金匮要略》即该书散失后的整理本。

5. 对经文的注释　由于有些先秦文献传至汉代已成古医籍，因语言文字的变迁或含义不明，必须加以注释。如《素问》的"阳明脉解""脉解""针解"及《灵枢》的"小针解"四篇解文，应是对汉以前某些古文献的注释。《八十一难经》也是解经之书，它仅是摘取某些医经语句（可能包括《扁鹊内外经》）加以阐释，故可认为是医经摘要注解之书。

汉代是中医发展史上是一个关键时期，中医学最重要的经典著作如《黄帝内经》《难经》《伤寒杂病论》《神农本草经》等几乎都成书于两汉四百余年间。在此期间，西汉末年刘向、刘歆、李柱国等对方技类文献的整理分类恰可视为一个居中的"分水岭"，在中医古籍整理和学术传承史上有着划时代的意义。

（二）魏晋至隋唐中医古籍整理概况

魏晋南北朝时期，虽战乱频仍、社会动荡，但思想、学术却表现得异常活跃，富于创新。

表现在医学领域,则是多种学术体系并存,各有建树,且颇具特色。魏晋至隋唐时期中医的古籍整理也很有创获,王叔和、皇甫谧、巢元方、全元起、杨上善、王冰等人承"医经"之学,分别整理编集了《脉经》《针灸甲乙经》《诸病源候论》,对《黄帝内经》进行了整理注释;孙思邈与王焘等人承"经方"之学,整理编集了《备急千金要方》《千金翼方》《外台秘要》三部大型方书,并已援医经入于经方;陶弘景承"本草"之学,整理编集了《本草经集注》,使本草学成为独立的一门。

魏晋南北朝至隋唐时期的中医古籍整理,主要有以下三方面的重大成就。

1. 医经训释　魏晋至隋唐时期,按照谢观先生的医学分期为"蒐葺残缺之期",此期最大特点表现为所谓"医家义疏之学"的兴盛。由于去古渐远,文字音义已有所变迁,时人阅读周秦两汉之古医籍已渐感困难,不得不依靠注疏训诂之学;及至隋唐之世,口传师说的传统几近中绝,注释经书之风气继之代兴。

三国时吴太医令吕广为《难经》作注,是迄今所知医学经典有专门注释之始,其佚文今存于《难经集注》。南朝齐梁间侍郎全元起始注《素问》,成《素问训解》八卷,其书北宋时尚存,至于宋时南渡时亡佚,其目录尚存于"新校正"。

《黄帝内经》作为中医学最重要之经典,为医家所习读,故注之者亦众。继全元起之后,至唐代又有杨上善、王冰二家为之作注。北宋校正医书局校正《素问》时,取王冰次注本为底本,校注成《重广补注黄帝内经素问》,是《素问》有"定本"之始,对后世中医学术之影响至为深远。自宋以后,全元起《素问训解》及杨上善《黄帝内经太素》均先后散佚,而王冰《素问注》却由于北宋官方的校正刊行而独存。

2. 医方传承　据《隋书·经籍志》著录,魏晋南北朝期间涌现出大量由医家整理的医方著作,如《范东阳方》《秦承祖药方》《徐王八世家传效验方》、姚僧垣《集验方》等,并且呈现出数量与卷帙与日俱增之趋势,东晋葛洪编集《金匮药方》即已病其繁重(100卷),故删繁就简而成《肘后备急方》;隋大业年间更是编撰成卷帙浩繁的《四海类聚方》(2600卷),但这部医方巨典因篇幅过于庞大,且成书时印刷术尚未出现,故未有刊本,唐以后便已亡佚无存。

今存唐人编纂的大型方书主要有孙思邈《备急千金要方》《千金翼方》与王焘《外台秘要》。这些方书均是以前代文献为基础,进行分类编纂的类书型方书。如《外台》自序云:"凡古方纂得五六十家,新撰者数千百卷,皆研其总领,核其指归。"今查其引用文献达近百种。《千金》因标引出典较少,难以计数,然其自序亦云:"乃博采群经,删裁繁重,务在简易,以为备急。"可见孙思邈、王焘二家之书,均是以大量古代文献为基础,经研究整理、编纂而成,是对古代"经方"传统之传承发扬。

3. 本草编集　梁代著名学者陶弘景对于中医古籍整理的贡献,集中体现于其所编撰的《本草经集注》一书。陶氏以《神农本经》三品合365种药物为主,又参考《名医别录》,并撰制《序录》,共成《本草经集注》3卷。《本草经集注》问世以后,由于陶弘景的影响所在,更因此书体例之完备,内容之丰富,遂使得其他大多数同类本草著作失去了光泽,渐渐湮没不传。《神农本草经》的经典地位亦由此确立。

《本草经集注》作为本草史上里程碑式的著作,其所创制的整理体例对后世本草学影响尤为深远。其书"先总后分、经注分疏"的结构体式,成为后世本草编撰所遵循的轨范,导致本草著作形成独特的"层累式"知识构架。对于其体例在中医学术史上的影响,王家葵评曰:"在本草学发展史上,《集注》居于承先启后的地位,其上直承《本草经》,其下则影响《新修》

乃至《证类》。《集注》开创的本草体例,递次被《新修》《开宝》《嘉祐》《证类》《大观》《政和》《绍兴》等大型综合性本草所采纳,直到《本草品汇精要》始初步打破《集注》的编纂格局,至《本草纲目》方在学术上有较大的突破。"

上述医书之整理,皆有承先启后之功,特别是如果我们注意到后来北宋校正医书局所校定之书恰恰是上述诸书,对于这些工作的价值和影响就更不会低估了。可以说,正是魏晋至隋唐时期的"蒐讨掇拾"(谢观先生语),推动了中医经典的重整和成型。这一时期的医籍整理者继承了张仲景《伤寒杂病论》"勤求古训,博采众方"的典范,其著述目的也多是为了广其流传,以便研阅,从而促成了读书治学之新传统的勃兴,开启了宋代以后中医学的新局面。王叔和、皇甫谧、陶弘景、杨上善、王冰、孙思邈、王焘等这一时期最具代表性的医家,既是整理传统古籍的总结者,更是开启学术新风的前驱者。

(三) 宋金元中医古籍整理概况

宋代结束了五代十国的战乱与分裂局面,偃武修文,以其文治著称于史,是我国古代文化发展的鼎盛时期。宋代文化的高度繁荣,在医药卫生事业方面的一个表现就是中医古籍整理事业的大发展。南宋陈振孙有云:"大凡医书之行于世,皆仁庙朝所校定也。"宋代以校正医书局为代表的中医古籍整理工作,对于中医学术影响之深远史有定评,实为一件不朽的业绩。

而且宋代由于印刷事业的发展和印刷技术的提高,为医学书籍的整理出版创造了更有利的流通和传播条件。所以,官办与私办印制单位出版发行的医书较之此前均有大批量增加,其中不少为整理校正本。

宋金元时代对中医古籍整理的成就尤为突出。主要有以下几方面:

1. 校正医书局校书 宋代统治者重视文化事业,组织国家政府力量进行古籍整理。除了设立崇文院统一负责各种书籍的整理外,还根据书籍经史子集等不同类别,设立专门机构,进行分局整理,集中整理同类书籍。仁宗朝嘉祐二年(1057)设校正医书局,校勘整理重要医药典籍。据苏颂《本草图经序》,朝廷"诏命儒臣重校《神农本草》等凡八书",《本草后序》则列有《神农本草》《灵枢》《太素》《甲乙经》《素问》五种医经合《广济》《千金》《外台秘要》三种方书。但从传世的校序可知,这次整理实际超出这个范围,上述八种之外至少还有《脉经》《金匮玉函经》《金匮要略方》《千金翼方》四种(但《灵枢》《太素》《广济方》未见刊本及著录,是否整理刊印尚不清楚),并配合新校定的《补注神农本草》,编纂了《本草图经》。

这些版本不仅在当时具有权威性、影响广泛,也是以后官私翻刻的首选底本。传世的医书版本,往往或多或少地与宋代校正医书局整理颁行的本子存在渊源关系。大量重要医籍经过校正医书局的校勘之后,刻板印行并广泛流传,从而成为有影响的定本,这也可以说是宋代医学学术方面最重要的贡献之一。

2. 对仲景著作的整理研究 宋金元时代对张仲景著作的整理研究包括多方面的方法和内容,有版本研究者,如校正医书局对《伤寒论》《金匮要略》《金匮玉函经》等版本的发掘整理;有原文注释者,如成无己《注解伤寒论》;有类证研究者,如成无己《伤寒明理论》;有结合临床整理研究者,如许叔微所著注解《伤寒》诸书等。

金代成无己首先对《伤寒论》进行了全面注释,为《伤寒论》的学习研究开创了新的途径,对《伤寒论》的广泛流传和后世伤寒学派的发展起到了重要的推动作用。成氏对于《伤寒论》的注解,其最大特点便是"以经注论,以论证经",即引用《内经》《难经》的原文来解释

《伤寒论》的医理。这一注解方法深刻把握了《伤寒论》是对"医经"与"经方"的融合这一学术源流。引用《内》《难》经文来注解《伤寒》，能够若合符节，恰恰证明《伤寒论》序"撰用《素问》《九卷》《八十一难》……"所言不虚。由此可知，成氏注解之法恰是对仲景之学的逆向溯源，通过将《伤寒论》与《内》《难》互证，而彰显其义，贯通其学。在成氏注解的影响下，仲景之学与"医经"之理显得更加密合无间，加深了两者之间本来的渊源，推进了中医学术的内在自洽。

3. 金元四家的经典研究与学术创新　　宋代以来，随着"儒医"风气的兴起，读书自学逐渐成为一种重要的习医方式，"学医须读书"也开始成为医界内外许多人士的共识。金元医家的学术创新亦非横空出世，而是得益于北宋医学教育和医籍整理的涵养熏陶之功。对此清人蒋超伯所论甚精："宋世极讲求医学……其老师宿学之在北方者，悉为金有，叠起大家。聊摄则成无己，河间则刘完素，易州则张洁古，考城则张子和，东垣老人李杲，尤卓卓驾乎诸家之上。非金源高手独多，皆天水九朝讲究熏陶之泽也。"

金元创派诸大家，无一例外地注重读书治学，而其所读之书则"不仅限于一家一派，而是具有一定的开放性，并且开始有了公认的经典"。因此，金元诸家的学术创新与其对经典的研习与阐发是密不可分的一体两面。金元医家对于以《黄帝内经》为代表的中医经典用功甚深，可谓是"熟玩经文，深悟经旨，铺陈经义，阐扬经说"。在此基础之上他们又密切联系临床实践，大胆创派立说，成一家之言，揭开了中医学术史上群星璀璨的一幕。其中，经典研究与学术创新相辅相成，比翼齐飞，如刘完素的亢害承制论、张从正的情志相胜论、李杲的脾胃论等，均有力地推动了学术的发展。

4. 对《内经》和《难经》的整理注释　　元代医家滑寿曾师从京口（今江苏镇江市）名医王居中研习《素问》《难经》，颇有心得，遂著成《读素问钞》和《难经本义》二书。后又随东平（今山东东平县）高洞阳学习针法，遂对经络学说悉心研究，取《内经》等书中有关经络的论述，撰成《十四经发挥》3卷。滑寿的《读素问钞》，将《素问》内容分类摘抄，编为脏象、经度、脉候、病能、摄生、论治、色脉、针刺、阴阳、标本、运气、汇萃凡十二类，颇便研读。因杨上善《太素》早佚，对后世类分研究《内经》诸家影响最大的实际上是滑氏此书。滑寿的《难经本义》，约成书于元至正二十一年（1361年）。此书体例颇为完善，注文中引用了20家之说（连同"汇考"所引为26家），集元以前《难经》注解之长。《四库全书总目提要》赞之曰："其注则融会诸家之说而以己意折衷之，辨论精核，考证亦极详审……寿本儒者，能通解古书文义，故其所注，视他家所得为多云。"《古今图书集成》中所收《难经》注释亦主要采自该书，可见后世对其之推重。

5. 对中医典籍的考证评述　　元明间名医吕复学问赅博，有戴良曾为之立传（《九灵山房集·沧州翁传》），称"其于医门群经及古今方论，无不考索其要归"，并详录吕复对《素问》《灵枢》《神农本草经》《难经》《伤寒论》《脉经》《脉诀》《诸病源候论》《天元玉册元诰》《玄珠密语》《中藏经》《圣济经》等中医典籍的评述。论中对上述医籍，皆叙其作者，陈其源流，别白是非，甄论得失，辨章学术，剖析条流，见解颇为精当，对于当时及后世的中医学术都产生了深刻影响。

吕复对医门群经的评述，在体例上虽不是中医目录专书，但因其以历代医籍为对象，述及各书的作者、源流、主要内容、学术价值及流传情况等，因而具有提要钩玄、指示治学门径的解题目录功能。其所述内容及著作体例，多为后世医家所引用和效仿。明·徐春甫《古今医统大全·采撷诸书》,开列所引之书若干种,其书名之下凡有提要者,经与《沧州翁传》相比较,基本是照录吕论,稍事增删;《古今图书集成·医部·总论》卷五百二则径引为《医门群经辨论》;余如《颐生微论·医宗说》《医诂》《橘旁杂论·古今医书大意》《知医必辨·合论诸书得失以示初学之违从》《冷庐医话·古书》等,均带有受吕论影响之痕迹。

(四)明清时期中医古籍整理概况

明清两代在医学传承方面主要是延续宋金元以来的特点,而在中医文献的整理研究方面,则踵事增华、后来居上,较之前代更为繁盛。其古籍整理涉及的范围更广,从事的人员更多,方法也更为多样化,而官方的整理也不再居于绝对的主导地位。这一时期中医学术传承大体循两条路线发展:一则是承续金元医学的创新,踵事增华,集成发挥,在学术上各立门户,彼此争鸣;在文献整理方面则表现为各种大型医学类书、丛书的编纂(即如张介宾《景岳全书》、王肯堂《证治准绳》、李时珍《本草纲目》等书,亦可归入个人类书范围)。另一则是尊经复古之风的兴起,在学术上提倡思求经旨,返本溯源,尊崇《内》《难》《本经》、仲景之学;在文献整理方面,表现为大量经典医籍注释著作的涌现。后一潮流正是对于前者的反动,两者共同推进了中医学术的纵深发展。

明清两代对于中医古籍整理的成就和特点具体体现在以下几个方面:

1. **经典医籍的整理注释**　明清时代对于经典医籍的整理注释,由于继承了前人的经验,并在前代整理的基础上展开,因此数量大为增加,形式也更加多样,有集注本、类编本、节要本、图文注本、文句训释、综合研究、方论歌诀等多种形式。到了清代,由于受朴学的影响,对经典医籍注释训诂方面的研究更趋深入。

明代对经典医籍的注释,《内经》有马莳《素问注证发微》《灵枢注证发微》,吴崑《素问吴注》,张介宾《类经》及《图翼》《附翼》等;《难经》有张世贤《图注八十一难经》等;《伤寒》与《金匮》,有方有执《伤寒论条辨》、赵以德《金匮方论衍义》等;《本经》有缪希雍《本草经疏》等。

清代对经典医籍的注释,又有较多新著问世。如张志聪《黄帝内经素问集注》《灵枢经集注》,徐大椿《难经经释》,柯琴《伤寒来苏集》,尤在泾《伤寒贯珠集》《金匮要略心典》,邹澍《本经疏证》等。由于受清代朴学影响,又有一批训释经典字词、文句的专著问世,如陆懋修《内经难字音义》、胡澍《素问校义》、俞樾《读素问余录》、孙诒让《札迻·素问王冰注》等,颇能释难解惑,启迪后学。

2. **《神农本草经》的辑复研究**　明清时代由于受尊经复古思潮的影响,对《神农本草经》的研究渐成新潮。加之李时珍的《本草纲目》已网罗古今、囊括大全,很难再度有所超越,连清代官府都没有继承历代官修本草的传统,尝试编修一部更大部头的本草著作;医家个人更为关注的则是简便实用的药物手册。相较之下,对于《神农本草经》的整理研究更能凸现出此期学术活动的特色和古籍整理的成就。

明清时代对《神农本草经》的整理研究主要体现在三个方面:一是对《本经》的注疏,其阐发药理一反金元以来诸家的新说,纯以《本经》经文为依归,代表性的著作有明代缪希雍的《本草经疏》,清代张志聪、高士栻的《本草崇原》,姚球(托名叶桂)《本草经解》,陈修园《本草经读》等书;二是对《本经》的辑复,力求还原《本经》的本来面貌,为治学提供可靠的凭据,代表性的著作有明代卢复,清代孙星衍、顾观光、王闿运,以及日本森立之等学者的辑佚本;三是对"经方"药物的研究,通过将《本经》药物主治与仲景方用药规律对勘互证,加深对彼此机理的理解和把握,代表性的著作有清代黄元御《长沙药解》、邹澍《本经疏证》等。

3. 版本源流的考证　宋代以后刻书业日益发达,图书不再为官府和贵族所垄断。至明清时书业尤为蓬勃兴旺,私人藏书之风很盛,出现了范钦的天一阁、毛晋的汲古阁、黄虞稷的千倾堂、钱谦益的绛云楼、朱彝尊的曝书亭等著名的藏书家及藏书楼。这些藏书家同时也多为学者,特别重视图书的版本,在版本源流考证方面做了大量工作,成就很大,使后学受惠不少。

4. 医学专业目录的编纂　明代殷仲春的《医藏书目》,是现存最早的医学专科书目,按照《如来法藏》的名称把医书分为 20 函,对于研究医学目录与分类有特殊意义。清代学者曹禾的《医学读书志》,以历代名医为纲,胪列著作,考镜源流,提要钩玄、束繁归整,是一部指点治学门径的重要参考书。

5. 医史人物传记的编辑　医史人物传记方面的著作,虽唐代就有甘伯宗的《名医传》,宋代林亿等校书时还曾参考,然惜已亡佚,难睹其详。宋代张杲的《医说》,博采诸书,广录见闻,保存了大量珍贵的医史资料。然明清以前,此类资料终嫌零散。至明代李濂撰作《医史》,收录自春秋以来至于明初 71 位医家之传记,为专题医史之滥觞。明代《古今医统大全》中有"历世圣贤名医姓氏",清代《古今图书集成医部全录》中亦有"医术名流列传",皆灿然大观,至今仍为编修医学史者所取材。

(五) 1949 年以来中医古籍整理概况

1949 年以来,有规模的中医古籍整理研究工作始于 20 世纪 60 年代。1964 年 3 月 26 日根据国家十年规划第 36 项"整理语译中医古典著作"之指示精神,在南京中医学院召开会议,决定对《素问》《灵枢》《难经》《针灸甲乙经》《脉经》《诸病源候论》《针灸大成》等七本古典医籍,按校勘、训诂、集释、语译、按语等项进行整理研究。此项工作,在"文革"期间曾一度中断,于 1977 年又重新恢复。

大规模的中医古籍整理研究工作始于 20 世纪 80 年代,陈云同志指出:整理古籍是一项很重大的工作,工作量很大,关系到子孙后代。根据他的建议,1981 年 9 月 17 日,中共中央发出了《关于整理我国古籍的指示》,做出了七条指示:①整理古籍,把祖国宝贵的文化遗产继承下来,是一项十分重要的、关系到子孙后代的工作。②整理古籍,为了让更多的人看得懂,仅作标点、校勘、注释、训诂还不够,要有今译。③整理古籍,需要有一个几十年陆续不断的领导班子,保持连续的核心力量。④要由规划小组提出一个为期三十年的古籍整理出版规划。⑤有些古籍的孤本、善本,要采取保护和抢救的措施,散失在国外的古籍资料,也要通过各种办法争取弄回来或复制回来。⑥古籍整理工作,可以依托高等院校,有基础、有条件的大学,可以成立古籍研究所。⑦为办好整理古籍这件事,尽管国家现在有困难,也要花点钱,并编造一个经费概算,以支持这项事业。整理古籍是一件大事,得搞上百年。当前要认真抓一下,先把领导班子组织起来,把规划搞出来,把措施落实下来。

1982 年 1 月 16 日,卫生部根据上述文件的精神,决定对中医古籍进行整理出版,在人民卫生出版社成立了"卫生部中医司中医古籍整理出版办公室"(简称"中古办")。

1983 年 3 月 22 日,将《伤寒论》《神农本草经》《针灸甲乙经》《诸病源候论》《金匮要略》《中藏经》6 种书列为第一批重点整理的书目。同年 4 月 21 日至 27 日,卫生部中医司在沈阳召开了"中医古籍整理出版座谈会"。在原 6 种古医籍的基础上,又增加了《素问》《灵枢》《脉经》《难经》《黄帝内经太素》。此次对 11 种中医重点古籍研究整理取得了丰硕的成果,后由人民卫生出版社出版。1983 年 8 月 20 日至 25 日，卫生部中医司在青岛召开了"全国中医古籍整理出版规划落实工作会议"，落实了中医古籍整理出版第二批任务，共 200 种医籍，落实古籍整理分片负责、分级管理的组织工作。全国划为十个片区，由十位学术牵头人负责，有京津片的施奠邦、东北片的史常永、华北山东片的张灿玾、上海片的张镜人、江西江苏片的万有生、浙江福建片的潘澄濂、两广片的邓铁涛、西南片的凌一奎、中南片的欧阳锜、西北片的张学文。

在此期间，"中古办"除了继续逐个落实规划项目外，还规划落实了《中医方剂大辞典》《中华本草》《中医古今脉案》《中医年鉴》《汉方研究》5 大项目。

列入九年规划的 561 种书目，根据其在学术上的地位和影响，分为三类：第一类是学术价值较高的经典医籍，共十一种，作为重点古籍，列入部级课题。整理研究方式主要是校勘、注释、按语和撰写校后记。"按语"一项，对某些重要理论问题进行了深入研究和阐发；第二类主要是明代以前的重要古籍，整理方式主要是校勘、注释和撰写校注说明；第三类主要是清代以后流通较广的古籍，整理方式主要是校勘和撰写点校说明。全部规划项目的落实，是以全国十个片区为基础，每个片区所承担的项目，由各片的牵头人负责管理把关。

1982 年以来，我国的古籍整理出版取得了显著的成绩，在国家古籍整理出版规划领导小组和原卫生部中医司中医古籍整理出版办公室的领导下，中医古籍整理研究事业进入了一个繁荣、兴盛的时期。规划中的 561 种古籍，据不完全统计，80% 已经落实并整理完毕，出版300 余种。在整理过程中，学者们对每一种古籍，均做了大量的调查研究与翔实的考证工作，并对某些古籍进行了深入研究。一部分孤本和珍善本古籍，如《经穴解》《杂病治例》等，经整理出版后，在社会上重新得以流通，成为传世的著作。这样一批中医古籍的整理出版，为学习和研究中医学的人们，解决了一个读书的问题。重要的是这部分古籍的广泛流通，为继承发展中医事业起到了作用。

1982 年以来的中医古籍整理，一个突出的特点是汇集了一批著名学者。既锻炼了队伍，又培养了一批专门人才。20 世纪 80 年代初，有一大批中青年中医工作者参与了此项工作。当时为了缓解专业人才缺乏的局面，中国中医研究院于 1985、1986 年先后举办了 2 期古籍整理研修班，1988、1989 年又委托北京师范大学为中医界举办了 2 期古籍整理进修班。通过学习和实践，提高了他们对中医古籍整理研究的认识，增长了才干。其中有一批人走上了专职从事古籍整理研究的道路，从而形成了一批有实力的科研机构和一支稳定的专业队伍。中古办建立初期，全国仅有数家中医文献教研室，至 20 世纪 80 年代末，相继建立中医文献研究所、室的院校和研究院有 15 家。经过十几年的发展，一些研究所、室已形成较大规模。培养的专业人才走上工作岗位以后，经过锻炼，在古籍整理和教学岗位上发挥了重要作用，有的已经成为学术界的骨干或知名学者。

随着中医古籍整理研究的深入开展和人才培养的需要，一些著名学者十分重视对文献学理论的研究。20 世纪 90 年代以来，相继出版了多种中医文献学的论著。如马继兴的《中医文献学》、史常永的《实用中医文献学》、张灿玾的《中医古籍文献学》等。这些著作的产生，标志着中医文献学科的成熟，对于指导科研和培养人才，具有十分重要的意义。

2010 年，为落实国务院《关于扶持和促进中医药事业发展的若干意见》中关于"开展中医药古籍普查登记，建立综合信息数据库和珍贵古籍名录，加强整理、出版、研究和利用"的重要任务，国家中医药管理局积极争取财政部公共卫生资金，支持开展"中医药古籍保护与利用能力建设项目"。此项目由山东中医药大学等 9 家行业内中医文献研究机构承担,马继兴、张灿玾、李经纬、余瀛鳌等 21 位资深专家牵头指导,是新中国成立以来继 1982~1986 年两批重点中医古籍整理之后,又一次由政府主导的大规模古籍整理工作,主要支持对 400 种中医药古籍进行规范整理,以出版通行本、传世本为目标。此项目遵循"古籍整理与保护利用相结合,古籍整理与学术研究相结合,古籍整理与队伍建设相结合,基础工作与研究提高相结合"的总体思路,进展顺利,已经取得了阶段性的成果:

一是对未曾整理出版过的 400 余种重要中医药古籍进行了校注整理,涵盖了中医药各门类,跨越唐、宋、金元、明以迄清末;2015 年推出首批 100 种古籍已由中国中医药出版社出版,另有 300 种已通过专家组审订、进入出版流程,将在 2015 年内陆续推出。二是形成了《中医古籍整理规范》等行业标准,填补了中医药古籍整理领域缺乏行业标准规范的空白。三是有效地稳定了中医药古籍文献研究队伍,培养了研究人才,提升了研究能力,一批中医药古籍保护和研究机构得以强化,中医药文献研究人才青黄不接的状况有了显著改善,中医药古籍出版编辑的专业队伍也不断壮大,中医药古籍保护与利用能力全面提升。四是为中医药学术传承、弘扬优秀中医药文化提供基础保障。

第二节　中医古籍整理的步骤与方法

古籍整理的内容一般包括校勘、标点、注释、今译、辑佚、评述、影印、汇编、索引、编排等。对于古籍整理的步骤与方法尽管存在不同认识,但还是有一些内容是公认的,当前中医古籍整理的工作也没有超出上述范围。当然,作为研究生所参与的中医文献整理课题由于各种原因的限制,是不可能在以上各个方面都展开工作的。根据国内现状,中医古籍整理一般遵循如下几个步骤与方法。

一、考察目录

进行中医古籍整理,在确定了研究方向和题目之后,首先需要做而且也必须要做好的工作,就是考察目录。

我们进行中医古籍整理,目的就是为了"更便于今人以及后人阅读利用",为了达到这个目的,首先需对要整理的古籍进行充分调研。整理一部传世古籍,其历代流传情况、版本源流和学术渊源都关系到最终的成果,需要首先进行考察。

(一) 考察文献的历代流传情况

一部古籍流传至今,在不同的时代,由不同的作者整理、刊刻、传播,其书名、卷数乃至具体内容都有很大差异,因此欲整理古籍,首先必须对其历代流传情况予以详细考察,这就需要借助目录的帮助了。历代官修以及私人撰写的著名目录可以向我们展示一书在不同时代的流传情况,需要重点关注。也可以借助《历代史志书目著录医籍汇考》作为桥梁,对需要整理古籍的历代书名、卷数、刊刻整理者、版本、存佚等情况做到了然于胸,为后续工作做好铺垫。

(二) 厘清文献的版本源流

进行古籍整理,底本和校本的选择是非常关键的步骤,因此最先要做的准备工作之一,就是厘清文献的版本源流。对于存在多个版本的古籍,要知道其有多少现存版本,各版本之间的相互关系是什么,对一书的原刻本、重刻本、祖本、抄本、精刻本等相关问题都要调查清楚,在此基础上才能挑选底本与参校本。进行这项工作也需要借助目录(特别是版本目录,如《中国中医古籍总目》)的帮助。

(三) 梳理文献的学术渊源

中医作为经验医学,引经据典是必不可少的,一部古籍的成书也往往建立在对无数古代和同时代医家学术经验的继承发挥上,因此整理一部古籍,也必须对作者的学术渊源进行梳理,搞清楚作者的学术传承,找出其借鉴参考的主要文献以及受本书影响最大的代表文献,这对于校勘工作中他校本的选择以及作者学术经验的整理都是十分重要的,特别是对于孤本古籍,没有对校本可用,他校本的选择就显得尤为重要。进行这项工作,我们也可以借助古今各种叙录体、辑录体的目录,如《四库全书总目提要》《续修四库全书总目提要》《中国医籍考》《中国医籍通考》等。

二、版本调研与底本、校本的选择

考察目录的工作做完之后,研究者对于要整理的古籍的流传情况、版本体系、学术渊源有了初步的认识,就要进入下一个重要的步骤——版本调研。

凡是从事与古代文献相关的研究,版本的选择都是一个重要的基础,古籍整理工作尤其如此,校勘、标点、注释、编制索引等后续工作的完成质量,都有赖于底本选择的恰当与否。经过对于各种相关目录的考察之后,我们已经初步了解了研究对象的版本概况,这里就需要借助版本目录进行深入调研,如《中国中医古籍总目》,对于国内 1949 年之前刊刻出版的现存中医古籍版本基本都有收录,据此可获知该书现存各版本情况及收藏单位,以此为依据,对一书现存各版本进行调研,尽可能对各版本进行实地考察,认真阅读与分析,并进行各版本间的认真比较,弄清楚各个主要现存版本之间的渊源递嬗关系,进而选择底本与校本。

(一) 底本的确定

一般应选择内容完整、错误较少、校刻精当的本子作为底本。底本的确立可按照以下标准:首选祖本,其次选择早期版本;首选足本;首选经前人精校过的本子,即在充分考虑各个版本的刊刻时代与校勘水平基础上做出选择。

(二) 校本的选择

以时间早、版本系统不同、内容完整为标准。如果一部古籍有各种不同的版本,选择校本要首选靠近源头、分属不同的版本系统、内容完整的版本。以上内容可以参考本书第四章第三节中医文献校勘的程序与方法中的相关内容。

此外,在进行版本调研时需要注意,不应只凭工具书的描述,要尽可能见到原书,并认真进行分析比较。凡是采用影印本,应校对影印底本,详细检查有无错漏等现象。

三、标点校勘注释

标点与校勘,是古籍整理最基础的工作,也是较为核心的工作。标点和校勘的目的,都是为了帮助读者正确阅读和领会古籍的原意。只有较为准确的标点,才能进行相对合理的校勘;比较准确的校勘,也往往可以帮助进行恰当的标点。

标点是根据古籍的内容实际,恰当地划分段落,正确地点断句子,在完整的句子后和句子内部的停顿位置加上合适的标点符号,使原文的停顿、结构和语气、意义等清晰而准确地显现出来。关于具体标点符号的使用,可以参考 GB/T15834—1995《标点符号用法》、ZYYXH/T362-371—2012《中医古籍整理规范》等标准以及相关专著,本章不做专门论述。总之,标点的要求是:对古籍内容进行适当的分段,用逗号、句号、顿号、分号、冒号、书名号等标点符号恰当断句,清晰而准确地再现原文的结构、停顿和行文语气。力争做到既符合国家标准,又能医理与文理并重。

标点与校勘往往结合进行,不能截然分开。首先用校本与底本对照,找出校本与底本的差别,并加以标注,此即对校;其次,在通读全书的基础上,对全书进行段落划分和初步标点;再次,在对校的基础上,结合本校、他校、理校等方法,进行全面校勘,在校勘的同时,对之前的标点进行审视,看其是否合理,若不合理,结合校勘成果进行修改;最后,对分段、标点、校勘过的全书进行深入阅读,考察其是否合理恰当,并进行进一步的调整。

标点校勘完成之后,就需要进行注释。古籍的注释,包括解说词语音义、探明语源、诠解典故、串讲文意、考史叙事,乃至辑录评语、附说己见等方面的内容,涉及面相当广泛,对于注释者的要求也是相当高的。关于注释的具体内容,可以参考本书第五章。要对古籍进行注释,一定要对该书有充分的了解,起码通读、精读过好几遍,对书的作者、内容以及学术价值都得有深切的理解。此外,还得了解当时的时代和文化学术情况,了解与这部书有关的其他古籍。对于容易懂的字义,可以不加注释。对于不懂的字义,则不强加解释。对于字词的解释,一定要十分谨慎,力求内容翔实、考据精确,同时要避免望文生训、穿凿附会、繁琐引证。

四、编制目录、索引

标点、校勘、注释是古籍整理的主要内容,除此之外,作为一部完整的文献,还需要有目录。这里的“目录”,是一书的目录,即书籍正文前所载的目次,而非群书之目录。古籍一般都有目录,但往往不够完备,或者存在错误,或者与正文不符,或者层次混乱,或者体例不统一,因此整理的方式,要么在校勘的基础上尽量保持原貌,要么根据正文重新编制目录。目录的编制可以遵循以下原则:

其一,如果全书只有一个完整的目录,则不论分卷目录在原书何处,一律提至正文之前。

其二,如果底本目录与正文不符:属正文正确而目录有误的,可据正文订正目录,在目录中出注;属目录正确而正文错漏的,则据目录订正正文,在正文中出注。

其三,如果底本目录编排凌乱,可以据校定后的正文重新编排目录。

其四,如果底本无目录,可以据正文提取目录。

索引是根据一定的需要,将一定范围内的特定信息如字词、文句、人名、方名、药名、病证名、书名等,用词条形式有序编排以便查检的工具书。一些规模较大的古籍,为了方便读者对书中所载方名、药名、病证名等信息进行查询,也可以编制索引,附于书后。现代由于电脑技术和各种办公软件的普遍使用,索引的编制相比过去已显得较为方便,但依然需要认真对待,在条目的选择、标记上尤其要谨慎小心。条目需按一定的排检法编排,中医古籍所附索引常见使用的是笔画排检法和音序排检法。

五、撰写研究报告与论文

以上四个步骤,基本涵盖了现代研究中属于传统“古籍整理”的方法和步骤。研究结束,往往还需要撰写一篇研究报告。所谓研究报告,是对研究过程与研究内容的总结性报告,整理者所做的具体工作都反映在其中,主要包括研究过程、研究方法、研究结果、研究评述等。通过研究报告,我们可以了解整理者的工作流程和研究细节,进而对其所采用的方法是否合理、所得到的结论是否准确进行评判。各部分可根据实际情况有所侧重地撰写,务求做到详略得当、准确、客观。

此外,在整理一部古籍的过程中以及撰写研究报告的时候,往往会涉及一些具体问题的推敲,如古籍的版本流传脉络、目录记载正误、著作者的生平籍贯及事迹考察、作者学术思想的探析以及一些具体校勘训诂问题的讨论等,往往是研究者花了工夫、费了心血得到的结论,这些研究成果如果作为论文发表,比起一部整理好但需要读者仔细研读品味才能有所收获的古籍而言,影响力无疑更大,这也是宣传推广古籍的一个重要途径。

第三节 中医专题文献研究的步骤与方法

现代的中医文献研究,单纯依靠传统的目录、版本、校勘、训诂等知识进行整理的已越来越少,即使所谓"整理研究",也往往结合对于古籍内容的研究利用。而大多数的文献研究,就正是基于对古今中医文献内容的挖掘分析,试图给现代读者提供一个可供利用的成果,如《冠心病心绞痛古今中医文献整理与研究》《失眠证方药证治规律研究》《近代以前中医肝气理论文献研究》《十八反、十九畏、妊娠用药禁忌史论》《凉血散瘀类方剂的整理研究》《〈名医类案〉血证案研究》《清代吴门医派治疗胃脘痛用药经验研究》《温下法的文献研究》《基于数据挖掘方法对〈伤寒杂病论〉小柴胡类方方证规律的研究》等,从不同的角度,使用传统文献研究方法,或者结合现代统计方法、计算机技术,对于病证的证治规律、医家的学术经验、中医学(包括中医基础、中药、方剂、中医诊断等)的理论问题等进行了研究。这些研究,正好符合中医文献"来自于临床实践,服务于临床实际"的学科特色。下面以中医内科文献的研究为例,说明所谓"专题文献研究"的一般步骤和方法。

一、确定目标、范围

中医知识的载体是古今中医文献,中医学要想取得进展,无论理论创新还是临床突破,都离不开文献的支持。要想获取中医文献中蕴藏着的宝藏,进行文献的挖掘整理研究无疑是首要任务。只有对文献进行了充分且深入地挖掘整理,总结提炼出新的理论或有效疗法与方药等,在此基础上进行临床或实验验证,才可以说充分发挥了中医文献的价值。

进行中医专题文献研究,是就某一个问题,对一定历史时期、一定范围内的中医文献的内容进行的研究,虽然也需要借助目录、版本、校勘、文字等工具和手段,但重点在于分析文献的内容。

当研究者有了科研设想,确定了科研选题之后,首先要明确研究的目标和范围,如要研究"冠心病心绞痛古今中医文献",则需先明确研究目标是什么,如果要全面分析冠心病心绞痛一病在中医文献中的防治情况,那么对于该病的病名、病因病机、诊断辨证、治则治法、方药、针灸、其他疗法、验案、医家论述、预防调摄、养生康复等均需涉及,其目标主要是全面整理中医防治本病的理论认识和治疗经验,在此基础上,提出新的证治思路。接下来,需要确定研究的范围,既然提到"古今文献",理论上就需要把从古至今现存中医文献均作为研究对象;而如研究"清代吴门医派治疗胃脘痛用药经验",则只需将清代吴门医派医家治疗胃脘痛的相关文献纳入研究即可。

二、资料收集、分类

研究目标和范围确定之后,就要进行资料的收集和分类,这是整个研究过程中最为基础也是最为重要的步骤,虽然看起来十分枯燥机械,但却是决定后续工作质量高低的关键一步。文献资料的收集整理,历来是文献研究的重中之重,务必谨慎细致从事。现在,科技的发展已经为我们提供了一些便捷高效的检索工具,如电子版的《文渊阁四库全书》《国学宝典》《中华医典》,以及中国知网的《国学宝典数据库》、中国台湾"中央研究院"汉籍电子文献《瀚典全文检索系统》等,可以为我们节约大量时间。但由于古籍尤其是中医古籍的特殊性,目前为止尚不能完全脱离手工检索,类似《中华医典》之类的工具只能作为一个初步筛检的桥梁,所有入选资料均需与原著进行核对。如果条件允许,尤其是所研究古籍较少时,可以选用早期校勘较好的刻本或后世影印本,一般也可以选用现代经过较好整理点校的排印本。

从理论上来讲,医学资料的搜集应该基于《中国中医古籍总目》记载的文献,参考《古今图书集成·医部全录》《中华大典·医药卫生典》《十部医经类编》等工具书;而文史百科的相关内容则较为分散,可以将《甲骨文医学资料释文考辨与研究》《二十六史医学史料汇编》《经史百家医录》《出入命门——中医文化探津》《笔记杂著医事别录》等著作作为中介以便于收集资料。

资料收集完成并与原始文献核实无误之后,就要对其进行分类。根据研究目标不同,可以按照资料的时代分类,也可以按照资料的内容分类,可以按照资料的作者分类,也可以将两种或者三种分类方式结合起来使用,只要分类详略得当、清晰明确即可。

三、考察分析历代文献

尽可能全面细致地收集、分类资料之后,就要对资料进行研究。研究的方式和步骤,根据研究对象的不同而异,如研究"冠心病心绞痛古今中医文献",则可以分别研究古代文献和现代文献,古代文献可以按照时间顺序分先秦、两汉、晋唐、宋金元、明清几个部分来研究,也可以从病证的角度分病名、病因病机、诊断辨证、治法治则、方药、针灸、预防调摄等几个部分来研究;《〈名医类案〉血证案研究》范围非常明确,即研究《名医类案》一书中血证类医案的证治规律,可以分医家进行研究;《凉血散瘀类方剂的整理研究》可以按照时间顺序分阶段研究,相关研究大致同此。

考察分析所纳入文献的过程,实际就是阅读研究古籍中与研究相关内容的过程,这个过程必然需要运用目录、版本、校勘、辨伪、训诂、文字以及中医学乃至其他学科知识,所以必须读懂吃透相关内容,不放过任何疑点,要善于运用各种工具书以及数据库和网络资源。中医古籍中的内容往往辗转引录且屡有改易,所以在研究涉及可能是二次文献的时候,凡是碰到诸如某个理论由谁提出、某个方药首见于何书、某医家曾说过某句话等情况,务必从纵向(时代顺序)、横向(同一时期或同一作者)两个层次考察文献,寻根溯源,去伪存真,做出定论。不能人云亦云,造成谬种流传。

对于收集到的资料进行仔细阅读,读懂之后,就可以对文献内容进行比较,可以将不同时代的文献进行对比,也可以把同一时代不同著作、不同医家、不同学派进行对比,归纳共性,找出差异,分析原因,得出结论。有的从表面上不容易发现规律或者结论有些单薄,这时也可以借助某些统计方法,通过数据分析得出较有说服力的结论。

四、重点问题讨论

考察分析所纳入的文献的过程中,可能会对于文献中存在的某些"共性"或者"个性"问题产生疑问,这不属于研究的主体,但是又和研究主题密切相关,对其进行深入研究,往往可以成为研究的创新点,或者为日后的进一步研究奠定基础,所以不要忽视研究过程中的一些看似与研究目标关系不大的发现、疑问和头脑中一闪而过的灵感。比如在做"冠心病心绞痛古今中医文献整理研究"时,研究者发现近代以前的医家、医籍对于该病都很重视阳气,而现代临床这种趋势则日益减弱,所以就从中国文化的角度分析了重阳的传统,从中医理论的角度分析了冠心病心绞痛发病过程中阳虚为病的重要性,认为五脏阳虚均可导致本病发作,所以治疗上需要"扶阳"并概括了"扶阳四法",为临床提供了新的思路。

五、撰写研究报告和论文

以上四个步骤的工作是专题文献研究的主体,最后要做的就是对于整个研究工作的总结,通过撰写研究报告,将研究工作的目标、方法、步骤、结果和讨论予以展示,也是不可忽视的重要一步。此外,研究者对于研究过程中的一些有价值的发现进行总结探讨并以论文的形式公开发表,是将研究结果公开化,促进研究成果社会效益的实现,使文献研究更有利于应用的必要手段。

(顾　漫　李柳骥)

下篇 历代中医文献源流

第九章 先秦两汉时期的中医文献

第一节 概 述

先秦至两汉是中医理论从产生到基本成熟的时期。中医在长期的医疗实践中,不断积累医疗经验,这些经验逐步上升为中医的理论,理论又反过来指导临床实践,并在实践中得到修正和完善,直至形成完整的中医理论体系。这一较长历史时期的中医文献,是中医理论和治病经验的源头,无论是文献的著作体例还是文献的内容,都对后世产生了深远的影响。先哲有言:"汉以前书当全读;晋唐之书,去半留半;后世之书,择善而从。"正是因为汉以前的文献乃是中华学术的奠基之作,所以应当全面了解。中医文献也一样,先秦肇其端,两汉集其大成,我们只有通过这些文献,从源头上去了解中医的基本内容,才能更准确地理解和把握中医的内核,真正做到辨章学术、考镜源流,为全面掌握中医理论体系,进而更好地指导临床实践提供坚实的基础。

中医文献起源甚早,殷墟甲骨中已有许多与疾病相关的卜辞,周代设医师之职,专司医学之政令,且有食医、疾医、疡医、兽医的分科,想必各有相关典籍。至秦代燔灭诗书,但不烧医药、卜筮、种树之书,亦足证秦以前已有众多的医药文献。由于各种原因,这些文献渐至湮没,依据现有材料已难考知先秦医药文献的概貌。

一、两汉及其以前中医文献的特点

两汉及其以前的中医文献具有那个时代的特点,无论是著作体例还是流传形式,均与后世的中医文献有显著的不同。即使是流传至今的,公认为是战国至秦汉时期的著作,也是经过后世的不断整理,远非汉时的旧貌。先秦至两汉的中医文献,多单篇流传,既无作者名,亦无书名,甚至有许多文献没有篇名。其流传形式多为师徒授受,父子相传。汉以前不同医学文献的学术特征是十分明显的,以其谨守家学,各有师承。至汉成帝时,始广为搜集,经刘向、刘歆父子及李柱国等汇集整理,将理论著作分为三家,临床著作分为十一家。向歆之后,东汉时期的医家有条件看到经整理之后的各家医书,这些医家依各自的理解以及实践经验,参以己见,将医学文献整理成不同的医书,诸如《素问》《九卷》《八十一难》《阴阳大论》《胎胪药录》及各家方书。汉末张仲景有感于伤寒横行,民多夭枉,乃奋志编摩,采用理论与临床

相结合的方式,著成《伤寒杂病论》。随着近百年来出土简帛医药文献的不断增多,为我们提供了了解那个时代中医文献的实物资料,结合中医文献界的研究成果,我们可以总结出汉以前的中医文献大约有如下特点。

(一)多单篇流传

汉以前的中医文献大多比较简略,属专篇专论性质,不似今人动辄数万、数十万言。古人著书有感而发,使用最简练的语言,从某一角度出发,论述清楚相关问题,不生枝蔓。不像今人著书,先列提纲,甲乙丙丁,一二三四,务求包罗无遗。当然,古书多单篇与当时的文献载体以简牍为主也有一定的关系。

(二)多无作者名

汉以前书多无作者名,大抵古人著书,无利己的功利之心,只是将自己的经验与认识记录下来,以期对社会及他人有所帮助。至于著书者为谁,在作者自己看来并非有何重要,故均无署名的习惯。古书有作者之名,多为后世整理者所加,为了能使其广为流传,多依托古代圣王、名臣、名医等。

(三)多无书名、篇名

古书不但没有书名,且多无篇名,即便是单篇流传的中医文献,其篇名也多为传抄者或整理者所加,或依据内容,或摘取卷首一二字以为篇名。至于书名,则更是经后人整理汇集之后重新题写。

二、刘向父子及李柱国对中医文献的整理与总结

西汉成帝、哀帝两朝间,先由刘向、后由其子刘歆负责,进行了我国第一次最大规模的文献整理和文化总结工作。在众多文献中,中医文献在当时称为方技,由侍医李柱国负责具体的整理工作。其成果体现在刘向《别录》和刘歆《七略》中,惜上述两书已佚,如今只可见到少量佚文。班固《汉书艺文志》辑录了《七略》的主要内容,让我们今天可以从中看到此次文献整理所取得的成就。

(一)分类中医文献

刘向父子及李柱国在尽可能多的搜集到当时的中医文献后,根据内容,第一次对中医文献进行了分类。当时将中医文献统称为"方技",以表示医学是一门维护人们生命健康的技艺,即所谓"生生之具"。同时,又是人类社会所不能或缺的一门技艺,即所谓"王官之一守"。方技之下又复分为四类,各有类目。

第一类称为"医经",即中医基础理论文献,用于指导临床的理论性著作,其基本功用是"原人血脉经络骨髓阴阳表里,以起百病之本,死生之分,而用度箴、石、汤、火所施,调百药齐和之所宜。"《汉书·艺文志》著录医经 7 种,216 卷。

第二类称为"经方",即中医治疗疾病的临床文献,因治疗疾病运用最为普遍的是药物,所以主要是药物及方剂类文献,其基本功用是"本草石之寒温,量疾病之浅深,假药味之滋,因气感之宜,辨五苦六辛,致水火之齐,以通闭解结,反之于平。"《汉书·艺文志》著录经方 11 种,274 卷。

第三类称为"房中",从类目可以看出,是为房室养生的相关文献。《汉书·艺文志》著录 8 种,186 卷。

第四类称为"神仙",收录修练真气以求长生寿考的文献。"所以保性命之真,而游求于

其外者也。聊以荡意平心,同死生之域,而无怵惕于胸中。"《汉书艺文志》著录 10 种,205 卷。

房中、神仙两类文献虽与健康相关,但无关治疗,后世(大约从两晋开始)目录专书将之归为道书类,中医一门只保留《汉志》中医经、经方类文献。

(二) 划分学术流派

刘向父子整理文献之时,古书多为单篇流传,且多无作者之名。向、歆及李柱国等对众多单篇流传的中医文献进行甄别以后,将医经即中医基础理论文献分为三家,即黄帝、扁鹊、白氏。这三家即当时影响最大的三大学术流派,能够将杂乱无序的单篇流传的中医文献别为三派,主要是依据其内容及学术特点,三家所体现出的学术无疑是有差异的,如若不然,是无法加以区分的。我们今天能看到的仅有黄帝一派,即《素问》《灵枢》合称的《黄帝内经》。应当注意的是,《素问》与《灵枢》成书均在向、歆之后,最早将其指为《黄帝内经》的是西晋皇甫谧,我们有理由怀疑今本《黄帝内经》非向、歆、李柱国等写定之《黄帝内经》。但不可否认的是今本《黄帝内经》包含了古本《黄帝内经》的内容,同时也应包含有扁鹊、白氏两家的内容,只是我们仅依据今本《黄帝内经》已无法分别孰为黄帝,孰为扁鹊,孰为白氏的内容了。随着愈来愈多的那个时代文献的出土,以及中医文献研究的不断深入,定能澄清过去的一些模糊认识,梳理出中医学术流派的发展脉络。

(三) 命名不同文献

向、歆整理文献之时,古书多单篇流传,且无书名,需整理者汇集各家,另立新名。刘向父子及李柱国等在整理的基础上,对中医文献的命名约有以下几种方式。

1. **依著作者命名**　向、歆及李柱国根据中医文献的内容及所体现的学术,分别将其归为各家,依各家的代表人物命名其文献,如黄帝、扁鹊、白氏。那个时代中医学术的传授,主要是师徒授受和父子相传,其文献的流传大约也是这种形式,各家各派所传之书均各有家学,故黄帝、扁鹊、白氏不必是真正的著作者,而是各学派所尊的祖师,向、歆径以之命名其书,后世称为依托。《汉志》医经之下有《黄帝内经》《外经》,《扁鹊内经》《外经》,《白氏内经》《外经》《旁篇》,经方之下有《泰始黄帝扁鹊俞拊方》。

2. **依文献内容命名**　中医是一门实用的学科,大量的临床文献为治疗疾病而设,记录了许多治病的具体方法,向、歆及李柱国将这些文献按所治疗的疾病进行命名。如:《五藏六府痹十二病方》《五藏六府疝十六病方》《五藏六府瘅十二病方》《风寒热十六病方》《五藏伤中十一病方》《客疾五藏狂颠病方》《金创疭瘛方》,还有按所治对象命名的《妇人婴儿方》。

3. **依文献性质命名**　《七略·方技略》医经之下黄帝、扁鹊、白氏三家之书均分为内经和外经,白氏尚有旁篇。黄帝、扁鹊、白氏是中医学术流派的代表人物,同一流派之书,又分内、外、旁篇,显然是要加以区分。那么是按什么原则加以区分的呢? 其分别的意义既不是区分学派,也不是区分内容,最大的可能是按文献的性质加以区分。此处所谓的性质,主要是指来源,即该文献是如何产生的。余嘉锡先生《古书通例》讲,诸子之分内外篇,是刘向父子将诸子本人所著之书作内篇,而将其弟子及私淑者所著之书作外篇。医经之书,黄帝、扁鹊皆为依托,白氏其人已难考证,但依诸子分内外篇例推之,内经当是学派始创者的著作,外经是后之继述者所著之书,而旁篇则可能是难以考证的杂论。

第二节 重要医籍简介

汉代及以前的中医文献大多亡佚,传世文献中依托上古圣王及名医所作的中医文献,诸如《黄帝内经》《神农本草经》《扁鹊难经》等,均是经后人不断修订、增补、连缀、合并等整理,重新编排而成,已非刘向父子整理之时的旧貌。即如后汉仲景《伤寒杂病论》、华佗《中藏经》等,亦是经过后人整理,而与其原貌有所不同。但不可否认的是,这些传世文献保存了自古以来最有价值的医学知识,经过反复的社会实践检验,得以公认而代代相传,无疑是中医学中最有价值的内容。此外,大量见于古史籍中的已佚中医文献,虽其书已亡,但我们能够从中看到当时中医文献的状况,对于了解中医文献的流传演变具有重要意义,也应当对它们予以足够的重视。近年以来,越来越多的简帛医籍出土,提供了那个时代中医文献的可贵实物,使我们能见到先秦两汉时期中医文献的旧貌,这些可称为原始中医文献的材料,对于我们溯源考流大有裨益。

一、已佚中医文献

历代史籍所载,时至汉代,中医文献数量众多,既有系统论述中医理论的医经,又有临床治病的医方,余如本草、针灸、养生、导引等文献,蔚为大观。并不像《褚氏遗书》所说"自汉而上,有说无方,自汉而下,有方无说"的状态。《史记·扁鹊仓公列传》中即记载了许多先秦时期的古医书:"庆有古先道遗传黄帝、扁鹊之脉书,五色诊病,知人生死,决嫌疑,定可治,及药论书,甚精……欲尽以我禁方书悉教公……受其《脉书》《上下经》《五色诊》《奇咳术》《揆度阴阳》《外变》《药论》《石神》《接阴阳》禁书。"只是有许多成书于先秦及两汉时期的中医文献后世未见流传,我们通常将之称为佚书,这是中医文献流传演变过程中的普遍现象,"《汉志》所载之书,以《隋志》考之,十已亡其八九"。了解这些佚书有其特殊的意义,一是可以知晓先秦及两汉时期中医文献概貌,二是可以有助于了解传世中医文献的流传演变情况,三是可以为考证研究相关文献提供佐证。据两汉史志及补志所载,开列已佚中医文献书目于下,以供参考。

《黄帝外经》三十七卷

《扁鹊内经》九卷

《扁鹊外经》十二卷

《白氏内经》三十八卷

《白氏外经》三十六卷

《白氏旁篇》二十五卷

《五藏六府痹十二病方》三十卷

《五藏六府疝十六病方》四十卷

《五藏六府瘅十二病方》四十卷

《风寒热十六病方》二十六卷

《泰始黄帝扁鹊俞拊方》二十三卷

《五藏伤中十一病方》三十一卷

《客疾五藏狂颠病方》十七卷

《金创疭瘲方》三十卷

《妇人婴儿方》十九卷

《汤液经法》三十二卷

《神农黄帝食禁》七卷

《桐君采药录》二卷

《雷公药对》二卷

《子仪本草经》一卷

《涪翁针经》

《涪翁诊脉法》

《郭玉经方颂说》

《李助经方颂说》

《蔡邕本草》七卷

《张仲景方》十五卷

《张仲景疗妇人方》二卷

《张仲景评病要方》一卷

《张仲景五藏论》一卷

《张仲景口齿论》一卷

《张仲景疗黄经》一卷

《张仲景脉经》一卷

《卫汛四逆三部厥经》

《卫汛妇人胎藏经》

《卫汛小儿颅囟经方》一卷

《华佗方》十卷

《华佗枕中灸刺经》一卷

《华佗内事》五卷

《华佗观形察色并三部脉经》一卷

《华佗五禽诀》一卷

《魏武四时食制》

《吕博玉匮针经》一卷

《吕博众难经注》一卷

《李当之药录》三卷

《李当之药方》一卷

《吴普本草》六卷

《阮炳药方》十六卷

二、出土中医文献

近百年来,我国各地陆续出土了许多古代简帛医书,尤其是 20 世纪 70 年代以后,各种简帛医药文献大量出土,为我们了解两汉时期的中医文献状况提供了可靠的实物资料。这些出土医学文献,保持了那个时候的旧貌,除语言文字变迁造成的差异外,我们可以通过考察其著作体例、篇章结构、行文方式等,比较与后世文献的差异,从而了解其文献流传演变的过程。可以通过考察其反映的学术内容及学术特点,而厘清传世文献中学术融合的情况。以下就较为重要和医药内容较为集中的几种做一简单介绍。

(一) 马王堆汉墓医书

1973 年湖南长沙马王堆 3 号汉墓出土了大量帛书及简书,墓葬时间是西汉文帝十二年(公元前 168 年),其中的医学文献经整理后定名为 15 种。

帛书 11 种,《阴阳十一脉灸经》有甲本和乙本两种,故实为 10 种。

1.《足臂十一脉灸经》　主要内容为记述人身十一条脉的名称、循行、主病及灸疗。原无书名,整理小组据内容定名。

2.《阴阳十一脉灸经》　有甲本和乙本两种。主要内容为记述人身十一条脉的名称、循行、是动病、所产病等。从内容看成书时间可能晚于《足臂十一脉灸经》。原无书名,整理小组据内容定名。

3.《脉法》　原附于《阴阳十一脉灸经》之后,整理小组据内容定名。全书仅 300 余字,主要内容为诊察病者的状况,恰当地使用砭石治疗。

4.《阴阳脉死候》　原附于《阴阳十一脉灸经》之后,整理小组据内容定名。全书不足100 字,主要内容为论述三阴三阳的死候。

5.《五十二病方》　全书记录了 52 种病症的治疗方法。记载病症名 100 余种,有医方280 多个,使用药物 250 多种。原无书名,整理小组据内容定名。

6.《却谷食气》　主要论述导引行气、吐纳呼吸的方法。原无书名,整理小组据内容定名。

7.《导引图》　为一幅绘于帛上的彩色图,经拼合复原有 44 幅全身导引动作图,整理小组据内容定名。

8.《养生方》　主要内容为养生方剂,原无书名,整理小组据内容定名。

9.《杂疗方》　内容是以养生为主的方剂,另有预防蛇虫咬伤的方法,原无书名,整理小组据内容定名。

10.《胎产书》　本书包括图与文两部分,主要内容为养胎、埋胞、产后养护等,原无书名,整理小组据内容定名。

简书 4 种,其中《杂禁方》为木简,其他 3 种为竹简。

1.《十问》　本书的主要内容为房中养生,依托上古至战国的圣王、术士、诸侯、名医,以相互问答的形式,论述了以房中术为主的 10 个养生问题。原无书名,整理小组据内容定名。

2.《合阴阳》　本书内容为专论房中术。原无书名,整理小组据内容定名。

3.《杂禁方》　本书为木简,主要内容为用咒禁消除夫妻相恶、梦魇、婴儿哭等。原无书名,整理小组据内容定名。

4.《天下至道谈》　以房中术为主的养生专书,原书有"天下至道谈"5 字单简,当为篇名。

(二) 张家山汉代医简

1983—1984 年,湖北江陵县张家山 247 号汉墓出土竹简共 1236 枚(不含残简)。据考证,墓主人去世时间在西汉吕后二年(公元前 186 年)或稍晚。简书中的医学文献整理为《脉书》和《引书》两种。

1.《脉书》　其内容大约可分为四部分,首论人体不同部位病状,次述十一脉循行及所主病证,三是分析疾病机理,四是相脉以辨死候。

2.《引书》　主要内容是导引养生,包括四季养生之道,导引术式及功用,导引与防病治病的关联等。

(三)老官山汉代医简

2012—2013 年,成都天回镇老官山 M3 汉墓发掘出土竹简共 920 枚,分两处存放。其中一处 736 支为医书,经初步整理暂定名为《敝昔医论》《脉死候》《六十病方》《尺简》《病源》《经脉书》《诸病症候》《脉数》《五色脉诊》共 9 种,其中《尺简》因文字严重腐蚀脱落,内容尚难完全断定。另一处 184 支为兽医书,暂定名为《医马书》。经初步考古确定,墓葬时间大约在西汉武帝中早期。

老官山医简中有数支简有"敝昔曰"字样,敝昔即扁鹊,故这批医书应与扁鹊学派有关。其内容主要包括如下几方面:一是诊法,这批医简至少有三种论述诊法的专篇,望诊和脉诊的内容十分丰富。二是医方,有治疗内、妇、儿、外及五官各科 60 种病证的医方,方剂数量达 100 多个,使用药物达 200 余种,有详细的药物修制、服药方法、禁忌、预防、养护等内容。另有 15 支简构成的病方目录,有从一到六十的编号。三是关于疾病的论述,涉及病因、病机、症状等。尤其是针对可能是当时的常见病,如风、痹、瘕、瘅、金伤、女子病等,有较为全面的类似于专篇的论述。四是经脉与针灸,除十二条经脉的名称、循行、病症外,还有多条别脉的循行、病症及灸法。针灸治疗除灸疗外,还有论述刺法的专篇。

(四)阜阳汉简《万物》

1977 年,安徽阜阳双古堆一号汉墓出土竹简 200 枚(含残简),据简文有"万物之本不可不察也",故命名为《万物》。据考证其墓葬主人为夏侯灶,卒于汉文帝前元十五年(公元前 165 年)。《万物》类似于本草,但还不是医药专书,主要有两方面的内容。一是与医药相关的内容,如药物效用,疾病成因等。二是物理物性的内容,如自然现象、动植物养殖与捕获等。

(五)武威汉代医简

1972 年,甘肃武威县旱滩坡东汉早期汉墓出土了 92 枚简牍,其中木简 78 枚,木牍 14 枚,木牍大多正反两面书写。原无书名,整理小组最初将其命名为《治百病方》,1975 年,甘肃省博物馆、武威县文化馆将其编成《武威汉代医简》由文物出版社出版。武威汉代医简记载了疾病名称、症状、针灸、药名、方剂及剂型、药物与用药方法、服药禁忌等,有治疗内科、外科、妇科、五官科及男科疾病的医方,还有针刺治疗记录和针灸禁忌的内容。保存了较为完整的医方 45 个,使用药物达 100 余种。

(六)北大藏汉代医简

2009 年从海外回归入藏北京大学,包括 3300 多枚竹简,其中属医学内容的有竹简 700 余枚,其中完整简 530 余枚,全部为治疗各种疾病的古医方。每一个医方均独立为一章,前有分章号和数字编号,最大编号为"百八十七"。在正文之前还有一卷单独成编的目录,只记编号和医方名。其内容涵盖内科、外科、妇科、儿科等多种疾病的治疗方法,包括病名、症状、用药种类、数量、炮制方法、服药方法和禁忌。从竹简上出现有"孝景元年"字样,可以大致推出竹简的年代大约在西汉中期,其中多数可能抄于汉武帝时代。

三、传世中医文献

先秦至两汉的传世中医文献,是中医的源头性文献,是中医知识最为重要的载体,是中医理论和临床的奠基之作。其所反映出的中医思想和基本观念,规定了中医学术发展的方向及方式,是无可替代的经典之作。

(一)《素问》

素问之名,不见于《汉志》,至《隋书·经籍志》始有著录,汉末张仲景《伤寒杂病论序》中有"撰用《素问》《九卷》"之语,是为《素问》之名首见之处,故《素问》一书当出于东汉。西晋·皇甫谧《甲乙经序》称:"按《七略》《艺文志》,《黄帝内经》十八卷,今有《针经》九卷,《素问》九卷,二九十八卷,即《内经》也。"唐·王冰亦称"《黄帝内经》十八卷,今有《素问》九卷,《灵枢》九卷,乃其数焉"。后世遂将《素问》与《灵枢》合而称为《黄帝内经》。

《素问》一书被历代尊为医家之宗,共81篇,以黄帝与岐伯等六臣问答的形式,系统论述了中医的基本理论问题,内容包括阴阳五行、藏象经络、病因病机、诊断辨证、治疗法则、预防、五运六气等,是公认的中医理论体系的奠基之作,也是迄今为止无可替代的中医经典。

最早对《素问》进行注释的是南朝梁·全元起(公元6世纪),其注本已佚。唐·王冰于宝应年间(762—763年)对《素问》重新加以编次注释,并补入已佚的第7卷内容,称《次注黄帝内经素问》。北宋设校正医书局,诏林亿、高保衡等对王冰注本进行了认真细致的校释,称《重广补注黄帝内经素问》,又称《素问》新校正,至此才有《素问》的印本问世,是为今天我们所能见到的《素问》祖本。

今本《素问》有众多版本行于世,大体可分为24卷本、12卷本、10卷本、9卷本及50卷本。今存最早的版本有金刻本(残),仅存11卷,较早的本子有元至元己卯古林书堂刊本,公认较好的本子有明嘉靖庚戌武陵顾从德翻雕宋本王注24卷本,人民卫生出版社1956年有此本的影印本,1963年有以此为底本的铅印本。

(二)《灵枢》

《隋书·经籍志》有"《黄帝针经》九卷",《旧唐书·经籍志》有"《灵宝注黄帝九灵经》十二卷",《宋史·艺文志》有"《黄帝九虚内经》五卷",均未有《灵枢》之名。《灵枢》一名最早见于唐·王冰《次注黄帝素问序》,后世认为汉末张仲景所称的《九卷》、西晋皇甫谧所称的《针经》即王冰所言之《灵枢》。故《灵枢》之名出于唐代,之后未见流传。至北宋仁宗嘉祐(1056—1063年)年间,诏高保衡、林亿等校订医书,也因"《灵枢》今不全",而未能予以校正。《宋朝类苑》载:"宋哲宗元祐八年(1093年)诏颁高丽所献《黄帝针经》于天下",但未见有此本流传。南宋绍兴乙亥(1135)年间,锦官史崧献"家藏旧本《灵枢》九卷,共八十一篇,并增修音释,附于卷末,勒为二十四卷"。至此,《灵枢》一书才重现于世,我们今天能见到的《灵枢》均以此本为祖本。

《灵枢》一书是中医学主要理论基础之一,全书运用阴阳五行以及天人相应的整体观阐述了脏象、经络、病机、诊法、治则等中医学的基本理论,尤其是对经脉、腧穴、针刺及营卫气血等有系统精详的论述,是中医针灸经络理论和临床的源头。

西晋·皇甫谧撰集《素问》《九卷》《明堂孔穴针灸治要》三部而为《甲乙经》,唐·杨上善注《太素》,其中与今本《灵枢》一致的内容,其所据之本均为《灵枢》的不同古传本。因《灵枢》晚出,故不似《素问》注家众多,至明代始有注本。

今本《灵枢》主要有 24 卷本、12 卷本、9 卷本、50 卷本等。现存版本最早的有元刻本(残存六至 12 卷),流传较广的是明赵府居敬堂刻本,人民卫生出版社 1956 年有此本的影印本,1963 年有以此为底本的铅印本。

(三)《难经》

张仲景《伤寒杂病论序》中有"八十一难"之名,《隋书经籍志》著录有《黄帝八十一难经》二卷,注曰:"梁有《黄帝众难经》一卷,吕博望注,亡。"《旧唐书经籍志》有"《黄帝八十一难经》二卷,秦越人撰。"可见《难经》一书,最早出于东汉,《隋志》始有著录,《旧唐志》题为秦越人撰。

难者,问也。《难经》共八十一难,即八十一问。全书以问答的形式,论述了包括脉诊、经络、脏腑、阴阳、病因、病机、营卫、俞穴、针刺、病证等问题。一至二十二难论脉,二十三至二十九难论经络,三十至四十七难论脏腑,四十八难至六十一难论病,六十二难至六十八难论俞穴,六十九至八十一难论针法。

《难经》的作者,既属之黄帝,又属之扁鹊秦越人,故通常认为《难经》为羽翼《黄帝内经》之作,即解释《内经》疑难问题之书。但《难经》所体现的学术观点与今本《内经》互有异同,如《难经》的"独取寸口"的诊脉法,命门学说,关于"奇经八脉"的论述,某些疾病的产生和传变规律及针刺补泻等,均有其与今本《内经》不同的特点,所以《难经》更多的是反映了扁鹊学派的内容。

历代《难经》注本众多,不下百种,北宋以前的注本今已不存,传世《难经》影响最为广泛的是《难经集注》。北宋初期,王九思、王鼎象、王惟一曾先后校勘《难经》,其中翰林医官王惟一校本曾刊印颁行,但原书今未见流传。南宋·李元立汇集宋以前九家校注《难经》之书,纂成《难经十家补注》,后人具此书重订为《王翰林集注八十一难经》,简称《难经集注》。

《难经集注》通行本主要有日本林衡氏辑《佚存丛书》本,上海涵芬楼据此本影印(1924年),亦即《四部丛刊》本,中华书局《四部备要》本亦据此本排印,人民卫生出版社亦有据此本的影印本(1956 年)。国内流传的主要有清钱熙祚守山阁丛书本,1955 年商务印书馆有据此本的排印本。

(四)《神农本草经》

撰人不详,托名神农著,《隋书·经籍志》最早著录:"《神农本草》四卷,雷公集注",是南北朝时已有注本,故通常认为该书成于东汉。该书至南宋时尚存,郑樵《通志·艺文略》著录有"《神农本草》八卷,陶隐居集注",即陶弘景《本草经集注》本,之后即未见流传。今本《神农本草经》均为辑佚本,乃是依据历代本草和类书等辑复,有多种辑本。

《神农本草经》载药 365 种,分上、中、下三品,各为 1 卷,共 3 卷,另有"叙录"1 卷,总论药理,其曰:"上药一百二十种,为君,主养命以应天。无毒,多服久服不伤人。欲轻身益气,不老延年者,本上经。中药一百二十种,为臣,主养性以应人。无毒有毒,斟酌其宜。欲遏病补虚羸者,本中经。下药一百二十五种,为佐使,主治病以应地。多毒,不可久服。欲除寒热邪气,破积聚愈疾者,本下经。"正文 3 卷详述每种药物的名称、性味、功效、主治、生长环境等,是我国本草著作的奠基之作。

今本《神农本草经》有自明清以来的各种辑本,较早的有明·卢复辑《神农本经》3 卷(1616 年),流传较广的有清·孙星衍、孙冯翼合辑《神农本草经》4 卷(1799 年),顾观光辑

《神农本草经》4 卷(1844 年)、日本森立之辑《神农本草经》3 卷(1854 年)。民国至现代亦有多种辑本及校释本。

（五）《仓公对诏》

又称"诊籍"。无单独流传本,见于《史记·扁鹊仓公列传》中,是我国西汉早期的珍贵医学文献。仓公名淳于意,因做过太仓长,故称仓公。拜淄川公孙光为师,后又师事公乘阳庆,得其所传之多种古医书,"受读解验之,可一年所。明岁即验之,有验,然尚未精也。要事之三年所,即尝已为人治,诊病决死生,有验,精良。"《汉书·艺文志》称:"太古有岐伯、俞拊,中世有扁鹊、秦和,盖论病以及国,原诊以知政。汉兴有仓公,今其技术晻昧"。可见仓公是当时仅有的医技高超的名医。汉文帝十三年,仓公以刑罪被押解到长安。淳于意的小女儿缇萦随父到长安并上书文帝,愿意献身为官婢,以赎其父之罪。文帝读后,为之感动,遂释放了淳于意。后文帝召见淳于意,问其诊病能否万无一失,仓公为之一一解答。《仓公对诏》即为记录的解答内容,包括仓公自述其学医经历,所治患者的籍贯、姓名、职业、病名、病因、病性、诊断、治疗和愈后,为我们留下了研究汉代医学的宝贵资料。淳于意的诊籍中共记载了 25 个病例,既有王公贵族,也有平民百姓,涉及内、外、妇、儿各科,其中治愈 15 例,不治10 例。

（六）《伤寒论》与《金匮要略》

《隋书·经籍志》等录有《张仲景方》15 卷,注曰:"梁有《张仲景辨伤寒》十卷",《张仲景疗妇人方》二卷,《张仲景评病要方》一卷,《张仲景五藏论》一卷,《张仲景口齿论》一卷,《张仲景脉经》一卷,而无《伤寒论》和《金匮要略》之名。今本《伤寒论自序》中称:"感往昔之沦丧,伤横夭之莫救,乃勤求古训,博采众方,撰用《素问》《九卷》《八十一难》《阴阳大论》《胎胪药录》并《平脉辨证》,为《伤寒杂病论》合十六卷。"至《新唐书·艺文志》始著录有《伤寒杂病论》十卷,另有王叔和《张仲景方》十五卷。晋·皇甫谧《甲乙经序》称:"仲景论广伊尹汤液,为数十卷,用之多验。近代太医令王叔和撰次仲景,选论甚精,指事施用。"张仲景所著之书,据自序当为《伤寒杂病论》,问世后即以各种书名流传。晋·王叔和重新编次整理,或如《新唐书》著录称《张仲景方》。至宋治平中,朝廷命儒臣重新校定,始定名为《伤寒论》。孙奇等序称:"臣奇先校定张仲景《伤寒论》十卷,总二十二篇,合三百九十七法,除复重,有一百一十二方。其命书以伤寒者,仲景自序称其宗族余二百……其死亡者三分有二,伤寒十居其七。感往昔之沦丧,伤横夭之莫救,遂作此书。"

《金匮要略》一书宋以前未见著录。《宋史·艺文志》有"《金匮玉函》八卷,王叔和集"。宋·林亿等序称:"《金匮玉函经》与《伤寒论》同体而别名。"是《金匮玉函》是《伤寒杂病论》之别本,大约成于晋时,流传于隋唐,孙思邈《千金翼方》、王焘《外台秘要》所引当援自本书。本书经林亿等校正,凡 8 卷,共 29 篇,115 方。后人又录出其中论杂病的内容,节略成 3 卷,称为《金匮要略方论》,简称《金匮要略》。

今本《伤寒论》流传最广、影响最大的是由金·成无己全文注释的《注解伤寒论》10 卷(1144 年)。成无己注本系依据宋校正医书局林亿等校订,于宋治平二年(1065 年)刊行的《伤寒论》10 卷。宋本《伤寒论》原书已佚,今有明·赵开美据宋本影摹覆刻的《伤寒论》,与《注解伤寒论》《伤寒类证》《金匮要略方论》合辑而成的《仲景全书》本,刊于明万历二十七年(1599 年)。另有传世的多种《伤寒论》版本,如日本康治本《伤寒论》,1982 年中医古籍出版社据 1858 年日本京都书林本影印。康平本《伤寒论》,1947 年叶橘泉据大塚敬节赠送的校注康平本《伤寒论》在国内印行。桂林古本《伤寒论》,清同治、光绪年间,有自称张仲景46世孙张绍祖藏有祖传《伤寒论》手稿,后此书于1939年由黄竹斋刊印,名为《仲景十二稿伤寒论》。1960年广西人民出版社据已故名老中医罗哲初手抄本出版了桂林古本《伤寒杂病论》,1980年再版。

《伤寒论》一书自问世之后,即为历代医家所重视,成为习医必读的经典,后世注释研究《伤寒论》的著作多达1600多种。

(七)《中藏经》

又名《华氏中藏经》,旧署华佗著,具体成书年代不详。隋唐史志未见著录,最早见于《通志·艺文略》和《宋史·艺文志》。前有邓处中之序,自言其为华佗外孙,此书系从华氏寝室遗藏中所得,然语涉怪诞,颇不足信,故后世多指为后人伪作,多认为此书为六朝人所作,亦有认为出于北宋。

（李继明）

第十章　晋唐时期的中医文献

第一节　概　述

自公元 220 年曹丕废汉立魏,至公元 589 年隋统一全国,史称魏晋南北朝时期。近 400 年间,朝代迭更,战乱频仍,国家长期分裂,既是中国社会发展历程最为纷乱之时,也是民族大融合时期。在其比较安定的年代和地区,生产和经济的恢复发展促进了科学文化的进步,带来了医学的曲折发展。尤其是汉末晋初,相当一段时间的伤寒流行,疫病猖獗,客观上推动了临床医学的繁荣发展。

隋朝建立不久即为李氏所灭,公元 618 年,李渊攻占长安,废除隋恭帝,改国号为唐,是为唐高祖。公元 624 年统一全国,开创了我国封建社会的鼎盛时期。唐王朝非常注意吸取隋朝腐败失国的教训,重视隋代加强中央集权建设的经验,尤其是开科取士的人才网络政策,为读书之人广开晋升之阶,并轻徭薄赋,休养生息,很快就出现了贞观之治的良好社会局面。其经济文化的繁荣和科学技术的发展,尤其是造纸技术的进步、雕版印刷的推广、国家图书典藏的扩充,都为医学的发展创造了良好条件。隋唐时代帝王对医学的重视,也为学术研究提供了保障。特别是唐代朝廷非常重视正规的医学教育,设立太医署,建立规范的医学教育和考核制度,培养了大批的医学专门人才,保障了医学发展。

晋唐 600 年间,名医辈出,医著宏富,临床发展,成就斐然,中医文献学的建设和发展,呈现出以下几个特点:

一、文献整理,开启先河

中医的发展始终伴随着经验的积累和理论的总结,而这些经验、理论的记载,又不断丰富中医药文献。两晋南北朝时期,不少医家开始对《黄帝内经》《难经》《伤寒杂病论》《神农本草经》进行分类整理或疏释解读,从而开启了中医药文献整理研究的先河。

(一)　对医学经典及理论的整理研究

从现有的材料记载来看,中医历史上最早对医学经典进行注疏的医家是三国时代吴国太医令吕广,他所注释的《八十一难经》是已知的最早中医药典籍整理之作,惜已亡佚。

南朝齐梁间著《素问训解》的全元起,是已知校注《黄帝内经》的第一人。只是全元起校注的是 8 卷本《素问》,而且宋后即已散佚,现在只能从林亿等校订的《重广补注黄帝内经素问》寻见少量注文。

隋唐间杨上善编撰《黄帝内经太素》，将当时所传的 18 卷本《黄帝内经》扩充成 30 卷，并为全书注释。这是已知分类注释、校勘《黄帝内经》的最早著作，尤其书中设置的篇目，实际是开启了按中医理论框架结构重新编排《内经》的先例，后来张景岳《类经》、李中梓《内经知要》都是类编《内经》的名著。

唐代王冰《次注黄帝内经素问》，是全面整理编次并注释《素问》的著作。王氏精勤博访，搜求传本，与世传之本进行校核，并按照王冰理解的逻辑结构，重新编次《素问》81 篇，分成 24 卷，历时 12 年，始克完工。王冰之注后经宋校正医书局林亿等人整理，定名《重广补注黄帝内经素问》，流传至今，成为学习中医的必读经典。

（二）对诊法理论与技术的整理研究

古代脉法发展到魏晋，已是"遗文远旨，代寡能用，旧经秘术，奥而不售，遂令末学，昧于源本，互兹偏见，各逞己能"（《脉经》序）。西晋王叔和有鉴于此，"撰集岐伯以来，逮于华佗，经论要诀，合为十卷（《脉经》序）"，是为《脉经》。这是我国第一部脉学整理之作。此后，高阳生《王叔和脉诀》虽系托名之作，但其将脉法编为歌诀，以便诵记，客观上扩大了脉学知识的流传普及。唐代杜光庭《玉函经》继其后，总结脉诀生死的证候关系，为脉学整理的另一种形式。

在病因病机证候学方面，隋·巢元方的《诸病源候论》总结了隋以前的成就，为后世的证候学研究奠定了坚实的基础。

（三）对本草文献的补充和注释

《神农本草经》问世以后，到后汉、三国时期已有多种传本，且在传抄过程中，不少医家附入己见，加以发挥，并不断补入药物品种，这虽然使本草学的内容更加丰富，但也引起了一些混乱，亟需进行整理总结。现知早期对《本经》进行整理的有李当之、吴普等人。《李当之本草》早佚，吴普为华佗弟子，所著《吴普本草》增《本经》药物至 441 种，对药物性味阐述详悉，且常列述各家对药性的不同见解，保存了很多前代药学文献。此后，陶弘景编撰《名医别录》《本草经集注》两书（原书已佚，今有清人辑佚本），前者主要采集李当之、吴普、桐君、雷公等名家所论本草的精要，后者又将《别录》与《本经》合而为一，并增加药物 365 种，使全书收药达到 730 种。该书的编著体例、药物分类、内容编排，均为后世本草文献的整理提供了较好的范式。

（四）对《伤寒论》的编辑整理

仲景《伤寒杂病论》成书在动乱的东汉末期，问世不久即已残损不全或传抄错讹，急需厘正整理；加之当时伤寒外感病流行猖獗，临床急需有效的理论指导和经验借鉴，于是，王叔和发愤研究《伤寒论》，"今搜采仲景旧说，录其证候、诊脉、声色，对病真方有神验者，拟防世急也"。既云搜采，说明仲景之书确已散佚。有不少医家认为，通行本《伤寒论》卷一、卷二的《辨脉法》《平脉法》《伤寒例》3 篇及卷七《辨不可发汗病脉证并治》以下 8 篇，均为王叔和所增。正是由于王氏在整理《伤寒论》过程中，增加了一些可能《伤寒论》原本没有的内容，以致历史上批评指责者代不乏人，有责其为"罪之魁"，有骂其"妄入己见，碎剪美景"，直欲"戳破叔和"者。但历史上多数医家还是对王叔和整理《伤寒论》持肯定赞许的态度，认为王叔和"传书之功，诚不可没""有功千古"。

（五）对临床经验方的收集整理

晋唐以来，对临床经验方的收集整理，始终没有停止过，大批方书的涌现，特别是像《四海类聚方》《外台秘要》《千金要方》等大型方书以及临床各科专著的出现,实际上也是中医临床文献整理的成果。

二、本草勃兴,方书丛集

三国、两晋、南北朝时期,本草学迅猛发展,本草著作迅速增多,据《隋书·经籍志》本志所载,有《甄氏本草》《桐君药录》《太清草木集要》等本草著作 29 种,另录有梁·阮孝绪《七录》载《吴普本草》《李当之本草经》《随费本草》《秦承祖本草》《王季璞本草》《蔡邕本草》《谈道术本草经钞》《徐叔响本草》《病源合药要钞》《陶隐居本草》《陶弘景本草经集注》等 29 种。尽管多数已佚,现仅存《吴普本草》《李当之本草》《本草经集注》《名医别录》《雷公炮炙论》的部分辑复本,但仅从这些书目的记载,亦足见本草学成就卓然可观。此期本草学的发展有两个特点:一是对《神农本草经》进行增补注释,首开本草文献整理之学风,这已如前述;另一特点是,开启了药物加工炮制经验的总结研究,尤其是《雷公炮炙论》的问世,标志着中药加工由一般性操作上升为有经验理论指导的程序化生产。而陶弘景《本草经集注》,则是此期本草文献研究的集成之作。

唐代本草学在继承前代学术成就的基础上,保持稳定发展的局面。《旧唐书·经籍志》载录本草著作 25 种,《新唐书·艺文志》则录本草著作 37 种。唐代本草发展的最大特点是政府开始有组织的编修本草,由于《本草经集注》流传 150 多年,已经不能适应时代发展的需要,唐高宗显庆二年,苏敬上表,请求重新编修本草,很快得到朝廷批准。唐高宗诏令长孙无忌、许孝崇、苏敬、李勣、孔志约等 23 人进行编撰,历时 2 年,于显庆四年编成《新修本草》54 卷,这是世界上最早的国家药典式著作。除官修本草之外,还有陈藏器《本草拾遗》、后蜀主孟昶命修的《蜀本草》以及吴越的《日华子本草》,都是著名的本草学著作。唐代本草学发展的另一个成就,就是食疗、食治类本草成为专门的本草类别,继孙思邈《千金方》列"食治"专篇之后,孟诜《食疗本草》、昝殷《食医心鉴》等食疗专著相继问世。

晋唐时期,名医辈出,方书宏富。《隋书·经籍志》载录方书 50 种,另录"梁有"方书 46 种。《旧唐书·经籍志》载方书 60 种,《新唐书·艺文志》载 81 种,魏晋时,确切可考而又影响较大的医家方书有:《靳邵方》、葛洪《玉函方》及《肘后救卒方》《范汪方》《胡洽百病方》《秦承祖方》《褚氏杂药方》、陈延之《小品方》、《刘涓子鬼遗方》《僧深师方》、徐嗣伯《药方》、徐之才《徐王八世家传效验方》及《徐氏家传秘方》、谢士泰《删繁方》、姚僧垣《集验方》等。隋唐时期则有《四海类聚方》、孙思邈《备急千金要方》及《千金翼方》、王焘《外台秘要》、甄权《古今录验方》《许仁则方》、苏游《玄感传尸方》、崔知悌《崔氏纂要方》、张文仲《随身备急方》、昝殷《经效产宝》《延年秘录》《近效方》《急救仙方》《开元广济方》、刘禹锡《传信方》、蔺道人《理伤续断方》等。晋唐医方多已散佚,现存全帙的只有《肘后备急方》《千金要方》《千金翼方》《外台秘要》《急救仙方》和《经效产宝》几部,残帙或部分辑复的有《小品方》《刘涓子鬼遗方》、蔺道人《仙授理伤续断秘方》等。

晋唐医方编纂呈现四个特点:第一是医方的收集,既有单家经验的总结,也有多家经验的汇辑,而且后者成为趋势,方书由简趋繁,终于到隋唐出现《千金要方》《外台秘要》等巨著。尤其是隋炀帝敕撰而成的《四海类聚方》,竟达 2600 卷,占《隋书·经籍志》256 家医籍 4510 卷总数的大半,成为中医历史上空前绝后的盛举。千年之后清王朝编撰《古今图书集成》万卷巨著,其中《医部全录》也只有 520 卷,不及《四海类聚方》的五分之一,可惜其书宋后亡佚。

第二是方书由综合性、全科性向专门性、专科性分化,出现了诸如伤科专著《理伤续断方》,妇产科专著《经效产宝》《杨氏产乳集验方》,儿科专著《俞氏疗小儿方》《少小方》《婴孺方》,眼科专著《天竺经眼论》,食疗专著《食医心鉴》等专科性方书。

第三是受唐王朝汉医学的影响,公元 8 世纪左右由著名藏医学家宇陀·元丹贡布编著的《四部医典》问世,表明我国古代民族医药的成熟与发展。

第四是由于汉唐以来对外交流的拓展,域外医学知识逐步融入中医文献。晋唐时期,记载西域传入的方书有:《龙树菩萨药方》《西域诸仙所说药方》《香山仙人药方》《西域波罗仙人方》《西域名医所集要方》《婆罗门诸仙药方》《婆罗门方》《耆婆所述仙人命论方》等,反映了佛教东渐带来的医药交流情况。

三、临床发展,创著纷然

(一) 内科

晋唐时期尚没有出现真正意义上的中医内科专著,但方书《肘后备急方》《小品方》《备急千金要方》等载有较多关于内科病证的内容。隋·巢元方《诸病源候论》对于内科疾病的证候分类和各种致病因素的研究,较之前代有了很大进展,特别是对于寄生虫病、消渴病、麻风病的认识已达到了较高的水平。

(二) 外科(骨伤科)

晋唐时期,外科和伤科有了较大发展,积累了较多的认识和治疗经验。南北朝的《刘涓子鬼遗方》是我国现存第一部外科专著。《隋书·经籍志》《旧唐书·经籍志》《新唐书·艺文志》所载的外科及伤科著作十多种,著名的有甘濬之撰《疗痈疽金创要方》14 卷,甘伯齐撰《疗痈疽金创要方》12 卷,秦政应撰《疗痈疽诸疮方》2 卷,喻义撰《疗痈疽要诀》1 卷,沈泰之撰《痈疽论》2 卷及佚名氏《痈疽论》1 卷,《疗痈经》1 卷,《疗三十六瘘方》1 卷等。惜原书已佚,仅有少量佚文散见于后代方书中。

现存最早的骨伤科著作唐·蔺道人撰《仙授理伤续断秘方》,专论骨折、脱臼的诊断、整复、外固定及内外用药法,是中医骨伤科的奠基之作。

(三) 妇科

《隋书·经籍志》“医方”中的《张仲景疗妇人方》2 卷、《范氏疗妇人药方》11 卷、《徐文伯疗妇人瘕》1 卷、不著撰人《疗妇人产后杂方》3 卷,及“五行”中的《推产妇何时产法》《生产符仪》《产图》以及德贞常《产经》12 卷、《小品方》所引《治妇人方》13 卷等妇产书,反映了魏晋时期妇产科发展的情况。《新唐书·艺文志》中的杨归厚《杨氏产乳集验方》3 卷,唐·昝殷所著《产宝》3 卷,《俞宝小女节疗方》1 卷、《妇人方》10 卷、《少女方》10 卷、《石贤产经》等表明唐代妇产科更为丰富发展。此外,晋唐时期的《脉经》《小品方》《褚氏遗书》《诸病源候论》《备急千金要方》《外台秘要》等医著中,对妇女的生理、病理、病因、病机、诊断、方药等,已有了相当丰富的论述。

(四) 儿科

晋唐时期,随着生产力和经济文化的不断发展,儿科学得到了很大的提高。据《新唐书·百官志》载:“朝廷设医博士一人,掌教授诸医生,率二十人,其中以三人学少小,五年学成。”表明学科分化已经明确。“少小”(儿童)为儿科的早期名称。《隋书·经籍志》和新、旧

《唐志》所载,儿科医家 7 人、儿科方书十多部。如徐叔响《疗少小百病杂方》37 卷,范氏《疗小儿药方》1 卷,王末《疗小儿杂方》17 卷、《小儿经》1 卷,俞宝《少小节疗方》1 卷、《少小方》10 卷、《少小杂方》20 卷,俞氏《治小儿方》4 卷,王超《仙人水镜图诀》1 卷,姚和《众童子秘诀》3 卷和孙会《婴孺方》10 卷等,惜均已亡佚。现存最早的儿科学专著是题唐·佚名氏的《颅囟经》。

（五）针灸

《隋书·经籍志》载录的针灸著作多达 28 家,惜多数已佚。《新唐书·艺文志》载录《曹氏十二经明堂偃侧人图》,为魏·曹翕所撰,此书当是一种较早的十二经脉图,惜已亡佚。魏晋皇甫谧撰集《素问》《灵枢》《明堂孔穴针灸治要》三书,使事类相从、删繁就简,著成《针灸甲乙经》,是现存最早的针灸学专著。

隋唐医家对于"明堂经脉"的研究,有甄权的《明堂人形图》、杨上善的《黄帝内经明堂类成》、杨玄操《黄帝明堂经》注本、孙思邈绘制彩色《明堂三人图》、王焘辑著《明堂灸法》等。明堂经脉理论研究的成果,促进了临床针灸学术的发展,并广泛应用于养生与治病。

（六）五官科

两晋南北朝时期,中医五官科有了较大发展。《晋书·景帝纪》中有"帝目有瘤疾,使医割之"的记载。《梁书·鄱阳王恢传》《北史·张元传》等书中,也有关于眼科手术的记载。《晋书·温峤传》和《晋书·魏咏之传》分别记载了拔牙、兔唇修补术。

隋唐时期,唐承隋制设立太医署,设有耳目口齿科,这是中医五官独立设科之始。谢道人《天竺经眼论》,表明印度医学的眼科理论已经传入我国,对我国眼科学的发展产生了一定的影响。唐代有《龙树眼论》《准的歌》等重要眼科专著,《外台秘要》还较详细记录了金针拨障等内容,而托名孙思邈著的《银海精微》,一般认为是明人著作。

四、服石成风,丹经迭出

晋唐 600 年,服石成为一种特殊的文化现象,所谓"帝王服丹、名士服散、庶民服石",几乎成为一种社会风尚。这种风尚背景,既有医学养生保健、补虚救疾的因素,也有宗教神仙信仰、长生观念的支持,更有当时社会价值、人文指归的影响。

晋唐服石之风,本质上是一种畸形的文化现象,似乎无可称道。但晋唐服石所形成的数以千计的服石方、服石药,创制发明的各种服石法、解散法、制丹法,以及积累的众多服石文献,客观上却极大地丰富和发展了本草学、方剂学的内容,为人类认知生命现象积累了经验,为研究古代科技发展史提供了丰富的文献史料。

从石药丹方来看,仅葛洪的《抱朴子》一书所载石药就不下百种,其《金丹》篇载录九转丹、九光丹、太清丹等丹方就多达 50 首。孙思邈《千金》两书收录石药 100 多种,用药方也是100 多首。而《外台秘要》独重服石,仅钟乳类方就列论 7 门 12 首,录方 10 道;而石英类方,列论 5 门 15 首,录方 12 道。梅彪《石药尔雅》载石药 70 多种,石药方 100 多首。据统计,唐代服石的石药已达 120 种以上,石药方至少在 1000 首以上。

从服石法、制丹法及解散法来看,各种方法多达数百种。仅《抱朴子·金丹》所载炼丹法,除前述九转丹法、九光丹法及太清神丹法外,尚有五灵丹法、岷山丹法、务成子丹法、羡门子丹法、立成丹法等 40 多种,其他各种服用法、飞炼法、伏火法,往往随方列出,难以统计,《千金翼方》专列《飞炼》1 卷,介绍几十种石药石方的制作、服用之法。而解散法是为石发而设,即为解救石药毒性发作的应急措施。《诸病源候论》列解散 25 候,《千金翼方》卷 22 列解散法 45 条。

从服石积累的文献来看,更是丹经迭出,代有新编。葛洪在撰《抱朴子》时,参考了千卷以上的道书,主要都是丹石药经。而他《遐览》篇中数百种道书,相当一部分是服食丹经。据统计,魏晋时期的各种丹经已达 200 多种。梅彪《石药尔雅》不仅收载了各种丹方 98 种,而且收录外丹经典 97 部。另据《隋书·经籍志》《旧唐书·经籍志》《新唐书·艺文志》所载服食类文献多达 188 种,其中 80% 是外丹著作。今本《道藏》所收的 117 种外丹著作中,唐以前的外丹著作约有 70 多种。

总之,晋唐服石虽已成为历史陈迹,但所留下数以千计的服石方和数百种服石著作,至今没有得到应有的开发利用,有待深入研究。

五、养生保健,文献滋多

魏晋隋唐时期,由于方士盛行,佛道兴起,中医养生学在发展的过程中,充分吸收佛道及民间各流派的养生经验和理论,内容更为丰富和充实,呈现初步繁荣的局面,各种养生专论专著不断涌现。《隋书·经籍志》著录的 256 部医著中,属于一般养生的有 32 种,神仙服食类 34 种,服石解散类 12 种,食疗著作 10 种,共 88 种,占总著录的 1/3 强。《旧唐书·经籍志》所载的 136 家医书中,养生为 16 家,食疗为 10 家,医术本草及杂经方中还有不少养生内容。《新唐书·艺文志》著录的 231 部医书,养生著作约有 38 种。以上三种经籍志或艺文志所著录的养生著作多已亡散,现存的养生文献,主要有嵇康的《养生论》、葛洪的《抱朴子》、陶弘景的《养性延命录》和散见于《诸病源候论》《千金要方》《千金翼方》及《外台秘要》等著作中的养生论述。

除葛、陶、孙之所著外,晋唐时期著名的道家养生文献还有:魏夫人所传的《黄庭内景经》及稍后的《黄庭外景经》《黄庭遁甲缘身经》和胡愔的《黄庭内景五脏六腑补泻图》等,被称作是《黄庭经》系列,属于道教上清派的内修经典。张湛的《养生要集》编集东晋简、孝以前世传的各种养生经验和论述,包括儒、道、医凡数十家,惜书佚而不传,现在仅可从《医心方》《千金要方》等书中窥其一斑。唐代另一著名道教学者司马承祯先后撰有《元气论》《坐忘论》《服气精义论》《天隐子》等,对道教的存思、气法修炼多有介绍,尤其有关元气理论的阐释,堪称史上最系统最深入的论述。唐代阴长生佚名氏及唐末彭晓所注《周易参同契》,则开始以内丹理论诠释《参同契》经文。唐末五代道士施肩吾编集的《钟吕传道集》《西山群仙会真记》,崔希范《入药镜》等著作的问世,标志着道家内丹的正式兴起。

第二节　重要医籍介绍

一、基础理论与医经类医籍

(一)《诸病源候论》

共 50 卷,隋·巢元方等撰,成书于隋大业六年(610 年)。又名《巢氏诸病源候论》《诸病源候总论》,简称《巢氏病源》。

巢元方,生活于公元6~7世纪间,史书失载,其生卒年及籍贯欠考。陈梦赉《中国历代名医传》说他是隋京兆华阴人,约生于梁大宝元年(550年),卒于唐贞观四年(630年),享年80岁。隋大业间任太医博士,后升为太医令。巢氏医术高明,精通医理,着力于病因病源和疾病证候的研究,奉诏于大业六年编撰《诸病源候论》。

全书共50卷,67门,内容包括内、外、妇、儿、五官、口齿、骨伤等科病症,列述诸病病源、证候共1739论。卷一至卷二十七为内科诸疾,卷二十八至卷三十为五官科疾病,卷三十一至卷三十六为外科和伤科疾病,卷三十七至卷四十四为妇产科诸疾,卷四十五至卷五十为小儿科诸疾。本书以病为纲,以证为目,每类疾病之下,分述各种病症,再论各病症概念、病因和证候,部分病症之末附"养生导引法"。论述病症,先诠概念,后论病因,兼释病机。其论详于病因病机,涉及预防、摄生、导引、外治及若干手术手法,基本未载方药。

本书是我国现存第一部病因病机证候学专著,继承和发展了中医病因、病机学理论,为隋代以前病源证候学之大成。如,在病因方面,除六淫、七情、饮食劳倦等外,认为乖戾之气是传染病的病因。对一些疾病的认识有独到之处,如论诸癞、疥疮、癣,认为皆因"虫"所致。对证候描述,详尽明晰,如癞疾之候,初期为"皮肤不仁",中期则"令人顽痹""锥刺不痛",后期"眉睫脱落""鼻柱崩倒""肢节坠落""头面部起为疱肉,如桃核大枣"等。在证候分类学方面,对隋以前的病证详加记载,分门别类,使之系统化。先分科,再分类,如将妇产科分为杂病、妊娠病、将产病、难产病、产后病五大类。本书对后世影响较大,为历代医家所尊崇。如《千金要方》《外台秘要》《太平圣惠方》等医学名著多加援引;《太平圣惠方》各章节均以本书有关内容冠其首,宋以后医著,病源证候亦多以此为据。在宋代,本书被列为课试科目之一。《四库全书》评论本书"《内经》以下,自张机、王叔和、葛洪数家书外,此为最古。究其要旨,亦可云论治之津梁矣"。

此书初刻时间是天圣五年(1027年),世无传本。本书现存最早刊本为南宋年间坊刻本。《经籍访古志》曰:"《诸病源候论》五十卷,《目录》一卷(南宋椠本,怀仙阁藏,缺第四十、四十一、四十二、四十三,凡四卷,酌源堂藏有之,今从补录)……酌源堂所藏亦系残本(缺目录、第一、二、十四、十五、十六、十七、十八、十九,凡九卷),怀仙阁本与酌源堂本相合足称完璧。"怀仙阁本今藏于日本宫内厅书陵部,而酌源堂本已无传者。国内现存最早版本是元代据宋刻本重刊者。明清有多种刊本,盖多据元刻,或属元刻本之系统。常见版本有1955年人民卫生出版社影印周氏医学丛书本,1992年丁光迪主编《诸病源候论校注》(人民卫生出版社出版)。中医古籍出版社2005年出版的《海外回归中医古籍善本集粹》丛书中,即影印了日本江户医学馆多纪氏影宋本,系依据怀仙阁本和酌源堂本相合而成的完璧之作。

(二)《黄帝内经太素》

简称《太素》,又名《黄帝太素》。杨上善编撰。

杨上善,里籍不详。约生于北周建德四年(575年),卒于唐总章三年(670年)。隋大业年间(605—616年)为太医侍御,唐高宗显庆时(656—660年)任通直郎、太子文学、太子司议郎。杨氏博学淹贯,无所不通,尤于周易、老庄之学,研几探赜。著述颇多,且医术精湛,对《黄帝内经》深有研究。曾奉敕将《素问》《灵枢》进行分类编次和校订注释,撰成《黄帝内经太素》30卷。

全书共20篇,分别为摄生、阴阳、人合、藏府、经脉、腧穴、营卫气、身度、诊候、证候、设方、九针、补泻、伤寒、寒热、邪论、风论、气论、杂病(其中第12篇篇目不详)。

本书是分类编次校订注释《黄帝内经》的早期著作。此书所引原文在现存医书中最接近《内经》古貌,并保存了诸多古典医籍佚文,具有重要的文献价值。校注以《说文》《尔雅》等书为依据,阐发经义,严谨通达,对研读《黄帝内经》具有较好的参考价值。

南宋以后,此书流传渐微,内容也大半散佚。《宋史·艺文志》载录仅存3卷,其后国内一度亡佚。然《太素》一书问世不久,很快传入日本,受到日本医界的重视。公元757年日本天平宝字敕令和公元905年《延喜式》等书,先后将《太素》列为学医科目的首位,同时出现多种抄本和注本。16世纪以后,此书在日本也下落不明,19世纪初日本仁和寺古本《太素》被发现,即引起我国学者的重视。光绪六年至十年(1880—1884年)我国学者杨守敬在日本访书时得遇此书,影录携归,并对此书进行了考证、注释和校勘。现存《太素》已非完帙,其中卷一、卷四、卷十八、卷二十共4卷亡佚;卷二、卷三、卷六、卷八、卷十、卷十二、卷十四、卷十七、卷二十二、卷二十九、卷三十共11卷有部分内容残缺。现存较早版本系日本天保五年(1834年)奈须恒德写本。1987年日本东洋善本医学丛书影印本为最好版本。我国常见版本有:人民卫生出版社1955年据肖延平兰陵堂本影印本;1956年人民卫生出版社兰陵堂本与北京图书馆所藏日本抄本互校铅印本。

(三)《次注黄帝素问》

又称《次注黄帝内经素问》。24卷,81篇。唐·王冰编次注释。成书于唐宝应元年(762年)。

王冰,号启玄子,又作启元子。唐景云、贞元间人,享年九十余,唐宝应中为太仆令。王氏弱龄慕道,笃好养生,研究《素问》精勤不倦。

《黄帝内经·素问》原书9卷81篇,到了唐代,不唯传本残缺,只有8卷,且"篇目重迭,前后不伦,文义悬隔""或一篇重出,而别立二名;或两论并呑,而都为一目",内容和编排均与原著相去甚远,以致纰缪百出,"施行不易,披会亦难"。有鉴于此,王冰乃精勤博访,最终获得师传秘本,其本"文字昭晰,义理环周",遂以为据,并参核旧藏之卷,重新加以编次和注释,进行系统的整理研究,前后历时12年始克竣工,最终编成一部24卷81篇的《素问》新本。

王冰整理研究《素问》,可谓目的明确,任务清楚,目标切实,厥功甚伟。其目的是"冀乎究尾明首,寻注会经,开发童蒙,宣扬至理"(《重广补注黄帝内经素问》王冰序),即要使内容完整,前后贯通,依据注释,领会经文,启迪初学者,阐扬高深的医学道理。其任务是"简脱文断、义不相接者,搜求经论所有,迁移以补其处;篇目坠缺、指事不明者,量其旨趣,加字以昭其义;篇论呑并,义不相涉,阙漏名目者,区分事类,别目以冠篇首;君臣请问,礼仪乖失者,考校尊卑,增益以光其意;错简碎文,前后重迭者,详其指趣,削去繁杂,以存其要。"(《重广补注黄帝内经素问》王冰序)其要达到的目标是,"庶厥昭彰圣旨,敷畅玄言""俾工徒勿误,学者惟明,至道流行,徽音累属"(《重广补注黄帝内经素问》王冰序),即通过整理注释,使圣人的旨意昭然彰显,使玄奥的医学理论得到全面通畅的阐释,落实到应用上,就是使医生临证不会发生错误,使学习研寻医学的人能明白无误地准确理解医学经典,使医学知识更加广泛普及,造福人民。王冰作为《素问》的早期研究者,无论是在文献的编次整理上,还是在理论的注释研究上,都是卓有建树和影响的医家。

王冰编次《素问》,最主要的成就有三:一是紧紧围绕整理任务,根据各篇的实际内容,分类别目,厘定篇名,同时,迁移补缺、校勘正字、删繁存要,使全书前后相随,首尾连贯,内容完整,结构合理。二是在内容编排上,参照全元起《素问训解》的分类思路,提出了大致以养生保健、阴阳五行、藏象生理、治法诊要、脉法精微、经脉血气、疾病刺法、五运六气、医道设教及杂论其他的分类编排方法。这个分类,不仅把基本独立的81篇医论按照其内容的相关性编排成卷,更重要的是在卷篇前后相随的位序安排上,首先倡导养生第一、未病先防的治未病医学理念,强调阴阳五行的指导思想,继而掌握五脏六腑、脉法经脉的生理规律及健康标准,继次明了各类疾病的症状表现与诊断辨识,接着重点介绍以针刺为主的治疗方法,又次之以五运六气的内容,最后以医道设教、医德培养收编。这种安排,反映出王冰对中医理论框架结构的逻辑思考,尽管这个理路还比较原始粗略,也不一定完整精准,但同杨上善一样,毕竟筚路蓝缕,为后人探究中医理论的框架结构或逻辑结构,迈出了最先的步履。三是为弥补传本亡佚第7卷的缺憾,因而补入天元纪、五运行、六微旨、气交变、五常政、六元正纪、至真要等七篇大论,全面载录唐以前五运六气学说,不仅使运气学文献赖此得以保存、流传,更重要的是,充实丰富了中医关于时间、气象及环境的医学内容,对后世的医学发展产生了重大影响。

王冰次注《素问》,是现存最早的《素问》单注本,不仅有着重要的文献价值,更有其巨大的学术价值。王冰注释《素问》,突出的特点有三个方面:

一是除了应用《素问》《灵枢》的本文互证外,还广泛参考古代医学、哲学、天文、地理、历法、术数等诸子百家的著作,据统计,注文中直接征引的著作就近40种。这种情况一方面固然反映《素问》一书具有广阔的古代思想文化背景和较深厚的古代科学技术基础,一方面也反映王冰从多层面、多角度研究《素问》的意图,从而奠定了多学科研究《素问》的思路。

二是在注释中大量引用《周易》《老子》《庄子》等易学和道家思想材料,开创了以易证医、援道解医的先河,成为后世易医学、道医学所尊崇的代表人物。

三是深化了中医理论研究,这也是王冰注释《素问》的突出成就。王氏在注释过程中,以昭彰经旨、敷畅玄言为目标,对于指事不明、辞理秘密之处,往往量其意趣,详其指趣,务使其"深泉净滢,鳞介咸分"(《重广补注黄帝内经素问》王冰序)。就其广度而言,大凡阴阳五行、五运六气、藏象经脉、病因病机、辨证论治等理论学说,王氏多有阐发,敷扬经旨,广开法门。就其深度而言,王氏往往还结合自己对自然、社会、人生的观察、体验,深入到理论的核心层面,以自然之理、社会之理、人生之理揭示理论概念或范畴的内涵本质,提出许多富有创见而又意蕴新颖的命题。如在养生理论的阐释中,针对"春夏养阳、秋冬养阴,以从其根"的四时养生原则,王氏提出了"阳气根于阴,阴气根于阳。无阴则阳无以生,无阳则阴无以化。全阴则阳气不极,全阳则阴气不穷"(《素问·四气调神大论》)等一系列命题,揭示阴阳互根的内在机理。又如对《素问·至真要大论》"诸寒之而热者取之阴,热之而寒者取之阳"的说法,精辟地提出了"益火之源,以消阴翳;壮水之主,以制阳光"的著名命题,被后世奉为临床治疗虚性发热的不二之法。在诠释病机理论时还提出"肝气温和,心气暑热,肺气清凉,肾气寒冽,脾气兼并之"(《素问·至真要大论》)的"五脏本气说",以自然之理诠五脏之性,通俗地阐明了人气从天气的天人相应之理。诸如此类,王冰提出的许多命题,不仅至今仍然有效地指导养生保健或临床诊疗,而且有些还成为中医理论研究的重大课题。

值得说明的是,王冰对《素问》的整理研究,不但具有高度的理论自觉,还有极端的科学负责精神,凡是增益添加文字的地方,"皆朱书其文,使古今必分,字不杂糅"(《重广补注黄帝内经素问》王冰序)。遗憾的是,由于文本传抄流通的原因,王氏所增添的文字,可能有部分混入正文。北宋校正医书局高保衡、孙奇、林亿等人奉诏典校，"正谬误者六千余字,增注义者二千余条"（《重广补注黄帝内经素问》林亿序），定名为《重广补注黄帝内经素问》。宋以后，王注原本亦佚而不存,各种传本均为"重广补注"本的化身。然王冰整理《素问》,发皇古义，次编注释之首功，亦赖此而江河不废,万古传颂。

现存《重广补注黄帝内经素问》的版本系统除 24 卷本外,还有 12 卷本、50 卷本、9 卷本。卷数虽有增减,但文字内容未变。24 卷本现存最早刊本为金刻本,仅存残卷。全本为明嘉靖二十九年(1550 年)武陵顾从德翻宋刻本。人民卫生出版社先后于 1956 年和 1963 年两次据顾从德本校勘影印。12 卷本现存最早为元后至元五年(1339 年)胡氏古林书堂刻本(题署《补注释文黄帝内经素问》),后有明成化八年(1472 年)熊宗立种德堂刊本及日本万治三年(1660 年)葆真堂活字本(题署《黄帝内经素问》)等。50 卷本以明正统道藏本(题署《黄帝内经素问补注释文》)为现存最早刊本,1923 年涵芬楼曾予以影印。

此书在国外亦有广泛影响,除日本的多种刊本外,朝鲜也多有翻刻和抄本。

二、本草与方书类医籍

（一）《雷公炮炙论》

3 卷,南北朝刘宋雷敩著。成书年代未详。

此书是我国第一部系统的中药炮制专著。原书早佚,内容散见于《蜀本草》《嘉祐本草》《证类本草》等书中。据《雷公炮炙论序》所云"列药三百件"。检《证类本草》援引"雷公曰"的药物不足此数。近代辑佚本有:张骥 1932 年辑本,得药物 252 种,书前有"雷公炮炙论原序集释"和"雷公炮炙论十七法集释";尚志钧 1983 年辑本得药 288 种,并有校注及"雷公炮炙论序辨疑"等文献研究论文数篇;王兴法 1986 年辑本载药物 268 种,亦有校注,卷前保留"雷公炮炙论序",卷末附"雷敩论合药分剂料理法则""雷敩论宣剂"两篇。

全书分上、中、下 3 卷,上卷为玉石类,中卷为草木类,下卷为禽兽虫鱼果菜类。从辑本看,各药内容以实际炮制操作为主。文中制药多称"修""修事""修合""修治""使"等,所记制药方法有净选、粉碎、切制、干燥、水制、火制、加辅料制等。叙述药物炮炙之前,常先说明炮制药物特征及与混淆品的区别,对于药物的鉴定具有重要参考价值。书中还介绍炮制的作用及药材不同入药部位的修治要求,如人参要去芦,当归要分头、身、尾等。

现存 1932 年成都益生堂刻本及 1985 年江苏科学技术出版社、1986 年上海中医学院出版社铅印本。

（二）《本草经集注》

简称《集注》,7 卷,南朝·陶弘景撰。约成书于南北朝南齐永元二年(500 年)之前。

陶弘景,一作宏景,字通明,号华阳居士、华阳隐居、华阳真人、隐居先生,卒后谥号贞白先生,丹阳秣陵(今江苏省江宁县)人。陶氏生活于南朝宋、梁间,为著名的医药学家,对本草学贡献尤大。鉴于本草著作"魏晋以来,吴普、李当之等更复损益,或五百九十五,或四百四十一,或三百一十九,或三品混糅,冷热舛错,草石不分,虫兽无辨。且所主治,互有得失,医家不能备见,则识智有浅深"(《本草经集注》序)的时代背景,陶氏遂"苞综诸经,研括烦省"(《本草经集注》序),将当时所有的本草著作,分别整理成《神农本草经》及《名医别录》,并进而把两者合二为一,加上个人的心得体会,著成《本草经集注》,共收药物 730 种。

全书分序例和正文两部分。序例部分首先解释补充了《本经》的总论,其次较详细地记述了采药、制药方法，以及诸病通用药例、凡药不易入汤酒者、药有相制使者等内容。正文部分收录药物730种，分别辑自《本经》和《别录》，各365种。其中，《本经》的内容朱书，《别录》的内容墨书，陶氏自注的内容用双行小字写，以此清晰区分各家内容。

本书的贡献主要有：一是首次将药物按照自然属性分为玉石、草、木、虫兽、果菜、米食、有名未用等7大类，前6类每类之下分列上、中、下三品。这种分类方法成为后世本草药物分类的主要依据。二是对于古代文献的保存，本书功不可没。陶氏作此书时，对引录的内容朱墨分书，标记明显，明清学者之所以能辑复《神农本草经》，应归功于陶氏之清晰标记。三是在药物功用上，陶氏"诸病通用药"将功用相同的药归在一起，便于临床用药查询。

此书成书后150年，唐朝政府编纂《新修本草》，即以本书为基础进一步修订增补。后世历代本草的编纂也都以此书为重要参考，并多有引用。此书大约到北宋末唐慎微作《证类本草》时即已散佚，部分内容可以从《新修本草》《蜀本草》《开宝本草》《嘉祐本草》《证类本草》《本草纲目》《太平御览》等著作中辑复。

此书现存有两件隋唐时期的残卷：一是出土于敦煌，只存卷一序例部分，除卷首缺三行外余皆完备，现藏于日本龙铭大学图书馆。1915年《吉石盦丛书》据以影印，题名《开元写本本草集注序录残卷》，1955年上海群联出版社亦曾影印该件。二是出土于吐鲁番，只存燕矢、天鼠矢、鼹鼠、豚卵等4种药物的残文，朱墨杂书，不避唐讳，现藏德国普鲁士学院。本书辑本有2种：一是1849年日本小岛尚真、森立之等辑《重辑神农本草经集注》7卷，1972年经冈西为人订补，日本横田书店出版；二是尚志钧辑本《本草经集注》，1994年由人民卫生出版社出版。

（三）《名医别录》

简称《别录》，3卷，旧题南朝·陶弘景撰。约成书于魏晋时期（220—419年）。据现代考证，本书非一时一人之作；一说陶弘景为本书最后定版的整理者。《新唐书·于志宁传》载"其语《别录》者，魏晋以来，吴普、李当之所记，其言花叶形色，佐使相须，附《经》为说"，这个"附《经》为说"，指的是魏晋名医依附《神农本草经》记载增补药物资料，将这些资料汇集成书，故名《名医别录》。

原书已佚，内容散见于《本草经集注》《新修本草》《海药本草》《四声本草》《千金要方》《本草拾遗》《证类本草》《太平御览》等书中。据考，全书载药730种以上，分上、中、下三品。每品按玉石、草、木、禽、兽、虫鱼、果菜、米谷等自然属性排列，分别阐述各药的正名、性味、主治、异名、产地、生长环境、采集加工等内容。

本书的贡献在于：第一，补充了《神农本草经》所载药物的功能主治，丰富了药品种数，还增添了异名、药性有毒无毒、产地、采集、加工、七情畏恶等内容，反映了两汉魏晋时期本草学的发展情况。在药物性味方面，既有《神农本草经》所述，同时也引录了各家的不同认识，如"芍药"，《本经》称"味苦，平"，本书作"酸，平，微寒，有小毒"。在药物的性能方面，诸家各异之述兼收并蓄。如"马刀"，一说"得水烂人肠"，一说"得水良"，亦两说并列，供后世参考验证，这些均不同程度地补充、丰富了药物学的内容。第二，创立本草书籍收载附方先例，以反映药物的临床应用情况。例如"露蜂房"条，《别录》云："露蜂房、乱发、蛇皮三味，合烧灰，酒服方寸匕，日二，主诸恶疽、附骨痈"。介绍药物的功能，注重实用价值，很少有"久服令人轻身不饥"、"成仙"等语句，这在当时的时代背景下是难能可贵的。第三，《别录》的资料，原是名医在多种《神农本草经》版本中增录的，它们形成的时间是漫长的，最早在汉代、三国，最晚在南朝刘宋时期,因而本书保存了古代大量医学文献资料,是研究我国早期医药发展史的重要文献。

现存辑本有:1964年尚志钧辑《名医别录》3卷本,1977年由皖南医学院油印,1986年由人民卫生出版社出版;中国台湾省那琦、谢文全1977年著《重辑名医别录》,由中国台湾中国医药学院中国药学研究所刊行。

(四)《新修本草》

宋史称《唐本草》,又名《唐新修本草》《英公本草》等,54卷。唐·苏敬、李勣、孔志约等23人奉诏编修。成书于唐显庆四年(659年)。本书是我国历史上第一部由政府组织编修颁布的大型本草著作,有世界上最早药典之称。

全书54卷,包括正文、药图、图经三部分。正文即通称《新修本草》20卷,目录1卷;药图25卷,目录1卷;图经7卷。药图、图经已佚。

本书是在《本草经集注》的基础上,经过全国药物普查,参以《名医别录》《李当之本草》《桐君药录》《李氏本草》《博物志》《小品方》《药对》等书,删补增辑而成。据掌禹锡《嘉祐本草》、丹波康赖《医心方》及《开宝本草》重定序,《新修本草》正文部分20卷,由序例和药物两部分组成,卷1为序,卷2为例,卷3至卷20为药物部分的具体内容。全书载药850种,其中载录《神农本草经》360种、《名医别录》182种、新增114种、有名无用194种。药物分类按照自然属性划分,共分玉石、草、木、兽禽、虫鱼、果、菜、米谷、有名无用等9类,其中,玉石3卷,草6卷,木3卷,禽兽、虫鱼、果、菜、米谷、有名无用各1卷。

本书的书写体例,药物正文用大字单行书写,引用《神农本草经》原文用朱字,《名医别录》引文及唐代修订文字均用墨字,注文以小字双行书写,亦以墨字区别,凡新增药物,均标明"新附",新增注文则冠以"谨按"两字。这种朱墨分书、大小字体相区别以及加注的综合编写体例,对于古代文献的保存与鉴别,意义重大。全书详细阐述了药物性味、主治病症、别名、产地、形态、辨别、采集、服用法等内容,系统总结了唐以前的药物学成就。每种药品按实物描绘图形,在编修过程中,对药物品种及效用"详探秘要,博综方术。《本经》虽阙,有验必书;《别录》虽存,无稽必正。考其同异,择其去取"(《新修本草》孔志约序),共订正《神农本草经集注》纰缪400余处。本书的颁行,标志着我国唐代药物学的发展已达到较高水平。

作为世界上第一部国家药典性质的官修本草,本书成书后流行很广,不仅在国内沿用了三百余年,直到宋朝《开宝本草》问世后,本书逐渐散佚。而且在其颁行后七十余年(最迟在731年)即流传日本、朝鲜等国,据《旧唐书·职官志》及日本古史《延喜式》均载录,本书被官方规定为学医者的必修书目。

本书的价值主要体现在以下几个方面:一是本书是世界最早的药典,比纽伦堡药典要早887年;二是本书是集中了全国人力、物力的官修之典,内容丰富、体例严谨,系统总结了唐以前的本草学成就,享誉中外,流行多年,体现了有唐一代较高的本草学发展水平;三是本书图文并茂,载药850种,较之此前本草著作增加药物114种,纠正了400余处纰缪,具有较大的临床实用价值和文献价值;四是本书具有科技史的内容,如琥珀拾芥、磁石吸铁以及汞齐、焊接、镀铜、染色、制革等有关知识,是研究古代科技史的重要史料。

原书至宋代已有佚缺,日本亦仅存10卷,部分内容见载于《千金翼方》《证类本草》等书中。清光绪十五年(1889年)傅云龙将日本新井文库所载残本10卷(即:卷四至卷五、卷十二至卷十五、卷十七至卷二十)及小岛氏新辑卷三本加以影摹,刊入《纂喜庐丛书》中,1955

年上海群联出版社据此影印出版。另有 1933 年武田长兵卫据日本仁和寺所藏 5 卷(卷四、五、十二、十七、十九)内容的影印本。1899 年曾有敦煌出土部分唐人卷轴本,均流散国外,现存于英国大不列颠博物馆和法国巴黎博物馆。1952 年罗福颐据敦煌卷子本胶卷影印入《西陲古方技书残卷汇编》。1981 年安徽科学技术出版社出版了尚志钧的辑复本。

(五)《肘后备急方》

又名《肘后救卒方》《肘后救急方》《肘后急要方》《肘后要急方》《葛仙翁肘后备急方》等,简称《肘后方》,3 卷,晋·葛洪撰著,约成书于公元 3 世纪末至 4 世纪初。书名"肘后",即随身常备之义,便于"贫家野居"在仓猝之间解决医药问题,症状和治法之描述均很简便,以备不时之需。

葛洪,字稚川,号抱朴子,丹阳句容人。生于西晋太康四年(283 年),卒于东晋兴宁元年(363 年)。葛氏读书好学,《晋书·葛洪传》谓其"寻书问义,不远数千里,崎岖冒涉,期于必得",笃好黄老之学,自谓"以著述余暇,兼综术数"(《肘后备急方》序)。据《肘后备急方·自序》,葛氏曾于"周流华夏九州之中,收拾奇异,捃拾遗逸,选而集之。使种类殊分,缓急易简,凡为百卷,名曰《玉函》"。可惜这部百卷巨著没有流传下来。因卷帙浩大,不便急用,葛氏又从中选择简便易得、可供医疗急救的实用有效单方验方,编成《肘后救卒方》。后经梁·陶弘景增补并重新分类,编成《补阙肘后百一方》,取佛家"四大成身,一大辄有一百一病"之说,足成 101 首方,仍分 3 卷。至金皇统四年(1144 年)杨用道又据《经史证类本草》,继为增补,增辑 511 方,终成《附广肘后方》,8 卷。今本《肘后备急方》,即由此衍化而来。书中葛洪、陶弘景撰写的内容相互混淆,已难区分。然杨氏增辑部分,列为附方,显然可别。

葛氏原书取法张仲景的三因分类法。原书上卷扩充为今本第 1 至 4 卷,为内疾,包括中恶、心腹痛、霍乱、伤寒、温病、瘴气、疟疾、癫狂、中风、咳嗽、肿满、食积、呕吐、黄疸、虚损等的救治方剂;中卷扩充为今本之第五、六卷,为"外发",包括痈疽、丹毒、疥癣、瘰疬、疝气、头面五官等疾病的治疗方剂;下卷扩充为今本之第七、八卷,为"他犯",包括治犬咬、蜈蚣、蜘蛛、蜂、蝎螫、蛊毒、风虱毒、药毒、饮诸食毒,以及百病备急、牛马六畜疫疠诸方。今本全书内容涉及急救、传染病以及内、外、妇、五官、精神、伤骨各科,所载之方,多为"易得之药",涉及内服、灸法、角法、推拿、嗌鼻、蒸、熨等疗法。所载方法均具有便、廉、验的特点,是一部实用型的方书。杨用道谓"家有此书,可不用医者也"。

此书不仅具有临床实用价值,而且具有重要的史料价值。如其所载的传染性疾病,马鼻疽、沙虱、射工等病状的描述,以及对脚气病的病状与治疗的描述,均十分真切,其所载的"虏疮"是目前发现的关于天花的最早记载,"猘犬啮人"即(狂犬病)用"仍杀所咬犬,取脑傅之,后不复发"的方法,已经孕育着现代免疫疗法的萌芽。药物功效方面,常山截疟、麻黄治喘、商陆治水肿、大黄泻下,以及硫磺、水银、密陀僧等治疗皮肤病,均是古代用药经验的结晶。

现存版本有:明正统刻道藏本、明嘉靖三十年襄阳吕氏刻本(存 6 卷)、明万历二年(1574年)李栻刻本、《六醴斋医书》乾隆刻本及光绪刻本、《四库全书》乾隆写本等十余个明清刻本及清光绪二十二年上海图书集成印书局铅印本(肘后备急方 8 卷附褚氏遗书 1 卷)。日本宝历七年(1757 年)浪华兴文堂刻本,1956 年人民卫生出版社据此影印。通行本有 1963 年人民卫生出版社校勘铅印本。

(六)《千金要方》

又称《备急千金要方》,简称《千金方》。唐·孙思邈撰。约成书于永徽三年(652 年)。

孙氏鉴于当时医方本草卷帙浩繁,仓促之间,求索不便,遂博采群经,删繁去复,结合自己数十年经验撰成此书。孙氏认为"人命至重,有贵千金。一方济之,德逾于此",故以"千金"名其书。

孙思邈,京兆华原(今陕西耀县)人。约生于隋文帝开皇元年(581年),卒于唐高宗永淳元年(682年),享年过百岁。孙氏是富有传奇色彩的人物,七岁就读,日诵千言。善谈老庄,兼好释典,通晓百家之说,尤精医药之学。不仅博学多闻,而且超凡脱俗,隋文帝、唐太宗、唐高宗三朝征召而不仕,隐居山林,悬壶济世。在医学史上,足可与张仲景、李时珍并称"三大医圣",在道教史上,又可与葛洪、陶弘景并称"三大道医"。其最具影响的著述当为《千金要方》和《千金翼方》。孙氏宅心仁厚,医德高尚,医术精湛,故被后世尊为"药王",祀以神庙,奉为"真人"。

此书30卷本的内容,卷一为医学总论,包括医学伦理、本草、制药等;卷二至卷四为妇科病;卷五为儿科病;卷六为七窍病;卷七、卷八论诸风脚气;卷九、卷十为伤寒;卷十一至卷二十论脏腑病;卷二十一论消渴淋闭诸症;卷二十二为疮肿痈疽;卷二十三论痔漏;卷二十四论解毒并杂治;卷二十五为备急诸术;卷二十六、卷二十七为食治并养性;卷二十八论平脉;卷二十九、卷三十论针灸孔穴主治。总计233门,含方论5300多首,分证列方。

本书系统总结了唐代以前的医学成就,取材广泛,内容丰富,涉及临床各科及针灸、食疗、药物、预防、卫生保健等。有述有作,经方验方兼备,理法方药俱全,重视医德及妇幼保健,收录大量民间医药经验,提出食治食养、脏器疗法、葱管导尿法、奇穴、阿是穴及脚气病、夜盲症、传染病、疟疾等证治的方法技术,丰富了中医学的诊疗理论及技术。林亿评论此书"上极文字之初,下讫有隋之世,或经或方,无不采撷,集诸家之所秘要,去众说之所未至"(《备急千金要方》林亿序)。本书被誉为我国历史上最早的临床医学百科全书,不仅在国内影响深远,在海外,尤其是在日本流传甚广,1974年日本成立"千金要方研究所",还影印《备急千金要方》。丹波康赖的《医心方》、朝鲜的《医方类聚》《东医宝鉴》都大量引录本书。

本书自唐代始,中外翻刻版本有40余种,大致可以分为两大类:

第一类为原文本,第一种是未经北宋校正医书局林亿等校刊的唐宋早期版本,30卷;第二种是经过林亿等校刊者,亦为30卷;第三种是93卷本,系明代中期道教徒据早期《道藏》本及北宋校刊本等析编而成。现存较早版本为明嘉靖二十二年(1543年)小丘山房乔世宁刻本;日本嘉永二年(1849)江户医学影宋本亦堪称佳本。1955年和1982年人民卫生出版社据江户医学本两次出版影印本。日本于1974年出版了多纪元坚校订之宋版《备急千金要方》。

第二类为注解本和书选本。北宋宣和六年(1124年)郭思选录《千金方》中单方及验方,编成《千金宝要》,曾刻石于华州公署。明隆庆六年朱敬容重刻为6卷本。康熙三十七年(1698年)张璐详注《千金方衍义》30卷,影响较大。清光绪三十四年(1908年)黄恩荣对《千金方》93卷本进行了分类,改编为24卷本并加按语,著成《唐千金类方》。

(七)《千金翼方》

30卷,唐·孙思邈撰。约成书于永淳二年(682年)。孙氏撰成《备急千金要方》后,又"犹恐岱山临目,必昧秋毫之端;雷霆在耳,或遗玉石之响"(《千金翼方》自序),所以更撰《千金翼方》,两书"譬轹轩之相济,运转无涯;等羽翼之交飞,搏摇不测"。世人读之,"可以济物摄生,可以穷微尽性"(《千金翼方》自序)。《要方》《翼方》内容互补,珠联璧合。

本书之规模体例与《千金要方》大致相仿。全书30卷,计189门,载方、论、法共2900余首。卷一至卷四论药物,引录《唐本草》的大部分内容,将药物分65类,详尽记述药物的品种、产地、采集、种植、炮制、贮藏、临床用药原则等内容。卷五至卷八载妇人病。卷九至卷十论伤寒,记录孙氏晚年对《伤寒论》的研究成果。卷十一小儿病,卷十二至卷十五阐述养性养老、辟谷退居补益等养生长寿诸事,体现了孙氏延年益寿与防病治病相结合的特色。卷十六至卷二十五论述中风、杂病、疮痈等。卷二十六至卷二十八系针灸,卷二十九至卷三十为禁经。

本书系统论述了伤寒六经辨证,将其药方分为十余类,开"方证同条,比类相附"(《千金翼方》卷第九)方法之先河,后世伤寒学派"三纲鼎立"即源于此。此外,本书依据药物功效与自然形态对药物进行分类,以及强调道地药材,记载唐代各州所产药物,对于研究古代药物资源、产地等具有重要的参考价值。此书取材广博,辑录了唐以前的诸多文献,林亿赞其"辨论精博,囊括众家,高出于前辈"(《千金翼方》林亿序)。《千金要方》与《千金翼方》被誉为我国临床医学百科全书,在我国医学史上影响深远,是研究学习唐以前中国医学的重要著作。

本书成书后,先后刻印、影印近20版次。流传的版本系统主要有两个:一个是元大德十一年(1307年)梅溪书院刊本系统;二是明万历三十三年(1605年)王肯堂刊本系统。现通行本为1955年人民卫生出版社影印江户医学本。

(八)《外台秘要》

简称《外台》,又名《外台秘要方》。唐·王焘撰。成书于唐天宝十一年(752年)。因王氏官居兰台20余年,取《魏志》"兰台为外台"之说,名其书为《外台秘要》。

王焘,约生于唐总章三年(670年),卒于天宝十四年(755年),郿(今陕西郿县)人。幼年多病,年长喜好医术,其母疾病连年,王焘侍汤喂药,有感于不明医者,不得为孝子,遂致力于学医。曾任职于弘文馆20余年,博览古代医学文献数千卷,凡所阅之书,均逐条采摘记录,积累了大量资料。鉴于流传至唐代的方书已经篇目杂乱,而《诸病源候论》述症虽详,却未论及方药,遂立志编撰一部集历代医论和医方的医方大全,于是系统收集了唐以前经验效方,计古方五、六十家,著作数千百卷,历时十年,于天宝十一年(752年)著成《外台秘要》。

全书40卷,分1104门,收录医方6000余首。卷一至卷二为伤寒,卷三至卷六论述天行、温病、疟疾、霍乱等;卷七至卷二十系内科疾病;卷二十一至卷二十二为眼耳鼻齿疾病,卷二十三至卷二十四论瘿瘤、痈疽;卷二十五至卷二十七为痢疾诸疾,卷二十八至卷三十为中恶、金疮、恶疮等;卷三十一至卷三十二论述采药、丸散及面部诸疾;卷三十三至卷三十四论述妇人病;卷三十五至卷三十六为小儿病;卷三十七至卷三十八论乳石;卷三十九至卷四十论明堂灸法。全书体例均是先论后方,其论多引自《诸病源候论》,医方辑自《千金方》颇多,每条引文之后必注明文献出处之书名卷数。这种引文注明文献出处的治学方法,在医学文献整理应用中为王氏首创,对于保存古代医学文献意义重大。本书集汉代以来晋唐医方之大成,涉及内、外、妇、儿、五官、传染等各科病症,兼论采药、炮制、服食、腧穴。涉及的治法有药物内服、灸法、熨法、浴法、导引法、通便等,然未载针法。

此书具有很高的文献价值。本书汇集了自汉代以来至盛唐的诸家医方,是研究唐以前医学的重要参考书,而且引文详细注明出处,于保存古代医学文献做出了巨大的贡献。如《近效方》《古今录验方》《删繁方》《深师方》《小品方》《骨蒸病灸方》《素女经》《范汪方》《崔氏方》《许仁则方》《张文仲方》等书,今多散佚,幸赖此书得以保存。故清代医家徐大椿评价曰"《外台》一书,则纂集自汉以来诸方,汇萃成书,而历代之方,于焉大备。但其人本非专家之学,故无所审择以为指归,乃医方之类书也。然唐以前之方,赖此书以存,其功亦不可泯"(徐大椿《医学源流论》)。此书所载的消渴病"每发即小便至甜",是现存文献中关于糖尿病的最早记载。

此书经北宋校正医书局孙奇等人校勘后,于熙宁二年(1069年)奉旨镂板刊行,是为初刻。其后,在北宋末及南宋间仍有重刻。元明两朝,风气渐变,直至明代后期,此书才又有校刻刊行。新安医家程衍道将所购"讹缺颇多"之《外台秘要方》,殚力校雠,历经十年,于崇祯十三年(1640年)刊行于世。此后的版本多以程氏之本为据。

本书流传甚广,朝鲜的《医方类聚》、日本的《医心方》等书都引用了书中大量的资料。国内也曾将此书作为教科书,认为"不观《外台》方,不读《千金》论,则医人所见不广,用药不神"。

现存版本有,宋绍兴两浙东路茶盐司刻本、明崇祯十三年程氏经余居刻本、《四库全书》本、清同治十三年广东翰墨园刻本,清光绪二十四年上海图书集成印书局铅印本等数种。通行本为1955年人民卫生出版社据明崇祯十三年新安程衍道经余居本影印。中医古籍出版社于2005年影印刊行日本复制回归的《外台秘要方》江户影宋精写本。

三、诊法、针灸与临证各科医籍

(一)《脉经》

10卷。西晋·王叔和撰。约成书于西晋太康年间(280—289年)。

王叔和,名熙,叔和为其字,高平(现山东巨野,一说山西高平)人,生卒年代不详,约生活于公元3世纪,是西晋著名医学家,曾为太医令。唐·甘伯宗《名医录》谓其"性度沉静,通经史,穷研方脉,精意诊切,洞识摄养之道,深晓疗病之说"。王氏认为"脉理精微,其体难辨,弦紧浮芤,展转相类,在心易了,指下难明"(《脉经》自序),故辑集《内经》《难经》《伤寒论》《金匮要略》及扁鹊、华佗、王、阮、傅、戴、关、葛、吕、张等历代诸家的脉法论述,结合自己的临证经验,详析脉理,陈述脉法,细辨脉象,明其主病,且据百病根源各以类相从,声色证候,治法宜忌,无不赅备。

本书10卷97篇,约10万字。据现传本,卷一论述持脉之法及24种(浮、芤、洪、滑、数、促、弦、紧、沉、伏、革、实、微、涩、细、软、弱、虚、散、缓、迟、结、代、动)脉象;卷二论关前、关后、寸口、人迎、神门等部位的脉象的阴阳、虚实变化及其所主脏腑经络病变,兼及三部脉象主病与奇经八脉之脉象主病;卷三论脏腑平、病、死脉;卷四、卷五论"遍诊法"与"独取寸口法"的各部脉象主病及扁鹊、仲景、华佗所以察声色消息生死之理;卷六论脏腑病机与病症;卷七论汗、吐、下、温、灸、刺、火、水等治病之法;卷八论杂病脉证并治;卷九论妇人、小儿脉法,卷十为"手检图二十一部",图已亡佚,说明文字亦残缺不全。

本书是我国现存的第一部脉学专著,集西晋以前脉学之大成,创立了脉学的完整体系,成为后世脉法的准则,促进了后世脉学的发展,其学术成就是巨大的。在诊脉部位和方法上,《脉经》进一步完善和推广了《难经》提出的"独取寸口"诊脉部位和方法,提出腕后高骨为关,关前为寸,关后为尺的寸口三部定位法,不仅划分了寸、关、尺的部位和长度,并且明确了左手寸、关、尺对应心、肝、肾,右手寸、关、尺对应肺、脾、肾(命门),使独取寸口法在分部主病方面形成一套完整的体系，给临床实践带来很大的便利，为后世医家所遵循，并沿用至今。在脉学理论的建设方面，《脉经》对 24 种脉象的名称和形态描述加以规范统一，对反常脉的病理意义亦做出比较详细的界定，成为后世脉法的准则。在脉诊临床联系上，《脉经》在《内经》《难经》脉象主病及仲景"平脉辨证"的基础上，进一步将脉学理论与临床实际相结合，在诊病辨证中充分发挥脉法优势，把脉证结合起来，使脉法成为临床实用的诊断技术，使脉象成为临床辨证的重要依据，提高了脉诊的临床价值和意义，此后，脉诊几乎成为中医诊病的标志，这与《脉经》的作用是分不开的。此外，《脉经》在总结晋以前临床证治经验的基础上，对辨证论治也有所发展，尤其是《脉经》卷三、卷六有关脏腑经络辨证的论述，奠定了脏腑辨证学说的基础。《脉经》收载编辑了大量古代文献资料，除《内经》《难经》、仲景、华佗之书外，尚有《脉法赞》《四时经》等，有的原书已散佚，幸赖此书得以存其吉光片羽，因而，此书对于研究古代脉学还具有重要的文献价值。此书不仅对中国医学有着重要的推动作用，并且早已流传至阿拉伯、土耳其、朝鲜、日本等国，对其医学亦有较大影响。

　　此书著成后即传于世。《隋书·经籍志》《新唐书·艺文志》《旧唐书·经籍志》《宋史·艺文志》《崇文总目》《郡斋读书志》《遂初堂书目》《文献通考》《通志·艺文略》等官私书目均有著录，说明当时影响广泛。但由于其文辞古奥且卷帙较大，传抄习诵多有不便，到宋代时，版本脱漏、篇章错乱、文字讹舛，如卷十的"手检图"已全部佚失。至此，北宋校正医书局林亿等人根据当时所传的三种本子进行了一次认真校理，除去重复，补其脱漏，重新类次，才勉强恢复了 10 卷 97 篇。林氏校本经由国子监于宋熙宁元年（1068 年）刊行大字本，是为初刻本，亦为后世所有《脉经》刊本的祖本。绍圣三年（1096 年）国子监又刊行小字本，此为《脉经》二刻本。南宋时，据北宋本重刊者有 4 种：一为刊年不详的福建建阳本，二为宋嘉定二年（1209 年）据建阳本重刊的广西漕司本，三为宋嘉定十年（1217 年）何大任刊本；四为未详南宋刊本。两宋刊本均已失传，但广西漕司本有元泰定四年（1327 年）河南龙兴道儒学的重刊本（简称龙本），何大任本（简称何本）在元代以后也有影刻及复刻本，由此衍化出龙本和何本两大传本系统。

　　龙本系统最早有明成化十年（1474 年）苏州毕玉氏刊本及明万历三年（1575 年）福建袁表刊本，毕玉氏刊本既知存世有 3 部，传系不详。袁表刊本主要有以下传系：一为日本活字本，约刊于日本庆长间（1596—1661 年）；二为天启六年（1626 年）沈际飞刊本；三为清嘉庆十七年（1812 年）沈礼意所刊《脉经真本》；四为清道光二十一年（1841 年）钱熙祚校刻《守山阁丛书》本；五为清道光二十三年（1843 年）黄鈜校刊本，该本以袁表本为底本，参考元泰定残本、旧抄本及明代赵府刊本重校而成；六为清周学海所刊《周氏医学丛书》本，该本由钱氏《守山阁丛书》本及黄鈜本合校而成；七为清京师医局重刊《医统正脉》本（此与明吴勉学刊《古今医统正脉全书》所据影宋本不同）。

　　何本系统又有影刻和重刊两大传系。影本最早为明代佚名氏据宋本模雕，是现存唯一接近宋版《脉经》原貌的刊本，约刊行于明嘉靖年间（1522—1566 年），此本已知存世 3 部。明末据明影刻本重刊的，有吴勉学刊《古今医统正脉全书》本、缪希雍刊本等。清代以后，影刻本主要有：阮元《宛委别藏》影抄宋嘉定何大任本，奉新廖积性氏据宋本校元、明诸本重刊本。

　　何本系统的重刊本传系既知的主要有两种：一为元天历三年（1330 年）叶氏广勤堂刊本。二为明嘉靖年间赵府居敬堂刊本。

《脉经》的传世版本有六七十种之多，现行主要通行本为 1956 年人民卫生出版社影印本。

（二）《针灸甲乙经》

又称《黄帝甲乙经》《黄帝三部针灸经》，全称《黄帝三部针灸甲乙经》，简称《甲乙经》。晋·皇甫谧撰。约成书于魏甘露年间（256—259 年）。各书所载卷数不一，有作 10 卷、有作 13 卷、多数作 12 卷。

皇甫谧（215—282 年），名静，字士安，号玄晏先生。皇甫氏认为《素问》《针经》《明堂孔穴针灸治要》等古典著作虽然重要，但"文多重复，错误非一"，因此"撰集三部，使事类相从，删其浮辞，除其重复，论其精要"，撰成此书。林亿在校《甲乙经》的序言中称其"博综典籍百家之言"。

今传本分 12 卷，128 篇，前有皇甫氏自序及序例。前 6 卷是介绍针灸基本理论、基础知识。卷一述精神、五藏、六府、十二原、四海、营卫、三焦、津液、血气、五色诊；卷二论经脉、络脉、奇经八脉、脉度、标本、根结、经筋、骨度等基础理论，均辑自《内经》原文；卷三主要采自《明堂孔穴》，载 349 穴，含孔穴名称、位置、经络关系及刺灸禁忌等，编排顺序按照头、面、项、胸、腹、臂、股顺序，头面胸腹分行排列，四肢分经排列，便于寻检，为后代医家所遵循；卷四论述疾病诊察；卷五论针灸禁忌及刺法；卷六论《内经》的基本病机；卷七至卷十二论述针灸临床应用，其中内科病症 43 篇，含外感六淫、内伤七情、五脏病、六腑病、经脉病等，外科 3 篇，主要论述痈疽，妇科、儿科各 1 篇。体例多以《内经》论病开端，用穴则出自《明堂孔穴》，而且排列次序与卷三所载孔穴同。

此书是现存最早的针灸经穴专著，具有较高的文献价值。首先，其载录的《明堂孔穴》自唐代以后渐次失传，欲窥其貌，后世只能从《甲乙经》的引文部分辑复。本书也是《内经》的一部最早类编本，可校勘后世《内经》传本的差异。宋熙宁二年（1069）林亿等曾对本书作校对，即所称"新校正"，后世流传本多源于此。

国内现存明、清版本有十多种，日本另存有明蓝格抄本，流传最广的是明万历二十九年（1601）新安吴勉学校勘的《古今医统正脉全书》本，人民卫生出版社曾据以影印并出版校释本。

（三）《刘涓子鬼遗方》

又称《鬼遗方》《痈疽方》。晋·刘涓子著。约成书于刘宋元嘉十九年（442 年）。因原书"草写多无次第"，后经南齐医学家龚庆宣整理重编，定稿于南齐永元元年（499 年），10 卷。

刘涓子，东晋末京口（今江苏镇江）人，集得《痈疽药方》1 帙，检方治病，随手而愈，托名"黄父鬼"所遗，故称《鬼遗方》。

本书原已散佚，其内容已难窥全貌。现存 5 卷宋刻本，卷一总论痈疽之病因、病证命名、预后及鉴别诊断；卷二论金疮治法方药；卷三、卷四论述诸种痈疽治法方药；卷五为疥癣疹痱等皮肤病证治方药。共载外科方 140 余首。

本书对痈疽的证候、诊断、发病机理、预后判断、辨治等论述颇为详细，尤其重视痈疽的早期诊断以及按病证不同阶段、不同部位进行辨证治疗。其学术思想渊源于《灵枢》痈疽篇，内外治法兼备。内治法有清热解毒、凉血散瘀、活血通经、内消补托、生肌长肉等数种；外治则有止血、收敛、止痛、解毒，并记载了薄、贴、围、洗、溻、烙、浴等多种剂型。还记载了局部辨脓法,强调脓成早期切开排脓、针烙引流、防止"透膜"等原则,且首次记载《灵枢》痈疽篇未载的外科病,体现了两晋南北朝以前外科学方面的水平,并使外科证治理论与临床实践紧密结合,为外科学的发展奠定了坚实的基础。本书在国内外医学领域中享有较高声誉。如《千金要方》《千金翼方》《外台秘要》等书均大量引录,同时,也推动了日本、朝鲜的外科学发展。

本书宋后残缺,世本流行分别有 5 卷本和 1 卷本两种,均自 10 卷残缺本而来。5 卷本是 10 卷本在流传过程中残存了 5 卷,是宋代以后的主要传本。1 卷本亦是 10 卷本残缺而成,改题为"刘涓子神仙遗论"或"刘涓子治痈疽神仙遗论",论述痈疽发背的病因、证候、决死生法、治方等。1902 年在新疆吐鲁番地区出土了唐人抄写的《刘涓子鬼遗方》两页残片,上有"刘涓子鬼方第九"及"刘涓子甘伯济治秣陵令已用省验方卷第十"等字样,即是 10 卷本残页。

本书国内现存最早版本为 5 卷宋刻残本,藏国家图书馆。另有清嘉庆扫叶山房刻本、读画斋丛书本、徐乃昌影宋本等均为 5 卷本。通行本为 1956 年人民卫生出版社据宋刻本影印本,1986 年人民卫生出版社又出版点校本。1 卷本,有陆心源《群书校补》、中国中医科学院图书馆藏抄本等版本。日本藏有保历丁丑(1757 年)刊《刘涓子鬼遗方》5 卷本(附《神仙遗论》1 卷),以及宽政丙辰(1796 年)刊《疮疡新书》5 卷和《疮疡新书附录》1 卷,系《刘涓子鬼遗方》1 卷本和《刘涓子治痈疽神仙遗论》1 卷本改题。

(四)《经效产宝》

又名《产宝》。唐·昝殷撰。成书于唐大中七年(853 年)。

昝殷,唐代蜀地成都(今四川成都)人,约生于唐贞元十三年(797 年),卒于大中十三年(859 年)。昝氏擅长产科,于唐大中年间,将前人的经、带、胎、产及产后诸症的经验效方及自己的临症验方共 52 论 378 方,编成《经效产宝》一书。

本书分上、中、下 3 卷,重点论述胎产诸疾证治。上卷主要论述妊娠期各种常见病症及难产的治疗,包括妊娠呕吐、安胎、饮食宜忌、胎动不安、胎漏下血、胎死腹中、小便淋痛、妊娠水肿、腹胀、胎死不下、产程过长、胎衣不下等内容。中、下 2 卷主要论述破伤风、产褥感染、产后腹痛、产后出血不止、产后小便不通或涩痛、乳汁分泌不足、乳痈、乳疮、产后不利、中风、烦闷等多种产后病症的治疗。书末附有后人加入的"续编",收载了宋代医家周颋、李师圣等人关于产科病症的论述和治疗方药,包括产后十八论等,凡二十四方、四十一病症。本书理论阐述精要,方精药少,简便实用,其方来源于《小品方》《集验方》《崔氏方》《必效方》《千金要方》《千金翼方》等著作,部分方药未注出处,概为昝氏经验方。

此书是我国流传最广的产科专著,对后世妇产科学的发展奠定了理论和实践基础。昝氏强调辨证论治,指出"母病以动胎,但疗母疾,其胎自安;又缘胎有不坚,故致动以病母,但疗胎则母瘥"(《经效产宝·胎动不安方论第五》),治疗上重视调理气血、补益脾胃,这些都成为历代医家治疗妊娠病所遵循的基本原则。此书载录的以当归、川芎二药检验胎儿死活("死即下,活即安"出《经效产宝·胎动不安方论第五》)的方法,是产科第一首既可下死胎,又可安活胎的诊断性治疗方。书中提到的观察母体颜面唇舌色泽变化以判断胎儿存亡和母体情况的诊断方法,首创"撑心下"(按摩子宫)与口服药相结合的方法治疗和预防产后出血,重视问诊,强调产后问出血情况以测预后,重视母乳喂养及重视预防为主等思想及方法,对后世临床具有较大的指导意义。此后,陈自明《妇人大全良方》、李时珍《本草纲目》、朝鲜《医方类聚》等著作对此书颇多征引。

现存最早版本为清光绪三年丁丑刻本,藏于中国科学院图书馆。另有光绪七年凌氏刻本、光绪七年影宋本等版本。通行本为1955年人民卫生出版社据光绪年间影刻北宋本缩影出版。

(五)《仙授理伤续断秘方》

又名《理伤续断方》《蔺道人仙授理伤续断秘方》。1卷。蔺道人撰。

蔺道人,真名无考,长安(今陕西西安)人。生活于公元8~9世纪间。蔺氏乃出家僧人,精通医药,尤精于骨伤科。唐会昌年间(841—846年),蔺氏隐居于江西宜春钟村,由于求治者络绎不绝,蔺氏将自己的医术传给邻人彭叟,并将自己所撰的医书《理伤续断方》也赠送给他,让彭叟依方制药,为人治病,而自己却出家云游。因蔺氏超凡脱俗,人们便传其为神仙,把书名也改为《仙授理伤续断秘方》,刊刻流传。

此书首论治伤十四个步骤、各种整骨手法、调理宜忌、方药运用;次论打扑伤损服药次序及方药。本书对骨伤科常见的跌打损伤、关节脱臼、手法复位、手术缝合、牵引、固定、扩创、填塞等具体治疗方法都有详细描述。方药方面,既有内服,又有外洗外敷,以活血化瘀止痛为治疗原则,方如大活血丸、大红丸、小红丸等,"常用整骨药"有草乌、乳香、没药、血竭、自然铜、无名异、地龙等,至今仍为常用药。书中所载的杉木皮夹缚固定骨折部位、固定时不夹缚关节以便活动、椅背复位法治疗关节脱臼等方法,简便实用,均有其科学的原理,对治疗骨关节损伤有重要的意义。

此书是我国现存第一部骨伤科专著,对后世骨伤科的发展产生了较大的学术影响。

现存版本主要有:明洪武二十八年渊然道者刻本,藏于国家图书馆。另有《青囊杂纂》本明弘治崇德堂刻本、明刊《道藏》本及清抄本。

(叶明花)

第十一章 宋金元时期的中医文献

第一节 概 述

宋金元时期是我国医学发展重要时期。两宋时期,政府推行"右文崇儒"政策,社会经济、文化繁荣,其时统治阶层重视医药,在此导向和政府政策支持下,宋代医学得到了全面的发展。金元以降,受"天水九朝讲究熏陶之泽"和理学思潮影响,兼之疫疾不绝,各医家致力于医学理论探讨,形成金元时期颇具特色的医学学派争鸣。同时,宋金元时期造纸、印刷技术继续深入发展,刊本代替抄本成为医学文献主要形制,为医学文献的保存与广泛传播提供了强力支持。由是,宋金元时期我国医学文献著述丰富,流传甚广。

一、政府重视,官方校编医书众多

诚如《四库全书总目提要》所言:"自古以来,惟宋代最重医学。"北宋多位帝王喜好医药,关心医学发展,因此由政府组织的医书收集、校勘、编撰及刊刻活动颇为盛行。据李经纬《北宋皇帝与医学》一文统计,北宋帝王关于医药卫生方面的诏令有 248 条,其中征集、校正、普及医学书籍的诏令有 28 条,修订颁布本草的诏令有 8 条,编撰颁布医理、医方与普及类医书的诏令有 8 条。

在医书征集、医方收集方面,太平兴国六年(981 年)十二月癸酉,宋太宗颁诏曰:"应士庶家有前代医书,并许诣阙进纳。及二百卷已上者,无出身与出身,已任职官者亦予迁转。不及二百卷,优给缗钱偿之。有诣阙进医书者,并许乘传,仍县次续食。"政和四年(1140年),宋徽宗为编《圣济经》而颁布"求方书药法御笔",其中载"令天下应有奇方善术,许申纳本州,逐州缴进以闻"。广泛而深入的民间医方、医书的征求工作为宋代医籍校勘、医书编修工作的开展奠定了良好的基础。

在医书整理方面,宋廷先后利用国家力量校勘审订了一批重要的医学典籍。宋太宗太平兴国六年(981 年),翰林学士贾黄中等"(冬十月)丙戌,校历代医书"。宋仁宗天圣四年(1026 年),"翰林医官副官赵拱等上准诏校定《黄帝内经素问》《巢氏病源》《难经》,诏差集贤校理晁宗悫、王举正、石居简、李淑、李昭遘依校勘在馆书籍例,均分看详校勘"。宋仁宗景祐二年(1035 年),丁度等奉命校修《素问》。宋仁宗嘉祐二年(1057 年),校正医书局的设置成立使得医学典籍校勘整理工作达到新的高峰。其后十二年间,高保衡、孙奇、林亿等先后校订完成《伤寒论》《金匮玉函经》《千金要方》《脉经》《甲乙经》《金匮要略》《千金翼方》《素问》、孙兆完成《外台秘要方》，加上掌禹锡等编写的《嘉祐补注神农本草》和苏颂编写的《本草图经》，这十一部经典医著的整理、编修工作完成使得中医经典著作最终定型并广泛流传，从而大力推动了中医学术传承和繁荣创新。

在医书编修方面，宋太祖开宝六年（973 年）诏令尚药奉御刘翰、道士马志及其他医官，编撰《开宝详定本草》，后开宝七年又命刘翰、马志等重新详定，名曰《开宝重定本草》，并颁行天下。嘉祐年间，又由校正医书局掌禹锡为首，林亿、张洞等共同校正《嘉祐补注神农本草》，并在全国药物调查的基础上由苏颂编写完成《本草图经》。政和六年（1116 年），朝廷命医官曹孝忠领衔修订《大观本草》，校刊而成《政和新修经史证类备用本草》。南宋绍兴二十七年（1157 年），医官王继先又校订《大观本草》，并改名为《绍兴校定经史证类备急本草》刊行。太平兴国年间，宋太宗在其所集千余首名方基础上，诏令翰林医官院各具家传经验方以献，并命王怀隐与副使王祐等参对编类，历时十余年，最后编成《太平圣惠方》。太平兴国六年至雍熙三年，贾黄中等受诏纂成《神医普救方》一千卷，目录十卷，宋太宗亦为之撰序。宋仁宗庆历八年（1048 年）颁《庆历善救方》，"上始阅福建奏狱，多以蛊毒害人者，福建医工林士元能以药下之，遂诏录其方，又命太医集诸方之善治蛊者为一编，诏参知政事丁度为序而颁之"。《郡斋读书志》著录有《太医局方》，谓宋神宗元丰年间（1078—1085 年），"诏天下高手医，各以得效秘方进。下太医局验试，依方制药鬻之。仍模传于世"。此后，宋徽宗大观中（1107—1110 年），医药官员陈承、裴宗元、陈师文等在《太医局方》基础上校补而成《和剂局方》。政和八年（1118 年），宋徽宗命撰《圣济经》，"诏颁之天下学校……令内外学校，课试于《圣济经》出题"。政和年间，又在"诏天下以方术来上，并御府所藏"的基础上，由朝廷医官编成《圣济总录》二百卷，收方达两万余首。宋仁宗天圣四年（1026 年），王惟一奉命考证明堂腧穴经络，纂集旧闻，订其讹误，编成《铜人腧穴针灸图经》一书，配合针灸铜人，刻印颁行，以作教学及考试之需。

在医书刊刻、推广方面，官方组织的校勘、编修工作为医书提供了高质量的定本，而医书定本又大多通过官方刻印机构而颁行天下。如校正医书局所校医书"每一书毕，亿等皆为之序，下国子监板行"。除国子监外，宋代地方各级政府也刻了不少医书，包括有熙宁二年（1069 年）两浙东路茶盐司刻《外台秘要》、绍圣三年（1096 年）广西漕司刻《王氏脉经》、绍兴十七年（1147 年）福建转运司刻《太平圣惠方》、乾道六年（1170 年）九江郡斋刻《集验方》、淳熙十一年（1184 年）南康郡斋刻《卫生家宝产科备要》、淳熙十二年（1185 年）江西漕司刻《经史证类备用本草》、江西转运司刻《本草衍义》、淳熙十三年（1186 年）龙舒郡斋刻《叶氏录验方》、庆元二年（1196 年）沔阳郡斋刻《百一选方》、嘉泰四年（1204 年）东阳郡斋刻《叶氏录验方》等。

为了让更多人能获得医书，政府还采用刻小字本以降低成本、促进购买以及鼓励抄写传录等办法来促进医书的流传。《仲景全书四种》有元祐三年（1088 年）牒文："下项医书册数重大，纸墨价高，民间难以买置""令国子监别作小字雕印……收官纸工墨本价，许民间请买。"绍圣元年（1094 年），宋哲宗再次下令刊刻医书小字本，绍圣本《脉经》所附牒文称："今有《千金翼方》《金匮要略方》《王氏脉经》《补注本草》《图经本草》等五件医书，日用而不可阙。本监虽见印卖，皆是大字，医人往往无钱请买，兼外州军尤不可得，欲乞开作小字，重行校对出卖"。王安石在皇祐元年任浙江鄞县县令时，将《庆历善救方》刻石，树之县门外左，意欲"推陛下之恩泽而致之民""令观赴者自得，而不求有司云"。苏轼将官颁《简要济众方》

"书以方版,揭之通会",好让民众查阅学习,加速流传。蔡襄在福建做地方官时,见《太平圣惠方》虽"诏颁州郡,传于吏民,然州郡承之,大率严管钥、谨曝凉而已,吏民莫得与其利焉",在通方技之学的郡人何希彭酌《圣惠方》便于民用者而成《圣惠选方》一书后,"因取其本,眷载于版,列牙门之左右,所以导圣主无穷之泽,沦究于下。又晓人以依巫之谬,使之归经常之道,亦刺史之要职也"。

二、医学探讨氛围浓厚,个人医著丰富

宋代统治者对医学的重视使得社会各阶层均尊重医学,不为良相,则为良医,因此,自宋代起,儒而知医、由儒入医者多,风气大变,一时士大夫亦多习医,如苏轼、沈括、洪遵、朱熹、陆游等著名文人学者皆通晓医理,而潜心于医术及注释医书的儒士为数渐多。宋室南迁后,医学发展的重心转向临床,由此引发医学争鸣,即所谓"医之门户分于金元"。刘完素、张从正、李东垣、朱震亨正是金元医学争鸣时期卓然成家的代表人物,他们及各自弟子、私淑门人等均撰著医书,各扬其说。因此,宋金元期间,个人医学著述不断丰富发展。

在方书、本草著作方面,有宋一代,士大夫和医家均热衷于裒集经验方、编修医书。宋人费衮《梁谿漫志》卷八中"陆宣公裒方书"条称:"近时士大夫家藏方或集验方流布甚广,皆仁人之用心。"如苏轼、沈括著有《苏沈良方》,郑樵著有《本草成书》《食鉴》等。洪遵、杨倓、胡元质三人先后于当涂为官,分别编撰《洪氏集验方》《杨氏家藏方》《胡氏经效方》,"锓木于郡中",以惠郡人。南宋朱端章为南康郡守,出自己家藏之方,命知医之郡人徐安国加以修订,是为《卫生家宝方》。

比之官修方书之卷帙浩繁,私家方书篇幅不广,多言集验、见效,或谓出自家藏秘宝,强调所集之方实用有效。在局方医学影响下,个人方书、本草由博返约、讲求实效易行之风于南宋至极而演化为"易简"医风,其代表即为王硕《易简方》,"取方三十首……及市肆常货丸药一十种",却希求能够"病有相类而证或不同,亦可均以治疗"。南宋本草著作也一改北宋末年唐慎微《证类本草》之鸿文风格,以临床节要性本草如《宝庆本草折衷》等为主流。宋代方书、本草还出现方书附药、本草附方的现象。方书附药即方书将相关药物资料摘录而附在书前或书末,如《宝庆本草折衷》内"群贤著述年辰"提到"又《和剂局方》二编其前皆附本草之节""《活人事证方》首附本草要略""《眼科龙木论》尾附本草要略"等。本草附方则在论述药物时附录相关方剂以资佐证。这种本草附方独立成书,遂成为方书新的种类,如南宋·林能千编撰之《本草单方》。

金元时期个人本草、方书著作不同于宋时,多出自专业医学人士之手。谢观《中国医学源流论》论曰"宋以后之医家,乃以术为不可恃,而必推求其理",因此金元医家多精研医学经典,深悟经旨,长于铺陈经义,并密切联系临床实践,阐扬新说。金元方书、本草着力于探讨病机治法、组方机理和药性理论,从宋代的注重辑录古今验方、秘方转向为融会贯通、自创新方,代表著作包括刘完素《素问药注》《宣明论方》、张元素《珍珠囊》、罗天益辑录整理李杲的《兰室秘藏》、王好古《汤液本草》等。

在伤寒著作方面,宋代以后,《伤寒论》作为医学经典著作的学术地位日渐显盛,关于《伤寒论》的校勘、节要、编次、注释的著作也日渐增多。有学者统计,宋金元期间研究伤寒论的著作就有116部,相关医家80位。朱肱《南阳活人书》中张蒇的序言曾列述了宋代早期研究《伤寒论》人士之著作:"昔枢密使高若讷作《伤寒纂类》,翰林学士沈括作《别次伤寒》,直

密阁胡勉作《伤寒类例》,殿中丞孙兆作《伤寒脉诀》,蕲水道人庞安常作《伤寒总病论》。"宋金元期间著作包括《伤寒论》注释类著作如成无己《注解伤寒论》;以方类证类著作如刘元宾《通真子伤寒括要》;以方为论类著作如成无己《伤寒明理论》;以证为论或以证类文类著作如许叔微《伤寒百证歌》;以证案带论类著作如许叔微《伤寒九十论》;专题性论述类著作如韩祗和《伤寒微旨论》;综合类伤寒著作如庞安时《伤寒总病论》、朱肱《南阳活人书》等。

在诊断学著作方面,宋金元时期围绕《王叔和脉诀》,产生了不少注释阐发或是抨击刊误的脉学著作。如刘元宾《通真子补注王叔和脉诀》引用《难经》及《素问》等书,注解《王叔和脉诀》,以难注易,以经典医书注入门医书。李駉《脉诀集解》因"今之医者,止凭切脉,而王叔和之诀盖有不甚解者",故将与《脉诀》研究有关的资料集录成书。张元素和张璧父子所著《洁古老人注王叔和脉诀》则讲求"随脉辨证,随证注药",多用五行制化、左右升降等学说来解释脉理。批评《王叔和脉诀》的著作有戴同父《脉诀刊误》等。《脉诀刊误》运用儒学注书之法,"不删而述其旧文……用墨圈者,当删者也;辨其下者,使之皆知其非,不复为旧文所惑,不删之删也"。宋元时候西原脉派传承过程中分别有崔嘉彦《脉诀秘旨》、刘开《刘三点脉诀》、张道中《西原脉诀》等著作流传。而元代杜本《伤寒金镜录》为舌诊专著之首创,"大裨伤寒家,乃识伤寒之捷法"。

在针灸学著作方面,据马继兴《中国针灸通史》著录,宋金元期间的针灸学著作计有67部,现存27部。宋元时期,针灸子午流注法、灵龟飞腾八法等方法及针灸歌赋都逐渐发展兴盛。北宋后期何若愚撰写的《流注指微论》和《流注指微针赋》,"探经络之源,顺针刺之理,明荣卫之清浊,别孔穴之部分"。阎广明《子午流注针经》是在何氏著作基础上,"采群经为之注解,广今复采《难》《素》遗文,贾氏井荣六十种法,布经络往还,附针刺孔穴部分,钤括图形,集成一义"。窦默《针经指南》载有针灸歌赋、经脉循行、针法补泻及手足八穴主治,"后学之士得此一卷书而熟读之者,思过半矣"。而滑寿《十四经发挥》认为:"人身六脉,虽皆有系属,唯督任二经,则包乎腹背而有专穴,诸经满而溢者,此则受之,宜与十二经并论",自此而确立十四经之腧穴体系。

宋金元期间其他代表性个人医著包括运气著作刘温舒《内经素问论奥》、基础理论著作陈言《三因极一病证方论》、刘完素《素问玄机原病式》和《素问病机气宜保命集》、内科杂病专著董汲《脚气治法总要》、葛可久《十药神书》、外科著作《卫济宝书》《急救仙方》、陈自明《外科精要》、齐德之《外科精义》、李迅《集验背疽方》、妇产科著作《产育保庆集》、朱瑞章《卫生家宝产科备要》、陈自明《妇人大全良方》、儿科著作钱乙《小儿药证直诀》、刘昉《幼幼新书》《小儿卫生总微论方》、陈文中《小儿痘疹方论》、民族医药著作《饮膳正要》《回回药方》、法医学著作宋慈《洗冤集录》等。

第二节　重要医籍介绍

一、医经、伤寒、金匮类医籍

(一)《伤寒总病论》

宋·庞安时撰。《宋史·列传第二百二十一》载:"庞安时,字安常,蕲州蕲水(今湖北省浠水县)人。儿时能读书,过目辄记。父,世医也,授以《脉诀》,安时曰:'是不足为也。'独取黄帝、扁鹊之脉书治之。未久,已能通其说,时出新意,辨诘不可屈,父大惊,时年犹未冠。已而病瘖,乃益读《灵枢》《太素》《甲乙》诸秘书,凡经传百家之涉其道者,靡不贯通……又欲以术告后世,故著《难经辨》数万言……著《主对集》一卷……作《本草补遗》。"庞氏本为士人,习与苏轼、黄庭坚等文士交游,其著述现仅本书存世。

本书约初刊于宋元符三年(1100年)。全书6卷。卷一载叙论及六经分证。卷二论汗、吐、下、水、灸、火、温等治法。卷三论结胸、心下痞、阳毒、阴毒、狐惑、百合、痓湿暍、发汗吐下后杂病、伤寒劳复、阴阳易等证治。卷四论暑病、时行寒疫、斑痘疮等有别于伤寒的病证。卷五论天行温病、黄疸病、小儿伤寒及辟温方剂。卷六载伤寒杂方、妊娠杂方、伤寒暑病通用刺法、伤寒热病温病死生候、天行差后禁忌等。每证之下,有论有方。全书共载方剂230首,其中仲景方约85首,新增约145首。书末又附"音训"1卷和庞氏门人魏炳"修治药法"1卷。各版本或载黄庭坚序、苏轼答庞安时一帖。张耒《柯山集》载有"跋庞安常伤寒论"一文。

书中从病因、发病着手,结合体质、地理、气候等因素,提出寒毒说、异气说,将温病分为"伏气温病"和"天行温病"两类,提倡寒温分治、伤寒有可汗、可下之理、温病作伤寒汗下必死等说,治温毒五大证时重用石膏、大青叶、芒硝、山栀等清热解毒药品,对后世温病学说的创立和发展有一定推动作用。黄丕烈《重雕宋刻伤寒总病论札记》称本书"实能发仲景未尽之意,而补其未备之方"。不过,清代汪琥《伤寒论辩证广注》批评本书:"庞氏论中虽间有发明仲景之处,然其用药,亦寒热错杂,经络不分,即如苏子瞻所传圣散子方一例载入,殊为骇观。"

本书宋刻本已佚,金、元刊本未见,明代有王肯堂活字本,现亦未见。现存主要版本有清道光三年(1823年)黄丕烈士礼居覆宋刻本、《四库全书》抄录本,尚有日本钞本。此外,《武昌医学馆丛书》刻本、上海石竹山房影印本、民国上海千顷堂书局影印本、民国进业书局影印本等均出自士礼居覆宋刻本一源。

(二)《注解伤寒论》

东汉·张机撰,金·成无己注。成无己正史无传,《伤寒明理论》严器之的序云:"聊摄(今山东省聊城附近)成公,家世儒医,性识明敏,记问该博。"《伤寒明理论》张孝忠的跋云:"成公当乙亥、丙子岁,其年九十余,则必生于嘉祐、治平之间(1056—1067年)。"成氏现存著作有《注解伤寒论》《伤寒明理论》(《明理论》3卷、《药方论》1卷)。

本书有皇统四年(1144年)严器之的序。书中王鼎的大定壬辰年(1172年)后序云:"此书乃前宋国医成无己注解,四十余年方成,所谓万全之书也。后为权贵挈居临潢,时已九十余岁矣。仆曩缘访寻舍弟,亲到临潢……目击公治病,百无一失……既归又十七年,一乡人自临潢遇恩放还,首遗此书……遂于辛卯冬,出谒故人,以干所费,一出而成。"

本书元代刻本或名为《伤寒论注解》。《四库全书总目提要》称为《伤寒论注》,历代其他书目尚记为《图解伤寒论》《伤寒论集注》《集注伤寒论》等。

本书10卷,是现存《伤寒论》最早的全注本。成氏首开全文注解《伤寒论》之先河,在仲景《伤寒论》原文下,依其顺序,逐条注释。书中忠实仲景原文,多引《内经》《难经》《金匮要略》《脉经》等典籍条文,注解《伤寒论》所述证候、病机、方药等,使《伤寒论》临床实践和《内经》《难经》等理论相承贯通,因经释论,以论证经,以经释方。

本书内容、编次大体同于林亿等校定之《伤寒论》,但也有不少增删之处,如本书除成无已注释外,卷首增运气图 1 卷,各卷末增入"释音"一项。书中删除林亿等校定之《伤寒论》中 25 个加减方,重集于第 10 卷之末;删除林亿等校定之《伤寒论》内所谓王叔和氏校语等。亦有学者认为本书卷首所增运气图 1 卷是后人重刻所附入,并非出于成氏之手。

严器之的序中评议本书:"实前贤所未言,后学所未识,是得仲景之深意者也。"清代汪琥《伤寒论辩证广注》也称:"成无己注解《伤寒论》,犹王太仆之注《内经》,所难者惟创始耳。后之人于其注之可疑者虽多所发明,大半由其注而启悟。"本书作为注解《伤寒论》之佳著,后取代林亿等校定的《伤寒论》白文本,成为宋以后《伤寒论》广泛流行的主要传本。

本书版本众多。现存元刊本两种,分别藏于北京大学和日本静嘉堂文库。明代刊本有熊氏种德堂刊本、嘉靖二十四年(1545 年)汪济川刊本、万历己亥(1599 年)赵开美《仲景全书》本、万历二十九年(1601 年)吴勉学《古今医统正脉全书》徐镕校本等。清代有同治九年(1870 年)双白燕堂陆氏刊本(附《伤寒明理论》4 卷)、光绪六年(1880 年)扫叶山房刊本(附《伤寒明理论》4 卷)、《四库全书》抄录本等。日本刊本有天保六年(1835 年)跻寿馆影元刊本等。其中以明代汪济川本、赵开美《仲景全书》本、吴勉学《医统正脉》本较为常见。

(三)《素问玄机原病式》

金·刘完素撰。刘完素,字守真,自号通玄处士,河间(今河北省河间市)人,又称刘河间,现多言其生于北宋宣和二年(1120 年)左右,卒于金章宗承安五年(1200 年)前后。《金史·列传第六十九》言完素:"尝遇异人陈先生,以酒饮守真,大醉,及寐,洞达医术,若有授之者。"《黄帝素问宣明论方》中明代冯惟敏序云"金承安间,章宗征,不就,赐号高尚先生。"刘氏以宣扬"火热论"著称,"好用凉剂,以降心火、益肾水为主",明·李濂《医史》言其"大扬其道于大定、明昌间",师从及私淑者甚众,为寒凉派或谓"河间学派"之开山宗师,是金元四大家之首。

刘完素医著现存《内经运气要旨论》《素问玄机原病式》《黄帝素问宣明论方》《素问病机气宜保命集》(或谓张元素撰)、《三消论》。其已佚与未详的医著有《素问药注》《河间刘先生十八剂》《治病心印》《刘河间医学》《保童秘要》《灵秘十八方》等。完素传人所撰医书有《伤寒标本心法类萃》《(刘河间)伤寒直格方论》(葛雍撰)、《(刘河间)伤寒医鉴》(马宗素撰)、《(刘河间)伤寒心要》(镏洪撰)等。

本书据金·程道济序,撰年约在天德四年(1152 年)以前,初刊约在大定二十二年(1182 年)。全书 1 卷(或 2 卷),以五运六气为纲,采《素问·至真要大论》十九条病机的 176 字,演为 277 字,据此逐条逐证加以注释,对疾病病因、病机、治则和转归等均进行辨析阐发,引申而成二万余言。全书分为"五运主病"和"六气为病"两部分。"五运主病"部分论述脏气偏盛所致的疾病。"六气为病"部分在《素问》病机十九条中原有的风、热、湿、火、寒邪为病基础上,增列了"诸涩枯涸,干劲皴揭,皆属于燥"一条。书中认为《素问》病机十九条大多是火热为病,故倡"六气皆从火化""五志过极皆为热甚"之说,并将《内经》"亢害承制"理论贯串始终,以"比物立象"之法解释五运六气之说,主张辛凉解表、清热养阴等治法。

本书为刘氏代表作之一,对深化中医病机理论、促进临床诊治发展以及明清温病学的崛起做出了重要的贡献。《四库全书总目提要》认为本书"大旨多主于火,故张介宾作《景岳全书》攻之最力。然完素生于北地,其人秉赋多强,兼以饮食醇醲,久而蕴热,与南方风土原殊;又完素生于金时,人情淳朴,习于勤苦,大抵充实刚劲,亦异乎南方之脆弱。故其持论多以寒凉之剂,攻其有余,皆能应手奏功,其作是书亦因地因时,各明一义,补前人所未及耳。"

本书版本较多,分为单行本和丛书本两大类。单行本包括明代嘉靖元年本、赵宗建批校的嘉靖刻本、明代薛时平注本以及日本宽永七年梅寿重刊本等日本刊本。丛书本包括明宣德六年(1431 年)《刘河间伤寒三书》本、万历二十九年(1601 年)吴勉学《古今医统正脉全书》本、映旭斋藏板《刘河间医学六书》本、日本延宝五年(1677 年)医家七部书刻本等,另有《四库全书》抄录本等。其中吴勉学《医统正脉》本较为常见。

(四)《素问病机气宜保命集》

本书作者素有争议。据本书自序和书前杨威的序,一般认为作者为金代刘完素。李时珍认为本书作者为金代张元素,《本草纲目·序例》中论张元素《洁古珍珠囊》时言:"又著《病机气宜保命集》四卷,一名《活法机要》,后人误作河间刘完素所著,伪撰序文词调于卷首以附会之。"其后,《千顷堂书目》《补辽金元艺文志》《四库全书总目提要》《郑堂读书记·子部》均从时珍之说。丹波元胤《中国医籍考》则驳斥此说:"按线溪野老刘守真《三消论·跋》云:麻征君寓汴梁日,访先生后裔,就其家,得《三消论》《气宜病机》之书。又杜思敬《济生拔萃》称东垣《活法机要》与《洁古家珍》及刘守真《保命》大同小异……其(杜思敬)生距守真之时,未为辽阔,则是书之出自守真,断可知矣。"现亦有学者认为本书可能是后世医家汇集守真、洁古两家学说,略参己意而成。

本书根据自序、杨威的序、明代宁献王朱权(字臞仙)的序,可知成书于金大定丙午年(1186 年),杨威得到守真遗书,付梓于元宪宗元年(1251 年)。"古板于兵燹不存久",明代宣德辛亥年(1431 年)朱权命工重刊。

本书分为 3 卷,卷上为原道论、原脉论、摄生论、阴阳论、察色论、伤寒论、病机论、气宜论、本草论九篇医论,论及疾病诊察之法、保命全形之方、脏腑六气病机及证治规范等。卷中与卷下列举各科常见疾病 23 篇,包括中风论、解利伤寒论、热病论、疮疡论、五官论、妇人胎产论、小儿班疹论及药略等。各科疾病一般先论后方,先析病因病机、临床表现,后据证立法,随法出方,兼及加减君臣佐使之法。

卷上的病机论、气宜论篇根据《素问·至真要大论》中"谨候气宜,无失病机",探讨了"五行六气胜复盛衰之道"对机体的影响和"病机之要理"。卷上的药略部分,列举常用六十余味中药的气味、归经、功效。卷中的中风论为提出"风本生于热……是以热则风动"。另外,在中风、泻痢、心痛等十余种疾病治疗中提到了针灸疗法,包括"灸刺须分经络""八关大刺"、灸治热证之"热宜砭射"等。书中在摄生养生方面,还有一定道家色彩。全书于病因病机、方药针灸,均有涉猎,故而后世医家能遥承其说而各发明一义。《四库全书总目提要》亦赞其"于医理精蕴,阐发极为深至"。

现存版本主要有明宣德六年(1431 年)《刘河间伤寒三书》本、万历二十九年(1601 年)吴勉学校刻《古今医统正脉全书》本、明万历三十九年(1611 年)王来贤、钱楷等刻本、《四库全书》抄录本、清宣统元年(1909 年)千顷堂书局石印《刘河间医学六书》本等。其中吴勉学《医统正脉》本较为常见。

(五)《阴证略例》

元·王好古撰。王好古,正史无传,据本书麻革序言、《医垒元戎》自序署名等,可知王好古,字进之,号海藏(海藏老人、海藏先生),又号汝庄,赵州(今河北省赵县)人,曾任赵州教授,兼提举管内医学,师从张元素、李东垣,为易水学派代表人物之一。

王好古著述甚丰,现存医著有《阴证略例》《医垒元戎》《汤液本草》《此事难知》《海藏癍论萃英》《伊尹汤液仲景广为大法》,已佚医著有《仲景详辨》《活人节要歌括》《三备集》《光明论》《标本论》《小儿吊论》《伤寒辨惑论》《辨守真论》《十二经药图解》《仲景一集》等。

王好古生卒年不详,其医著中序跋多用甲子纪年。据麻革逝年下限推算,本书麻革序言末署的"癸卯"年应为1243年,书中"祭神应王文"末署"壬辰岁",可见本书约成书于1232年。而好古现存医著序跋中最晚的是《汤液本草》后序,题为"戊申",即1248年,由此可见王好古主要活动于十三世纪上半叶。

本书1卷。王好古以伤寒阴证较阳证尤难辨,故专为阴证设论,采撷前贤阴证各说,首列岐伯阴阳脉例,次述洁古老人及作者"内伤三阴例",续引伊尹、扁鹊、张仲景、朱肱、许叔微、韩祗和等关于伤寒三阴证的论述,并参附作者个人见解。其后列"海藏老人阴证例总论"等二十余条。书末还附"海藏治验录"八则。书中承袭张元素脏腑虚损论和李杲脾胃论之学术思想,重视内因在阴证发病中的作用,认为阴证"在人本气虚实之所得",对阴证鉴别、变化和假象等论述精审,主张以温补脾肾为阴证主要治则,所载方剂近五十首,多由温热药物组成。谢观《中国医学大辞典》评曰:"或訾其用药过于温热,不知此书专论阴证,岂可杂入阳证治法? 且当金元之交,蒙古人挟其朔方劲悍之气,加以膏粱肥浓之养,参以刚剂,往往有效,故所著多因此立言,非海藏之不知阳证治法也。"

本书流传较稀,现主要有两种版本系统,一是《济生拔粹》丛书本,收有《阴证略例》1卷,为节录本,并非全帙。二是清代钱曾(字遵王)所藏之抄本,辗转而为陆心源刊入《十万卷楼丛书》。马继兴《中医文献学》提到:"钱本内容虽多于济生本,但济生本中也有钱本所无者。"此后,《丛书集成初编》《三三医书》《中国医学大成》各丛书也收录本书。

(六)《此事难知》

元·王好古撰,本书有序末题为"时至大改元秋七月二十有一日古赵王好古识",此序中至大改元年(1308年)与王好古《阴证略例》由麻革逝年推算的麻革序言之癸卯年(1243年)相距甚远,故《阴证略例》清人汪曰桢的后序中已疑至大改元(1308年)可能为至元改元(1264年),云:"唯《此事难知》自序题至大元年,则上距金亡已七十余年,岂海藏享上寿至武宗时犹存耶? 抑至大当是至元,刊本之讹耶?"今人赵有臣复言至大改元(1308年)当为正大改元(1224)之误。

本书或题为"东垣先生此事难知集"。而书中有成化甲辰岁(1484)荆南一人不著名氏后序,开端即云"东垣先生医书一帙,予府已锓梓,传于世矣。今又得一书,亦东垣治疾之法,名曰《此事难知》",亦认为本书为东垣所著。《四库全书总目提要》曰:"史称杲长于伤寒,而《会要》一书,元好问实序之。今其书已失传,则杲之议论犹赖此以存其一二。前有至大元年自序,称得师不传之秘。旬储月积,浸就篇帙,盖好古自为裒辑。今本《东垣十书》竟属之杲,殊为谬误。考明·李濂《医史》亦以是书为杲作,则移甲为乙,已非一日矣。"

本书2卷,另有附录1卷。上卷载医之可法、经脉终始、辨阴阳二证、辨内外伤、太阳证等各条,主要论述脏腑、经络、辨证要点、五经(缺厥阴经)证治等。下卷载前后虚实图、《难经》仲景合而为一、针经、三法五治论等各条,涉及《内经》《难经》、脉法、针灸等。附录主要是治目、内外诸疮所主方等杂病证治法。

全书尤重《伤寒论》之阐发,探讨伤寒之源,提出伤寒之传经传足而不传手、太阳六传三阳从中治的法则等,补充了六经证治,论述六经禁忌如"少阳禁忌不可犯,忌发汗,忌利小便,忌利大便"等,收录易老九味羌活汤等方。书中多用问答形式和图表叙述,如"问脏腑有几"、"如何是入阴者可下"、"四正脉伤之图"、"天元图"等。

汪琥《伤寒论辨证广注》称本书"不执仲景方论,独能探微索奥而自成一家之言者也"。《四库全书总目提要》谓:"是编专述李杲之绪论,于伤寒证治尤详。其间三焦有几,分别手足。明·孙一奎极称其功,惟谓命门包络,与右尺同论,又谓包络亦有三焦之称,未免误会经旨耳。"

现存主要版本有元代至大元年刻本、《东垣十书》丛书本、《古今医统正脉全书》丛书本等。另有《四库全书》抄录本、《济生拔萃》1卷节录本等。

(七)《格致余论》

元·朱震亨撰。震亨,字彦修,元代婺州义乌(今浙江省义乌市)人,所居曰丹溪,学者尊之曰丹溪翁、丹溪先生。生于至元辛巳(1281)年,卒于至正戊戌(1358)年,享年七十八岁。震亨曾师从朱熹四传弟子许文懿学习理学,因母病师疾,科举失利,壮年转而习医,悟时行《局方》之非,从师于罗知悌,得授刘完素、张从正、李东垣三家之说,后深研《内经》,以诸家之论,去短用长,参之以太极之理、《易》《礼》诸书之义,倡立"相火论"、"阳常有余、阴常不足"之说,提倡滋阴降火之法,开创养阴(或谓滋阴)学派,名列于金元四大家之内,师从者甚众,影响深远,其学术思想远传日本。李时珍《本草纲目》称其为"医家宗主"。生平事迹见于宋濂《故丹溪先生朱公石表辞》、戴良《丹溪翁传》。其医著现存《格致余论》《局方发挥》《本草衍义补遗》,非医著作现存《风水问答》,亡佚医著有《伤寒论辨》《外科精要发挥》等。丹溪门人或私淑者整理补订其语录、手稿等而成的医著种类繁多,源流复杂,有《金匮钩玄》《丹溪心法》《丹溪心法附余》《丹溪纂要》《丹溪心法类集》《丹溪治法心要》《脉因证治》《丹溪手镜》等。后世托名朱震亨之作有《脉诀指掌病式图说》《医学发明》《产宝》《产宝百问》等。

本书1卷,书前自序言:"古人以医为吾儒格物致知一事,故目其篇曰《格致余论》。"或有至正七年(1347年)宋濂序。全书载医论四十余篇,包括"饮食色欲箴序""阳有余阴不足论""治病必求其本论""养老论""慈幼论""痛风论""难产论""人迎气口论""脾约丸论""相火论""房中补益论""张子和攻击注论"等,涉及摄生、临证各科、诊法、治则、正误、方药等诸多方面。其中以"阳有余阴不足论""相火论"两篇最为著名,反映了丹溪学术的基本观点。丹溪继承发展了刘河间火热病机学说,提出相火为人身动气,"天非此火,不能生物,人非此火,不能有生",谓"相火元气之贼",即相火妄动为贼邪。人体"阴气难成而易亏"。人心易动,"人之情欲无涯,此难成易亏之阴气若之何而可以供给也?"欲保持阴精充盛,须使相火不致妄动,故应"去欲主静",节饮食,戒色欲,养心收心等。

本书作为朱震亨代表著作之一,对后世滋阴学说的倡行、温病学派的形成和发展均有重要影响。日本医家广田玄伯于17世纪曾注本书而成《格致余论疏钞》。《郑堂读书记》评本书:"大旨以补阴为主,议论皆平易浅近,一时补弊救偏,亦不可少此一家。张景岳《传忠录》极辨其误,殊不察良工用心苦矣。"《续医说》则质疑曰:"丹溪,医之圣者也,其为《格致余论》一书,超迈今古,奚容轻议,然沉潜反覆,窃有可疑者焉。论中左大顺男、右大顺女之说……可疑者一也。醇酒宜冷饮之论……可疑者二也。至如倒仓一法……可疑者三也。"

本书元代及明清多次刊行,流传颇广。现存版本约20种左右,包括元刻本(附《局方发挥》)、明正德刻本、日宽文五年(1665年)刊本、《古今医统正脉全书》丛书本、《东垣十书》丛书本和《四库全书》抄录本等。

二、本草、方书类医籍

（一）《经史证类备急本草》

北宋·唐慎微撰。南宋·赵与时《宾退录》卷三云："唐慎微,蜀州晋原人(今四川崇庆)。世为医,深于经方,一时知名。元祐间帅李端伯招之居成都,尝著《经史证类备急本草》三十二卷,以行于世。而艾晟序其书,谓慎微不知何许人,故为表出。"《政和本草》宇文虚中的跋又云："唐慎微,字审元,成都华阳人。"

本书合《嘉祐本草》《(嘉祐)本草图经》二书为一体,又兼采经史百家药物资料,以证其类,故以"经史证类"为名,简称《证类本草》。

本书成书年代据马继兴之说,认为初稿写成于元丰五年(1082年)前后,经陆续增补,约于1098—1108年间定稿。各版本的书名略有出入,或有"备用"二字者,或有"备急"二字者,又有"大观""大全"等字样。

本书收药1700余种(或谓实际收药1500种左右)。卷一至卷二为序例,其后各卷为药物各论。各药从《新修本草》之例,分为玉石部、草部、木部、人部、兽部、禽部、虫鱼部、果部、米谷部、菜部十部。除"人部"外,每部又按上品、中品、下品的次序排列。最后有"《本草图经》本经外草类"、"《本草图经》本经外木蔓类"和"有名未用"三部。

本书编排体例比较复杂。凡有《本草图经》药图者,药图均列于药物正文之前。药物正文部分依照《嘉祐本草》旧例,大字中的黑底白字为《神农本草经》文字。大字中的黑字为《名医别录》文字。凡属《新修本草》《开宝本草》《嘉祐本草》新增的药物的正文亦用黑色大字,黑色大字末注以"唐本先附""今附""新补"等小字字样。大字后双行小字注文是掌禹锡等著《嘉祐本草》时引录的诸书资料。在此引文前,用黑底白小字表示所引文献的出处,如陶弘景注文冠以"陶隐居云"、《新修本草》注文冠以"唐本注"、《开宝本草》注文冠以"今注"、《嘉祐本草》注文冠以"臣禹锡等谨按×××"等。大字"图经曰"下的文字是苏颂《本草图经》中的内容。墨盖子"▔▔"下是唐慎微续添的医药资料,包括唐慎微增添的八味药物和续添的前代本草遗余药品五百余味。

本书成后,唐氏并未刊刻,其后在流传过程中派生出不同的版本体系,大致可分为三类:

1. 《大观本草》系列　大观二年(1108年),集贤学士孙觌命仁和县尉艾晟校正本书,于毗陵(今江苏常州市)刊行,称为《经史证类大观本草》(简称《大观本草》)。艾晟校刊《证类本草》时增入陈承《重广补注神农本草并图经》一书部分内容,冠以"别说云"。另在某些药附方下增加了若干药方。国内现存《大观本草》最早版本为南宋嘉定辛未(1211年)刘甲据淳熙十二年刻本校刊本,书名为《经史证类备急本草》。国内较常见的《大观》本是清光绪三十年(1904年)武昌柯逢时影刻本,柯逢时刻本除总目录卷卷首和第一卷卷首题为"经史证类大观本草",余处均题做"经史证类大全本草"。

2. 《政和本草》系列　政和六年(1116年),曹孝忠奉诏重加校定《大观本草》,"删繁缉紊,务底厥理。诸有援引误谬,则断以经传;字画鄙俚,则正以字说;余或讹戾涝互缮录之不当者,又复随笔刊正",更名曰《政和新修经史证类备用本草》(简称《政和本草》)。书版即成时,因靖康之难而为金人所得。自此《大观》本仍刊刻于南地,而金、元所辖之地《政和》流行。国内现存最早《政和本草》版本为蒙古己酉(1249年)张存惠(晦明轩)刻本,目前所见其他《政和》本都是以该本或其重刻本为底本刊刻而成。张存惠(晦明轩)刻本将寇宗奭《本草衍义》的内容按药物附于《证类本草》对应药物条文之末,冠以"衍义曰"大字标识。

3.《绍兴本草》系列 南宋绍兴二十九年(1159 年),王继先等奉诏再校《大观本草》,考名方五(一作三)百余首,证舛错八千余字,并将书名改为《绍兴校定经史证类备急本草》(简称《绍兴本草》),由秘书省刊行。本书正文后有"绍兴校定"的注文,另有注为"绍兴新添"药物。《绍兴本草》明末清初已在国内亡佚,但传到朝鲜及日本。现存多种日本抄本,不过内容均不完整,以 19 卷或 5 卷本居多。各抄本均以药图为主,文字甚少。

《大观本草》《政和本草》在序跋、体例、卷次等方面有一定区别,如《政和本草》将《大观本草》的卷三十与卷三十一合并成为 30 卷,且"有名未用"和"本经外类"的顺序略有不同;《政和本草》每卷之首有此卷药物分目录,而《大观》无;《政和本草》药图小,大多药物是数图合为一张图,而《大观》本草的药图是大版大图等。

《绍兴本草》最突出的特点是据南宋用药实践,讨论了常用药物和其时新兴药物的效用,即本书"绍兴校定"后注文和"绍兴新添"药物内容,从临床药学方面对《大观本草》进行了全面校补。另外,据现存《绍兴本草》原序,本书卷数当是 31 卷(《大观本草》的卷数),目录 1 卷。《玉海》所记是共 32 卷,释音 1 卷,但《直斋书录解题》《文献通考》等均记作 22 卷。现传世者也皆为 22 卷本,未见 31 卷本存世。

本书内容广泛,资料丰富,体例绵密,所引本草、方书、经史、笔记等各类书籍两百余种。作为我国现存的最早的内容完整的本草书籍,本书转录保存了《神农本草经》至《嘉祐本草》之间历代重要本草的主要或大部分内容,是辑校研究宋以前本草的最重要的文献。诚如李时珍所言"使诸家本草及各药单方,垂之千古,不致沦没,皆其功也"。不过,《证类本草》中少有作者唐慎微直接表述之学术见解,故王继先批评曰:"慎微《证类本草》又不过备录诸家异同,亦不能断其是非。"

(二)《本草衍义》

北宋·寇宗奭撰。寇宗奭,北宋末年人,正史无传。河田羆《静嘉堂秘籍志》卷七《本草衍义》条云:"宗奭,莱公(即寇准)曾孙,著有《莱公勋烈》一卷,见《郡斋读书后志》"。《续资治通鉴长编》卷二八三言寇宗奭于神宗熙宁十年(1077 年)任武城县主簿。寇氏因本书由承直郎澧州司户曹事,转通直郎添差充收买药材所辨验药材。

本书成书于政和六年,寇氏鉴于掌禹锡等所撰《嘉祐本草》和苏颂《本草图经》两书有"失于商较"之处,遂"并考诸家之说,参之实事",经十余年撰成《本草衍义》。本书是按《嘉祐本草》和《本草图经》目次编排的,如卷一序例上云:"今则编次成书,谨依二经类例,分门条析。"

宋代书志如《郡斋读书后志》《文献通考》将本书记为《本草广义》。柯逢时影刻《本草衍义》跋云:"疑宣和(1119)所刊,当名广义,迨庆元(1195)时,避宁宗讳。乃改广为衍。"或有学者据本书庆元本有"广"字,而对此说法存疑。

全书 20 卷,分为序例和药物两大部分,序例 3 卷,药物 17 卷。序例上(卷一)介绍药物发展史及编写本书原因和经过,阐述寇氏医学思想。序例中(卷二)纠正前代本草的错误,申明医家用药注意事项。序例下(卷三)介绍寇氏治病的经验。药物 17 卷按玉石、草、木、兽禽、虫鱼、果、菜、米谷部排列,列载 470 种药物,加上附载和兼述所及药物,载药总计 570 种左右。

本书以补充前代本草未备之言为主,内容虽涉及药物产地、形态、采集、鉴别、炮制、制剂、性味、功效、主治、禁忌等各方面,但每药仅以笔记之法,阐述药物一两方面情况,与前代本草全面综论药物各方面情况颇为不同。

书中对《嘉祐本草》未及记载或记载不确之处进行了补充和纠误,且寇氏注重实践,考订药物不仅以书证书,还多据实际观察而推论。是以本书多有发明,如改性味之说而立气味之论、提出药物真伪优劣鉴别方法以及结合临床阐述药物应用范围等。李时珍《本草纲目·序例》中称本书"参考事实,核其情理,援引辨证,发明良多,(李)东垣、(朱)丹溪诸公亦尊信之"。朱丹溪后以本书推衍补充,撰成《本草衍义补遗》。

本书流传较广,版本情况复杂,有单行本、与《证类本草》的合刊本、丛书本。此外,有与《证类本草》各版本的合编本。另有《新编类要图注本草》一书,为南宋嘉定中(1208—1224)刘信甫等节录唐慎微的《证类本草》,分条附以《本草衍义》而成。最早刊本当为北宋宣和元年(1119 年)寇氏之侄寇约校勘的刻本,现已亡佚。本书初时与《证类本草》同时流行,后大多与《证类本草》传本如《大观本草》等合刊。自金人张存惠始,将本书分附于《证类本草》条目下,作《政和本草》刊行。明人循之,故单行本遂微,多是随文附入《证类本草》中的合编本。清初亦无单行刊本,因此《四库全书总目提要》亦未著录。清末光绪三年(1877 年)陆心源以所藏南宋麻沙本(有学者称为元大德宗文书院刊本)重梓本书,收入《十万卷楼丛书》。宣统二年(1910 年),武昌柯逢时用杨惺吾所藏元本加以影印校刊。现今完整传世的最早版本为南宋孝宗淳熙十二年江南西路转运司刻宁宗庆元元年(1195 年)重修本(简称宫内厅本),藏于日本宫内厅,日本文政六年(1823 年)丹波元胤曾影刊此本。国内最早版本为南宋中期宁宗刊补修本,藏于中国国家图书馆。

(三)《太平圣惠方》

北宋·王怀隐等奉敕撰。王怀隐,据《宋史·列传第二百二十·方技上》记载"宋州睢阳(今河南商丘)人。初为道士,住京城建隆观,善医诊。太宗尹京,怀隐以汤剂祗事。太平兴国初,诏归俗,命为尚药奉御,三迁至翰林医官使……初,太宗在藩邸,暇日多留意医术,藏名方千余种,皆尝有验者。至是,诏翰林医官院各具家传经验方以献,又万余首,命怀隐与副使王祐、郑奇、医官陈昭遇参对类编……赐名曰《太平圣惠方》,仍令镂板颁行天下。诸州各置医博士掌之。怀隐后数年卒。"宋代书目如《崇文总目》《宋史·艺文志》著录本书时王怀隐均作王怀德。

本书作为官修方书,自太平兴国三年(978 年)始纂,于淳化三年(992 年)书成。全书100 卷,另有目录 1 卷并宋太宗御制序文 1 篇,分为 1670 门,收载医方 16 000 余首。书中每部以巢元方《诸病源候论》冠于首,其中卷一诊法,卷二用药,卷三至七为脏腑证治方,卷八至十四为伤寒方,卷十五至十六为时气方,卷十七至十八为热病方,卷十九至二十五为风病方,卷二十六至三十一为劳病方,卷三十二至三十七为五官诸病方,卷三十八至三十九为解诸毒方,卷四十至四十一为头发诸病方,卷四十二至五十九为内科杂病方,卷六十至六十八为外科诸病方,卷六十九至八十一为妇产诸病方,卷八十二至九十三为小儿诸病方,卷九十四至九十五为服食、丹药,卷九十六至九十八为食治、补益方,卷九十九至一百为针灸。

本书虽名方书,但内容涉及临床各科诊治、证候、医方、药物、针灸等,实为综合型类书性医书,是北宋以前医学成就的系统总结。书中内容多采摭旧籍,包括不少道教医学文献,保存有诸多后世亡佚之古医籍文献,如卷八内容有伤寒叙论、脉候、伤寒受病日数次第病证、六经病形证等,文字体例同于《伤寒论》,故此部分又称为淳化本《伤寒论》。只是本书援引诸家文献,未标明书名及卷次。

宋朝政府曾力行推广本书,淳化三年朝廷即发布"行《圣惠方》诏"曰"应道州府各赐二本,仍本州选医术优长、治疾有效者一人,给牒补充医博士,令专掌之。吏民愿传写者并听。"后又数次将本书颁赐给诸路州县、朝廷官员、周边少数民族政权。南宋绍熙二年(1191年),《太医局诸科程文》将本书作为太医局医学生考试教材,本书渐成为南宋"七经内出题"著作之一。

为便于推广应用本书,宋时尚有本书节要性著作数种,如庆历六年(1046年)何希彭《圣惠选方》60卷、皇祐三年(1051年)翰林医官使周应的《简要济众方》5卷、佚名氏《太平圣惠单方》《圣惠经要方》等。

本书卷帙浩繁,印行不易。宋太宗淳化三年国子监刻本为本书初刻本,另据《脉经》卷首《宋刻脉经牒文》言,宋哲宗绍圣三年(1097年)曾刻小字版《太平圣惠方》颁发全国,此两版均佚。南宋绍兴十七年(1147年)福建路转运司依据国子监所藏版本,重刊本书。明清期间本书未再刊印。因此,本书现存版本均为南宋刊本残本或是由南宋刊本衍生的和抄本、和刻本等。人民卫生出版社点校出版的《太平圣惠方》即根据多种手抄本排印而成。

(四)《太平惠民和剂局方》

宋·陈师文、裴宗元、陈承、许洪等编纂。陈师文,北宋临安(今浙江杭州)人,曾任朝奉郎、尚书库部郎中、提辖措置药局兼太医令医学博士等职。精于医术,与裴宗元齐名。裴宗元,宋徽宗时太医令,以医名于越。大观年间任奉议郎、太医令兼措置药局检阅方书等职,撰有《药诠总辨》。陈承,北宋阆州阆中(今四川省阆中市)人,宋初太子太师陈尧佐曾孙。幼年丧父,奉母移居江淮间。通诸家之说,临证多奇效。官至将仕郎,措置药局,撰有《重广补注神农本草并图经》。许洪,字可大,南宋武夷人,曾任太医局助教,并差充四川总领所检察惠民局。

本书集诸卖药家旧藏医方及士人所献医方,是宋代太医局编撰的成药(即熟药)处方配本,在宋代屡次修订,书名、篇卷等也几经改易。元丰年间(1078—1085年)的《太医局方》为本书之雏形。大观年间,陈师文、裴宗元、陈承修订纂成《和剂局方》,《玉海》言其:"五卷,二百九十七道,二十一门。"或有书目记为10卷、6卷等。宋室南渡后,本书又多次修订,可考者至少六次。其中嘉定元年(1208年)太医助教许洪曾增订本书,并将吴直阁增入的"诸家名方"标题前面补入"吴直阁增"字样,见丹波元胤《中国医籍考》。许洪另撰《和剂指南总论》(又名《用药指南总论》《指南总论》《局方用药指南总论》)3卷,为药物总论,包括炮炙、用药法等。现多附刊于书中正文后。因此,本书实是经诸家之手、前后历一百余年而定型成书。

本书今共10卷,分为治诸风、治伤寒、治一切气、治痰饮、治诸虚、治痼冷、治积热、治泻痢、治眼目疾、治咽喉口齿、治杂病、治疮肿伤折、治妇人诸疾、治小儿诸疾共14门,载方凡788方。每方详述主治病证和药物,并及药物炮制和药剂修制之法。

本书若干次修订之迹在内容中亦有反映。书中每门之下,首列诸方,当系北宋时载方;次为"绍兴续添方",为南宋高宗绍兴年间(1131—1162年)续添;再次为"宝庆新增方",为理宗宝庆年间(1225—1227年)新增;再次为"淳祐新添方",为理宗淳祐年间(1241—1252年)新添;再次为"吴直阁增诸家名方",吴直阁年代不详,现认为吴直阁增广本书当是绍兴中,时间在"绍兴续添方"之后;再次为"续添诸局经验秘方",为宁宗嘉定元年(1208年)许洪续添。书中诸方时间先后之序现今错乱,应与后人整理有关。

本书为宋代官方成药规范,书中载方以丸剂(因避宋钦宗赵桓讳,将丸改为圆)、散剂和煮散剂为主要剂型,习用辛香燥热之药,多是当时医家经验效方,又经太医局试验精选,疗效甚著,如人参败毒散、凉膈散、参苓白术散、牡蛎散、藿香正气散、八正散、二陈汤及川芎茶调散等方,同时"可以据证检方,即方用药。不必求医,不必修制",较为方便,故深受医家及病家推崇,对南宋医学影响巨大,形成"局方学"或谓"陈、裴之学"。本书传至日本,亦曾在东瀛风靡一时。

直至元代,朱震亨撰《局方发挥》,批评过于推崇局方而成的"官府守之以为法,医门传之以为业,病者恃之以立命,世人习之以成俗"时风及"一方通治诸病"等弊端,医学始为一变。岳珂《桯史》言:"若夫和剂局方,乃当时精集诸家名方,凡经几名医之手,至提领以从官内臣参校,可谓精矣,然期间讹者亦自不少。且以牛黄清心丸一方言之,凡用药二十九味,其间药味寒热讹杂,殊不可晓。尝见一名医云:'此方止是前八味,至蒲黄而止,自干山药以后凡二十一味,乃补虚门中山芋丸。当时不知缘何误写在此方之后,因循不曾改正'。余因共说而改之,信然。"

本书现存版本20余种。宋代刊本仅存绍兴本残卷1种,现藏于日本宫内省。元刊本有卢林古林书堂本、余志安勤有堂本、临江钱氏刊本、至正高氏日新堂刊本、清江书堂本、建安宗文书堂郑天泽刻本(后附《指南总论》3卷)等。明刊本有叶氏广勤堂刊本、熊氏种德堂刊本等,清刊本有《续知不足斋丛书》本(附《用药总论》3卷)、《学津讨原》丛书本等,日本刊本有正保四年(1647年)村上平乐寺开板、日享保十五年(1730年)橘亲显等校刊本(前有"增广"二字)、日享保十七年(1732年)东都书林西村又右卫门刻本(附《指南总论》3卷,《增广太平和剂图经本草药性总论》2卷)等,抄本有《四库全书》本(附《指南总论》3卷)等,尚有朝鲜刊本等。

本书常附刊许洪《和剂指南总论》,亦有版本附刊《图经本草药性总论》3卷,又名《本草药性总论》《增广太平和剂图经本草药性总论》《增广和剂局方用药总论》等,是节录《嘉祐本草》中的四百余种药物的本草著作。间或附刊《炮制总论》1卷,又名《诸品药石炮炙总论》,为制药方法总论。陈衍《宝庆本草折衷》尚记有附刊本书的两种节要性本草,分别为刘明之、黄伯沈所编。

(五)《圣济总录》

宋徽宗赵佶诏令敕纂,具体编纂人员不详。徽宗御制序称本书是在编撰《圣济经》后,"亦诏天下以方术来上,并御府所藏颁之,为补遗一卷,治法一卷。卷凡二百,方几二万……名之曰《政和圣济总录》……《经》(即《圣济经》)之所言者道也,医得之而穷神。《总录》之所载者具也,医用之而已病"。考《圣济经》成书于政和八年(1118年),北宋政和年间为公元1111—1118年,故本书可能为政和年间始纂,成书年代可能为政和年后。

本书200卷,收方近两万首,由其时民间及医家所献医方并内府所藏秘方汇集而成。书中卷一至二为运气,卷三叙例、补遗,卷四治法,以此四项为全书统领。其后"以病分门,门各有论,而叙统附焉。首之以风疾之变动,终之以神仙之服饵,详至于腧穴经络,祝由符禁,无不悉备",共分六十六门病证,每门之下,首列统论,次又分为若干病证,每一病证先叙病因病机,后列治疗方药。

本书承《太平圣惠方》之余绪,是北宋又一部大型官修方书。其中处方用药涉及内、外、妇、儿、五官、针灸各科，兼及杂症、食治、养生、祝由、符禁等，内容丰富，亦可谓医学全书。书中首列运气一门，所论六十年运气诸文及所列六十年运气图，源于《素问》运气七篇大论，由此可察宋徽宗"天运政治"之思想及其时运气学说之盛行。全书也多有道教医学内容，如书中有乳石发动、食治、符禁、神仙服饵诸门，故《四库全书总目》评《圣济总录纂要》时论本书："原本之末，有神仙服饵三卷，或言烹砂炼石，或言嚼柏咀松，或言吐纳清和，或言斩除三尸，盖是时道教方兴，故有是妄语。"另外，书中所引文献，多不言出处及篇卷。

本书在宋史及南宋书目不见著录。丹波元简《医賸》曰："盖此书之成在于徽宗之季年……金人尽索国子监书版、三馆秘阁四部书……此书镂版才成，未及颁布，亦在其中，尔后南北殊界，彼此不通，故南宋之士不得观之，遂至有并其目而无知者。"

《医賸》曰："及金世宗大定中，取所俘于汴都重刊颁行，因传于今矣。呜呼，是书成于北宋而晦于南宋，不传于中国而存于夷狄。"因此，本书初刊于金代大定中（1161—1169），应以北宋原版印行，今已无存。元代大德四年（1300 年），元政府校正刊行本书，改题书名为《大德重校圣济总录》，后列本书为医学各科必修教材。现认为大德本仍是以北宋政和版本挖补而成。大德刊本现存残本数部。明代本书未再刊刻。清代乾隆五十二年（1785 年）汪鸣珂氏补刻重刊本书，此乾隆本国内多见，但书缺 3 卷，并多处删改，儿科部分亦为后世医学内容之补入。日本文化十三年（1816 年）江户医学馆据明嘉靖时吉田宗桂入明时御赐所得的大德原本，用活字版校刊印行本书，即日本聚珍本。此本较佳，后传回中国。除上述刊本外，本书尚有多种抄本。

因本书内容繁多，清代又有两种节选本，即康熙二十年（1681 年）程林删定的《圣济总录纂要》26 卷和咸丰元年（1851 年）王士雄选辑的《圣济方选》2 卷。

（六）《普济本事方》

南宋·许叔微撰。许叔微，字知可，号近同先生，真州（今江苏省仪征市）人。据本书自序及书中所涉年事，元祐庚午年（1090 年）许叔微年方十一，连遭家祸，父以时疫，母以气中，百日之间，并失怙恃。少孤力学，于书无所不读，而尤邃于医。建炎初，真州疾疫大作，知可遍历里门，视病与药，十活八九。绍兴二年（1132 年）策进士，由徽州幕府，为临安泮宫判、登闻检院。曾官翰林，故医家谓之许学士。壬辰年（1142 年）许叔微尚行医治疾。其医著现存《伤寒百证歌》《伤寒发微论》《伤寒九十论》（上又合称《许氏伤寒论著三种》）、《普济本事方》《普济本事方后集》等，另有著作《仲景三十六种脉法图》《伤寒治法八十一篇》《翼伤寒论》《辨类》《伤寒类要方》（据嘉庆十五年《扬州府志》）等失传。

本书又名《类证普济本事方》《本事方》，约成书于绍兴二十年（1150 年），叔微自序曰晚年"漫集已试之方及所得新意，录以传远，题为《普济本事方》。孟繁有《本事诗》，杨元素有《本事曲》，皆有当时事实，庶观者见其曲折也"。是以书中兼记许氏医案和从医旧事。

全书 10 卷（有书目记为 12 卷），按病分为二十余类，收载三百余方，涉及内、外、妇、儿、五官、伤科等。书中各类病证下记述治疗方剂，诸方多为丸、散，汤剂较少，旁及针灸按摩治法。书中还专立治药制度总例，胪列一百多种药物的炮制方法，概示规范。

许氏学本仲景，书中一辟宋代医界偏于方药萃集、忽略辨证之时弊，注重辨证脉法，论治杂病，活法圆机。除许氏经验方外，书中尚采撷《伤寒论》《千金方》《和剂局方》《海上方》等诸家验方，并能因证化裁，自创新方。书中重视脾胃和肾气真元的学术思想对后世脾肾命火之说有启瀹之功。明·王肯堂《证治准绳》、明·龚廷贤《寿世保元》、清·吴仪洛《成方切用》、清·徐灵胎《兰台轨范》等均辑集本书资料。

许氏另有《普济本事方续集》（或名《普济本事方后集》等），10卷，按病分为二十类左右，各类记述方剂多为简易方或单方。日本多将之与《普济本事方》合刊，后传回国内。近贤张锡纯曰续集10卷："其书所载诸方，多离奇新异，令人乍视之，不得其解。及深思之，则确有精义，是诚所谓海上仙方，而不可以寻常方术视之者也。"

又有《普济本事方补遗》存世，清《持静斋书目》曰："旧钞本事方十卷，补遗三卷，乾隆间毛德宏校补钞本。宋·许叔微撰。"《持静斋藏书纪要》曰："其补遗国朝乾隆初毛德宏据他医书引叔微说编之……不必是本事所有，故库本无之"。

清代叶桂曾评释本书而成《（普济）本事方释义》10卷，后由叶氏曾孙叶滽安于嘉庆十九年（1814年）付刊。藏书家黄丕烈将此书与宋版《本事方》相校，证明《释义》本原文均同宋版，而坊刻《本事方》多误。亦有学者如谢观等疑《释义》为伪托之书。

本书现存两种宋刊本，分藏于日本静嘉堂文库及宫内省图书寮。日本尚有享保、元文年间本等，为本书与《普济本事方后集》之合刊本。国内现存清康熙刻本、清乾隆四十二年（1777年）云间王陈梁校刻本、《四库全书》抄本、清乾隆十五年（1750年）芸晖堂录宋抄本等。

（七）《三因极一病证方论》

南宋·陈言撰。陈言，字无择，号鹤溪道人，宋代处州青田（今浙江青田县）鹤溪人，或谓浙江景宁县人，约活动于绍兴至淳熙（1131—1189）年间，《处州府志》记载其："敏悟绝人，长于方脉，治病立效，有不可救者，则预告以期，晷刻无爽。作《三因方论》，研穷受病之源，用药之要等，医者宗之。其徒王硕为《简易方》并三论行于世。"陈氏长期生活于永嘉（今浙江温州），为永嘉医派创始人。其著作现存《三因极一病证方论》《三因司天方》，另著有《依源指治》《纂类本草》《海上方》等，现已亡佚。

本书原名《三因极一病源论粹》，或又简称《三因方》，成书于淳熙甲午（1174）年。全书共18卷，分为180门，共载方剂1050余首。卷一论脉，有学诊例、总论脉式、三部分位、六经五脏所属等十五篇。卷二有太医习业、五科凡例、纪用备论、脏腑配天地论、三因论、外所因论及风、寒、暑、湿病治法，卷三为痹证、历节、脚气治法，卷四为据六经论伤风、伤寒及其变症证治，卷五为狐惑、虚烦、伤暑、伤湿、运气民病等证治，卷六为疫病、疟疾证治，卷七至卷十三为内科杂病证治，卷十四至卷十六为外科、皮肤科、五官科证治，卷十七至卷十八为妇人、小儿科证治。

本书虽属方书，但以医论而名显。书中将纷繁复杂的病因分为三类，即内因、外因和不内外因。此"三因学说"源于《内经》，发扬于《金匮要略》，至本书而确立成为中医理论体系基础之一。本书命名亦与"三因学说"相关，陈氏自序曰："倘识三因，病无余蕴，故曰医事之要，无出此也。因编集应用诸方"，强调"分别三因，归于一治"。陈氏还重视察脉辨证，"究明三因，内外不滥，参同脉证，尽美尽善"，认为学医必识"脉、病、证、治，及其所因，因脉以识病，因病以辨证。书中也先按病因归类病证，以因辨病，按因施治，因证列方，先论后方，从而削繁知要，由博返约。

《四库全书总目提要》评价本书："每类有论有方，文词典雅，而理致简该，非他家俚鄙冗杂之比。苏轼传圣散子方，叶梦得《避暑录话》极论其谬，而不能明其所以然，言亦指其通治伤寒诸证之非，而独谓其方为寒疫所不废，可谓持平。《吴澄集》有《易简归一》序，称'近代医方,惟陈无择议论最有根柢,而其药多不验。严子礼剽取其论,而附以平日所用经验之药,则兼美矣'。是严氏《济生方》其源出于此书也。"民国八年闽南吴锡璜曾为《三因极一病源论粹》作评注,见于文瑞楼石印本。

本书现存南宋刊配补元麻沙复刻本、元刻本、日本宽文二年(1662年)刻本、日本元禄六年(1693年)越后刊本、清道光二十三年(1843年)青莲华馆刻本、1920年上海文瑞楼石印本和《四库全书》抄录本等。

(八)《严氏济生方》

南宋·严用和撰。严用和,字子礼,南宋南康(今江西南康)人,或据本书自序署名而称"庐山"人,生年约在1200年前后,卒年在1267年后。《济生方》江万先生序称"吾邦庐阜之产,不特多大儒名士,以医知名……盖刘、严是也。刘开,字立之。严用和,字子礼。严由刘教,名誉正等,而心思挺出,顿悟捷得,众谓严殆过其师也。刘死已数年,问药四来,而今相属于严之户,于是以生平所处疗,而沉思得要者,论著为方曰《济世(生)方》"。书中自序亦谓严氏幼自八岁喜读书,年十二受学于刘开,十七岁即行医,"以医道行世五十余年",于宝祐癸丑(1253年)年撰成《济生方》10卷,"不惟可以备卫生家缓急之需,抑以示平日师传济生之实意云",后又于咸淳丁卯(1267年)年撰成《济生续方》8卷。

《济生方》10卷本元代以后流传较少,既知宋刊本一部仅存日本宫内厅。国内存有日本享保十九年(1734年)平安植村玉枝轩刻本、日本享保十九年浪华书铺崇高堂刻本、日本天明元年(1781年)刻本等。《济生续方》8卷本国内现存日本文政五年(1822年)刻卫生汇编本,该本另有补遗1卷,系丹波元胤自朝鲜《医方类聚》中补辑本书相关内容而得。此外尚有浙江绍兴裘氏抄本等。

明初编《永乐大典》时曾收载本书,乾隆年间编《四库全书》时自《永乐大典》辑出《济生方》,计8卷,后收入《当归草堂医学丛书》等。国内曾影印该8卷辑本,因此该本较为易得。

《济生方》10卷本和8卷辑本内容及编排体例甚殊。10卷本据严氏序曰:"论治凡八十,制方凡四百,总为十卷"。卷一为中风、中寒、中暑、中湿、伤寒、诸疟、五痹、脚气、白虎历节论治;卷二为诸疝、眩晕、霍乱、呕吐、咳逆、喘、咳嗽、五噎五膈论治;卷三为心痛、怔仲、惊悸、健忘、虚烦、癫痫、五劳六极、痼冷积热;卷四为虚损、白浊赤浊等病论治;卷五为水肿等病论治;卷六为五痔、肠风、脏毒、痈疽等论治;卷七为五脏六腑虚实诸病论治;卷八为头面五官诸病论治;卷九至十为妇人经、带、胎、产诸病论治。书中所载各病均先论后方。

《济生续方》包括"评治"24篇,医方90首,分风、痫、头、眼、鼻、耳、口齿、舌病、咽喉、翻胃、喘嗽、心痛、胁痛、吐血、衄血、唾血、便血、秘结、泻痢、淋疾、遗精、白浊、脚气、积聚,编排体例同《济生方》。

《济生方》8卷辑本有"论治"56篇,收载方剂240余首,约为原书半之余。卷一为制方、补益、虚损、五劳六极、劳瘵;卷二为咳嗽、喘、吐血、翻胃、呕吐、噎膈、哕、腰痛、胁痛;卷三为风、暑、霍乱、湿、痹、疝、阴癞、疸、蛊、脚气;卷四为水肿、积聚、饮、健忘、消渴、遗浊、泄泻、下痢、小便、大便;卷五为目、耳、鼻、口齿;卷六为血气、带下、血瘕、崩漏、搐搦;卷七为求子、妊娠、产后;卷八为丁疮、肺痈、痔、瘘、疥、癣、瘿瘤、瘰疬。

本书所涉病种较多,但侧重于杂病。严氏以脏腑辨证立论,强调脉因证治"四者不失",注重制方法度,讲究药物炮制,提出"补脾不如补肾""人之气道贵乎顺""顺气为先"等学术观点,对后世温补学派理论发展不无裨益。严氏博采诸家之长,书中方剂既有采自《伤寒论》

《千金方》《太平惠民和剂局方》《三因方》等医籍的,亦有民间流传的单验方。严氏化裁或自创之方如加味肾气丸、归脾汤、疏凿饮子、小蓟饮子、实脾散等,更以制方刚柔相济、动静结合、阴阳相须、佐使合宜而著称,为后世广泛采用。《四库全书总目提要》评价本书:"书中议论平正,条分缕析,往往深中肯綮……盖其用药主于小心畏慎,虽不善学之,亦可以模棱贻误,然用药谨严,固可与张从正、刘完素诸家互相调剂云。"

《四库全书总目提要》提到:"《吴澄集》有《易简归一》序,称严子礼剽陈氏《三因方》之论,而附以经验之药……澄又有《古今通变仁寿方》序曰:'世之医科不一,惟有所传授得之尝试者多验,予最嘉严氏《济生方》之药,不泛不繁,用之辄有功。盖严师于刘,其方乃平日所尝试而验者也'。则澄盖甚重此书矣。"此段叙述甚为矛盾,今有学者认为本书实际上与《三因方》并无明显渊源。

当代有浙江省中医文献研究所和湖州中医院研究人员,从《医方类聚》中辑集本书相关内容,再据《济生方》《济生续方》诸刊本、抄本,将两书合辑排印而成《重订严氏济生方》。本书计有论治83篇,方剂520余首,分为五脏、诸风、诸寒、诸虚、诸痹、水肿、黄疸、诸疟、消渴、咽喉、口齿、妇人、痈疽疗肿等四十一门。

(九)《仁斋直指补遗方论》

南宋杨士瀛撰。明·朱崇正补遗。杨士瀛,南宋末年怀安故县人(今属福建福州、闽侯县)。《古今医统大全》载:"杨士瀛,名登父,号仁斋,世业医学,至父尤精。每以活人力心"。有弟子福建延平李辰拱,"壮岁游三山,获从仁斋先生游",得其授传。现存著作有《仁斋直指方论》《仁斋小儿方论》《仁斋伤寒类书》《医脉真经》。另有《医学真诠》等,现失传。朱崇正,字宗儒,号惠斋,明代嘉靖年间新安人,曾续补并刊刻杨士瀛医书。

本书原名《仁斋直指方》,又名《仁斋直指》《仁斋直指方论》,朱崇正续加补遗后,改为现名,又称《仁斋直指附遗方》。杨氏自序云:"明白易晓之谓直,发踪以示之谓指,剖前哲未言之蕴,摘诸家已效之方,济以家传,参之《肘后》,使读者心目了然。"

全书26卷,成书于景定五年(1264年)。书中以论治内科杂病为主,兼论妇科及外科病证。卷一为总论,论述五脏虚实、诸阴诸阳、荣卫气血等;卷二为论治提纲,论述病因、治则、脉象、病证诊治等;卷三至卷十九论述诸风、诸气、寒、暑、痰涎、虚劳、消渴等内科杂证证治;卷二十至二十一为眼目耳鼻唇舌咽喉齿证治;卷二十二至二十五论痈疽、乳痈等外科及诸虫中毒证治;卷二十六为妇科证治及血证证治。每门先列方论,概述病机、证候及治则,次列证治,列举治疗方剂及用量、用法等。每条之后题为"附"者,则为明代朱崇正所续。

杨氏精于内外妇儿诸科,在医学理论方面多具卓识,特别是书中气血病证论述,如论"调气为上,调血次之""气者,血之帅也,气行则血行,气止则血止,气温则血滑,气寒则血凝"等,对后世气血辨证尤有启迪之功。其他学术观点如"治病当先救急""治病如操舟""用药中病不必尽剂"等也为后世医家广泛传诵。临床施治中,杨氏广采诸家名方,尤喜经方,并多化裁。书中还载录不少杨氏自家用药心得和家传经验,如"柴胡退热不及黄芩""退热而热不去者,须用黄芩"等,颇切实用,明白易晓。本书远传海外,并颇受重视,李氏朝鲜王朝时曾是朝鲜医家必读之书和医科取才考讲之书。

本书现存单行本与合刊本。单行本有朝鲜活字复本。合刊本为杨氏诸书合集《仁斋直指》,存有本书元刻残本、明嘉靖二十九年(1550年)黄镀刻本(朱崇正补遗)、明刻本、清抄本及日本抄本,尚有《四库全书》抄录本。其中以明嘉靖二十九年黄镀刻本(朱崇正补遗)较为常见。

（十）《世医得效方》

元·危亦林撰。危亦林,字达斋,南丰(今江西南丰)人,大约生活于十三世纪后期至十四世纪前半叶。据本书自序,危氏生于五世业医之家,幼而好学,弱冠从医,除祝由外,各科皆精,天历元年(1328年)充南丰州医学学录,转充官医副提领,曾授南丰州医学教授。

本书始撰于天历元年(1328年),成书于至元三年(1337年)。依危氏自序"为十有九卷",现为20卷,应是附刊孙真人养生节要1卷之故。书中收载各科效方三千三百余首,依照元代太医院所分十三科编排,分别为大方脉、杂医科、小方脉科、风科、产科兼妇人杂病科、眼科、口齿兼咽喉科、正骨兼金镞科、疮肿科,卷二十是附篇,为孙真人养生书。针灸科内容,散附各科病证之中。

本书素以伤科成就突出而名显。书中卷十八正骨兼金镞科门,如董宿、方贤《奇效良方·卷五十六》所言:"正骨兼金镞科,惟危氏言其整顿手法,折伤手足,各有六出臼、四折骨、背脊骨折法、十不治,并用药法,则至矣、尽矣。"书中首创悬吊复位法,"背脊骨折法……用软绳从脚吊起,坠下身直,其骨便自归窠";主张整复前须麻醉,"凡骨节损折,肘臂腰膝出臼蹉跌,须用法整顿归元,先用麻药与服,使不知痛,然后可用手";书中麻药草乌散提到:"伤重刺痛,手近不得者,更加坐拿、草乌各五钱,及曼陀罗花五钱入药。"书内还收有危氏家族五代行医传下来的验方、秘方以及若干民间单验方,如卷九治水肿的秘传八方,卷十九治痈疽的秘传十方等。针灸一科内容,以灸法多见,还记有代替灸法的一种灯草纸烙法。本书并有附图,如卷九痨瘵的六代传病及诸虫形状、卷十六眼科的五轮八廓图、卷十九疮肿的五发形图。

本书于至正五年(1345年)由陈志首刊,此初刊本现藏于北京大学图书馆、美国国会图书馆。明代有书林魏家刻本,清代有《四库全书》抄录本。朝鲜亦有小字刻本、大字刻本、活字印本。

三、诊法、临证各科及针灸养生类医籍

（一）《察病指南》

南宋·施发撰。施发,字政卿,号桂堂,永嘉(今浙江省永嘉县)人,生平不详。本书淳祐改元(1241)自序:"余自弱冠,有志于此,常即此与举业并攻;迫夫年将知命,谢绝场屋,尽屏科目之累,专心医道。"施氏另存著作《续易简方论》。本书淳祐丙午(1241年)赵崇贺序:"施桂堂……考本草有书,曰辨异",此书现失传。

本书作为我国现存早期诊断专著,约成书于1241年。施氏自序论本书:"取《灵枢》《素问》《太素》《甲乙》《难经》及诸家方书、脉书参考互观,求其言之明白易晓。余尝用之而验者。分门纂类,裒为一集,名曰《察病指南》。其间如定四季、六脏平脉,与夫七表八里之主病,分见于两手三部者,亦本于圣贤之遗论,特推而广之,触类而补之,其他言之未甚昭著者,则附以己意发明之。"

书凡3卷,字近三万,以脉诊为主,兼及望诊、闻诊等其他诊法。上卷主要论述三部九候脉法,五脏六腑的四季常脉、平脉、病脉以及脉诊基本理论、基本技巧、男女反脉等。中卷为辨"七表八里九道"、七死脉及诊七表相承病法。下卷论述伤寒、瘟病、热病、水病等二十一类病证生死脉法、妇人小儿杂病脉法以及听声验病、察五脏色、考味知病等内容。中卷述七表八里九道及七死脉时,于各脉论前绘有脉象示意图,计33幅。

本书行文明晓,简明实用,切合临床,且附有歌诀,易学易记。此与其时永嘉医派"易简"之医风相合。书中诸脉图影反映了各种脉象的基本特征,简易直观。不过,书中沿用高阳生七表、八里、九道之脉象分类说,且每一种脉象,均以左右六部逐一分述,失于刻板,且与临床不尽相符。

本书版本现有日本正保三年(1646 年)中野小左卫门刻本、日本安庆二年(1649 年)刻本、中华新教育社 1926、1932、1949 年石印本、《三三医书》丛书本、日本刻本、日本活字本、抄本等。其中《三三医书》丛书本未载诸脉图影,内容也略有缺漏。

(二)《诊家枢要》

元·滑寿撰。滑寿,字伯仁,晚自号撄宁生,元末明初人。先世襄城人,徙居仪真(今江苏省仪征市),后又徙余姚(今浙江省余姚市)。幼习儒书,能诗,长于乐府。京口王居中客医仪真,寿从之学,授以《素问》《难经》。既卒业,寿晨夕研究,参会张仲景、刘守真、李明之三家而会通之,所治疾无不中。既学针法于东平(今山东省东平县)高洞阳,尽得其术。所至人争迎致,以得其一言定生死为无憾。年七十余,颜容如童。既殁,天台朱右撷其治疾神效者数十事为作传,故其著述益有称于世(《明史·方技传》、朱右《撄宁生传》)。万历《绍兴府志》称其"与朱丹溪彦修齐名"。

滑氏著述甚丰,现存医著《读素问钞》3 卷、《难经本义》2 卷《十四经发挥》3 卷、《诊家枢要》1 卷,或存《撄宁生厄言》(丁光迪《金元医学评析》)。另有《读伤寒论抄》《痔瘘篇》《医韵》《脉理存真》《医学引彀》《脉诀》(或疑即《诊家枢要》)、《撄宁生要方》《撄宁生补泻心要》《医学蠢子书》,现均失传。王吉民著录英国博物院藏《滑伯仁正人明堂图》,疑即《十四经发挥》中的十四经图释部分。题为滑寿原著、浮海道人补辑之《麻疹全书》(又名《麻证全书》)应为清人托名之作。

本书约撰于元至正己亥年(1359 年),书前有至正甲辰年(1364 年)滑氏自序。全书为脉学之门径书。书仅 1 卷,篇幅甚短,包括脉象大旨、左右手配脏腑部位、五脏平脉、四时平脉、呼吸浮沉定五脏脉、因指下轻重以定五脏、三部所主、诊脉之道、脉阴阳类成、妇人脉法、小儿脉、诊家宗法等诸篇,以"脉阴阳类成"和"诊脉之道"两篇内容较详。其中"诊脉之道""脉阴阳类成"将脉象厘定为三十脉,较《脉经》二十四脉又增加了长、短、大、小、牢、疾,并将脉象据阴阳分类,两脉对比,参较阐述。

本书萃集元以前诸家脉学理论,参以己见,阐释脉诊体系及辨本脉法,类分条析,简明扼要。滑氏"察脉须识上、下、来、去、至、止六字"之说尤为清代周学海所重:"滑氏之六字,则脉之妙蕴几于无遗,而讲脉学者,可得所宗主矣"。滑氏总结的"举""按""寻"三种切脉法,沿用至今。"诊脉之道"还提出:"大抵提纲之要,不出浮、沉、迟、数、滑、涩之六脉也""明脉须辨表、里、虚、实四字"等,提纲挈领,语简义丰。滑氏还重寸、关、尺之部候脉,论述脉象主病时,多按三部分论;亦重妇人、小儿脉法,专篇详论。

本书现存明弘治十七年(1504 年)古绛韩重刻本、清代建德周学海校刊的《周氏医学丛书》本等。因本书篇幅短小,亦常附入明代《明医杂著》《明医指掌》、明代《素问补抄》、明代《素问抄》、清代余显廷《脉理存真》等书刊行。其中以《周氏医学丛书》本多见。《周氏医学丛书》本、《明医杂著》本等各版本内容互有出入。《周氏医学丛书》本文内有十余条小字双行之周学海评语,且文后附"诸病条辨"及"持脉总论"两篇,分别本于程文囿《医述》与李中梓《士材三书》,由学海辑录加注而附刊。

(三)《内外伤辨惑论》

金·李杲撰。李杲,字明之,晚号东垣老人,真定(今河北省正定县)人。据砚坚《东垣老人传》,李杲生于世宗大定二十年(1180年),卒于元宪宗元年(1251年),寿七十二。李杲家世豪富,"幼业儒术",后母王氏病,竟莫知为何证而毙。李杲痛悼己不知医而失亲,"时易人张元素以医名燕赵间,杲捐千金从之学,不数年尽传其业"。李杲后避兵乱前往汴梁(今河南省开封市),"遂以医游公卿间""通医之名雷动一时,其所济活者,不可遍举"。壬辰年(1232年)金都失陷后,李杲北渡黄河,寓居东平(今山东省东平县),至甲辰(1244年)还乡里。李杲晚年收徒罗天益,临终前将所著书稿托付于罗天益"推而行之"。其弟子尚有王好古等。李杲结合其时医疗实践,明内伤与外感疾病之别,创立脾胃学说,阐释内伤脾胃证治,为补土派的创始人,名列金元四大家之内。

李杲所著或弟子整理的医著现存《内外伤辨惑论》《脉诀指掌病式图说》(名为朱震亨撰)、《脾胃论》《兰室秘藏》《医学发明》(常题为朱震亨撰)、《东垣试效方》等,另有《伤寒会要》《伤寒治法举要》《东垣药谱》《医说辨惑论》《疮疡论》《东垣心要》、王执中《东垣先生伤寒正脉》《药象论》等现已亡佚。此外,后世托名东垣的医著甚多,包括《食物本草》《珍珠囊指掌补遗药性赋》《本草歌诀雷公炮制》《医方便儒》《活法机要》(或题为朱震亨撰,实为节录刘完素《素问玄机气宜保命集》而改易书名与作者)、《东垣脉诀》《保婴集》等。

本书前有李杲丁未年(1247年)自序:"曾撰《内外伤辨惑论》一篇,以证世人用药之误。陵谷变迁,忽成老境,神志既惰,懒于语言,此论束之高阁十六年矣。"书中卷上"辨阴证阳证"末又提到壬辰年李杲于大梁亲见病死者众"……皆药之罪也。往者不可追,来者犹可及,辄以平生已试之效,著《内外伤辨惑论》一篇,推明前哲之余论",故可认为本书于壬辰年(1232年)始撰。

全书或简称为《内外伤辨》,共3卷。卷上载辨阴阳证、辨脉、辨寒热、辨外感八风之邪、辨手心手背、辨口鼻、辨气少气盛、辨证与中热颇相似等医论13篇,论述外感与内伤病证各自的传变规律、形证色脉。卷中载饮食劳倦论、四时用药加减法、暑伤胃气论等医论五篇,立补中益气汤、清暑益气汤、升阳散火汤、升阳益胃汤等方23首。卷下载辨内伤饮食所宜所禁、饮食自倍肠胃乃伤分而治之、论酒客病、说形气有余不足当补当泻之理等医论八篇,立枳术丸、草豆蔻丸、三棱消积丸、葛花解醒汤、瓜蒂散等方剂二十三首。

本书创立内伤学说,认为疾病可分两途,"概其外伤风寒,六淫客邪,皆有余之病,当泻不当补;饮食失节,中气不足之病,当补不当泻""病气有余,乃邪气胜也,急泻之,以寒凉酸苦之剂""病气不足,乃真气不足也,急补之,以辛甘温热之剂",详论外感与内伤疾病病因、病机、脉象诊治之不同。因此王纶《明医杂著》曰:"外感法仲景,内伤法东垣。"书中提出"既脾胃虚衰,元气不足,而心火独盛。心火者,阴火也,起于下焦,其系于心,心不主令,相火代之;相火,下焦胞络之火,元气之贼也。火与元气不能两立,一胜则一负"的论点,已具李杲脾胃学说之雏形。李杲创制的补中益气汤甘温扶脾,升举清阳,开后世甘温除大热之先河。

王履《医经溯洄集》曰:"东垣李氏所著《内外伤辨》,有曰外伤风寒客邪有余之病,当泻不当补,内伤饮食劳役不足之病,当补不当泻。自此论一出,而天下后世始知内外之伤有所别,而仲景之法,不可例用矣。"《四库全书提要》曰:"是编发明内伤之证有类外感,辨别阴阳寒热、有余不足,而大旨总以脾胃为主,故特制补中益气汤专治饮食劳倦、虚人感冒,法取补土生金,升清降浊,得阴阳生化之旨,其阐发医理,至为深微。"

本书现存最早版本为元刻本,另有明成化二十三年(1487年)刻本及《东垣十书》丛书本、《古今医统正脉全书》丛书本、日文化三年(1806年)东京丰修堂刻医学丛书本、《四库全书》抄录本等。

(四)《脾胃论》

金·李杲撰。本书前有元好问己酉年(1249年)序言,言此书为壬辰之乱后,东垣恐《内外伤辨惑论》不足以醒悟俗世,"故又著《脾胃论》叮咛之,上发二书之微,下袪千载之惑"。卷末有罗天益至元丙子年(1276年)序。

全书3卷,有医论39篇,方论63篇。卷上载脾胃虚实传变论、脏气法时升降浮沉补泻图说、脾胃盛衰论等医论和补脾胃泻阴火升阳汤、羌活胜湿汤等方。卷上各医论均首列《内经》原文,而后据之发挥,阐述脾胃生理特性、病理变化、表里关系、虚实传变、气火关系失调及治疗上升降浮沉补泻方法,倡立"升阳""泻火"治则。卷中载气运衰旺图说、饮食劳倦始为热中论、脾胃虚不可妄用吐药论等医论和补中益气汤、除风湿羌活汤、清暑益气汤等方。卷下载大肠小肠五脏皆属于胃胃虚则俱病论、脾胃虚则九窍不通论、阴阳升降论等医论和清燥汤、半夏枳术丸、木香干姜枳术丸、交泰丸等方,着重阐述脾胃虚损与其他脏腑、九窍、天地阴阳升降沉浮的关系、饮食内伤脾胃诸方和治验。

本书是李杲脾胃学说代表著作,深化《内外伤辨惑论》所立理论,宗《内经》《难经》要旨,秉承"有胃气则生,无胃气则死""四季脾旺不受邪"等经义,以"人以胃气为本"之论为基础,创立脾胃元气学说,深入阐发"内伤脾胃,百病由生"之病机,认为脾胃是元气之本,脾胃伤,则元气衰,元气衰,则疾病所由生。书中还提出脾胃内伤病机主要是气火失调,再论阴火学说;治疗除沿用《内外伤辨惑论》诸方外,李杲又根据甘温除热治则和"以辛甘温之剂,补其中而升其阳,甘寒以泻其火"的用药法度,创制系列益气升阳为主、苦寒降火为辅的方剂。清代屠人杰《伤寒经解》论曰:"自此论一出,《内经》之文益显,治脾胃之法愈悉,而天下后世乃知人生莫先于脾胃,而疗病尤为紧要,虽代有人论脾胃,而方法总无逃乎东垣之范围,其惠也不一大哉。"但后世医家也提出李杲脾胃论说的不足:"东垣详于治脾,略于治胃;详于温补,略于清滋""以治脾之药笼统治胃"。

《四库全书总目提要》评曰:"杲既著《辨惑论》,恐世俗不悟,复为此书。其说以土为万物之母,故独重脾胃,引经立论,精凿不磨。"《郑堂读书记》评曰:"东垣专理脾胃,多用升提香燥,亦当务之为急而已。此与《辨惑论》实相辅而行,缺一不可。而近世徐洄溪《医学源流论》下,诋其意见偏而方法乱,贻误后人,此论未公,吾不凭也。"

本书版本较多,现有《济生拔粹》丛书本(1卷节本)、明嘉靖梅南书屋《东垣十书》丛书本、明万历二十九年(1601年)新安吴勉学校刻《古今医统正脉全书》丛书本、明万历刻本、清光绪七年(1881年)广州云林阁刻本、清刻本、《四库全书》抄录本等。

(五)《兰室秘藏》

金·李杲著述,其门人罗天益整理刊行。《四库全书总目提要》论本书:"前有至元丙子(1276年)罗天益序,在杲殁后二十五年。疑即砚坚所谓临终以付天益者也。"书名典出《素问·灵兰秘典论》"藏灵兰之室,以传保焉",意即所论珍贵,可藏于兰室。

本书现为3卷。书前罗天益序言"《兰室秘藏》六卷",亦有书目记载为6卷。全书共21门,主要论述内科、五官科、妇人科、外科与儿科方药。每门下或列方论,述其证治大要,次列诸方,间附验案以证其说。卷上列饮食劳倦门、中满腹胀门、心腹痞门、胃脘痛门、消渴门及眼耳鼻门,计6门,其中含有饮食所伤论、劳倦所伤论、内障眼论等医论8篇。卷中列头痛门、口齿咽喉门、呕吐门、衄血吐血门、腰痛门、妇人门,计6门,其中含有头痛论、口齿论、半产误用寒凉之药论等医论5篇。卷下列大便结燥门、小便淋闭门、痔漏门、阴痿阴汗门、泻痢门、疮疡门、杂病门、自汗门、小儿门,计6门,其中含有大便结燥论、小便淋闭论、癍疹论等医论7篇。全书共收载280余首方,大多为李杲自创之效方。

本书主要是东垣临床治验方之萃集,为补土学派治法和处方之典范。本书在理论上与《内外伤辨惑论》《脾胃论》一脉相承,将脾胃学说推广应用于临床各科疾病的病机、诊断、治疗,如对腰腿疼痛、内障目疾等病,亦重视扶正祛邪、调整脾胃功能,使东垣"脾胃内伤,百病由生"学术观点和诸病皆从脾胃调治的证治特色具象化。《四库全书总目提要》亦言书中诸门疾病证治:"皆谆谆于脾胃,盖其所独重也。"

书中诸方药味可少至2味,也可多至20余味,如半夏厚朴汤、救苦化坚汤、生津甘露饮子等。故王纶《明医杂著·医论》曾言:"东垣用药,如韩信将兵,多多益善。"另外,东垣方中不少药物用量较小,如半夏厚朴汤中诸药用量多以分计,红花、苏木仅用五厘。李杲还强调随证制方和不同季节用药加减,在其自拟方中间或附有加减法,示人以处方用药之法程。可见,无论药味多寡、药量轻重,东垣方多法度严谨,切合病机,讲究君臣佐使,标本主次分明,并重视药物气味阴阳、升降浮沉等性能配合。《四库全书总目提要》曰:"惟杲此书载所自制诸方,动至一二十味,而君臣佐使,相制相用,条理井然,他人罕能效之者,斯则事由神解,不涉言诠,读是书者能喻法外之意,则善矣。"

本书现存版本有元刻本、《古今医统正脉全书》丛书本、《济生拔萃》本、明刻本、《四库全书》抄录本。另外,本书与罗天益整理的李杲另一部著作《东垣试效方》刊行时间相近,内容也大同小异,可能同出一源。

(六)《儒门事亲》

金·张从正撰。张从正,字子和,号戴人,金代睢州考城(今河南省兰考县或民权县)人,生活于12~13世纪间。张从正年轻时曾"从军于江淮之上",于兴定中(1217—1222)被召补为太医,不久辞官而去。从正因"久居陈(即宛丘,为古陈州,今河南省淮阳县)",故常被称为宛丘张子和。《金史》言从正:"精于医,贯穿《素》《难》之学,其法宗刘守真,用药多寒凉,然起疾救死多取效。古医书有汗、下、吐法,亦有不当汗者汗之则死,不当下者下之则死,不当吐者吐之则死,各有经络脉理,世传黄帝、岐伯所为书也。从正用之最精,号张子和汗下吐法。"张从正作为攻邪派之创始人,名在金元四大家之列。其医著现存《儒门事亲》中诸作,另著有《三复指迷》《子和心法》《张氏经验方》《秘传奇方》《汗吐下方》等,现已失传。张从正门人常德整理张氏医论而成《伤寒心镜》《治法心要》等书。

本书成书非一人之功,应是张从正草撰并由其友人及门人麻知几、常仲明等整理、补遗子和之说而成。本书流传过程中形成不同的版本系统,各版本子目、篇卷分合及内容有一定出入。现存版本主要有单行本、丛书本两大系统。单行本现存蒙古中统三年(1262年)高鸣刻本,书凡3卷,该本卷首有高鸣所作的序及金人张颐斋所作的引。日人据此影抄而成日本影元3卷抄本。丛书本系统依照卷数不同分为两类。一为12卷本,现存金刊本一种,子目为《儒门事亲》3卷、《治百病法》2卷、《十形三疗》3卷、《撮要图》1卷、《三法六门方》1卷、《世传神效名方》1卷、《治法杂论》1卷,该本今藏日本。二为15卷本,现有明嘉靖二十年(1541年)邵辅刻本、明万历二十九年(1601年)学刻《古今医统正脉全书》本等。《古今医统正脉全书》本子目为《儒门事亲》3卷、《直言治病百法》2卷、《十形三疗》3卷、《杂记九门》1卷、《撮要图》1卷、《治法杂论》1卷、《三法六门方》1卷、《刘河间先生三消论》1卷、《扁鹊华佗察声色定死诀要》1卷、《世传神效名方》1卷。邵辅刻本篇卷与《古今医统正脉全书》本略有出入。清代以后诸刻本、《四库全书》抄录本大多从《古今医统正脉全书》本出，属15卷本体系。15卷本系统还有日本正德元年（1711年）渡边氏洛阳松下睡鹤堂刻本等。个别明刊本中曾加入《三复指述》一书。《医统正脉》本中只列卷数，其子目书名已被删除。目前，以15卷版本系统中的日本渡边氏洛阳松下睡鹤堂刻本（1711年）、《古今医统正脉全书》本较为常见。

此外，《宋以前医籍考》引《湝喜斋藏书记》称有元刻8卷本："元刻太医张子和先生《儒门事亲》三卷、《直言治病百法》二卷、《十形三疗》三卷，金张从正撰"，该8卷本今已失传。成书于明·正统十年（1445年）朝鲜《医方类聚》辑录有《儒门事亲》《治病百法》《三法六门》《十形三疗》《治法杂论》《杂记九门》《神效名方》七目。

通行的15卷本中，前3卷即为《儒门事亲》，有医论30篇。该部分基本为张子和亲撰（后3篇存疑，可能非子和所作），是张子和主要学术观点的表述，汗、吐、下三法及攻邪理论均倡说于此。第4、5卷《治百病法》辑录对内、外、妇、儿、五官、皮肤诸病证治的经验100条，详于治法、方药。此部分内容与卷十一《治法杂论》相近。《治法杂论》按诸病、妇、儿三大类，分别以风、寒、火、内伤、外伤等门排列，计15门，100段左右。《治法杂论》文体较质朴，《治百病法》可能是在《治法杂论》基础上，重新编次整理而成。第6、7、8卷《十形三疗》实为医案集录，绝大部分是子和临床治验，还附录了少量子和友人麻知几、赵君玉及门人常德、栾企验录，应为子和门人及弟子整理。第9卷《杂记九记》当是常、栾等人记录子和医论医事之汇编，为医话体例的雏形。第10卷《撮要图》以图表叙述中医基础知识，可能子和所撰中医启蒙教材。明代刊刻时可能据其时阅读习惯，将图改易为文字篇法。第12卷《三法六门》应为子和所撰，其三法是谓汗、吐、下三种治法，其六门是谓风、寒、暑"湿、燥、火，录有内外兼治、调治之方170余首，是子和学说在临床遣方用药的代表。第13卷《刘河间先生三消论》辑录刘河间先生未经刊行之遗著，经麻知几编辑后收入。第14卷《治法心要》内容杂糅，包括十八反歌、六陈歌、五不及歌、四因歌、运气歌等歌诀。第15卷《神效名方》录方270余首，主要收录张氏家传方、世传验方、秘方及子和所创专病专治方。

本书集中反映了张从正学术观点，认为病由邪生，治病首当攻邪，损有余即补不足，攻邪应就近而祛之，反对滥用补法，提倡养生宜食疗，并以情志疗法祛疾。《四库全书总目提要》言本书："其例有说有辨，有记有解，有诫有笺，有诠有式，有断有论，有疏有述，有衍有诀，有十形三疗，有六门三法。名目颇烦碎，而大旨主于用攻。其曰《儒门事亲》者，以为惟儒者能明其理，而事亲者当知医也。从正宗河间刘守真，用药多寒凉，其汗、吐、下三法当时已多异议。故书中辨谤之处为多。丹溪朱震亨亦讥其偏，后人遂并其书置之。然病情万状，各有所宜。当攻不攻与当补不补厥弊维均。偏执其法固非，竞斥其法亦非也。惟中间负气求胜，不免过激。欲矫庸医恃补之失，或至于过直。又传其学者，不知察脉虚实、论病久暂，概以峻利施治，遂致为世所借口。要之，未明从正本意耳。"

另据《南康府志》载，清代江西安义人詹墀（号樵珊）曾撰《儒门事亲集要》，惜未刊行，或为一种节选本。

（七）《卫生宝鉴》

元·罗天益撰。罗天益，字谦甫，号容斋，元代真定藁城（今河北省藁城县）人，主要活动于十三世纪。本书"自启"言其："幼承父训，俾志学于诗书。长值危时，遂苟生于方技……长切求师之志。"砚坚《东垣老人传》提到罗天益经荐拜师学医于东垣门下，苦学不辍。本书砚坚序亦曰"太医罗先生，学于东垣李君，源流于易水张君，其道大行"。《医学发明》序言提到罗天益在东垣"身殁之后，奉公（此指李杲）之室王氏，与嫡母无异。岁时甘旨不乏者，殆十余年"。从本书各医案记载中，可知罗天益曾数次奉诏至六盘山，任军医，自记为"从军""随军"，为官长治病。至元二十一年（1284年），韩公麟承命增修《本草》，"以罗天益等二十人应诏"。罗氏著作现存《卫生宝鉴》。另外，罗氏遵师遗愿，整理刊行了东垣著作《兰室秘藏》等，并曾协助东垣编纂《内经类编》（已佚）。刘因《静修文集》记载罗天益尚著有《药象图》《经验方》《医经辨惑》等，现已失传。

本书现为24卷，补遗1卷。撰年不详，书前有至元辛巳（1281年）年砚坚序言、至元癸未（1283年）年王恽序言和罗天益"自启"一篇。全书共分4编。卷一至卷三为"药误永鉴"，载春服宣药辨、汗多亡阳、灸之不发、用药无据反成气贼、时气传染等医论25篇，例举误治诸病案，驳斥世俗之偏见，以正差谬而明理法，"知前车之复，戒后人勿蹈之也"。卷四至卷二十为"名方类集"，列饮食自倍劳倦所伤、劳倦所伤虚中有寒、泻热、除寒、中风、头痛、咽喉口齿、疮肿、妇人、杂方门诸门，辑录罗氏自拟方及古方所历验者700余首，先论后方，末附治验，论述临证各科诊治，"古今之方，择之已精，详而录之，使后人有所据依也"。此编末有针法门，录流注指要赋等。卷二十一为"药类法象"，辑有哎咀药类、药性要旨、用药升降浮沉补泻法、脏气法时补泻法、治法纲要等药论11篇，以述洁古、东垣药学理论，"气味厚薄，各有所用，证治损益，欲后人信之也"。卷二十二至卷二十四，为"医验纪述"，载罗氏验案及医论等18则，"遇如是病，用如是药，获如是效，使后人慎之也"。今通行本于书末附"补遗"1卷，主要为仲景以下诸家治伤寒诸证经验方百余首，可能系明永乐十五年（1417年）韩凝（字复阳）、韩夷（字公达）父子重刊本书时集辑。

本书继承吸收了易水学派张元素、李杲等学术思想和临证成就，师承之余，亦结合罗氏临证经验，对脾胃学说有所发挥。如论脾胃之伤，分列"饮食自倍脾胃乃伤论""饮伤脾胃论""食伤脾胃论"专题论述；论劳倦所伤，《脾胃论》中有脾胃虚损"始病热中，若末传为寒中"之论，罗氏据此分劳倦所伤为"虚中有寒""虚中有热"两类阐述。罗氏还独详于三焦辨治，在书中"泻热门""泻寒门"中，主张应分三焦辨治，并阐述了"气分寒热"和"血分寒热"之异同，对后世三焦病机学说发展有一定启迪之功。全书立论处方，既承袭乎师门诸法，又斟酌于历代名方，参究经旨，结合已验而予以阐发，体现出其甘温益气、甘寒泻火、苦寒泻湿热、苦甘寒清血热以及辛香调畅气机等用药特色。书中永乐十五年（1417年）太医院院判蒋用文的序言评价本书"论病则本于《素》《难》，必求其因，其为说也详而明，制方则随机应变，动不虚发，其为法也简而当，大抵皆采撷李氏平日之精确者，而间概括以己意，旁及于诸家者也""李氏之学，得罗氏而益明"。

本书现存明永乐十五年吴郡韩氏重刻本、明嘉靖间明德堂刊本、日本据明弘治七年（1494年）刘廷瓒刻本影抄本以及《济生拔粹》《惜阴轩丛书》本等十余种刻本，以《惜阴轩丛书》本较为常见。《济生拔粹》丛书本为节录本。

（八）《金匮钩玄》

元·朱震亨撰，明·戴思恭校补。戴思恭，字原礼（或误作元礼），号肃斋，浦江（今浙江省浦江县或诸暨市）人，以字行，生于元泰定甲子（1324年），卒于永乐乙酉（1405），寿八十二。戴思恭弱冠即随其父受学于朱震亨，后以医鸣。壮岁挟技游吴越，行学于浙西东。洪武时征为御医，建文帝时擢为太医院使，永乐时以年老辞归，历事三帝，宠渥优深（《明史·方技》《明奉政大夫太医院使显一府君行状》）。其著作多"隐括丹溪之书为之""又订正丹溪《金匮钩元》三卷，间附以己意，人谓无愧其师，其为医家善本可知矣"，尚订正《丹溪医按》一书，现亦存《推求师意》《证治要诀》《证治要诀类方》（后两种今或疑为托名之作），另著有《证治类元》《类证用药》《本草摘抄》，或谓失传。

本书3卷，可能撰于洪武年间，论述临床各科病证。卷一至二以内科杂病为主，兼述喉症和外科病证，如中风、六郁、伤寒、泄泻、伤食、五疸、水肿、头风、耳聋、心痛、腰疼、劳瘵、咳血、缠喉风、咽喉生疮、肠痈、脱肛等，其中内科病证87种，喉科、外科病证12种。卷三为妇人及小儿科之常见病，包括妇科有关经、带、胎、产及儿科吐泻、黄疸、急慢惊风、疳病等常见病证，其中妇科病证16种，儿科病证22种。总计137种病证，每证简要论述病因病机、治疗方药。凡书中诸证论述部分标有"戴云"者均为戴氏补订。戴氏补订部分尚有若干无明显标识者。书后附有医论6篇，不刻于目录，分别为"火岂君相五志俱有论""气属阳动作火论""血属阴难成易亏论""滞下辩论""三消之疾燥热胜阴""泄泻从湿治有多法"，现多认为是戴氏所著，亦有学者认为是书坊刊行时辑入。

本书以气、血、痰、郁统领杂病辨证，深化了丹溪"气血痰郁"之说，如"温病"门中提出用丸药需"分气、血、痰作汤，使气虚四君子汤，血虚四物汤，痰多二陈汤送下。"书中多以四物汤养阴，以补血为养阴重要方法。在"六郁门""心痛门"中，戴氏补注进一步阐发了郁证证候。书中所录丹溪杂病治疗经验较为实用，所载证治方药，经戴氏校补后，要点简明，文风质朴，尤便于初学。书末医论体现了"阳易亢，血易亏"的气血盛衰理论。《四库全书总目提要》曰："观其滞下辨论，引震亨之言，则亦原礼所加也。震亨以补阴为宗，实开直补真水之先，其以郁治病，亦妙阐《内经》之旨，开诸家无穷之悟。虽所用黄柏、知母，不如后人之用六味圆直达本原，所制越鞠丸亦不及后人之用逍遥散和平无弊。然筚路蓝缕，究以震亨为首庸。是书词旨简明，不愧钩元之目。原礼所补，亦多精确。"

本书曾收入《丹溪心法》附录中，嘉靖八年（1529年）被收入《薛氏医案》中，并改名《平治荟萃》。清代因避康熙名讳，曾改书名"钩玄"为"钩元"。今又有学者谓本书之名迭经更易，应即戴氏之《本草摘抄》。

本书现存版本主要有明成化二十一年（1485年）山阳沈纯刻本、《古今医统正脉全书》丛书本、《丹溪心法附余》本、清《周氏医学丛书》本和《四库全书》抄录本等。

（九）《丹溪心法》

元·朱震亨述，明·程充校订。据本书序言和弘治十五年《徽州府志》记载，程充，字用光，自号复春居士。明代休宁汊口人。初业儒，后以亲疾习医及星筮数学，悉得肯綮。居岐山下，筑室藏书，曰岐阳书室。所著有《管天稿》《重订丹溪心法》100篇。

本书前有成化十八年（1482年）程敏政序、成化十七年（1481年）程充序，记载本书成书因由及过程："景泰中，杨楚玉集其心法，刊于陕右。成化初，王季璛附方重梓于西蜀……而杨之集，篇目或有重出，而亦有遗，附以他论，使玉石不分。王因之附添诸方，多失本旨""窃取《平治会萃》《经验》等方及《玉机微义》《卫生宝鉴》《济生拔萃》、东垣、河间诸书校之……复得今中书乌伤王允达先生以丹溪曾孙朱贤家藏的本寄示,合而参考"。故亦有称杨楚玉、王季璲、程充所校订《心法》本分别为陕本、川本、徽本。

本书通行版本5卷(另有3卷本、4卷本)。卷首载有十二经见证、不治已病治未病、亢则害承乃制、审察病机无失气宜、能合色脉可以万全、治病必求于本6篇医论。其后为卷一至卷五,载有内外妇儿等各科病证100种。所述病证,从卷一"中风一"至卷五"痘疮九十五",后有论倒仓法、论吐法、救急诸方、拾遗杂论、秘方5篇,总计百种。每一病证,先记朱震亨原论;次为朱震亨弟子戴元礼论述"戴云";再次为治疗方剂,收录的方剂分入方与附方,入方为丹溪所订,附方则取其他医家所著;其后又有附录,辨析该病病名、病因、证候等;末为附方,偶附程充之按语。书末还附有明代宋濂"故丹溪先生朱公石表辞"与戴九灵"丹溪翁传"。

书中戴元礼论述部分与《金匮钩玄》(即《平治会萃》)中"戴云"大体相同。因此,本书可谓在《金匮钩玄》基础上,以气、血、痰、火、郁为纲,审因论治,力倡养阴,进一步整理丹溪临床经验,丰富丹溪"阳常有余、阴常不足"学说,是一部较为全面反映丹溪临证成就的医著。例如论火方面,提出火"可发有二:风寒外来者可发,郁者可发""阴虚证本难治,用四物汤加炒黄柏,降火补阴。龟板补阴,乃阴中之至阴也。四物加白马胫骨,降阴中火,可代黄连、黄芩。黄连、黄芩、栀子、大黄、黄柏降火,非阴中之火不可用。"《中国医学百科全书·医学史》尚言本书中外科病证及倒仓法等内容,系程氏所补订。《中国医学大成总目提要》评价本书:"其书虽有后人纂集,法宗丹溪,能阐明学理,犹为医家切要,可谓师传心法也。"

本书突出反映了丹溪内科杂病方面的治疗思想与经验,其后不少内科著述引录了本书相关内容。明嘉靖年间,方广在本书基础上,整理而成《丹溪心法附余》。另有题名朱震亨述、明·高叔宗校正的《丹溪心法治要》一书亦取材于本书。

本书现存3卷本和5卷本两类版本。5卷本较为通行,包括明成化十七年(1481年)刻本、明万历二十九年(1601年)步月楼梓行本、明万历二十九年闽书林刘氏乔山堂刻本、明嘉靖三十三年(1554年)养正书馆刊本、《古今医统正脉全书》丛书本、清乾隆间世德堂刊本等。其中以《古今医统正脉全书》丛书本较为常见。本书有时亦附录他书,共同刊行。

(十)《外科精义》

元·齐德之撰。齐德之,元代医家,生平不详,书中结衔初称医学博士,充御药院外科太医。

本书付梓于元惠宗至元元年(1335年)。全书2卷。上卷为外科医论35篇,有论疮肿证候入式法、论荣卫色脉参应之法、论痔瘘等,其中包括疮肿的病理、诊断、治则、治法、预后判断、护理等医论25篇,五发疽、阴疮、丁疮肿、瘰疬等病的证治医论10篇。下卷载外科方100余首,其中收录"刘守真疮论"1篇,末有"论炮制诸药及单方主疗疮肿法"1篇。诸方多选自《千金方》《外台秘要》《太平圣惠方》等前代方及太医院方,亦有齐氏经验方,方剂出处多有交代。

本书作为中医外科学专著,通过医论,明确总结外科内治法中的内消法和托里法这两种治法的机制、用法等,体现了内外兼用、整体辨治的中医外科治疗思想。在外科疾病诊断方面,强调外科脉诊,融合《内经》《难经》《伤寒论》等著作中的脉学理论,以7篇脉论列之书首,"盖医家苟不明脉,则如冥行索途,动致颠覆矣",指出应当脉证合参,"外观形色,内察脉候,参详处治"。书中治法多样,有渫肿淋洗、膏贴灸熨、针烙砭镰等,内消外敷,治法兼备。书中载方剂型亦较丰富,丸、散、膏、丹、汤剂无不见录,另有熨药、嚏喷剂、嗽药等。齐氏也注重外科护理,详述了病者自我节克、探视者宜忌、护理者护持要求等诸方面事项。《四库全书总目提要》评本书曰:"是编先论后方,于疮肿诊候,浅深虚实,最为详尽……德之此书,务审病之所以然,而量其阴阳强弱以施疗,故于疡科之中最为善本。"

本书现存主要版本有明初刻本、《东垣十书》丛书本、《古今医统正脉全书》丛书本、《四库全书》抄录本等。

(十一)《妇人大全良方》

南宋·陈自明撰。陈自明,字良甫(又作良父),晚年自号药隐老人,抚州临川(江西省抚州市)人,约生于宋绍兴元年(1192 年),卒于咸淳辛未(1271 年)后。嘉熙元年(1237 年)官建康府明道书院医学教谕,景定癸亥(1263 年)时任宝唐习医。陈自明三世学医,家藏医书若干卷,曾遍行东南各地,搜集名家医说。其医著现存《妇人大全良方》《外科精要》《(新编)备急管见大全良方》。

本书前有嘉熙元年(1237 年)陈氏自序,卷四"妇人项筋强痛方论第六"论前有著者题记,末署:"咸淳元年(1265 年)上元日药隐老人书于存心堂。"书中数处有"男六德续添""男六德补遗"字样,提示陈氏晚年曾补订本书,其子可能也参与补订工作。

本书现存版本可分为三类。第一类为陈氏原刊本系统。本书初刊后,继有两种复刊本存世。分别是元代勤有堂刊本和朝鲜刊活字本。本书今存最早版本即为勤有堂本,《四库全书》本亦据此抄录。第二类为熊氏补遗本系统。明代医家熊宗立将本书重加校刊,名为《妇人良方补遗大全》。熊本基本保持了陈氏原书体例,略有变动。熊本初刊于明正统五年(1440 年),初刊本现存于重庆图书馆。其后熊本又多次重刊,较为常见的是明正德四年(1509 年)陈氏存德书堂刻本。第三类为薛氏校注本系统。明代医家薛己删订校注本书,于嘉靖丁未(1547 年)完成,名为《校注妇人大全良方》。薛氏校注本后被收入《薛氏医案全书》,又多次复刊,现有明嘉靖二十六年(1547 年)刻本、明嘉靖二十七年(1548 年)金陵书林对溪唐富春、周誉吾刻本等三十余种版本。薛本流布较广,影响较大,但此本与陈氏原刊本相差较大,《四库全书总目提要》有"明薛己医案曾以己意删订,附入治验,自为一书"之评。

陈氏原刊本 24 卷,分为 8 门,即调经门(卷一)、众疾门(卷二至卷八)、求嗣门(卷九)、胎教门(卷十至十一)、妊娠门(卷十二至十五)、坐月门(卷十六)、产难门(卷十七)、产后门(卷十八至二十三)。卷二十四为拾遗方,共 12 方。末附《产乳集》"将护婴儿方论"并木瓜圆、延胡索散 2 方。全书总计 266 论,列 1100 余方,附医案 48 例,约 26 万字。全书前有"辨识修制药物法度"一篇,叙述药物识别、炮制等事项。其后分门列病,依病设论,以论类方,方后间附验案举例。

熊氏补遗本为 24 卷,分为 9 门。其将陈氏原刊本之卷二十四"拾遗方"编为五论,增立为"拾遗门"。书中增补方剂 160 余首,连同医论,补充近 3 万字。增补的方剂或在各篇节之末新增的方论等,标作"补遗"。

薛氏校注本仍为 24 卷,分为 10 门,新增"候胎门""疮疡门"。原书卷二十四"拾遗方"内容并入卷二十三,另行补入"茧唇"等 14 篇方论,称之为"疮疡门"。医论增补为 280 余论,医案增加到 520 余例,新增方剂 260 余首,删除陈氏原刊本方剂 600 余首,补充 4 万字。薛氏新增的大量医论、医方、医案,标作"愚按""附治验"。

书中博采 40 多部前人医著中的妇产医论方药等,集南宋前妇产医学之大成,保存有若干现已失传的医籍如《广济方》《古今录验》《养生必用论》《删繁方》《海上方》《灵苑》《延年方》等书的文献资料。全书将复杂的妇产科病概括为调经等八门,又分诸论,论后列方,纲目井然,其后不少妇科著作沿用了此种分类方法和编写体例。《四库全书总目提要》曰:"自明采摘诸家,提纲挈领,对妇科证治详悉无遗。"王肯堂《女科证治准绳》序言曰:"《良方》出而闺阃之调将大备矣。"

明代王肯堂《女科证治准绳》、武之望的《济阴纲目》均是以本书为蓝本增损而成,与本书实为一脉相承。此外还有更改书名而内容未变者,如清末古渔山房改名为《妇科纲目良方》,江东书局改名为《妇科良方全集》(又作《妇科良方集要》,合并为 6 卷)等。

(十二)《小儿药证直诀》

北宋·钱乙撰,阎孝忠(或作季忠)整理。钱乙,字仲阳,《宋史》有传,东平郡郓州(今山东省东平市)人,卒于大观至政和年间(1107—1117 年),寿八十二。钱乙始以《颅囟方》著名,后至京师,因医疾,先后授翰林医学、太医丞。刘跂《钱仲阳传》言其"为方博达,不名一师,所治种种皆通,非但小儿医也。于书无不窥。他人靳靳守古,独度越纵舍,卒与法会。尤邃本草,多识物理,辨正阙误"。其著作除本书尚存外,另有《伤寒论指微》《婴孺论》,皆亡佚。阎孝忠,北宋大梁人,官宣教郎。幼患重病,经钱乙治愈,长而钻研钱乙治病之术,多方收集钱氏医方及著作,整理编成《小儿药证直诀》。

本书又名《小儿药证真诀》《钱氏小儿方脉》等,历代公私书目著录本书时书名、卷数常不一致。通行本为 3 卷(或作 8 卷),卷末附以阎孝忠所撰《(阎氏)小儿方论》1 卷,其后附刊董汲《董氏小儿斑疹备急方论》1 卷。卷上是"脉证治法",收录小儿脉法、变蒸、五脏所主、肝热、心实、肾虚、肝病胜肺、急惊、五痫、伤寒疮疹同异、黄相似、吐乳、疳积、肿病、五脏相胜轻重、杂病证、不治证等医论 81 则,主要阐释 70 余种儿科病证治,论述儿科诊法以及相似病症鉴别诊断,兼及小儿生理、病理特点的叙述。卷中是"记尝所治病二十三证",收录钱乙儿科病案 23 例,涉及发搐、惊痫、嗽而胸满气短、疮疹、急惊风、虫痛、面黄等多种病症,并常设问答以阐明医理。卷下是"诸方",收载儿科验方 100 余首,其中丸剂、散剂居多。

本书理论核心可谓五脏辨证。钱氏"曩学六元五运",以《内经》《难经》《伤寒论》中脏腑理论为基础,创立儿科五脏辨证纲领,以五行生克理论指导五脏病证之诊断、预后判断与处方用药等。在制方用药方面,钱氏善于化裁古方,如六味(地黄)丸即为《金匮要略》之肾气丸去桂、附而成,亦长于创制新方,如五脏补泻诸方中的心热之导赤散等。《四库全书总目提要》评价曰:"小儿经方,千古罕见,自乙始别为专门,而其书亦为幼科之鼻祖。后人得其绪论,往往有回生之功。"本书影响远超儿科之范畴,如易水学派张元素脏腑辨证用药理论即是本书五脏辨证理论之深化、发挥。

本书版本较为混乱,大致分为如下:一是杨守敬自日本购回并鉴定为宣和本的宋代本,今存台北中央图书馆。二是宋代复刊本,附刊有董汲《董氏小儿斑疹备急方论》。此本清代尚存,此后下落不详。康熙己亥年(1719 年)陈世杰据此影刊而成起秀堂刊本。杨守敬对此宋本有"夺烂"之讥,但起秀堂影宋本流传较广,继有多种复刻本,如光绪十八年(1892 年)坊刊本、道光年间《惜阴轩丛书》本、光绪年间《五桂楼丛书》本等。周学海《周氏医学丛书》本则是由起秀堂本与《四库全书》辑佚本中的武英殿聚珍本等互校而成。三是《四库全书》辑佚本,清代编纂《四库全书》时"今从《永乐大典》内掇拾排纂,得论证四十七条,医案二十三条,方一百一十有四,各以类编,仍为三卷。又得阎季忠序一篇,刘跂所作钱仲阳传一篇,并冠简端,条理秩然,几还其旧,疑当时全部收入,故无大佚脱也"。除《四库全书》抄录本,尚有武英殿聚珍本等,但此本掺入不少阎氏方论内容。此外,本书还有若干补注本,包括明代正统五年(1440年)熊宗立注释的《类证注释钱氏小儿方诀》10卷、明代薛铠及薛己父子校注的《校注小儿药证直诀》4卷(后被收入《薛氏医案》中)、1930年张山雷氏所注《小儿药证直诀笺正》1册。

(十三)《幼幼新书》

宋·刘昉撰。刘昉又名旦,字方明,宋代潮州海阳东津(今潮州意溪)人,生年不详,约卒于绍兴二十年(1150年),于北宋徽宗宣和六年(1124年)中进士,先后任虔州(今赣州)知州、夔州(今四川奉节)知州,三帅潭州(今长沙),并兼荆湖南路经略安抚使,加直龙图阁荣衔,故人称"刘帅""刘龙图"。其父刘允亦知医,著有《刘氏家传方》。

据书前绍兴二十年李庚序言、书后石才孺后序、楼璹跋等,可知本书为刘氏晚年知潭州时,命属下王历及进士王湜编集,未完而刘氏病殁。接任荆湖南路安抚使的楼璹续成本书,将原稿中最末2卷合为1卷(卷四十),又补辑历代有关求子方论为卷一,冠于书首。

全书现为40卷,分547门,每门先引《诸病源候论》等论其病病机,后列诸家方药详述治疗。书中载方7000余首,灸法200余条,末附草药197味,总计100余万字。卷一至卷三分别为求端探本、方书叙例、病源形色,为综述之医论,论述求子、小儿调理、用药、诊察和五脏辨治特点。卷四至卷六论述新生儿保育、新生儿疾病诊治。卷六为禀受诸疾,论述先天疾病诊治。卷七至卷三十九分别论述儿科各病证。卷四十为论药叙方,主要记述常用药物别名等,兼及所引书目。

本书是宋以前儿科学术成就集大成之著作,广集宋以前的儿科方面文献,所涉内容相当丰富,包括求子、孕育、胎教、小儿生理、病理、辨证、诊断、治则、方药、护理等,不少是首见记载,如观察手指三关锦纹的诊断方法等。指纹、形色、四花灸部分配有插图,易于了解。本书还保存了宋以前不少已佚医籍的文献资料。全书引用医书140余种,引用文献条目10000余条(引自《太平圣惠方》《千金方》的条目较多)。书中所引的已佚或未见载录的医书过百种,包括《婴孺方》《小儿医方妙选》《婴童宝鉴》《汉东王先生小儿形证方》《华佗九候》《庄氏家传》《茅先生方》《张氏家传》《长沙医者郑愈》《惠眼观灯》等。同时,书中所引文献均标明出处,基本忠实原书。因此本书对古代儿科学、医史文献学研究均有较高的价值。

本书刊刻极稀,存本较少。现有宋版残卷1卷(卷三十八)、明代影宋抄本两种(分别藏于上海市图书馆和日本宫内厅书陵部)、明万历十四年(1586年)陈履端刻本、日本抄本两种。据陈履端"重刻幼幼新书序"称,本书在明代就极罕见,"印本世唯存二",陈氏访求抄配完整后重加整理,"删繁理乱,裁初本十之三,稿凡四易",复以原本40卷之篇目而刊行。据统计陈履端刻本实际删者达十分之四,大多删除方剂,并以《圣惠方》为最,其本篇幅仅为原刊本三分之一。现存日本抄本中,据"明人墨书"(应为明代影宋抄本)抄录的多纪元恵抄本为完帙本,并有多纪元简、丹波元坚父子跋语与校语,国内现已影印出版。

(十四)《活幼心书》

元·曾世荣撰。曾世荣,字德显,号育溪,别号省翁,衡州人(今属湖南省衡阳市)。据本书序言,世荣在元至顺壬申(1332)年八十,则世荣约生于宋理宗淳祐十二年(1252年)。曾氏早岁从同里李月山习文,后转而习医,师从世医刘思道(名直甫)。刘思道五世祖刘茂先为徽宗时有"活幼宗师"之称的戴克臣的弟子,故曾氏尽得戴、刘二家之学,精研详究,以幼科知名于时。曾氏业医多年,用心仁恕,为时人所敬重。其医著现存《活幼心书》3卷与《活幼口议》20卷。

本书撰于至元三十一年(1294年)。曾氏晚年将其师传遗著,结合个人临证心得,删繁补缺,详加编次,著成此书。全书3卷,卷上为"决证诗赋"75则,从"观形气一"至"小儿专科赋七十五",多为七言歌赋,并择要详论,介绍儿科诊法、病证。卷中为"明本论",有儿科病证方面医论四十三篇,论述儿科各病病因、诊断、治疗方法等;并附"拾遗"八篇,介绍曾氏临床体会。卷下为"信效方",载录儿科效方,包括"汤散门""丸膏门""丹饮门""金饼门",末有"拾遗"各方,其中汤类四十五首、散类七十五首、丸类三十一首、膏类十五首、丹类七首、饮类三十七首、金类三首、饼类三首、拾遗类十四首,总计两百余首方,其中不少为曾氏独创。

曾氏在小儿保育、审脉辨证、用药方面见解独到,倡立急惊风"四证八候"之说,"四证者,惊、风、痰、热是也;八候者,搐、搦、掣、颤、反、引、窜、视是也。"曾氏重视小儿颅囟、脑,强调须详审病源,调畅气机,注重气机升降出入,提出先后缓急证治原则,强调调理脾胃。在治疗上,曾氏对五苓散的运用尤具匠心。

本书现有日本享保十九年(1734年)刻本、日本元文二年(1737年)刻本、清嘉庆十六年(1811年)残本、清宣统二年(1910年)武昌医馆据艺风堂藏至元刻本重校刊本、《中国医学大成》丛书本。其中以武昌医馆重校本较为常见。

(十五)《针灸资生经》

宋·王执中撰。据本书序言,王执中,字叔权,浙江瑞安人。南宋乾道五年(1169年)进士,曾任从政郎、澧州教授、将作丞等职。《是斋百一选方》记载王执中曾任峡州教授,编成《既效方》(已佚)。

本书前有嘉定庚辰年(1220年)徐正卿序言。全书7卷。卷一论述腧穴,共收载365穴,并附经穴图46幅。其中按头、面、肩、背俞、侧颈项、膺俞、侧腋、腹、侧胁及手、足三阴、三阳分列诸穴,考证穴位名称、定位、针刺深浅、针灸禁忌等。卷二论述针法、灸法,集录针灸须药、针忌、孔穴相去、定发际、同身寸、相天时等针灸医论10余篇。卷三至卷七叙述虚损、劳瘵、肾虚、消渴、赤白带等190余种病症的取穴和施治方法,辑录王氏经验及其解160多条。

本书结构上包括正文、原注、补注三部分。卷一正文各腧穴排列顺序等均从王惟一《铜人腧穴针灸图经》(本书简称"铜"),间或引用《太平圣惠方》针灸卷(《圣惠方》卷九十九简称"明",卷一百简称"明下"或"下")、《千金要方》(本书简称"千"或"千金")、《千金翼方》(本书简称"千翼")、《素问》(本书简称"素问""素注""素"及"新校正")。卷三至卷七腧穴主治正文也主要采自以上各书。腧穴主治原文引自《千金方》曰"主",引自《圣惠方》曰"疗",引自《铜人图经》曰"治"。原注指王执中注文、按语,多见于卷二正文、卷三至卷七小字注文。补注或出自宋代医家卫世杰之手,多见于卷一、卷二小字注文。卷三至卷七叙述病症针灸疗法,引录他书腧穴主治条文时,每一腧穴主治全文只在某一病症中出现一次,其他病症中论及此腧穴时只举相关条文,然后注明引录腧穴主治全文的病症名以供参见,避免重复引录。由于本书流传过程中或有重新编次、再注或刻印混乱之误,故本书内容、体例上前后有若干龃龉之处。

本书注重腧穴考订,辑录诸医籍腧穴论述,互参校订,对可疑之处据理剖析,纠正若干前人之误,如"魄户"有"魂户"之误、"大椎"在第一椎下之误等。同时,王氏搜集民间经验等,增列有效的经外奇穴。书中以病症排列腧穴主治症,以按语辑录王氏及其他医家的针灸医案、医方,切合临床实用。王氏重视阿是穴,强调取穴准确性和于敏感压痛点取穴等,促进了经络学说的发展。本书还是宋以前的灸疗法文献集大成之著作,书中各穴位下录有灸疗壮数,还载录大量灸疗法如四花穴灸、膏肓俞灸法等,所载验案也多半是应用灸治或针灸并施。王氏还重视脾胃,书中引《难经疏》曰"人仰胃气为生,是人资胃气以生",本书之名亦源于《易经》"至哉坤元,万物资生"。全书征引文献丰富,原注及补注文中引录了大量的方书乃至非医书中的针灸内容,如《难经疏》《五脏论》《既效方》《梅师方》《耆域方》《海上方》等。

本书现存有元天历广勤书堂刻本、明正统十二年(1447年)叶氏广勤书堂刻本、日本宽文九年(1669年)刊本及《四库全书》抄录本。

(十六)《寿亲养老新书》

宋·陈直撰,元·邹铉续撰。陈直,生平不详,曾官承奉郎,元丰(1078—1085)时为泰州兴化令。《百川书志》言其于宋咸淳间为兴化令尹。邹铉,字冰壑,晚号敬直老人,元代福建泰宁(今福建泰宁)人,历官总管。邹铉生卒年不详,元大德丁未年(1307年)时"亦希年矣"。铉之曾祖邹应龙为宋参知政事,曾叔祖邹应博为宋江西提刑,皆有名于时。

本书4卷,其中卷一为陈直所撰,名为《养老奉亲书》;卷二至卷四为邹铉所续增,并合四卷为一书,更题今名。不少版本题为"玉窗黄应紫点校"。书前有元大德丁未年(1307年)危彻孙之序言、同郡泰宁黄应紫之序言,言及邹铉编次本书始末。

本书不同版本内容编次略有出入。元至正二年(1342年)刻本卷一分为饮食调治、形证脉候、医药扶持、性气好嗜、宴处起居、戒忌保护、四时养老、四时摄养、食治老人诸疾方、简妙老人备药方等15篇,其中食治老人诸疾方包括食治养老益气方、食治眼目方、食治耳聋耳鸣方、食治五劳七伤方、食治诸痔方等16种。卷二不分篇,为古今嘉言善行72事,摘编古今人物事亲养老言行72则,阐述养生保健思想。卷三分为太上玉轴六字气诀、食后将息法、养性、用具茶汤诸法、晨朝补养药糜诸法、种植诸法等诸篇,其中太上玉轴六字气诀引录自邹铉曾叔祖邹应博《炎詹集》,食后将息法、养性等引自沈括《怀山录》。卷四分为保养、服药、贮药、煴阁、集方、食治方、妇人小儿食治方诸篇。《四库全书》抄录本因据至正浙江刊本抄写,目次与上同。清代刻本则多将元至正本卷二与卷四前后互换。

本书在老年养生方面强调"食治之方,医药之法,摄生之道"。《四库全书总目提要》评曰:"直书……节宣之法甚备。明高濂作《遵生八笺》,其"四时调摄笺"所录诸药品大抵本于是书。铉所续者……其中如祝寿诗词连篇载入,不免失于冗杂。又叙述闲适之趣,往往词意纤仄,采掇琐碎,明季清言小品实亦滥觞于此。然征引方药类多奇秘,于高年颐养之法,不无小补,固为人子所宜究心也。"

明代胡文焕《寿养丛书》收有陈直《寿亲养老书》,主要为本书卷一中的最后3篇内容,即食治养老序第十三、食治老人诸疾方第十四、简妙老人备急方第十五。《四库全书总目提要》言明代刘宇于成化戊戌(1478年)得《寿亲养老新书》,弘治庚戌(1490年)重为刊行,改名《安老书》3卷;后六年(1496年)复得娄氏《卹幼集》,又补刻于后总为4卷,题为《安老怀幼书》。《百川书志》曾载"古今嘉言善行一卷,宋敬直老人冰蘗邹铉编,凡七十二事",当是本书卷二。

　　本书流传较广,现存版本主要有元至正二年(1342年)刻本、明成化十四年(1478年)徐礼据至正本刻本、明万历四年西夏揆文书院重刻本、清道光二十八年(1848年)瓶花书屋刻本、清同治九年(1870年)河南聚文斋刻本等。另有《四库全书》抄录本。

（曹　宜）

第十二章　明代的中医文献

第一节　概　　述

明代是中国封建社会较晚的一个时期,在 270 余年的时间里,由于政治的相对稳定,经济得到了发展。统治阶级对科举制的强化,推动了教育的普及和发展。一些未能入仕的读书人转而入行医学,使得明代有着较高文化素养的儒医群体人数也比以前更多。他们在行医诊病之余,或著书立说,或总结编辑前人的医书,致使这一时期的医学著作也较之以前更丰富,质量更上乘。从业人员的增多,导致医书需求量增加,也促进了民间书坊的发展,具有较高的学术与市场价值的医书大量刊行。基础理论、本草学、方剂学以及临证各科等均进入了全面而又系统的总结与发展阶段。这一时期中医药文献主要呈现出以下几个特点。

一、医经校注文献成就显著

医经类文献是指对《内经》《难经》医籍进行校注等研究的著作。明代学者在继承前人成果的同时,发挥自己对医学经典著作的理解,形成了新的研究成果。尤其是在对《黄帝内经》的研究方面,学者从全文校注、节选校注、分类校注以及训诂考证等方面去研究《内经》,呈现出多样化的研究特点。

全文校注分为《素问》单本全文校注和《内经》全本校注。《素问》单本全文校注代表者有:吴崑在唐代王冰《次注黄帝内经素问》及宋代林亿等人的《重广补注黄帝内经素问》的基础上,结合自己的研究与理解,对《素问》中生理、病理、脉法进行新的理解和诠释,形成《黄帝内经素问吴注》。《素问》《灵枢》全文校注者有:马莳的《黄帝内经灵枢注证发微》和《黄帝内经素问注证发微》,前者是最早校注《灵枢》全文的著作,对经络、腧穴和刺法等方面均有新的发挥。其他还有张景岳对《素问》《灵枢》进行全文校注而成的《类经》以及王九达仿照《类经》体例,结合临床实践注释经文而成的《黄帝内经素问灵枢合类》。

《素问》《灵枢》节选校注者有:汪机以滑寿节选《素问》内容校注而成的《读素问钞》为底本,参考王冰《次注黄帝内经素问》校注内容,结合自己研究体会所撰的《续素问钞》。类似者还有丁瓒的《素问钞补正》、徐春甫的《内经要旨》等。李中梓的《内经知要》,是选录《内经》中最切合实用的内容加以分类、校注而成。

《素问》《灵枢》分类校注代表者有:张景岳参照《读素问钞》的分类体例,将《内经》分为摄生、阴阳、藏象等 12 大类进行研究而成的《类经》。李中梓的《内经知要》是在选录《内经》

中切合实用的经文基础上,分道生、阴阳、色诊、脉诊等 8 大类并注释而成。

《素问》《灵枢》训诂考证者有:熊均对《素问》《灵枢》以及《素问入式运气论奥》三本书中 700 余个疑难字词进行注音和解释编著成的《黄帝内经素问灵枢运气音释补遗》。

有关《难经》的历代著作相对较少,明代代表性的注本,有熊宗立以绘列图表的形式,对《难经》字词及主要内容进行浅显注释、便于初学的《勿听子俗解八十一难经》;以及张世贤以图解的方式,结合各家注释,随文衍义编著成的《图注八十一难经》,这是《难经》注释本中通俗易懂且流传较广、刊行最多的注本。还有一种没有注文的白文《难经》本——《医要集览六种》,后人多以此作为校勘《难经》的善本。

二、《伤寒论》研究文献推动争鸣

明代对《伤寒论》《金匮要略》的研究有其独创性,尤其是在《伤寒论》的研究方面,形成了以张遂辰为代表的"维护旧论"派和以方有执为代表的"错简重订"派,对后世影响较大。

明代研究《伤寒论》尊崇王叔和整理的《伤寒论》原本,以成无己注本为蓝本,兼取朱肱、许叔微、庞安常、韩祇和或李杲、张洁古、朱震亨等前贤之说,兼附己见的代表者有王肯堂和张遂辰。前者代表作为《伤寒证治准绳》,可谓集明之前研究《伤寒论》之大成者。后者代表作为《张卿子伤寒论》,本书为保持《伤寒论》原貌的集注性著作,对六经辨证及脉理都有全面的阐释,影响深远,后世张志聪、陈念祖等均遵其说,形成了"维护旧论派"。

明代推动伤寒学派争鸣、以考证注释为主的,为方有执。其敢于批判前人之说,主张"错简重订"之说,对一些传世的《伤寒论》注本大加改动和删除,将"辨三阴三阳病脉证并治"诸篇改订,删除了"伤寒例",将"辨脉法""平脉法"移至书末,并对原文逐条加以考订,著成《伤寒论条辨》。后世尊崇者有喻昌、张璐等,形成了研究《伤寒论》的"错简重订派"。也引起一些"维护旧论派"医家的反对,从而形成了伤寒研究的学术争鸣局面。

这一时期《金匮要略》的文献研究成就不如《伤寒论》大,在注释研究方面有代表性的为元末明初赵良仁著的《金匮方论衍义》。本书对《金匮》内容有删减,注文多引自《内经》《难经》和《伤寒论》,兼有己见。由于流传较少,对后世影响不大。

此外,明代《伤寒论》《金匮要略》的文献学成就还体现在版本流传方面。《伤寒论》的传本,有明万历二十七年(1599 年),赵开美将宋本《伤寒论》影刻,并与《注解伤寒论》《伤寒类证》《金匮要略方论》合辑而成的《仲景全书》。《金匮要略》传本,有明万历二十七年(1599 年),赵开美据邓珍本重新刊刻的《金匮要略方论》,以及明嘉靖年间俞桥氏《金匮要略方论》刊本和明万历二十九年(1601 年)吴勉学校刊的《古今医统正脉全书》本。

三、诊法文献日益增多

明代在继承前人诊断理论与方法的基础上,对诊法进行了整理、提高与发展,诊法文献日益增多,一些理论与方法对后世产生了积极的影响和指导作用。

望诊方面,明代的文献主要是在望舌方面。舌诊文献主要以图谱形式为主,如申武垣的《伤寒观舌心法》,该书在元代杜本《敖氏伤寒金镜录》36 种舌象图的基础上,增至 137 种,为舌诊之集大成者。李梴《医学入门》中有"观形察色"一篇,叙述通过观察病人的"神气色"和"肥瘦润枯"以及觉和眠的情况,来判断病人的病证。

闻诊方面,主要是以专论形式载于书中。如李中梓的《伤寒括要·伤寒总论·察声》中关于六经病证和诊法中闻声方法及注意事项的叙述。李梴在《医学入门》中专列“听声审音”一篇，叙述听病人声音的清与浊、真语与狂言等以诊断病证。

问诊方面，李梴在其书中阐述最为详细，从寒与热到头痛与不痛，从男与女到肥与瘦，从手与足到肩胸与腰腹，均有细致的问诊内容。张景岳总结前人经验，提出问诊的“十问歌”，既全面又容易记忆。韩懋《韩氏医通》中的问诊内容也强调了要通过问诊了解病人的主症、现病史和发病原因等，体现了问诊在诊断疾病过程中的重要性。

切诊方面，历代医家在诊断疾病过程中均重视切诊，无论是在理论探讨上，还是在具体方法运用上，都有诸多论述。明代切诊成就以李时珍的《濒湖脉学》为代表，该书不仅对流传甚广的《脉诀》进行批判，还因规范27种脉象及其主病为后世所推崇，成为临床辨证的主要依据。此外还有张介宾《景岳全书》中的“脉神章”专论切诊，李中梓《诊家正眼》在批判《脉诀》错误的基础上，列述了28种脉象的形态、主病，切合实用，也是一部流传较广的诊断学书籍。

四诊合参方面，明代医家重视其在疾病诊断上的运用。如前述的《诊家正眼》《景岳全书》《医宗必读》等著作，均是涵盖四诊内容的医籍，四诊合参在明代医家临床实践中已经形成了共识。

四、本草文献异彩纷呈

明代本草类文献涵盖面较广，较之以前，可谓异彩纷呈。从内容上看，既有本草学的专著，也有药食结合的著作；从体裁上看，既有严谨的探讨本草学术的著作，也有便于初学和普及的本草歌赋著作；从编写者看，既有民间个人，也有具官方背景者。除此之外，还有地方本草著作出现。

本草专著有：徐彦纯取《证类本草》中270种药物及药性理论及张洁古、李东垣等人论述编辑成的《本草发挥》；王纶取《证类本草》之要，参以东垣、丹溪著作相互考订而成的《本草集要》，此书打破前例，分类以草部为首，又以“人为万物之灵”而将人部置于最后，此等分类布局为后世医家尊崇；陈嘉谟的《本草蒙筌》，书中卷首列14幅历代名医图，后分18个专题讨论道地药材、野生与家种、采收季节、最佳药用部位、贮藏保管、真伪优劣鉴别、炮制方法等，该书被李时珍评价为“创成对语，以便诵读，间附己意于后，颇有发明”；倪朱谟周游各地，“遍访耆宿，登堂请益”，汇集了当代148位学者的药学之论，并列出受访者之姓名籍贯，同时集录诸家药论，汇编成《本草汇言》。其中成就最大、影响最深远的，当属李时珍的《本草纲目》。

食疗著作有：朱橚编撰的《救荒本草》，以可食可药为编撰宗旨，收录414种植物，简述产地、形态、性味、良毒及食用方法等，并将植物一一绘图，是一部代表性食疗本草著作；王磐因为当时江淮连年水旱，担心饥民误食有毒野菜，便收集60种野菜文献，各附一图，从形态、用法方面描述野菜，撰成《野菜谱》；卢和撰、汪颖厘定、收录于薛己《本草约言》3、4卷的《食物本草》，载食物385种；宁源的《食鉴本草》，收录兽、禽、虫、果等可食之品百余种，简述其性味功效，附有前人论述及方剂，间有己意。

本草歌赋著作有：熊宗立据元代胡仕可所撰《本草歌括》增补而成的《新刊校讹大字本草歌括》《图经节要补增本草歌括》。龚廷贤取药400味，编为四言歌括，下注炮制法，形成《药性歌括》，成为其编撰的《寿世保元》一书的一部分流传于世。

官修或有官方背景者编撰的本草著作有:明弘治十六至十八年(1503—1505 年)太医院刘文泰奉敕领衔撰修的《本草品汇精要》,是明代官修大型综合性本草著作。书中收载 1815 种药物,分为玉、石、草、木、人、兽、虫鱼、果、米谷、菜等 10 部,与《证类本草》相似,与前人做法不同的是,每药下又有小类细分,此种分类法较为繁琐,不切实用。但其将药物相关内容归于 24 项,又便于查阅。书中有彩绘药图 1358 幅,新增 366 幅。另一部具有官方背景的著作是朱元璋第五子朱橚编撰的《救荒本草》。

地方性本草著作有明正统年间(1436—1449 年)兰茂编撰的《滇南本草》。该书收载药物由于各传本不一,少则 26 味,最多者为 458 种。书中各药分述药名、性味、功效、主治、附方。记录了云南众多少数民族习用药物及用药经验,其中也糅合了部分汉药理论,是一部特色鲜明的地方性本草著作。

五、方书文献大量涌现

现存的明代方书类文献,无论在汇集方剂的广度上,还是在研究方剂的深度上,抑或是种类上均超过了前代。

明代汇编临证各科方剂的综合性方书大量涌现,代表者有:徐用诚撰(刘纯续增)《玉机微义》。该书按证列方,有论有方,论者多取《内经》及历代医家论述,以刘河间、李东垣、朱丹溪等名家学术经验为主。所涉病证有中风、痰饮、滞下、泄泻等 17 类,但未涉及火、暑、燥、湿等证。刘氏在此基础上新增咳嗽、疮疡、气血内伤、虚损积聚、妇人、小儿等 33 类;胡源洁广集明以前医方及民间单验方汇编成《卫生易简方》,该书包括内、外、妇、儿、五官各科病证凡 147 种,载方近 4000 首,绝大多数为临证简便易行者,药方分类合理,力求达到"举书可以对症求方,疗疾更须随宜用药"的目的;董宿博采古书所载以及世所未传,与试用有效医方,按病因、病证分为 64 门,每门有论有方,撰成《奇效良方》(方贤续补);张时彻收集各科医方 900 余首,分为通治诸病、危病、补养、诸风等 47 门,详论药味、剂量、用法、禁忌等,汇编成《摄生众妙方》;龚廷贤"祖轩、岐,宗仓、越,法刘、张、朱、李及历代名家,茹其英华,参以己见,详审精密",列述临证各科病证 186 种,编撰成《万病回春》;王肯堂辑《证治准绳类方》,书中在 128 种病证下分类列方,所收类方多注明出处,具有博而不杂、条理分明、详而有要的特点;古代涵盖面最广最大的一部方书是朱橚的《普济方》。全书共计 1960 论,2175 类,778 法,61 739 方,239 图,采集丰富,编次详细,保存了极为丰富和珍贵的医方文献。

在深度上,出现了第一部方论专著——吴崑的《医方考》。该书以证论方,将病证分为 72 门,每门下对证方"揆之于经,酌以心见,订之于证,发其微义""考其方药,考其见证,考其名义,考其事迹,考其变通,考其得失,考其古方之所以然"。涉及方剂凡 540 余首。这一全面注解方剂的做法,对后世方剂学的发展影响较大,形成了后世全面注解和认识方剂配伍规律的范式。还有第一次将方剂按照治法进行分类的张介宾《新方八阵》《古方八阵》以及将各科方剂按病证归类的王肯堂《证治准绳类方》。

在种类上,除了前面提到的方书之外,还有以介绍单方验方为主的方书,如姚思仁的《箓竹堂集验方》、潘之泮的《因应便方》、徐涉的《亲验简便诸方》等。编撰形式也出现多样性,如先列主方后附辅方的形式有王良璨的《小青囊》、施沛的《祖剂》,也有按方剂剂型进行分类的,如戴思恭的《证治要诀类方》等,还有按经络分类的,如王君赏的《医便》等。

总之,明代的方书类文献品种繁多,体现了这一时期该类文献既有对前人理论的总结,又有自我的创新,对后世方剂学的发展产生了一定影响。

六、临证各科文献空前发展

明代是对前人文献的一个总结时期,内、外、妇、儿、骨伤、五官、针灸、推拿等各科著作,是我国现存临证各科医籍的主要部分。这些医籍有两个特点,一是综合性,二是专科专病性。综合性是指医籍以全书、类书、丛书的形式进行编写,涵盖基础理论和临证各科内容;专科专病性是指医籍为临证某科或某病的专论性著作。

(一) 内科类

明代内科医籍是最能体现以上两个特点的一类著作。在综合性医籍中,又以内科医籍内容最多,同时内科文献也兼具专科专病类医籍特色。

综合性医籍中具有代表性者有楼英的《医学纲目》,全书的特点是对所引用文献均进行了认真严谨的考订,以求引用文献的准确性。《中国医学大成》对其评价是"医学类书中之最有法度者";还有方隅撰的涵盖基础理论、各家学说以及各科病证治疗的《医林绳墨》;李梴所撰涵盖医史医论、本草方剂、针灸脉法、临证各科的《医学入门》;孙一奎撰的72门中67门专论内科杂病的《赤水玄珠》;王肯堂编著的《六科证治准绳》第一部《杂病证治准绳》;缪希雍撰的《先醒斋医学广笔记》以及张介宾撰的《景岳全书》等。

内科专科类医籍有薛己撰的我国第一部以内科命名的医书《内科摘要》,该书专论内伤杂病,强调先后天的温补观念,成为温补派的肇始;周慎斋撰的以内科杂病证治为主并注重温补脾肾的《慎斋遗书》;秦景明撰的《症因脉治》将内科杂病分外感和内伤两类,各类下再从症、因、脉、治入手阐述,在治法中又以"从脉""从症"附方加减运用;还有李中梓所著首次提出"肾为先天之本,脾为后天之本"等论断的《医宗必读》等。

内科专病类医籍集中反映了明代内科专病发病特点。如汪绮石专论虚劳病因病机、脉法、治则和预防、调养及方药的《理虚元鉴》以及胡慎柔专治虚损和劳瘵的《慎柔五书》等。

(二) 外科类

明代在总结前人外科理论和经验的基础上,有所创新与完善,出现了大量的外科专著。有薛己的《外科枢要》《外科发挥》《外科心法》,其中《外科枢要》中第一次详细叙述了新生儿破伤风的诊治,这些书中还记载了治疗杨梅疮(梅毒病)的成功案例;有汪机的《外科理例》,书中提出"治外必本诸内"的外科学思想;有王肯堂较为系统全面总结外科的《外科证治准绳》;有集明以前外科大成的陈实功的《外科正宗》;还有我国第一部专论梅毒病证治的陈司成的《霉疮秘录》,该书记载了世界上最早以丹砂、雄黄等含砷剂治疗梅毒病的方法。其他还有《外科启玄》《疡科选粹》等。

(三) 妇产科类

明代妇产科医籍,既有校注总结前人经验的著作,又有个人临证经验总结的专著。代表者有薛己根据宋代陈自明所著《妇人大全良方》增删重订的《校注妇人良方》,以及其将校注《妇人大全良方》时个人发挥的内容重新编排而成的《女科撮要》,万全所著的《万氏妇人科》,王肯堂丛书之一《女科证治准绳》,武之望依据《女科证治准绳》重编而成的《济阴纲目》,以及赵献可将其温补命门学说运用于妇产科的《邯郸遗稿》等。其他还有综合性医籍中的妇科专篇专卷专论等,代表者如《景岳全书·妇人规》。

（四）儿科类

儿科类医籍自明代始,逐渐增多,反映了儿科在明代开始得到重视。代表作有鲁伯嗣将前人儿科理论与经验以问答的形式编撰而成的《婴童百问》;有寇平收集前人医籍中有关儿科内容编辑而成的《全幼心鉴》;有王銮编辑的《幼科类粹》;万全撰著的《幼科发挥》以及薛己父子合撰的《保婴撮要》等。

（五）骨伤科类

明代骨伤科类文献既有相关专著,综合性医籍中也多有涉及。明初太医院所设 13 科中就有"金镞"和"接骨"两科,后改为外科和正骨科。专著代表者有异远真人编著的《跌损妙方》和薛己编著的《正体类要》等。综合性医籍中涉及伤科内容者如《普济方》中的"折伤门"和"金疮门",王肯堂《疡医证治准绳》中的损伤门,薛己《外科枢要》中专论附骨疽、多骨疽,陈实功《外科正宗》中论述附骨疽、多骨疽以及跌扑、金疮、杖疮、落下颏拿法等内容。

（六）五官科类

明代五官科类文献除了有专著,也大量分布于综合性医籍中,如《普济方》《证治准绳》《古今医统大全》等书中均设有目、鼻、耳、口、齿等内容。专著有傅仁宇的《审视瑶函》、邓苑的《一草亭目科全书》、薛己的《口齿类要》等。

（七）针灸类

明代针灸类文献是以汇编前人文献为主。代表者有徐凤的《针灸大全》、杨珣的《针灸集书》、高武的《针灸节要》《针灸聚英》、汪机的《针灸问对》、杨继洲的《针灸大成》、吴崑的《针方六集》等。还有分布于综合性医籍中的针灸专篇专论等。

（八）推拿类

明代推拿专著有首次以"推拿"命名的《小儿推拿秘旨》,该书原由明代龚云林撰,后由清代姚国桢辑录。周于蕃撰的《秘传推拿妙诀》,又名《小儿推拿秘诀》,创造性地提出按、摩、掐、揉、推、运、搓、摇八种推拿手法,沿用至今。其他推拿文献散见于一些综合性医籍中。

七、撰著医案医话医论文献蔚然成风

明代医案医话医论类著作比较盛行,成为这一时期医学文献的一大亮点。

（一）医案类

我国医学史上第一部医案类书——《名医类案》即出现在明代,是由江瓘编著。该书收集了上自秦汉,下至元明 193 家案论,案例 2300 余则,涉及病类较全,所载医案较完整,间有编者揭示病机治疗之理、遣方用药之妙等评语。《四库全书总目》评价该书"可为法式者固十之八九,亦医家之法律矣"。在韩懋撰著的《韩氏医通》中提出医案要"望、闻、问、切、论、治六法必书"的原则,提倡医案要有书写格式和规范,吴崑在《脉语》中提出了"七书一引"的书写方法。这些都促进了医案规范的发展。

明代,整理个人医案的风气开始兴起。个人整理和刊行医案的代表有汪机的《石山医案》、孙一奎的《孙文垣医案》、聂尚恒的《奇效医述》、周之幹的《周慎斋医案》、秦昌遇的《医验大成》等。为后世学习和研究医家学术思想和临证经验提供了第一手临证资料。

（二）医话类

明代医话类著作较少,大多散见于综合性医籍中。医话著作存世者有俞弁的《续医说》,该书仿《医说》体例,将所收集到的明代及以前医籍、医事分为 37 门,共载医话 228 则而成此书,全书内容较为丰富,编排有序,出处明确,实为《医说》之重要补充。还有一部是黄承昊的《折肱漫录》,该书是作者将其见闻心得汇辑而成,均为短篇杂论,观点鲜明,推崇李东垣、薛立斋,主张以脾胃为本,脾肾并重,力倡温补脾肾,反对过用苦寒之品。

(三) 医论类

明代医论类著作较多,代表者如戴思恭的《推求师意》,该书是作者将其师朱丹溪的临证经验和主张进行分门别类加以阐述之作,分为上卷 27 种病证、下卷 31 种病证,戴氏本于其师之意,并结合个人理解加以推求和阐发,有发其未发之处;孙一奎的《医旨绪余》是其节录部分《内经》之语及前贤论述,结合个人临证心得,对《内经》《难经》中有关脉象、诊法、病机、药性及若干病证予以论述,对命门、相火、三焦之名义进行考辨,对前贤学术思想予以简评,书中尤以命门、相火之论对后世影响较大;王肯堂的《灵兰要览》《肯堂医论》是其读书和临证心得笔记,书中对中风、水肿、鼓胀等病见解尤其独到;赵养葵的《医贯》突出的学术观点为"命门为一身之主",强调温补命门之火,忌用攻下之品;张介宾的《传忠录》《质疑录》是对前贤论点进行探讨、质疑、辩论的著作,反映了作者的学术功力和治学特点。

第二节　重要医籍介绍

一、医经、伤寒类医籍

(一)《类经》

张介宾撰,张介宾,字会卿,号景岳,别号通一子,浙江绍兴人。十三四岁时随名医金英学医于北京,尽得其传。早年从军,熟读兵书,习天文,知地理,精通《易经》,游历甚广。因仕途不得志,故转而专攻医学,他用 40 年时间研究《内经》,编成《类经》一书。同时著有《类经图翼》《类经附翼》《质疑录》等书,晚年辑成《景岳全书》。

本书是继杨上善《黄帝内经太素》之后,对《素问》《灵枢》进行重新分类编次研究的又一部著作。所谓"类经","合两经而汇其类也。两经者,曰《灵枢》、曰《素问》。"本书初刊于明天启四年(1624 年),32 卷。张氏参考元代滑寿《读素问钞》的分类体例,将《素问》《灵枢》分为摄生类、阴阳类、脏象类、脉色类、经络类、标本类、气味类、论治类、疾病类、针刺类、运气类以及会通类 12 大类,每类下又分若干节,全书总计 362 节。先将《内经》原文按类、节摘引,其次征引前人注释,再进行注释和评价,对经文多有阐释和发挥,尤对五运六气之说、易医关系倍加重视,体现了其深厚的古代哲学素养。其对经文的独特认识与理解,对后世学习与研究经文多有启迪。《四库全书总目提要》评价本书"虽不免割裂古书,而条理井然,易于寻览,其注亦颇有发明"。

与《类经》同时的还有《类经图翼》《类经附翼》两书。《类经图翼》11 卷,主要包括运气和针灸两部分,是对《内经》中意义深邃或《类经》中未能言尽的内容加以图释。《类经附翼》4 卷,主要包括易经与医学的关系、音律与医理之间的关系、作者补肾理论以及前人针灸歌赋等,是对《类经》的重要补充。这 3 部书在初刻时即合刊流传。

在医学理论上,张氏早年推崇朱震亨"阳常有余,阴常不足"之说,中年以后通过临证实践和思考,转而反对这种观点,并提出"阳非有余,真阴不足"的理论,主张补益真阴真阳,慎用寒凉和攻伐方药,临床常用温补之剂,尤其擅长运用熟地。

《类经》(附《类经图翼》《类经附翼》)现存的版本主要有明天启四年(1624 年)天德堂刻本、清嘉庆四年(1799 年)金阊萃英堂刻本、日本宽政三年(1799 年)刻本(无《附翼》部分)等。

(二)《内经知要》

李中梓撰,李中梓,字士材,号念莪,又号尽凡居士,上海南汇人。李氏博览群书,早年曾考科举,后因多病及其子被庸医误治而专攻医学,对《内经》《伤寒论》及宋元名医著述研究颇深。学术上受李杲、薛己、张介宾等人影响较大,主张脾肾并重,强调阳气的重要性,治疗上擅长温补。李氏著作有《内经知要》《医宗必读》《诊家正眼》《本草通玄》《病机沙篆》《雷公炮炙药性解》和《伤寒括要》。

《内经知要》成书于明崇祯十五年(1642 年)。全书选录《内经》中最切合实用的内容并加以分类、校勘、注释,分两卷,卷上包括道生、阴阳、色诊、脉诊和藏象 5 类,卷下包括经络、治则和病能 3 类。由于内容简要,条理清晰,适宜于初学者,深受后世推崇,因此流传较广,成为明清影响最大的《内经》入门之书。

本书现存版本有明崇祯十六年(1643 年)刻本等。清代薛生白对其重新校订,并加按语刊刻。现今流行本,即为薛氏重校本。

(三)《伤寒论条辨》

方有执撰,方有执,字中行。安徽歙县人。其家人多病亡,本人也大病幸愈,其妻儿皆殇于中风伤寒,因而发愤钻研医学,对《伤寒论》及后人注释编次文本颇下功夫。研习中,他感到后人释编《伤寒论》不能尽仲景著书本义,故不惮险遥,多方博访,广益见闻,鬓霜而后豁悟,历 20 余年之艰难,著成《伤寒论条辨》一书。

本书集方氏 20 余年研究《伤寒杂病论》之心得,初稿成于万历十年(1582 年),定稿于万历十七年(1589 年),初刊于万历二十一年(1593 年)。分为正文 8 卷、附录 3 篇。方氏认为,仲景《伤寒杂病论》始乱于王叔和重编,后乱于成无己注解,致使"错简"迭出,须予重编。其认为《伤寒论》以六经为纲,六经则以太阳为纲,故其书卷一至卷三为辨太阳病脉证并治上中下,以"风伤卫""寒伤营""风寒两感,营卫俱伤"统领,成为后世"三纲鼎立"学说的发端;卷四为辨阳明病脉证并治和辨少阳病脉证并治;卷五为辨太阴病脉证并治、辨少阴病脉证并治和辨厥阴病脉证并治;卷六为辨温病风温杂病脉证并治、辨霍乱病脉证并治、辨阴阳易差后劳复脉证并治;卷七为辨痓湿暍、辨脉法上下;卷八为辨汗吐下可不可、辨发汗吐下后等内容,后附"庐山刘复真脉诀捷要"。8 卷后附欲去除的成无己本中的"伤寒例"篇,名"削伤寒例";附"本草钞""或问""痓书"等。

主要版本有明万历二十一年(1593 年)方氏刻本、清康熙十三年(1674 年)补拙斋刻本(附《尚论篇》)、清康熙陈友恭校刻本浩然楼藏板等。

二、本草、方书类医籍

(一)《本草纲目》

李时珍撰,李时珍,字东璧,号濒湖。湖北蕲州人。李家世代为医,李氏幼时习儒,兼好医书,三次应乡试不第,遂改从医。医术渐长,医名日盛。被楚王聘为奉祠,掌管良医所事务。行医阅书过程中,发现医药界的本草认识较为混乱,历代注解谬误较多,遂考古证今,辨疑订误,广采群书,历时 27 年,三易其稿,著成《本草纲目》。

本书计 52 卷,附图 2 卷。正文前为王世贞序,次为辑书姓氏,后为附图,再后是目录和凡例。正文第一卷为序例上,包括历代诸家本草、古今医家书目、古今经史百家书目以及药物气味阴阳等内容;第二卷为序例下,包括药名同异、相须相使相畏相恶以及东垣、藏器、子和等医家用药之法等内容;第三、四卷为百病主治药上下,列举了百病用药制法、服法的内容;自第五卷至第五十二卷,李时珍在《证类本草》的药物基础上,增加了 374 种,达 1892 种药物。以"从微至巨""从贱至贵"的分类法为原则,将 1892 种药物分 16 部为纲,依次为水、火、土、金石、草、谷、菜、果、木、服器、虫、鳞、介、禽、兽、人,每部下又以属性相近者分 60 类为目。以"首以释名,正名也。次以集解,解其出产、形状、采取也。次以辨疑、正误,辨其可疑,正其谬误也。次以修治,谨炮炙也。次以气味,明性也。次以主治,录功也。次以发明,疏义也。次以附方,著用也"为通用体例阐释药物。

书中系统总结了明及以前药物学的成就,辑录和保存了大量的古代医药学文献,纠正了以往诸多药物认识的错误,蕴含了丰富的古代天文、地理、植物、地质、动物等学科知识,为我国药物学史上一部综合性的学术价值极高的著作。

《本草纲目》有多种版本传世。自 1593 年胡承龙在金陵刊行的初刻本问世以来,先后有数十种刊本行世。该初刻本被后世称为"金陵本"。

万历三十一年(1603 年),夏良心等在基本保持金陵本原貌的前提下,在江西南昌翻刻了《本草纲目》,史称"江西本"。这也是比较可靠的早期版本,为明末清初各版的底本。

崇祯十三年(1640 年),钱蔚起刊刻于杭州六和堂,书中药图由陆喆改绘,史称此本为"钱本"或"武林钱衙本"。

清光绪十一年(1885 年),张绍棠在南京对此书进行重校刊刻。其文字参校了江西本和钱本,药图有 400 余幅依照钱本改绘,并后附《濒湖脉学》《脉诀考证》《奇经八脉考》《万方针线》《本草纲目拾遗》。史称"南京味古斋本"或"张本"。至此,《本草纲目》"一祖三系"的版本源流局面业已形成。

现代《本草纲目》版本均是在此基础上校注而成。如刘衡如据江西本整理的校点铅印本(1977—1981 年人民卫生出版社出版)及 2011 年据金陵本整理的校点横排本(华夏出版社出版)等。

(二)《医方考》

吴崑撰,吴崑,字山甫,别号鹤皋山人,又号参黄子,安徽歙县人。吴崑生于儒学世家,因举业不第,由此专心于岐黄,并拜同乡余午亭为师学医。从师 3 年后,师勉其游学,于是吴崑途经江、浙、燕、赵等地,从帅众多。有感于"世医昧于上古经论,不达于中古之方",不明方义与方证关系,不明药物升降浮沉之性,而致盲目执方用药疗病,于是选取古今良医之方 700余首,"撰之于经,酌以心见,订之于证,发其微义",著成《医方考》6 卷。尚有《脉语》《素问吴注》《针方六集》等著作。

本书约刊于 1584 年,计 6 卷。按病证分类计 72 门,以证带方,全书共集古今名方 700 余首(去除重复及非方剂之外,实际为 540 首)。卷一、二为外感病证门,包括中风、伤寒、感冒、暑、湿、瘟疫、大头瘟、火、斑疹、疟、痢、霍乱、咳嗽等 17 门;卷三至卷六为内、外、妇、儿、五官等科病证和养生等,包括虚损劳瘵、血证、呕吐、噎膈、情志、脾胃、嘈杂、郁、五疸、消渴、鼓胀、淋涩、自汗、积聚癥瘕、痿痹、头病、胁痛、七疝、脚气、眼疾、耳疾、虫、痔漏、疥疮、暴死、痘、妇人、广嗣、延年等 55 门。吴氏对病证、方名、病因病机、药物配伍原则,乃至名家医论,均予以简明论述,指明要义。本书为方剂学史上第一部方论专著,对每类病证进行深入阐述,对每首方剂进行透彻剖析,体现了用方必穷其方理的学术思想。此书对后世影响较大,清代汪昂遵其义,仿编为《医方集解》,吴仪洛又取吴、汪所辑,编为《成方切用》。杨守敬《日本访书志》中评价道:"今观其所著,皆疏明古方之所以然,非有心得者不及,此信医家之巨擘。"

本书版本较多,明刊本主要有万历十二年(1584)崇善堂刻本、万历亮明斋刻本等。

《医方考》未有清代刊本,主要是汪昂的《医方集解》其时取代了本书之故。

(三)《普济方》

本书由朱元璋第五子周定王朱橚与教授滕硕、长史刘醇等共同订定,于 1390 年编成,初刊于明永乐四年(1406 年),共 426 卷,分为 1960 论,2175 类,239 图,共收录明以前各家方书和各种传记、杂说、道藏佛书中的方剂 61739 首。

本书为古代中医药史上最大的一部方书。全书所引文献均标明出处,这对方剂文献的研究提供了重要帮助。书中还保存了如《临产救急》《经效救世方》《傅氏活婴方》等 60 余种已经亡佚的方书内容,故此书在古医籍校注考证辑佚方面也有着重要的参考价值。

由于本书卷帙浩繁,民间没有能够完整翻刻者,故而原刻本渐渐散佚,仅存残卷 19 卷,明代还有抄本残卷 35 卷流传至今。直至清乾隆年间,编纂《四库全书》时,据范氏天一阁藏本,得收录其全,改编为 426 卷。后世传本多依此本。

三、诊法与临证各科类医籍

(一)《濒湖脉学》

李时珍撰。成书于明嘉靖四十三年(1564 年),李氏晚号"濒湖老人",故得此书名。李时珍为纠正宋人高阳生《脉诀》之误,为初学脉学者能明脉理而著此书。全书以歌赋形式,分《七言诀》和《四言诀》两部分,《七言诀》论述浮、沉、迟、数、滑、涩、虚、实等 27 种脉象形状、主病及相似脉象鉴别等内容。《四言诀》是参考其父李言闻根据宋人崔嘉彦之《四言举要》删补所著《四诊发明》及诸家考证《脉诀》之说而成,主要是综述脉理、脉法、五脏平脉、杂病脉象及真脏绝脉等。全书计 1 卷。内容切合临床实际,易于记诵,流传甚广。后世《医宗金鉴》《四诊抉微》等有关脉诊内容,多以其为蓝本。此书问世后,《脉诀》就鲜有人问津。

本书明代刊行时,早期为单行本,自万历三十一年(1603 年)夏良心在南昌翻刻《本草纲目》时起,即与《本草纲目》合刊。此外,尚有与《奇经八脉考》《脉诀考证》合刊行世者。

(二)《明医杂著》

王纶撰。王纶,字汝言,号节斋,浙江慈溪人。进士出身,后官礼部郎中等职。任职期间,自修医术。其习医以《内经》作为基础,推崇张仲景、刘河间、李东垣、朱丹溪等名医大家的学说,临证时尤宗丹溪,兼采诸家之长。

本书成书于明弘治十五年(1502 年),共 6 卷。卷一、二为医论,卷三至五为续医论,卷六为附方。卷一至卷四内容涉及内伤杂病、妇科、五官类证治,卷五内容为儿科证治。其论一证,先列主方,后列加减变化。并提出"外感法仲景,内伤法东垣,热病用河间,杂病用丹溪"的学术见解。在治疗方剂上有所创新,其补阴丸、化痰丸等至今仍是临床常用效方。

本书初刊为明弘治十五年(1502 年)自刻本,后由薛己补注,刊本较多,如嘉靖二十八年(1549)刻本及清刊本、民国刊本等。

（三）《医学正传》

虞抟撰。虞抟,字天民,号花溪恒德老人,浙江义乌人。出身医学世家,曾祖父诚斋师从同邑朱丹溪。虞抟承家业,对丹溪之学亦颇尊崇,然其认为丹溪之学虽有发前人未发之处,但犹有未备,于是采诸家之言,合丹溪之学于一炉,编撰成一部综合性医籍,名为《医学正传》,又名《医学正宗》。

本书成于明正德十年(1515年),8卷。其诸病总论部分皆选取《内经》要旨,伤寒病宗仲景之说,内伤病法东垣之论,脉法取叔和之言,小儿遵钱乙之法,其余承丹溪之学。卷一设51条"医学或问""以申明先哲言不尽意之义";卷二至卷六为内科、口齿、疮疡,卷七为妇科,卷八为儿科。全书以证分门,每一病证分列"论""脉证""方治",兼附家传方、个人验方和名医验案。提倡节嗜欲、戒性气、慎语言、谨服食为摄养之要。认为学者不可执古方以治今病,抨击医者以病人出生年月日时合发病之日期、推算五运六气与伤寒六经证候、得出当用某药之法等认识。

本书版本有明嘉靖刻本、万历五年(1577年)金陵三山街书肆松亭吴江刻本、日本庆长九年(1604年)活字本等。

（四）《万病回春》

龚廷贤撰。龚廷贤,字子才,号云林,别号悟真子,江西金溪人,出身于世医之家,父龚信,曾任职于太医院,其随父习医,勤研《内经》《难经》,兼读金元诸家之学。曾因治愈鲁藩元妃之疾,入御医院任太医,并获"医林状元"匾额。著述颇丰,有《万病回春》《寿世保元》《小儿推拿秘旨》《药性歌括四百味》《药性歌》《种杏仙方》《鲁府禁方》《医学入门万病衡要》等。

本书共8卷。卷一有"采诸《内经》要旨,前贤确论,为初学启蒙,医家切要"的"万金一统述",药性歌,诸病主药,释形体,脏腑形状,人身面背手足图,十二经脉歌,十二月七十二候歌,运气候节交应时刻数诀以及医学源流等内容;卷二至卷八为外感、内、外、妇、儿、五官等科的各种病证、病因病机、诊断、治则及方药等;书后附有"云林暇笔"、"叙云林志行纪"等。为一部具有较高价值的综合性医籍。

本书版本有明万历十六年(1588年)苏州叶龙溪序刻本、万历三十年(1602年)金陵周氏刻本、清康熙元年(1662年)刻本等。

（五）《先醒斋医学广笔记》

缪希雍撰。缪希雍,字仲淳,号慕台,别号觉休居士。祖籍江苏常熟,侨居浙江长兴。缪氏幼习儒,因久疟不愈,自检方书得痊,遂嗜好医药。曾师从无锡名医司马铭,深究医理,尤精本草。平日游历所至,常与樵子村夫交往,搜罗秘方甚富。万历四十一年(1613年),丁元荐将缪氏30余年所积累的效方及医案分类汇集为《先醒斋笔记》。天启二年(1622年),缪氏又应其弟子庄继光之请,增益群方,兼采常用药400余味,详述炮炙,又增加伤寒、温病、时疫治法要旨,更名为《先醒斋医学广笔记》4卷。《明史·方技传》中有"吴县张颐,祁门汪机,杞县李可大,常熟缪希雍,皆精通医术,治病多奇中"的记载。

本书又名《广笔记》《先醒斋笔记》《还读斋医方汇编》。共4卷,卷一有"中风""寒""暑""疟""痢"以及"泄泻"等内容;卷二有"脾胃""虚弱""吐血""消渴证""妇人"等内容;卷三涉及"幼科""肿毒""杂症"等内容;卷四为在原有90余种药物的基础上,增至439种药物的"炮炙大法"和"用药凡例"等内容。4卷中,唯卷一之中风治法大略、伤寒治法总要,卷二之吐血三要法,以及卷四之炮炙大法和用药凡例等,最能反映缪氏学术思想和特点。此书对于临床治疗、制方遣药,颇多发明,全书突出临证实用特色。

本书版本有明万历四十一年(1613年)丁元荐序刻本、天启三年(1623年)京口大成堂刻本(附炮炙大法)、清康熙抄本(14卷)等。

(六)《寿世保元》

龚廷贤撰,10卷。本书为龚氏在编撰了《古今医鉴》《万病回春》等5部医籍之后的又一部著述。龚氏认为此前所编著作"虽然医妙无穷,其间标本异治,虚实瞬易,损增互换,歧中之歧,变外之变,胶古不得师,心又不得失,"这些都不是5部医书所能完全涵盖的,于是"采掇名藩之异授,内府之珍藏,宇内士夫之所家袭,方外异人之所秘传,间亦窃附己意,发诸前人之所未发,参互勘验,百投百效者,分门别类,汇次成编,命曰《寿世保元》,以示大全,于以补诸书之缺"。

本书"以《内经》为宗旨,用刘、张、朱、李为正印,其余诸家为变法,间亦窃附己意,旁求可法之言以广之",采取"繁者简之,简者采之,奇而良者遵之,掇拾其义,绸绎其旨"的编著思想而成。卷一"首论自轩岐以来,历代名医方书之宜法者",再述"人身五脏六腑,十二经络,血气脾胃,阴阳标本,五运六气,亢则害,承乃制,虚实寒热,受病之原""宗王叔和七表八里,总归于刘三点浮沉迟数四脉"统领脉象,又将400余味常用之药编写成药性歌括,便于记诵。卷二至卷六,涵盖内科诸证,卷七为妇产科,卷八为儿科,卷九为外科,卷十为"单品杂治"验案及杂方、通治等内容。各科诸病采用先脉后证,再后为治法治方,间附前人与己之验案。此书内容丰富,条理清楚,并多以歌诀形式总结,使读者便于记忆,读而不厌。所记内容多久经临床验证,是明代医籍中较为全面且实用之书。

通行版本有清康熙六年(1667年)刻本、雍正十年(1732年)刻本、日本正保二年(1645年)风月宗知据明周氏光霁堂本影刻本等。

(七)《症因脉治》

秦昌遇撰。秦昌遇,字景明,号广垫山道人,明末医家。上海人,少多病,遂学医,以治儿科病著称。后亦精通内科,所治多奇效。除著此书外,尚有《脉法领珠》《痘疹折衷》《幼科折衷》《大方折衷》等行于世。

本书计5卷,成书于1641年,后由其孙秦之桢(字皇士)整理,刊刻于1706年。

秦氏认为丹溪《脉因证治》"凭脉寻因,寻症施治,暗中摸索,后人苦无下手",又王肯堂《证治准绳》虽"取证治立名,则有确据下手",但"不详及脉因二条",便立意按照临证规律,先言"症",次言"因",再言"脉"与"治",使读者"开卷了然",故名其书曰《症因脉治》。

本书卷首有"论《医宗必读》证因差误治""论《内经》《金匮》中风卒中症"等6篇医论,卷一至卷四列临证40余种内外杂病,每病首分外感与内伤两大类,均按照症、因、脉、治的顺序论述,条理清晰,所论内容以前贤观点和己意结合,相得益彰。是一部切合临证实际的医籍,对后世有较大影响。

此书版本清代有康熙四十五年(1706年)刻本、康熙五十四年(1715年)攸宁堂刻本等,民国有1922年上海储梧冈刻本。

(八)《慎柔五书》

胡慎柔撰。胡慎柔,明末医家和僧人,法名住想,江苏常州人,博通佛教典籍及儒家经史。胡氏曾患劳瘵,经查了吾治愈,遂拜其为师学医,十余年后经查氏引荐,又拜师于名医周慎斋,深得其传。胡氏秉承李东垣脾胃学说,最长于治虚劳病。晚年将其毕生所学所思、所行所悟汇编成书,临终之前交予石震,石氏后将之整理为《慎柔五书》,予以刊刻出版。

书计5卷。卷一为"师训",主要是胡氏师从查了吾和周慎斋时记载的两位师傅的遗论,间有胡氏按语;卷二为"医劳历例",是胡氏的临证经验与体会;卷三、卷四分论虚损和劳瘵的证治;卷五是胡氏和周慎斋等人的代表性医案。胡氏提出虚劳当分虚损和劳瘵2种,"损病自上而下,劳病自下而上"。损病最终传至脾肾,劳病最终传至脾肺,两者应区分治疗,并总结出"以劳法治损,多转泄泻"、"以损法治劳,必致喘促"的临证经验,其论多宗李杲脾胃学说。此书曾由清代名医周学海评注,周氏评价"此书格律谨严,可为老人虚人调养指南",同时也指出,"药力太薄,法少变化,不足治大病,启后学"。

本书版本清代有顺治毗陵石震刻本、乾隆五十九年(1794年)於然室刻本修敬堂藏板,民国有1925年上海千顷堂书局石印本等。

(九)《理虚元鉴》

汪绮石撰。汪氏生卒年代、字号不详。

本书成于明末,计2卷。全书对虚劳病的病因病机、治则治法及预防等均有独特的认识与论述。其总结虚劳病的病因有6种,即先天之因、后天之因、痘疹及病后之因、外感之因、境遇之因、医药之因。病机方面有阴虚和阳虚之别,认为阴虚者是由精血不足,水火不济,导致阴虚火亢,相火上炎,伤及肺金;阳虚者又有夺精、夺火和夺气之别,统归于脾。治疗上提出"二统三本"论,"二统"即阴虚为本者,统之于肺;阳虚为本者,统之于脾。"三本"即治肺、治肾、治脾乃治虚之三本。用药禁燥烈、苦寒、伐气。创立了清金百部、清金甘桔、集灵胶、清金养荣等有效方剂。主张虚劳病重在预防的思想,提出了六节、八防、二护、三候、二守、三禁的预防要点。从而形成了独特的虚劳病的理论体系。

本书版本有清乾隆三十六年(1771年)刻本、同治六年(1867)刻本、1936年上海大东书局铅印本等。

(十)《外科发挥》

薛己撰。薛己,字新甫,号立斋。江苏吴县人。其父薛铠,为太医院医官。薛氏幼承家学,尤精方书。明正德初年(1506)补为太医院院士,九年擢为太医院御医,十四年授南京太医院院判。嘉靖九年(1530)以奉政大夫南京太医院院使致仕归里。初为疡医,后以内科驰名,兼工儿、妇、骨伤诸科。著有《内科摘要》《外科发挥》《外科心法》《外科枢要》《疬疡机要》《女科撮要》《正体类要》《口齿类要》等。

本书初撰于明嘉靖七年(1528年),8卷。卷一为肿疡、溃疡和溃疡作痛;卷二为溃疡发热、发背和脑疽;卷三为鬓疽、时毒、疔疮臀痈;卷四为脱疽、肺痈肺痿和肠痈;卷五为瘰疬、流注、疮疡作渴和作呕;卷六为咽喉、瘿疹、天疱疮和杨梅疮;卷七为便痈、悬痈、下疳、囊痈和痔漏;卷八为便秘门、乳痈、妇人血风疮、疮疥、杖疮和伤损脉法。每一病证均先列脉证,再述治则,后接治法并附医案。薛氏家族擅长外科,除此书之外,尚有《外科心法》《外科枢要》《疬疡机要》《外科经验方》等行世,对同时代及后世的外科学均有影响,与之同时代的汪机在编撰《外科理例》时,即大量引录了薛氏《外科发挥》《外科心法》中的脉证和医案。

本书成书后,有单独行世者,如明刻本、清东溪堂刻本、1921年大成书局石印本等,也有与薛氏其他著作合刊行世者,如《薛氏医案二十四种》。

（十一）《外科正宗》

陈实功撰。陈实功，字毓仁，号若虚，江苏南通人。陈氏少时习医，尤喜外科手术之法。从事外科临证逾40载，积累了较为丰富的外科诊治经验。陈氏为改以往中医外科重实践而轻理论的旧弊，也为改变社会重视内科而轻忽外科的偏见，决定将毕生的临证经验与中医学术理论熔于一炉，其引经据典，参考前人外科著作，结合自己多年的实践体会，撰著成《外科正宗》。

本书成书并刊行于明万历四十五年（1617年），共4卷。卷一概述了外科疾病的病因、诊断和治疗等内容；卷二至卷四为外科100余种常见病证，每证中先论病因病机，再述证候表现、治法，后附典型案例。书中绘有30余幅插图，以图示疮肿部位和形状，后又介绍炼取诸药方法，可谓图文并茂，增加了学习者的感性认识。陈氏在书中提出"五戒""十要"，作为外科医生端正学习、服务态度的守则。其还主张外症必根于内，提倡内外兼治，即外科手术与药物治疗结合，并创制多种外科手术法与器械，又提出关节离断之手术原则，所见较为正确。《外科正宗》重视保护脾胃是其一大特点，主张"治疮全赖脾土"，强调脾胃对"外科尤为紧要"，反对无原则的使用寒凉，攻伐胃气。倡导"节饮食、调寒暑、戒喜怒、省劳役"以调养脾胃。后世评价本书为"列症最详，论治最精"的外科专著。徐灵胎曾曰："此书所载诸方，大段已具，又能细载病名，各附治法，条理清晰，所以凡有学外科者问余当读何书，则令其先阅此书。"

本书传至清代后，张鸞翼将之重订，形成《（重订）外科正宗》（12卷），还有徐大椿评注的《（徐评）外科正宗》，这两部著作也形成了各自的版本源流。

此书现存版本主要有明万历四十五年（1617年）刻本、崇祯四年（1631年）刻本、清康熙三十八年（1699年）刻本振玉堂藏板等。

（十二）《正体类要》

薛己撰。本书为薛己有关骨伤科内外治疗经验和体会的专著，分为上、下两卷，若干论述。上卷为本书的主要部分，其中第一部分论述"正体主治大法"，列举了伤科常出现的临床表现证候或症状，并对这些证候或症状进行了逐一剖析，述其治疗原则和方法；第二部分是"扑伤之症治验"，以病案实例详述了扑伤后出现的常见兼症的诊治原则和经验；第三部分是关于"坠跌金伤治验"的内容，采用案例形式阐述其诊治原则和处理方法；第四部分是"汤火所伤治验"，以4个案例阐释了火毒刑肺金、火毒焮作、火毒行于下焦和火毒乘血分的治疗经验。下卷为方药部分，列举了70余首与伤科有关的方剂，每一首方剂均有功效主治、方药组成、服法等。这是一部记载了薛氏家族关于骨伤科常见病诊治经验的伤科专著，具有较高的临证借鉴价值。

本书版本主要有明刻本、清东溪堂刻本，其他则见于《薛氏医案十六种》《薛氏医案二十四种》《家居医录》和《中国医学大成》等丛书中。

（十三）《万氏妇人科》

万全撰。万全，字密斋。祖籍江西南昌，寄寓湖北罗田。世代业医，祖父杏坡、父亲筐，皆以医名。其遵父训，学医本于《内经》《难经》，深研《脉经》，攻读本草，兼读张仲景、刘完素、李东垣、朱丹溪等诸家之书，医术益深，为明代著名医家，擅长儿科、妇科。撰有《万氏妇人科》《万氏家传保命歌括》《伤寒摘锦》《养生四要》《幼科发挥》《幼科发挥大全》等医籍。

本书又名《万氏女科》《万氏家传妇人秘科》，初刊于明嘉靖二十八年（1549年），3卷。

卷一为立科大概、济阴通玄赋、调经章、崩漏章和种子章;卷二为胎前章和八月章;卷三为产后章及附录。整书除卷一前两条为论述妇科的特殊性以及妇科各个时期的疾病特征之外,其余各卷体例均是先列病证名,次叙证候,后叙不同证候的方药加减治疗。书后单列附录,有孕中、产后出现意外时的处理方法和方药以及避免新生儿出痘疹的方法。本书在治疗上主张"调经专以理气补心脾为主""胎前专以清热补脾为主""产后专以大补气血行滞为主"。全书条理清晰,简而实用。

本书刊本主要有清康熙五十一年(1712 年)忠信堂刻本、康熙五十三年(1714 年)西昌裘琅玉声氏世德堂刻本等。

(十四)《济阴纲目》

武之望撰。武之望,字叔卿,号阳纡,陕西临潼人。武氏为陕西鸿儒,曾于万历十七年(1589 年)与王肯堂同科中为进士。先后在安徽霍邱、江苏江都担任县令,晚年以少司马职总督陕西三边军务。武氏因幼年多病,自习岐黄,《内经》以下至金元诸家医籍无不涉猎,为官之余总是医书不离手,公余也为人诊治疾病。素慕王肯堂《证治准绳》,以其旁搜博引,古今悉备。故以此为蓝本,删除其中杂病部分,专以女科为主,编成《济阴纲目》。

本书是一部中医妇科专著,共计 5 卷,初刊于 1620 年。主要涉及妇女经、带、孕、产及产后诸证,卷一为"调经门""经闭门""崩漏门""赤白带下门";卷二为"虚劳门""血风门""积块门""浮肿门""前阴诸证门";卷三为"求子门""胎前门";卷四为"临产门""产后门上";卷五为"产后门下""乳病门"。每门下又分若干病证,每一病证先阐述前人具有代表性的观点,后列治疗方剂。此书可谓武氏集百家之精华、汇诸书之奥旨、并结合自己临床经验而著成。书中既论述了妇人诸疾的证治常法,又有临床施治的通权达变。在遣方用药上,此书具有简、便、廉、验的特点,所用方剂,既有经方、时方,又广集单方、秘方。正如汪淇所言:"《济阴纲目》一书……一病之中,三致意焉;一方之设,细详释焉。得其隐微,能尽其变,使人阅之,一团生气浮于纸上,讵非活人之书哉!"此书后经清代汪淇加以评注改编为 14 卷后得以广泛流传,汪氏评注均在各卷有眉批,对诸证进行分疏辨核,使学者开卷易于寻施治。汪氏还于书末附"保生碎事"(济阴慈幼外编)一文,介绍汪氏所辑诸医家关于新生儿疾病的治疗。此书对中医妇科学产生了相当大的影响。

主要版本有明万历四十八年(1620 年)著者序刻本(5 卷,无附录)、万历象雷馆刻本、清康熙四年(1665 年)汪淇序刻本蜩寄藏板等。

(十五)《幼科发挥》

万全撰,成书于明嘉靖二十八年(1549 年),2 卷,又有 4 卷本。

本书最早刊本为上下两卷,卷上有胎疾、脐风、变蒸、兼证、幼疾、五脏主病(包括肝经主病、心经主病和脾经主病)等内容;卷下有肿、胀病、吐泻、呕吐、泄泻、痢疾等小儿常见病的证候、病因病机、方药以及医案等,还有五脏主病之肺脏主病、肾脏主病等;附录论述小儿生理病理、诊断等内容。

万氏儿科学术深受钱乙的影响,在继承钱氏学术的基础上多有发挥。其指出小儿生理特点为"气血未定,易寒易热,肠胃软脆,易饥易饱";在五脏病理方面提出小儿肝常有余、脾常不足、肾常虚、心病多热、肺娇易受邪等观念,以此指导临床实践。本书还载有其家传 100 多首验方,如安虫丸、玉枢丹、牛黄清心丸等方剂沿用至今。

本书以清代刻本为主,如乾隆四十三年(1778 年)刻本、咸丰九年(1859 年)刻本、同人堂(书口题敷文堂)刻本等。

（十六）《温疫论》

吴有性撰。吴有性，字又可，江苏苏州人。

明代末期，瘟疫时常暴发流行。1642 年，全国瘟疫横行，十户九死。南北直隶、山东、浙江等地大疫，五六月间益盛，"一巷百余家，无一家仅免，一门数十口，无一仅存者"。吴又可亲历了每次疫情，积累了丰富的资料，推究病源，潜心研究，依据治验所得，撰写成了《温疫论》一书。

本书又名《瘟疫论》《温疫方论》。2 卷，补遗 1 卷，初刊于明崇祯十五年（1642 年）。上卷 50 篇，主要论述温疫的病因、传播途径、传变规律、证候表现、治则治法以及与伤寒病的区别等；下卷 33 篇，主要论述各种温疫的兼证；后又补入"正名""伤寒例正误""诸家温疫正误"3 篇，为补遗 1 卷。后世多将补遗 1 卷并列于下卷，成 36 篇。

本书为中医第一部温病学专著，其最为突出的贡献即在于创造性地提出温疫病因非传统认为的六气外感，乃另一种"乖戾之气"所致，并论述了温疫的传播途径为经"口鼻而入"而非"皮毛而入"，进而又得出温疫的发生与否与人的抵抗力有直接关系、人畜之间可以相互传染以及外科的疮疡肿疔也是"戾气"所致等科学论断。创立了"达原饮""三消饮"等有效方剂。对后世温病学说的建立产生了重大影响。《清史稿·吴有性传》曰："古无温疫专书，自有性书出，始有发明。"《四库全书总目提要》曰："推究病源，参稽医案，著为此书，温疫一证，始有绳墨之可守，亦可谓有功于医矣。"本书流传较广，评注本较多，有洪天锡《补注温疫论》、郑重光《温疫论补注》（又名《增补瘟疫论》）及孔毓礼、龚绍林据吴氏原著加以评注的《医门普度温疫论》等。版本有明崇祯刻本、清康熙十二年（1673 年）海虞景祥道人李汝祢抄本、康熙三十年（1691 年）金陵长庆堂刻本等，《四库全书》中也有收载。

（十七）《银海精微》

2 卷，旧题唐·孙思邈著。此书《唐书·艺文志》《宋史·艺文志》均未见载录，《唐书·孙思邈传》亦未载。明嘉靖、万历年间虽有刊本，但均称"未知何人氏所撰"，清以后才有刊本题"孙思邈著"。一般认为此书系托名孙氏之作，成书时间大约在明代，具体撰人不详。

全书 2 卷。上卷首列"五轮八廓总说"，并附图歌，以脏腑、经络等理论，按眼病部位与全身的对应关系作为诊治大法，然后分述 64 种眼病。下卷又论述 17 种眼病，并载有"五脏要论""审证应验口诀""审证秘论""眼科用药次第法"等 12 篇，论述有关眼病的辨证施治、立法用药、针刺外治等内容。此书眼病 81 症，包括：肉轮胞睑病 12 种，血轮大小眦病 2 种，气轮白睛病 17 种，风轮黑睛病 13 种，水轮瞳仁病 13 种，目痛 7 种，目痒 2 种，目外伤 3 种，目珠胀突 4 种，全身病所致目疾 7 种。其中有 80 症分别配有一图，标示病位或病态。并将眼科验方 61 首纂成"金针眼科经验方诗括"，实载 59 首，列眼科常用药物 135 种，述其归经、功效等。

本书对眼病的诊断，提出先审瞳人、次看风轮、再察气轮、四辨肉轮、二眦的诊察步骤，以及主张"瞳神开大者，以酸收之，焦小者，以辛散之"的治疗原则，均为后世医家所尊崇。对于眼病的治疗，本书不仅详述内治法，而且注重采用针刺、夹、洗、烙等手术及外治法。外用药记载了粉剂、膏剂、水剂等多种剂型。此外，本书以藏象立论，倡"五轮八廓"之说，体现了中医眼科轮脏对应的整体观念和辨证论治特色。《四库全书总目提要》评价说："其辨析诸证，颇为明晰。其法补泻兼治，寒温互用，亦无偏主一格之弊。"本书为一本眼科重要著作，成书后还传入日本等国。

此书流传过程中，逐渐衍化为 2 卷本和 4 卷本两个版本系统。2 卷本系统国内现存最早版本为明万历十五年陈九仞刻本，藏于山东省博物馆，并有明书林鼎发堂刻本、清光启堂刻本、眼科三种合刻(清末民国初上海扫叶山房石印本)本等多种明清刻本。4 卷本系统现存最早版本为清道光八年文渊堂刻本，另有清同治六年刻本、同治七年东昌森林堂刻本等 10 余个清刻本。

四、医案医论、针灸推拿及综合性医籍

(一)《名医类案》

江瓘编撰，刊行于 1591 年，12 卷。江瓘，字民莹，歙县篁南(今安徽省黄山市)人，初攻儒术，后屡试不售，遂致力于医学，终有所成。

《名医类案》是一部内容系统完备的中医医案专著，全书共分 205 门，辑录了明以前历代名医验案 2400 余则。江瓘历时 20 载，于嘉靖二十八年(1549 年)完成初稿，但因种种缘由，书稿在其生前未能刊行，后经其长子江应元"校正"、次子江应宿"述补"，于万历十九年(1591 年)正式刊刻。全书共 12 卷，卷一为中风、伤寒、瘟疫病医案。卷二至卷六为内伤杂病医案。卷七为五官、皮肤及误吞异物、蛇虫兽咬伤等病症医案。卷八为血证、肛肠及部分内科医案。卷九、卷十为外科疮疡医案。卷十一为妇产科医案。卷十二为小儿科及异症、中毒、走马牙疳等病症医案。书中医案多录医者姓名及患者年龄、体质、症状、诊断、治法、方药等，许多医案附有夹注或按语，以"宣明往范，昭示来学"，为后世医家提供了宝贵经验。

本书的学术成就主要有三个方面：第一，广征博采，特色鲜明。《凡例》云："是集乃披阅诸子百家之文中有案会心者，辄手录以备遗忘，积久成帙，乃分门析类耳。"书中所辑以医案为主，兼及医事见闻杂录等，资料来源除经部外，史、子、集各类文献均广为选录，资料分类以病证为门，每门之下分列医案。考察全书体例，具有三大特点：①时间跨度大，始于战国扁鹊，终于明代江瓘父子，跨越两千年历史；②内容出处杂，有些医案标明医家姓名，有的只标官爵字号；有些标注所据文献，也有无明确标志者，以历史传闻等为主；③编撰形式新，此前医案著作均为医家个人辨治经验总结，本书则为荟萃历代诸家治验之作，且间附若干评按以提示要点。全书共涉及医家 140 余人，包括许多唐以前医家；引用著作 120 余部，尤以非医籍著作为多。可见，江氏父子在资料的搜集与整理方面用力之深。第二，析常达变，启示临床。江氏将前后跨度两千年的医案资料，按照病证分门别类进行整合，每门所列医案病情虽然相似，但证治多有差别，后世医家能够从中辨析异同，知常达变，启发思路，对临床辨治水平的提高多有裨益。江氏对于医案的辑录，打破了时间、地域、学派的局限，使后学能够达到博观约取的目的。第三，汇集各家，彰明学术。江氏是编所辑资料全面系统，引用格式严谨规范，保存了大量珍贵的文献资料。有鉴于此，我们可以运用本书进行历代名家的学术经验研究，特别是目前资料缺乏的医家，如江氏父子等。《名医类案》中记载江氏父子医案 130 余则，可以直接反映其学术思想与临证特色。江氏父子还留下了大量的按语，包含了病因病机分析、辨证要点提示、药物用法介绍等，也能体现其学术主张。除上述成就外，本书还非常重视对于失治误治医案的记载，也为后人提供了有益借鉴。

本书为江瓘父子历时近 40 年方始完成的传世精编，开创了医案类编之先河，具有较高的临床实用价值，是一部流传较广、颇有影响的著作。《四库全书总目提要》评价此书曰：

"可为法式者固十之八九,亦医家之法律矣。"本书现存版本较多,主要有明万历十九年(1591年)江应宿序刻本等,通行本为2005年人民卫生出版社点校本。

（二）《医贯》

赵献可撰,刊行于1617年,6卷。赵献可,字养葵,自号医巫闾子,鄞县(今浙江省宁波市)人,治学推崇明代医家薛己,为温补派代表人物之一。

本书是一部医学理论与临床辨治经验相结合、集中反映作者学术思想的医籍。全书以医理发明为主,广引诸家之说,并举医案予以评述,末附临床有效方剂若干。关于编撰此书的缘由,赵氏说:"余所重先天之火者,非第火也,人之所以立命也。仙炼之为丹,释传之为灯,儒明之为德者,皆是物也。一以贯之也,故命其名曰《医贯》。"全书共6卷,卷一为"玄元肤论",论《内经》十二官、阴阳、五行。卷二为"主客辨疑",论中风、伤寒、温病、郁病。卷三为"绛雪丹书",专论血证。卷四、卷五为"先天要论",主要阐发肾命阴阳水火之理,主张以八味丸、六味丸加减论治内科及五官科诸多病证。卷六为"后天要论",主要以补中益气汤为例探讨先后天论治之理,并论及伤饮食、中暑伤暑等病证辨治之法。全书广征博引历代诸家之说与辨治经验,并附以己见,对于命门、先天水火等理论阐发,颇具创见,为后世医家所推崇。

本书的学术成就主要有三个方面:第一,发挥命门学说。赵氏在前人论述的基础上,系统提出了命门学说。他首先指出命门的部位居于两肾之间;继而提出命门为一身之主;最后强调命火乃人身至宝,命门火盛则生机活跃,命门火衰则生机衰减,命门火灭则生机决绝。第二,注重先天后天。赵氏在理论上非常注重命门先天水火,在临证中对此也多有发挥。其于"内经十二官论"篇曰:"命门君主之火,乃水中之火,相依而永不相离也。火之有余,缘真水之不足,毫不敢去火,只补水以配火。壮水之主,以镇阳光。火之不足,因见水之有余也,亦不必泻水,就于水中补火。益火之原,以消阴翳。"在具体用药上,六味丸为肾虚不能制火之专用方,八味丸为治命门火衰之剂。此外,赵氏认为先后天为一有机整体,临证治疗强调补益肾脾,尤重补肾。第三,辨治执简驭繁。《医贯》对临床常见的中风、伤寒、温病、郁病等30余种疾病进行了详细的论述,涉及方剂60余首,最终提炼出以六味丸、八味丸、补中益气汤和逍遥散为主的基本方剂。书中设专篇论述八味丸、六味丸与补中益气汤,涉及主治病证、方药组成、加减变化等,切合临床。其对郁病的治疗,强调"以一法代五法",治木郁使肝胆之气舒展,则诸郁自愈,并立逍遥散为治疗郁病的主方,临证加减变化无穷。赵氏精审病机、执简驭繁的诊治思路,对后世医家产生了较大的影响。

本书围绕"命门"为中心,紧密结合临床病证,阐发了补益命门水火治疗诸病证的经验,很有特色,也颇具争议。明末学者吕晚村对此有较为中肯的评价,他认为:"所言皆穷源返本之论,补偏救弊,功用甚大。然以之治败证则神效,治初病则多疏,主张太过,立言不能无偏,遂欲执一说而尽废诸法亦不可行。"本书现存版本主要有明万历四十五年(1617年)步月楼刻本等,通行本为2005年人民卫生出版社点校本。

（三）《针灸大成》

杨济时编撰,刊行于1601年,10卷。杨济时,字继洲,三衢(今浙江省衢州市)人,出身于世医之家,曾任职太医院。

本书是一部全面总结明以前针灸学成就,详论经络、腧穴、针灸手法及临床治疗的汇编性针灸学巨著。本书是由潞安通判靳贤在杨氏《卫生针灸玄机秘要》基础上,补辑重编而成。

全书共 10 卷,卷一为"针道源流",简要列举了全书所引诸书概况,继而摘录《内经》《难经》等经典著作中有关针灸论述,并附以杨氏注释。卷二、卷三为针灸歌赋,多辑自《标幽赋》《医经小学》《针灸聚英》医籍,其中卷三收录的 4 篇"策",为杨氏之考卷,最能反映其学术观点。卷四载录取穴尺寸图、取穴法,以及针具、针刺补泻理论与方法等。卷五主要为五输穴图表、子午流注与灵龟八法等。卷六、卷七为腧穴专篇,详载脏腑、经络、腧穴图文,部分篇章兼录各经常用药物和导引法。卷八主要抄录《神应经》中腧穴及 23 门病证的针灸治疗内容,卷末附"续增治法"1 篇,辑自《针灸大全》等书。卷九首载"治症总要",继述"东垣针法""名医治法""针邪秘要",后列各家灸法、艾灸基本知识,末附杨氏针灸医案 31 则。卷十主要介绍小儿诊断、调护及按摩治法,内容主要辑自《小儿按摩经》,另有高武"附辩"及靳贤"请益"。本书理论与临床并重,引文与按语并优,图文并茂,堪称明以前针灸学集大成之作。

　　本书的学术成就主要有四个方面:第一,尊崇经典,博采众长。杨氏将《内经》《难经》作为全书的理论基础,收录有关针灸理论论述 30 余篇,内容涉及脏腑、经络、腧穴定位、辨证取穴等诸多方面。同时,杨氏还广泛涉猎历代医家之说,直接引用医书 12 部,间接转录医籍 20 余部,结合自己临床实践,对某些问题提出了独到见解。此外,本书卷十所辑《小儿按摩经》是我国现存最早的小儿推拿专著。第二,图表歌赋,便于记诵。杨氏对于经络、腧穴的记载,继承了前人编修"明堂孔穴"的传统,在编撰文本的同时修订与之配套的经穴图,全书共绘制图表 140 余幅,为后人的学习、理解提供了极大的便利。书中还收录了上百篇针灸歌赋,其中包括杨氏原创及注释的,能够体现其取穴经验与临证特色。第三,取穴精炼,重视针法。杨氏主张临证取穴少而精,他于"头不多灸策"篇论曰:"故不得其要,虽取穴之多,亦无以济人;苟得其要,则虽会通之简,亦足以成功。"杨氏临证非常重视特定穴,尤其是五输穴和多经交会穴,善于运用身兼数职的关键穴,取穴少而效果佳。此外,他还非常重视针刺手法,在"三衢杨氏补泻"篇提出了"十二字分次第手法",还论述了"烧山火""透天凉"等 24 种复式针刺补泻手法,并采用歌诀形式说明其操作要点及作用。第四,针灸药并举,疗效显著。杨氏主张临证首当审察病因病机,注重辨证论治,治法不必拘于形式,针、灸、药随宜选用。这种思想始终贯穿于他的临证实践中。

　　本书是杨济时一生医疗经验的总结,论述精辟,切合临床,自问世后,流传很广,对后世针灸学的发展产生了十分深远的影响。本书现存版本主要有清顺治十四年(1657 年)山西平阳李月桂刻本等,通行本为 2006 年人民卫生出版社点校本。

　　(四)《小儿推拿秘旨》

　　龚廷贤编撰,刊行于 1604 年,2 卷。

　　本书是现存最早以"推拿"命名的小儿推拿专书,又名《小儿推拿方脉活婴秘旨全书》等。作者在总结前人有关小儿推拿经验的基础上,结合自己的经验编撰而成。全书共 2 卷,卷一首列"总论",论述小儿生理特点;次为"蒸变论""惊风论""诸疳论"诸篇,阐述小儿疾病诊断;再述小儿推拿手法及其临床应用,如"十二手法主病赋"等;并附 31 幅人物腧穴图。卷二为儿科杂证,首列"病机纂要",概述小儿脏腑病证;次为寒门、热门、急惊、慢惊等 48 首歌诀,分述小儿诸病证治;末附"奏效方",如导赤散、泻黄散、肥儿丸等 40 余首。龚氏总结了明以前小儿推拿成就,记载了许多小儿推拿的穴位和手法,为后世儿科推拿的发展奠定了坚实的基础。

　　本书的学术成就主要有三个方面:第一,详论望诊,尤重面部与指纹。鉴于小儿生理、病理的特点,龚氏十分注重望诊在儿科病证诊断中的应用,尤以望面部和指纹为重点。通过望面部颜色的变化,可以推断小儿所患病证、病理变化及预后等,"面部险证歌""面部五色歌"等篇均有详述。通过望指纹三关颜色、形态的变化,可以获取病证的病因、病性、预后等重要信息,详见"虎口三关察证歌""虎口三关察纹图"等篇。此外,通过望头面、形态等也可判断小儿的健康状况。第二,图文并茂,完善取穴与手法。龚氏系统总结了前人有关小儿推拿穴位的记载,并分部位绘制穴位图,如"掌面诸穴图""掌背穴图"等,记载了内劳宫、天水河、阳池等50余个常用穴位,新增小横纹、靠山、心演等10余个穴位,这些穴位大多分布于头面、四肢,取穴操作较为方便。龚氏还十分注重推拿手法的总结和完善,除系统阐述了掐、推、揉、按、摩等单式手法外,还丰富和发展了多种复合手法。如黄蜂入洞法、水底捞月法、二龙戏珠法等。第三,精于辨证,活用手法与药物。龚氏临证强调辨证论治,根据辨证结果的差异,选取不同的穴位和治疗手法。例如对惊风的论述,他在前人经验的基础上,创造性地将惊风细分为菟丝惊、马蹄惊、水泻惊等24种,进一步详述了各种惊风的病因、临床表现及治疗手法。考察全书,龚氏不但以推拿手法见长,而且还善于运用药物结合手法治疗小儿疾病。例如治小儿体热目张,龚氏除推拿左手右足外,又令通关散吹鼻中,立愈。由此可见,龚氏虽然精于小儿推拿,但他并不局限于手法治疗,对于方药的运用同样得心应手,两者相互配合,疗效显著。

本书是龚廷贤小儿推拿经验的总结,广集各家之长,论述精详,图文歌诀丰富,易于理解、记诵,对后世儿科推拿的发展产生了较为深远的影响。本书现存版本较多,主要有明万历杨九如刻本(3卷)等,通行本为2008年华夏出版社校注本。

(五)《证治准绳》

王肯堂撰,医学丛书,6册。王肯堂,字宇泰,号损庵,自号念西居士,又号郁冈斋主,金坛(今江苏省常州市)人,出身官宦之家,曾中进士,明代著名儒医。

本书是一部包涵内、外、妇、儿、五官等临床各科病证与辨治,集明以前医学之大成的综合性医学丛书。本书所载病证均以证治为主,先综述明以前历代名家治疗经验,后阐明作者个人见解,内容宏富,通俗易通。全书共6册,包括《杂病》8卷、《类方》8卷、《伤寒》8卷、《女科》5卷、《幼科》9卷、《疡医》6卷,计44卷,故又名《六科证治准绳》。其中《证治准绳·杂病》刊于明万历三十年(1602年),是《证治准绳》中最早成书和刊行的两部之一,书中分门阐述内科、五官科等杂病证治,涉及诸中门、诸伤门、寒热门等13门,计150种病证,主要论述病、因、脉、证、治。《证治准绳·类方》为《杂病》的姊妹篇,两者刊行时间相同,收载病证基本一致,本书以明以前历代名方为主,兼及王氏自制经验效方。《证治准绳·伤寒》刊行于明万历三十二年(1604年),此编为王氏积30载《伤寒论》研究心得写成,编撰体例主要参考楼英《医学纲目》之"伤寒部",并有所完善,书中内容兼收并蓄,又有独到见解。《证治准绳·女科》刊行于明万历三十五年(1607年),本书以宋·陈自明《妇人大全良方》及明·薛己《校注妇人大全良方》为蓝本,博采张仲景、孙思邈、朱丹溪等诸贤精论与方药,并结合作者个人经验编撰而成,内容涉及经、带、胎、产等妇人常见病证的诊疗。《证治准绳·幼科》刊行时间与《女科》相同,王氏参阅明以前各家医论,详细介绍了儿科诸病的证治方药,列证详备,兼顾论方。《证治准绳·疡医》刊行于明万历三十六年(1608年),本书内容广博,涵盖了外科、皮肤科、骨伤科病证,并载有多种手术疗法,且选方精要,便于实用。王氏该套丛书博采明以前名医名著名方之精要,且能融入个人学术见解与临证经验,推陈出新,成就鸿篇巨帙。

本书的学术成就主要有五个方面：第一，杂病论治，独具匠心。王氏论治杂病，重视脉证分析，方药运用灵活，不拘于成方成法，多自制方药。《类方》中收录杂病治疗方剂2500余首，内容涉及方剂出处、主治病证、药物组成与剂量等，一些常见病、多发病载方尤为翔实，便于读者从中选用。第二，伤寒研究，博采众长。王氏精研伤寒30余载，造诣颇深，成就大体有三：①注释《伤寒论》，广征博引，精选30余家之说，尤以成无己、朱肱、王海藏等采录较多，注释之法首列仲景原文，次及诸家之注，并加以串解，遇疑惑或舛误之处，则附以己见，发前人所未备；②症状研究，注重六经、八纲结合，将六经不同见症，按性质不同分为主症、兼症、变症，对于六经不能解释的症状，则运用八纲揭示其病变实质，进一步完善了成无己《伤寒明理论》的研究成果；③补亡研究，完善辨证论治，王氏的研究在朱肱、郭雍等人的基础上更加深入。第三，妇科辨治，学验俱丰。王氏十分重视妇科疾病的辨治，他博采历代医论，引证文献70余种，且分门别类，条理清晰，并采用歌诀形式，便于理解记忆。第四，儿科证治，颇具特色。王氏注重吸取前人辨治经验，并结合个人临证体会，对儿科疾病的证治颇多独到见解。第五，疡科施治，独出心裁。王氏对于时人所轻的疡科同样十分重视，且有深入研究，他强调疡医必须明晰脏腑经络，谙熟方治药性，临证之时须辨病与辨证结合，内治与外治并重，才能取得较好的疗效。本书每于论后附有医案若干，以为验证。例如，王氏治其妹乳痈案，过程一波三折，很好地反映出王氏论治痈疡与时医的差异，引人深思。

本书涵盖中医临证各科，收录资料十分丰富，论述病证颇为精审，辨证治法极为详备，选方用药切于实用，具有较高的理论研究与临床实用价值，对后世医学的发展具有较大的影响。《四库全书总目提要》评价此书曰："是书采摭繁富，而参验脉证，辨别异同，条理分明，具有原委，故博而不杂，详而有要，于寒温攻补，无所偏主。"本书现存版本较多，主要有明万历三十年（1602年）至三十六年（1608年）刻本等，通行本为1991年人民卫生出版社点校本。

（六）《医宗必读》

李中梓撰，成书于1637年，10卷。

本书是一部详论内科常见病证诊治的综合性医籍。全书共10卷，卷一为医论与图说，其中医论14篇，详述医学源流及为医者应具的基本知识，重点论述了"肾为先天之本""脾为后天之本"等学术观点；图说3篇，分述人体骨度部位、脏腑内景诸图以及经络理论等。卷二为诊法专篇，包括"新著四言脉诀""脉法心参"与"色诊"3篇，提纲挈领地阐述了中医脉诊与望诊的主要内容。卷三、卷四为药物专篇，精选《本草纲目》有关记载，旁参诸家之说，附以己见予以注释，论述了常用中药400余种的性味归经、主治功效等，分属草、木、果、谷、菜等11部。卷五为伤寒专篇，简明扼要地论述了伤寒的证治方药。卷六至卷十为内科杂病专篇，主要介绍了35种常见病证的病因病机、证候表现、治法方药等。李氏是编以《内经》理论为宗，博采历代名医精论，且能折衷诸论，推陈出新，故能多所创见。

本书的学术成就主要有三个方面：第一，立论尤重肾脾。李氏在"肾为先天本脾为后天本论"篇中明确提出了人体先后天根本的观点，他说："先天之本在肾，肾应北方之水，水为天一之源。后天之本在脾，脾为中宫之土，土为万物之母。"李中梓还认为肾脾关系十分密切，他于"虚痨"篇论曰："水为万物之源，土为万物之母，二脏安和，一身皆治，百疾不生。"治疗方面，李氏指出："治先天根本，则有水火之分。水不足者用六味丸，壮水之主以制阳光；火不足者用八味丸，益火之源以消阴翳。治后天根本，则有饮食、劳倦之分。饮食伤者，枳术丸主之；劳倦伤者，补中益气主之。"李氏继承前代医家的理论与经验，阐发肾脾并重的观点，对后世医家在虚损病证的论治方面,产生了较大的影响。第二,临证阳气为先。李氏在"水火阴阳论"篇明确指出阳气在人体的主导作用,他说:"人身水火,即阴阳也,即气血也。无阳则阴无以生,无阴则阳无以化。然物不生于阴而生于阳,譬如春夏生而秋冬杀也。又如向阳之草木易荣,潜阴之花卉善萎也。故气血俱要,而补气在补血之先;阴阳并需,而养阳在滋阴之上。"在处方用药方面,李氏也十分重视阳气,他于"药性合四时论"篇曰:"夫元气不足者,须以甘温之剂补之,如阳春一至,生机勃勃也。元气不足而至于过极者,所谓大虚必夹寒,须以辛热之剂补之,如时际炎蒸,生气畅遂也。"第三,辨治独出心裁。李氏不仅中医理论功底深厚,而且临床经验也非常丰富,对于内科杂病的辨治多有创见。例如,论泄泻的治疗,提出治泻九法,即淡渗、升提、清凉、疏利、甘缓、酸收、燥脾、温肾、固涩;对积聚的治疗,首倡初、中、末三期分治原则,即初者宜攻,中者攻补兼施,末者宜补。又如主张伤风兼顾防与治,肿胀应分寒热虚实辨治等,对临床均有广泛的指导意义。

本书是李中梓30余年医学经验的集大成之作,具有较高的理论研究与临床实用价值,对后世医学的发展具有一定的影响。本书现存版本较多,主要有明崇祯十年(1637)序刻本等,通行本为2006年人民卫生出版社点校本。

(陆 翔 赵 健)

第十三章　清代的中医文献

第一节　概　述

有清一代,随着社会经济的变革、学术研究的深入及临证经验的升华,兼之西方医学的渗透,中医学术的传承创新又步入了一个新的发展阶段。期间从事医学著述的医家不胜其数,而各家编撰刊行的医学著作亦层出不穷。相较前朝,清代出版的医籍部数、每部医籍刻印的版次、每一版次刻印的数量均大幅增加。同时由于年代最近,保存完好的清代抄本数量也十分可观,故而保存至今的中医文献,以清代编撰、刊印、手抄的数量最为巨大,这为考镜清代医学发展源流、辨章清代医学学术成就提供了最重要的保证。纵观清代中医文献,主要突显如下特点。

一、温病文献急速增加

自明末吴又可《温疫论》问世之后,清代温病学文献急速增加,温病学说发展至鼎盛时期。据2007年12月上海辞书出版社出版、薛清录主编的《中国中医古籍总目》载录,清代以前的温病学文献总共只有8部,而清代则达330部之多。其中影响最为深远的,则是被后人尊称为"温病四大家"的代表文献。

《温热论》,是"温病四大家"之一的叶天士门人据其口授编辑而成,收录于《临证指南医案》,详细阐述了温病邪入卫气营血的证候表现及治疗原则,并总结了众多辨证经验和治疗方法。《湿热条辨》,"温病四大家"之一的薛生白编撰,全面论述了湿热邪气的性质、特点、致病途径、主证变证及治则方药,开创了温病学说中专病研究的先河。《温病条辨》,"温病四大家"之一的吴鞠通汇撰,全书以条文结合方药的形式将温病的发展过程及治疗方法逐一展开,并自加注释,充分阐述,构建了以三焦辨证为主、卫气营血辨证为辅,理法方药完备的温病辨证体系,为温病学集大成之作。《温热经纬》,"温病四大家"之一的王孟英所撰,全书以《内经》《伤寒论》中的有关温病论述为经,以先前温病名家的经验为纬,分条辑录,间参注释,对晚清之前的温病学说作了一次全面总结,大大促进了温病学说的发展。

除此之外,戴天章的《广瘟疫论》、余师愚的《疫疹一得》、陈平伯的《温热病指南集》、柳宝诒的《温热逢源》、雷丰的《时病论》、周扬俊的《温热暑疫全书》、俞根初的《通俗伤寒论》等一批温病学名著亦相继刊印出版,温病学说由此得到全面发展,臻于完善。

二、医经考释文献成就斐然

中医经典的整理研究，一向是中医学术传承发展的重要方式。受乾嘉朴学影响，清代学者对中医经典的考释和整理均达到前所未有的高度，取得斐然成就。特别是在《内经》经文的训释、校勘、考证方面，成就尤其突出。如陆懋修的《内经难字音义》，对《素问》《灵枢》各篇的难字进行注音与释义；胡澍的《内经素问校义》，对《素问》共作 32 条校文；俞樾的《内经辨言》，有《素问》校文 48 条；于鬯的《香草续校书·内经素问》，共校 103 条。另外还有孙诒让、江有诰、顾观光等学者的相关考释文献。

与此同时，清代学者在《神农本草经》的辑佚、考释、阐发方面亦取得突出成就。辑佚考释方面，分别有过孟起、孙星衍、顾观光、姜国伊、莫文泉等学者的辑本，其中以孙氏所辑为最佳。阐发研究方面，则有张志聪的《本草崇原》、张璐的《本经逢原》、姚球的《本草经解要》、徐大椿的《神农本草经百种录》、邹澍的《本经疏证》、郭汝聪的《神农本草经三家注》等，每书大多载药 100 余种，并常常结合仲景的遣方用药实际进行阐发讨论。

除此之外，在中医经典的整理研究中，张志聪的《黄帝内经素问集注》《黄帝内经灵枢集注》、张琦的《素问释义》、高士宗的《素问直解》、徐大椿的《难经经释》、柯琴的《伤寒来苏集》、陈修园的《伤寒论浅注》、徐忠可的《金匮要略论注》、尤在泾的《金匮要略心典》等，均为此中之佼佼者。

三、中西汇通文献不断涌现

西学东渐始于明末，至清依然方兴未艾，而伴随其间者，则是西方医学入传东方古国。两种截然不同医学体系的激烈碰撞，形成了中西医学的交流高峰，造就了中西汇通文献的不断涌现。其中影响较巨者，有唐宗海的《中西汇通医书五种》、朱沛文的《华洋脏象约纂》（又名《中西脏腑图像合纂》）、张锡纯的《医学衷中参西录》等。

《中西汇通医书五种》包括《中西汇通医经精义》《血证论》《伤寒论浅注补正》《金匮要略浅注补正》《本草问答》等，倡导中西汇通，中西各存其长，当"损益乎古今""参酌乎中外""要使善无不备，美无不臻"，故"摘《灵》《素》诸经，录其要义，兼中西之说解之，不存疆域异同之见，但求折衷归于一是"。唐氏认为，中西医学原理互通，但对于西医解剖，持否定见解，对中医经典理论则十分推崇，认为"秦汉三代所传《内》《难》、仲景之书，极为精确，迥非西医所及"。《华洋脏象约纂》汇集《内经》《难经》《医林改错》等书有关人体形态、脏腑图象内容，结合西医解剖生理知识及其图谱予以阐述。全书 3 卷，较为系统地论述了中西医学对人体形态及其功能的认识，反映了朱氏对西方医学的接受与中西医学汇通的尝试。朱氏主张中西医应通其可通之处，存其互异之说。《医学衷中参西录》共 30 卷。张氏认为，中西医学理论可互为印证，两者并无抵牾。同时主张中西药并用治疗疾病。其《论中西之药原宜相助为理》一文谓："西医用药在局部，其重在病之标也，中医用药求原因，是重在病之本也。究之，标本原宜兼顾。若遇难治之证，以西药治其标，以中药治其本，则奏效必捷。"

四、临床专题文献日益繁盛

随着医学研究的不断深入和医学临床的不断进步，清代临床专题文献日益繁盛。陈士铎的《石室秘录》以治法为纲，统述正医、反医、内治、外治等 128 法，并分列方剂治疗。林之翰的《四诊抉微》以《内经》色脉并重为据,博采众说,并结合诊断论述治法。吴澄的《不居集》分内虚、外损详论各种虚劳之治,选集前贤方剂 800 余首,自创血证治方 9 首。姜天叙的《风劳臌膈四大证治》重点论述中风、虚劳、水肿、鼓胀、噎膈诸病证。熊笏的《中风论》将中风的病机、诊治分 18 专论进行阐述,并附医案数则。王清任的《医林改错》书分上下两卷,除上卷论述脏腑形态机能外,其下卷重点论述半身不遂的证治,对血瘀证采用活血化瘀之法,所创制的多首活血化瘀名方,至今仍为临床广泛使用。吴师机的《理瀹骈文》推崇"外治之理即内治之理,外治之药亦即内治之药",重点介绍以膏药为主、兼及其他的各种外治之法,是我国第一部外治法专书。唐宗海的《血证论》详细讨论了 170 余种血证的辨证论治,并收方 200 余首。另有临床疑难杂症专书《怪疾奇方》《吊脚痧方论》等,对后世亦有一定影响。

五、方剂学文献日见成熟

所谓方剂学文献,是指以方剂功效分类、以方剂配伍原理和临证加减变化为核心内容的文献。清代之前,方书一直以病证统方的形式编排,医方始终作为疾病治疗的组成部分,没有自身的独立地位。而清代《古今名医方论》《医方集解》《成方切用》等方书的编撰,则打破了医方附属于疾病的模式,取而代之以功效类方,并重点阐释组方原则、主治、临证加减等理论。此类文献的出现,标志着医方已作为独立的研究对象跻身于文献之中,标志着方剂学文献初见成熟。正如《古今名医方论》作者罗美在该书凡例中所云:"是编非但论其方之因、方之用,详其药性、君臣、制法、命名之义而已,必论其内外新久之殊、寒热虚实之机,更引诸方而比类之,又推本方而互通之。论一病不为一病所拘,明一方而得众病之用。游于方之中,超乎方之外,全以活法示人。"

六、医案文献蔚为大观

中医现存可查考的最早医案为淳于意的诊籍,见于《史记·扁鹊仓公列传》,载录 25 例。其后此类著作一直未被重视,直至明代才渐次出现医案专著。然而发展至清代,医案著作则大量涌现,蔚为大观,当时的著名医家,几乎都有医案著作流传后世。据《中国中医古籍总目》载录,清代医家撰写的医案专著有 400 余部,而且门类齐全,风格多样。其中既有个人医案、医案类书、医案丛书,又有专科医案、专题医案、会诊医案、宫廷医案及医案评注;既有对前贤医案的汇编、评析,又有个人临证随诊随记之医案。同时非常重视医案的研究,倡导书写规范。如清初名医喻嘉言在其所著《寓意草》中撰有"与门人定议病式",对撰写医案的格式与内容均作了详细明确的规范,至今仍有借鉴意义。

第二节　重要医籍介绍

一、本草、方书类医籍

(一)《本草备要》

汪昂编撰,约成书于康熙三十三年(1694 年),是本草类著作中难得之佳品,为众多医家所推崇。本书既可视为临床药物手册,亦可作为医学门径之书。

汪昂,字讱庵,安徽休宁人,晚年被尊称为"浒湾老人"。早年习儒,经史百家,无不谙熟,尤嗜岐黄之书。年三十许,弃举子业,潜心研医。汪氏以《内经》为遵,兼收各家所长,撰写《医方集解》《汤头歌诀》《本草备要》等多部医学著述,简明扼要,条理清晰,为后世医家所喜爱。

汪昂所辑医书有三大特点:①从入门书着手,主要有《素问灵枢类纂约注》《本草备要》《医方集解》《汤头歌诀》等;②改变旧有体裁,使前贤著作中未阐述透彻者得以充实完善,表达力求尽善尽美;③汇集前贤医药精华,删繁就简,辨其舛误,参以己见,由博返约,通俗易懂,朗朗上口,易记易学。

本书共8卷,主要取材于《本草纲目》和《神农本草经疏》。卷首为药性总义,统论药物性味、归经及炮制大要,卷一草部药191种,卷二木部药83种,卷三果部药31种,卷四谷菜部药40种,卷五金石水木部药58种,卷六禽兽部药25种,卷七鳞介鱼虫部药41种,卷八人部药9种,共计478种,续增日食菜物54种。每药先辨其气味、形色,次述其所属经络、功用、主治,并根据药物所属之"十剂",分记于该药之首。书中还特别引述历代名家精论、验案、奇案、疑案、验方、秘方等及相关药物之辨误、辨疑、质疑,以使内容更为完备。后世刊本又增附药图400余幅,更臻完善,堪称经典药物学指南。

汪氏以为古今本草有数百家之多,内容精详者莫如《本草纲目》,"考究渊博,指示周明",但"卷帙浩繁,卒难究殚……携取为难,备则备矣,而未能要也",而《明医指掌》之药性歌,便于"初学之诵习,要则要矣,而未能备也",《本草蒙筌》"文拘对偶,辞太繁缛,而阙略尚多",《本草经疏》"未暇详地道、明制治、辨真伪,解处偶有附会,常品时多芟黜",于是从诸家本草中取适用者400余味,对每味药物说明其性味、归经、功用、主治,"以土产、修治、畏恶附于后,以十剂宣、通、补、泻冠于前,既著其功,亦明其过,使人开卷了然"。本书既备有常用之药,又突出药物的使用要点,故订名为《本草备要》。

本书初刻于康熙二十三年(1684年),10年后,汪氏于康熙三十三年(1694年)补充再版,时年已80高龄。清代医家吴仪洛以为"汪氏本非岐黄家,不临证而专信前人,杂采诸说,无所折中,未免有承误之失",故将《本草备要》加以重订,补充内容,订名曰《本草从新》,共6卷,载药720种。此书问世后,颇受医家称许,直至今日仍有一定参考价值。

(二)《神农本草经百种录》

徐大椿编撰,初刊于乾隆元年(1736年),为徐氏以《本经》指导临床、以临床验证《本经》、感悟而述之作。

徐大椿,又名大业,字灵胎,晚号洄溪老人,江苏吴江人。祖父徐釚,为翰林院检讨,曾纂修《明史》。父徐养浩,精水利之学,曾聘修《吴中水利志》。徐大椿自幼习儒,旁及诸子百家,凡星经、地志、九宫、音律、技击,无不探究,尤嗜《易经》与黄老之学。年弱冠,补邑诸生。旋改习武,精通技击及枪棍之法。年近三十,因家人多病而致力医学,攻读《本草》《内经》《难经》《伤寒》《千金》《外台》及历代名医之书,久之妙悟医理,遂悬壶于世。其临证洞晓病源,用药精审,虽至重至危之疾,每能手到病除,为时医所叹服。乾隆二十五年(1686年),文华殿大学士蒋溥患疾,皇帝诏访海内名医,大司寇秦公首荐徐大椿。帝召之入都,徐氏诊毕奏曰:"疾不可治。"帝嘉其诚,欲留京师效力,乞归田里。后20年,帝以中贵人有疾,再召入都。时大椿已79岁,自知体衰,未必生还,乃率子徐爔而行,果至都3日而卒。帝惋惜之,赐以帑金,命爔扶榇以归。徐大椿平生富于著述,今存《难经经释》2卷、《神农本草经百种录》1

卷、《医贯砭》2 卷、《医学源流论》2 卷、《伤寒类方》1 卷、《兰台轨范》8 卷、《慎疾刍言》1 卷。医书之外,尚有《道德经注释》《阴符经注释》《乐府传声》等。

本书为选注《神农本草经》之作,收录药物百种,分上、中、下三品排列,其中上品 63 种,中品 25 种,下品 12 种。徐氏就"市中所有,审形辨味",详析每药之性味、主治、功效、药理,而因产地、别名不可尽考,故不作注解,其余内容,均以夹注的形式,逐一阐释,药物之后,再加按语。

徐氏著述此书,意欲阐发《神农本草经》之药品蕴义,然因耳目所及有限,"若必尽全经,不免昧心诬圣",故仅择取《本经》药物百种,仍依上、中、下三品予以笺释。鉴于前人注释本草,"只释其所当然,而未推测其所以然",故此书从诸药形色、气味、质地、性情、生时、产地等方面阐发,以达"辨明药性,阐发义蕴,使读者深识其所以然,因此悟彼,方药不致误用"之目的。书中常针砭时医不明药理之害,又能结合个人临床实践阐述药理,故对后世多有启发。

据《中国中医古籍总目》记载,本书流传至今,有包括单行本、丛书本两大系统在内的版本共计百余种。现存初刻本为乾隆元年(1736 年)吴江徐氏刻本与同年半松斋刻本,《徐氏医学丛书》《四库全书》《陈修园医书》《本草三家合注》等丛书亦收录此书。

本书取常用药百种,详述其药性药效,对后世临床诊疗颇有裨益。《四库全书》评价此书曰:"凡所笺释,多有精意,较李时珍《本草纲目》所载发明诸条,颇为简要。"

(三)《本草纲目拾遗》

赵学敏编著,成书于清乾隆三十年(1765 年)。本书刊行于《本草纲目》问世 100 余年之后,除拾《本草纲目》之遗外,对《纲目》所载药物备而不详者,亦详加补注、订正。

赵学敏,字恕轩,号依吉,浙江钱塘(今浙江杭州)人,历康熙、雍正、乾隆、嘉庆四朝,享年96 岁。年轻时无意功名,弃文学医,博览群书,悉心钻研医理药性,临床诊疗,每获奇效。于本草尤感兴趣,家中辟有"养素园",种植栽培多种草药,以便观察药物性状,体会药性药效。

本书共 10 卷,载药 921 种,按水、火、土、金、石、草、木、藤、花、果、谷、蔬、器用、禽、兽、鳞、介、虫分类,引经据典,对《本草纲目》予以补充和订正,增录药物 716 种,吸收民间药物如冬虫夏草、鸦胆子、太子参等约 511 种,并增补外来药物如金鸡勒、日精油、香草、臭草等,内容殊为丰富。本书体例与《纲目》类似,除未列人部外,另加藤、花两类,并把"金石"分为两部。书首列"正误"1 篇,纠正《本草纲目》误记疏漏达数十条。

《拾遗》原为撷拾《本草纲目》所遗而作,故凡《本草纲目》遗漏未载,或虽已收载而记录欠详,以及明以后新发现之药物,均予收录。如卷六"金鸡勒"条云:"嘉庆五年(1800 年),予宗人晋斋自粤东归,带得此物以相示,细枝中空,俨如去骨远志,味微辛……一治疟,金鸡勒用二钱,一服即愈。"此金鸡勒(即金鸡纳树树皮),便是《本草纲目》未载之新药。

不仅如此,赵氏对民间单方、草药亦极为重视,广泛搜集,故于《拾遗》之中,载有诸多简、便、廉、效之药方。如卷五"鸦胆子"条云:"治痢,用鸦胆子,去壳,捶去油一钱……丸绿豆大……吞十一二丸,立止。"现代有学者临床用此方治休息痢数例,效果颇佳。又如卷三"土连翘"条中所附七厘散,用于治疗金刃伤及止痛,确有可靠效果,至今仍为伤科要药。他如卷三"白毛夏枯草",卷五"落得打""浙贝""千年健""老鹳草",卷六"臭梧桐""千张纸",卷七"鸡血藤胶""胖大海",卷八"鹧鸪菜"等,都因本书推荐而得以被广泛运用。另外,还有诸多市售药品,不见于传统本草著作,同样可于《拾遗》中寻出。

尤其可贵的是,本书保存有大量的中医药文献,"有得之史书方志者,有得之世医先达者,必审其确验,方载入,并附其名以传信"。统计全书,附记书名达 500 多种,如《行箧检秘》《黄败翁医钞》《本草补》《珍异药品》《救生苦海》以及王安卿《采药志》、汪遵仕《草药方》等,皆不见录于今日医书目录。这些民间医药著述通过《拾遗》而得以保存其一鳞半爪,为现今寻找散失医籍提供了宝贵线索。

本书成书于乾隆三十年(1765 年),后又经 30 多年增订,内容更为完备,并初刊于同治三年(1864 年)。现存主要版本有同治十年(1871 年)钱塘张应昌吉心堂刻本、光绪五年(1879 年)太医院刻本、光绪十一年(1885 年)合肥张绍棠味古斋校刻本、民国上海锦章图书局石印本等。

(四)《医方集解》

汪昂编著,约成书于清康熙二十一年(1682 年)。本书博引众家之言,融汇作者见解和思考,具有阐述详细、层次分明、适用广泛、编撰严谨等学术特点。《中国医籍通考》谓:"是书既出,遂为后世方剂学之圭臬。"

本书按方药之不同功效,分补养、发表、涌吐、攻里、表里、和解、理气、理血、祛风、祛寒、清暑、利湿、润燥、泻火、除痰、消导、收涩、杀虫、明目、痈疡、经产等 21 门,收正方 377 首,附方 488 首(包括有方无名者 30 首)。每方先述适应证,再陈方药组成、方义精析及附方加减。书末附"急救良方"22 首,"以应仓卒",再附"勿药元诠""使知谨疾摄生之要"。本书内容丰富,所载之方,上起东汉,下至明初,将历代著名代表方剂尽收其中,并附以各家学说阐明方义,对后世影响巨大。

汪氏论方,阐述详细,便于学习,其博引众言,兼抒己见,尤遵宋代陈言《三因极一病证方论》,将三因制宜的思想加以阐发。因时制宜:汪氏在清肺饮中指出,"若春时伤风咳嗽,鼻流清涕,宜清解,加防风、薄荷、紫苏、炒黄芩;夏多火热,宜清降,加桑皮、麦冬、黄芩、知母、石膏;秋多湿热,宜清热利湿,加苍术、桑皮、防风",分列四时,以提示后人;因地制宜:在地黄饮子中,汪氏指出,"盖西北风气刚劲,虚人感之,名'真中风',可用风药下药。南方卑湿,质弱气虚,虽有中证,而实不同,名'类中风',宜兼补养为治",提示学者不可忽视地域差异;因人制宜:在经产之剂中,汪氏论曰,"妇人之病,与男子同,惟行经、妊娠则不可以例治,故取胎、产、经、带数方,以备采用"。

本书成书于清康熙二十一年(1682 年),迄今已逾 300 余年。此书多次梓行,流传极广,深得后世医家之赞许。现存主要版本有清康熙二十一年(1682 年)刊本石渠阁藏板残本、清道光二十五年(1845 年)瓶花书屋刻本、清光绪十六年(1890 年)上洋江左书林刊本、清光绪二十二年(1896 年)图书集成印书局铅印本等 50 余种。新中国成立以后,上海卫生出版社及上海科学技术出版社又先后铅印发行。

在汪氏诸多著作中,《医方集解》为《素灵类纂约注》《本草备要》医学研究内容的升华与发挥演绎,编撰严谨,选方精简,方论全面,博引众长,见解独特,思路创新,体系完备,深受后世之推崇。正如《医方集解·凡例》所言:"是用裒合诸家,会集众说,由博返约,用便搜求,实从前未有之书,亦医林不可不有之书也。"

(五)《串雅内外编》

赵学敏辑著,吴庚生补注,约成书于乾隆二十四年(1759 年),为走方医经验之汇编。书中所陈治法,内容丰富,方法多样,其中以外治法尤为突出,于中医外治法之发展承前启后,许多方法至今仍具有很高临床价值,值得进一步挖掘、整理。

全书共 8 卷,分为《串雅内编》4 卷、《串雅外编》4 卷。《串雅内编》按铃医术语分"截药""顶药""串药""单方"4 类。截药谓能截除疾病之剂,顶药多属吐剂,串药多属泻剂。《串雅外编》则分"禁方"(符咒之类)、"选元"(各种急症抢救法)、"药外"(非药物疗法)、"制品""医外"等类。清末名医吴庚生于若干治法与单方验方后附有按语,对学习和应用很有启迪。

"负笈行医,周游四方"之医,俗称之为"走方医"。"走方医"虽"为国医所不道",但其精通各科,"治外以针刺、蒸、灸胜,治内以顶、串、禁、截胜",常常"能使沉疴顿起",救人于危难之中。走方医以三字诀"贱""验""便"救世:"贱",即"药物不取贵";"验",为"以下咽即能去病也";"便",则为"山林僻邑,仓卒即有"。其施治手法遵从四要,即"用针要知补泻,推拿要识虚实,揉拉在缓而不痛,钳取在速而不乱",足见其深厚的医学功底。走方医游历四方行医,往往需要娴熟的手法及快速准确的治疗方法,且鲜有著述传世,因此颇具神秘色彩。《串雅内外编》首次揭示了走方医的神秘内幕,详述其诊疗手法、施治方药,是临床医生重要的学习参考著作,对现代中医临证亦有重要的参考价值。另外,书中所载治法及单方验方等,因年代久远失承,故需在熟练掌握诊疗技能、保障安全的前提下,才可予以采用。

本书成编之后,并未及时刊行,仅以民间抄本形式流传。《串雅内编》现存乾隆三十三年(1768 年)刻本、咸丰九年(1859)刻本、光绪十四年(1888 年)渝园刻本以及诸家民间抄本。光绪十六年(1890 年),钱塘名医马文植弟子吴庚生为其补注刊行,至此《串雅内编》得以广泛流传。而《串雅外编》无吴庚生补注,且多为民间抄本,刊刻发行者较为罕见。

本书为一部具有重要文献价值的中医药古籍,精华与糟粕并存。书中所载方药,因具有简便廉验、起死挽苛之特性而被广为传授,亦因良莠不齐而褒贬不一,反映了我国民间医药的学术特点和应用特色,是研究民间医药组方规律、主治病症和使用方法的重要文献。

(六)《成方切用》

吴仪洛编撰,初刊于乾隆二十六年(1761 年),是一部按功效分类的实用方剂学著作。

吴仪洛,字遵程,浙江海盐人。曾游鄂、粤、冀、豫等地,后入天一阁攻读医书,学识益精。学成后,悬壶济世,因其医德高尚,医术精湛,而名声大噪。吴氏一生著述颇丰,现存《成方切用》《本草从新》《伤寒分经》等著作,另有《一源必彻》《四证须详》《杂证条律》《女科宜今》《周易识》《春秋传义》等古籍,惜已散佚。

《成方切用》为吴氏在《医方考》及《医方集解》的基础上加以增改而成,取录古今成方 1300 余首,其中包含正方 656 首(含《内经》12 方),附方与类方(有方名者)共 446 首,涉及异名 31 个。全书共 14 卷,以方制总义及《内经》方冠之卷首,卷一至卷十二,每卷又各分上下,各为一门,共设治气、理血、补养、涩固、表散、涌吐、攻下、消导、和解、表里、祛风、祛寒、消暑、燥湿、润燥、泻火、除痰、杀虫、经带、胎产、婴孩、痈疡、眼目、救急二十四门。每门开篇有总论,后列诸方,每方先记主治病证,并分析每种症状产生的机理;继出组方用药、剂量与服用法;再论配伍原理,即方论(方义)及用方禁忌等;最后陈方剂加减变通运用方法。卷末《勿药元诠》74 条(正文 26 条,附录 48 条),记载有历代调神、调息等非药物保健养生方法,对后人颇有神益。

吴氏广泛收集历代有效成方,于方剂之治疗原则、组方理论、实际运用等均有论及。全书以《黄帝内经》制方理论为指导思想,强调阴阳五行、五运六气、君臣佐使、三因制宜等与处方用药的关系,并注重药物的性味归经、功效主治、产地炮制及毒性等与君臣配伍、治则治法等关系,所选之方力求实用,所注方论剖其精微,历代名医之验法良方精义尽彻。然又非拘泥刻板,尽收各家精华而知变通,持"方有宜古不宜今者"及"医贵通变,药在合宜"观点,其学术思想和研究方法值得后人学习和借鉴。曾谓:"医学之要,莫先于明理,其次则在辨证,其次则在用药。理不明,证于何辨?证不辨,药于何用?"故其所录之方,在保留其传统组方思想外,于按语中亦示后人变通之法,做到"审机察变,损益无已"。吴氏重视实用,不尚浮华,治学以切于临床实用为宗旨,所选方剂,简便效验,故《成方切用》一书,深得后世推崇。

本书是继明·吴崑《医方考》、清·汪昂《医方集解》之后的又一方论著作,主要版本有清乾隆二十六年(1761年)碛川利济堂藏版、清道光二十七年(1847年)瓶花书屋校刊本、1958年上海科学技术出版社校印本等。

本书逐条分析制方之旨,列述加减之法,条理概括,词旨明爽,注释引证而不厌详明,使读者既知规范,又审时宜,以求通变适用,而无拘执之弊,便于指导临床应用和进行方剂学研究,是难能可贵的方剂学论注类著述,对中医学的发展与进步起到重要的推动作用。

(七)《验方新编》

鲍相璈汇辑,是一部收载民间流行的奇方、验方、偏方、便方及各种治疗方法,并兼收历代医家精论、名方、治验的中医学著作。

鲍相璈,字云韶,湖南善化(今湖南长沙)人。鲍氏自幼喜读医书,成年后金榜题名,尝于广西武宣任职。在鲍氏生活的时代,治病多无良方,而手持佳方者往往不传世人,自秘其方,鲍氏对这种做法深恶痛绝,立志搜求秘方,公之于众,令百姓受益。故其"立愿广求,不遗余力,或见于古今之载籍,或得之戚友之传闻,皆手录之。"鲍氏倾注二十余年心血,积少成多,将各类病证之验方收录齐全,终成此不朽之作。

全书共16卷,卷一至卷八按人体从头到足的顺序分部,详述各个病证之效验方,内容翔实完备;卷九至卷十六列举包括内、外、妇、儿、五官、针灸、骨伤等科的医疗、预防、保健的方药与论述,以及怪症奇病的内外治法、方药、辟毒、去污杂法,内容涉及120多个门类病证,以及各种治法共6000余条。特别是痧证专篇,详述痧证种类、兼症的内外治法,尤精于民间的刮痧疗法;骨伤跌打损伤专卷,精论了伤损的检查诊断、整骨接骨、夹缚手法及民间手术。在治疗方法上,书中包括了内服、外敷、热敷、冷敷、穴位贴敷、取嚏、烟熏、热浴、针灸、推拿、刮痧、拔罐、引流、耳针等,甚至还包括了相当于现代医学上的心脏按压、人工呼吸、心理治疗等方法,堪称民间诊疗百科全书。

鲍氏倾毕生心力,收集众多民间验方、偏方和各科名方,这些验方价格不贵、容易施办、疗效明显,体现了"方多奇验,药料亦价廉工省"的特色。鲍氏虽言治病以简便廉效为宗,但论病仍然注重辨证施治,重视以脏腑理论为指导,即使是许多外治方法亦体现外治之法不离内治之理的学术特点,体现在病证目录中即多以脏腑虚实而命名;在解释方药应用时,亦以脏腑为中心。同时,鲍氏对理论的阐发多结合临床实践,结合相应的病证,其汲取名医对某病证独具心得者录之,以彰其用,亦有自己对某病某证之见解,以便后世学者学习研究。《验方新编》收录目的极其明确,即切于临床疗效和简便实用,得此一书,则可应对大部分日常疾病,即鲍氏所言,"今之所存,期于有是病即有是方,有是方即有是药"。

本书成书于清道光二十六年(1864年),经历代翻刻辑录,存有不下数十个版本。现存主要版本有道光二十九年(1849年)潘仕成粤东海山仙馆本、咸丰四年(1854年)渝城善哉堂刊本、光绪四年(1878年)浙江省城东壁斋藏版刻本、光绪三十年(1904年)图书集成印书局铅印本等。

二、伤寒、金匮类医籍

（一）《伤寒来苏集》

柯琴编撰，约成书于康熙八年（1669 年），为《伤寒论》经典注本之一。

柯琴（生卒年不详），宇韵伯，号似峰，浙江慈溪人（今浙江余姚），后迁居虞山（今江苏常熟）。早年习举子业，屡屡失意，后弃儒从医。孙介夫《伤寒论翼》序云："吾乡似峰先生，儒者也，好为古文辞，又工于诗。惜其贫不能自振，行其道于通都大国，而栖息于虞山之邑，又不敢以医自鸣，所以鲜有知之者。"季楚重题序亦云："先生好学博闻，吾辈以大器期之。今焚书弃举，矢志于岐黄之学。此正读书耻为俗儒，业医耻为庸医者。"柯氏于《黄帝内经》《伤寒论》均有深入研究，见解不同流俗。除《伤寒来苏集》外，还著有《内经合璧》，现已亡佚。

《伤寒来苏集》全书共分 3 部，分别为《伤寒论注》4 卷、《伤寒论翼》2 卷及《伤寒附翼》2 卷。

《伤寒论注》是将宋本《伤寒论》以方证为纲重新编排而成。是书先列伤寒总论，后分论六经脉证，每经脉证下再分述各方证，详加注疏，突出辨证论治思想。编注此书，柯氏贯穿"仲景六经为百病立法，不专为伤寒一种"思想，对《伤寒论》原文逐条逐句加以研究、校正。其编排特点为"以方证为主"，如麻黄、桂枝、白虎、承气汤证等，各以相关条文归纳类聚，并予以阐析、注疏，充分发挥个人见解。

《伤寒论翼》为伤寒专题论著，对前人编辑、校注、整理《伤寒论》多有异议，认为"伤寒、杂病治无二理，咸归六经之节制。六经中各有伤寒，非伤寒中独有六经也"。本此，柯氏于上卷 7 篇列论伤寒大法、六经、合病以及风寒、温暑、痉湿等证，并附平脉法，概括阐明六经的含义、治疗及合病、并病、温、暑、痉、湿等病，意使读者领会六经辨证不仅适用于伤寒，亦可用于杂病；下卷纲领性叙述六经分证，书末附制方大法。

《伤寒附翼》专论《伤寒论》经方，解释方义及使用颇精，于不同程度结合病因、病机及脉证阐述方义及其适应症。每经诸方前均列总论，以阐述本经立法之要，于每一方剂，均分别列其组成意义和使用法则。

《伤寒来苏集》为《伤寒论》"辨证论治派"之重要代表作。柯琴以"方证"为纲，对《伤寒论》重为编排，先总说后分述，先抽象后具体，先常后变，先独后兼，先本后他，同类相从。正如其所言，"是编以症为主，故汇集六经诸论，各以类从。其症是某经所重者，分列某经，如桂枝、麻黄等证列太阳，栀子、承气等证列阳明之类。其有变证化方，如从桂枝证更变加减者，即附桂枝证后，从麻黄证更变加减者，附麻黄证后""分篇汇论，挈其大纲，详其细目，证因类聚，方随附之"。在阐释具体条文时，柯琴常运用对偶、排比等句式，将相关条文、方剂、病证等反复对比，前后合参，述其异同，排难解疑，启发后学，诚如其自序所云，"或互文以见意，或比类以相形，可因此而悟彼、见微而知著者，须一一提醒，更令作者精神见于语言文字之外"。

《伤寒来苏集》初刊于康熙八年（1669 年），一经面世，便广受好评，并被多次翻录刻印。现存主要版本有康熙四十五年（1706 年）刻本、乾隆二十年（1755 年）昆山马氏绥福堂刻本、道光二十年（1840 年）一经堂刻本、同治四年（1865 年）灵兰堂刻本、光绪三十三年（1906 年）上海玉麟局石印本、1931 年上海千顷堂书局石印本、1959 年上海科学技术出版社铅印本等30 余种。

柯氏《伤寒来苏集》将《伤寒论》以证为纲，重新编排，纲举目张，条理井然，是至今仍不可多得的《伤寒论》"方证读本""方证释本",既有十分丰富的医史价值,亦有极其深远的现实影响。

（二）《金匮要略心典》

尤怡编著,约成书于雍正七年(1729年)。行文深入浅出,简洁流畅,为后世学习《金匮要略》之重要参考文献。

尤怡,字在泾,又字饮鹤,号鹤年、拙吾,别号饲鹤山人(? —1749年),长洲(今江苏吴县)人。自幼家贫而好学,工于诗书,淡于名利。师从名医马元仪,凡治病,尊经法古,悉本仲景,但食古能化,灵活变通。对张仲景医书研索尤为精深,所著《心典》堪称注释《金匮》的佳作。同时重视临床实践,其所著《静香楼医案》为后人崇尚。

本书共3卷,将《金匮要略》"脏腑经络先后病脉证第一"至"肺痿肺痈咳嗽上气病脉证第七"集为卷上,将"奔豚气病脉证治第八"至"水气病脉证并治第十四"集为卷中,将"黄疸病脉证并治第十五"至"妇人杂病脉证并治第二十二"集为卷下,删去原书杂疗、食禁等3篇。尤氏在编集前贤诸书基础上,结合自身多年学习心得和临床经验,对《金匮要略》精求深讨,务求阐发仲景原义。如对第7篇,原文第1条有关"肺痈""肺痿"的区别,尤氏明确注释为:"此设为问答,以辨肺痿肺痈之异……其人咳,咽燥不渴,多吐浊沫,则是肺痿、肺痈,二证多同,惟胸中痛,脉滑数,唾脓血,则肺痈所独也。比而论之,痿者萎也,如草木之萎而不荣,为津灼而肺焦也。痈者壅也,如土之壅而不通,为热聚而肺瘤也。故其脉有虚实不同,而其数则一也。"说理清楚,言简意明。

尤氏研究仲景之学,颇有心得,纂注时力求得其典要,故名曰"心典"。于难解之深奥文义,宁可缺略,不强衍释,并改正原文传写之误,删略后人增添内容。其注简明扼要,说理透彻,在医理方面,既注意博采众长,又不乏独到见解;在文理方面,则以言简意赅著称,且通俗易懂。清代医家徐大椿曾赞:"条理通达,指归明显,辞不必烦而意已尽,语不必深而旨已传。虽此书之奥妙不可穷际,而由此以进,虽入仲景之室无难也。"后世医家阐发《金匮》,亦多宗此书之旨,足见其影响深远。

作为学习《金匮》的必读参考书,此书一经问世,便广受关注,并几经刻录而广泛流传。现存主要版本有雍正十年(1732年)初刻本、日本文政六年(1823年)京师御书物所刻本、同治八年(1869年)刻本常郡陆氏双白燕堂藏板、1935年上海广益书局石印本、1944年上海千顷堂书局石印本、1956年上海卫生出版社铅印本等。

（三）《伤寒贯珠集》

尤怡编撰,《伤寒论》经典注本之一,为学习《伤寒论》之重要参考书籍。

全书8卷。卷一至卷二论太阳证,其治法分正治、权变、斡旋、救逆、类病等法;卷三至卷四论阳明证,分正治法、明辨法、杂治法;卷五论少阳证,分正治法、权变法、刺法;卷六论太阴诸法、脏病、经病、经脏俱病等;卷七论少阴诸法,少阴脉证及清、下、温法、生死法等;卷八论厥逆进退之机、生死微甚之辨、清法、温法、病禁、简误、瘥后诸病等法。

本书是一部有广泛而久远影响的《伤寒论》注释性著作,其学术特点有六:以法类证,以证论治;反对三纲鼎立之说,揭示六经新意;伤寒六经,统括杂病;风寒之邪,六经俱受;博采众长,自成一家。此书不但对《伤寒论》原文进行逐条注解,同时还采用以六经为纲、以治法为目、以方类证的方法,对《伤寒论》原文次序进行重新编排和归纳,并对书中方药的煎煮及炮制方法进行删节和改动,被后世认为是《伤寒论》依法论证派的代表性著作。尤氏认为,

"振裘者必挈其领,整网者必提其纲,不知出此,而徒事区别,纵极清楚,亦何适于用哉",因而于六经中分列其纲目。以太阳病篇为例,尤氏除设正治法以外,尚有权变法、斡旋法、救逆法、类病法等,为后世研究《伤寒论》及指导现代临床均提供了重要参考。

本书将仲景辨证施治精义作简要发挥,条理通达,分析详明,非常方便读者对《伤寒论》的理解和运用。章太炎曾评价此书:"分擘条理,莫如吴之尤在泾。"本书对方有执、喻嘉言倡导之"三纲鼎立"说进行了修正与发展,如注文有云,"寒之浅者,仅伤于卫;风而甚者,并及于营。卫之实者,风亦难泄;卫而虚者,寒犹不固",认为"桂枝主风伤卫则是,麻黄主寒伤营则非"。此外,文中对三阴病的论述,更是师古而不泥古,依古而加以权变,真正做到古为时用。

本书流传甚广,版本众多,其中以嘉庆十五年(1810 年)所出的朱陶性活字本为最早,又以日本文政九年(1826 年)小川氏校刻本为最佳。现存佳本主要有光绪二年丙子(1876 年)刻本(席树馨点校,附条目古方,题作宗圣要旨伤寒贯珠集)、光绪间抄本(6 卷,陆九芝批校)、清末广州惠济仓刻本、上海千顷堂书局石印本等。

三、温病类医籍

(一)《温热论》

叶桂口授,其学生记录并整理,为奠定温病学理论的基础之作。

叶桂(1667—1747 年),名天士,号香岩,江苏苏州人。出生于医学世家,祖父和父亲均为当地享有盛名的大医。14 岁,父亲离世,悲痛之际,遂毅然放弃仕途,刻苦钻研医学,日以继夜,博览群书,并勤学好问,先后拜周扬俊、王子接等 17 位名医为师,史称"前后凡更十七师"。然其遍访名师却不泥师,取其精华而自成一家,程门雪赞其"心有主宰,自能选其精华而无渣滓"。叶氏博采众长,终成一代名医,与薛雪、吴瑭、王孟英被后人并称为"温病四大家"。

叶氏一生忙于诊疗,鲜有著述问世。据《吴医汇讲》记载,《温热论》为叶氏泛舟洞庭湖时,口授诊疗经验,由其学生顾景文记录而成。《温热论》最早见于华岫云《临证指南医案》,名为《温热论》,史称为"华本"或"种福堂本",刊于乾隆三十一年(1766 年)。而唐大烈《吴医汇讲》中的《温热证治》(又名《温热证治二十则》)亦为此篇,被称之为"唐本",刊于乾隆五十六年(1792 年)。两版文字略有差异,但内容基本相同,后世各版大都以此二版为遵。

此书注本亦十分丰富。在"华本"《温热论》中,华岫云已作简要注释,为本书最早注本。章虚谷在《医门棒喝》中将其命名为《叶天士温热论》,并将原文分为 34 节,分节进行详细而深入的注释,刊于道光五年(1825 年),为本书最早的系统注释本。王孟英《温热经纬》同样载有此篇,名之曰《叶香岩外感温热篇》,其中除有王氏自注外,还加入了上述两家以及吴鞠通、何报之等医家的精妙注释,亦为后世参考的重要注释本之一。另外,宋佑甫《南病别鉴》、陈光淞《温热论笺正》、吴锡璜《中西温热串解》等书中亦对《温热论》有详尽论注,各版温病学教材也均收录本书,足见其对后世之深远影响。

本书在温病学发展史上有着十分重要的地位。叶氏明确提出温病病因为"温邪",感邪途径为口鼻及肺,并提出温病"若论治法则与伤寒大异也",划清了伤寒与温病学术上的界限。在辨证方面,叶氏突破传统的六经辨证和"六淫"致病的思维模式,首创"卫气营血"辨证体系,"大凡看法,卫之后方言气,营之后方言血",将疾病的传变规律做了新的描述,奠定了温病学辨证方法的基础。不仅如此,叶氏还确立了温病各阶段的治疗大法,即"在卫汗之可也,到气才可清气,入营犹可透热转气,入血就恐耗血动血,直需凉血散血"。这一原则,至今仍对临床有着重要的指导意义。另外,叶氏创立"辨舌验齿""辨斑疹白痦"等方法,为后世诊疗温病提供新的思路与方法。

(二)《湿热条辨》

又名《湿热病篇》,薛雪编撰,初刊于道光十一年(1831年)。此书的面世,进一步充实、完善了温病学理论体系。

薛雪,字生白,号一瓢,又号槐云道人,江苏吴县人。出身书香世家,自幼聪颖好学,成年后博学多才,能诗会画,又精通医理,著有《一瓢诗存》《诗话》等文学著作。《吴医汇讲》曾赞:"所著诗文甚富,又精于医,与叶天士先生齐名,然二公各有心得而不相上下。"雪淡泊名利,乾隆初年,曾两征鸿博,皆不就,而潜心研医,深钻理法。临证诊疗,每奏奇效,年少便颇具盛名。薛氏于湿热病之辨证论治尤为见长,著有《湿热条辨》一书,为后世历代温病学家所推崇。另有《医经原旨》《日讲杂记》《薛生白医案》等著作,可见其对湿热病的精深造诣和独到见解。

全篇共46条,采用自注自辨体例,分条详析,全面论述湿热病的发生、发展以及辨证和遣方用药的规律。薛氏明确提出,湿热病之病因为"湿热之邪",并概括了湿热之邪"蒙上、流下、上闭、下壅"以及闭阻三焦的致病特点,区分了"湿热"与"温热"的概念,完善了温病学的理论体系。全书以卫气营血辨证理论为总纲,并根据邪在上、中、下三焦的不同,分别选方用药,将卫气营血辨证与三焦辨证巧妙融合起来,为临床辨证论治提供了新的参考。同时,薛氏论治擅用古方,在《湿热条辨》中出现的方药有近半数属于古方,如冷香饮子、大顺散等。然其用古方却不泥古,辨证处方,加减灵活,临床收效甚佳。

本书原本现已佚失,首载于李言恭《医师秘籍》,仅前35条,名为《薛生白湿热条辨》。之后江白仙《温热病指南集》与吴子音《温热赘言》均载此篇,为31条本。《陈修园医书七十二种》、章虚谷《医门棒喝》、宋佑甫《南病别鉴》对此篇亦有记载,然版本不同,编排、条文亦有所出入。宋佑甫《南病别鉴》中载有薛氏自序,证实《湿热条辨》为薛氏所作。清代"温病四大家"之一的王孟英,在《温热经纬》中将此篇单独列为1卷,名曰《薛生白湿热病篇》,共载46条,被学术界认为是《湿热条辨》较完整版本,后世亦多遵此书。

本书对湿热病的分析完整全面,理法方药详尽规范,是第一部论述湿热性温病的专著。本书较早提出湿热病三焦辨证的概念,为明确区分"湿热"与"温热"的概念奠定了理论基础。本书选方精妙,加减灵活,其立论及治法都为后世所推崇,是后世研习温病学的必读之篇。

(三)《温病条辨》

吴瑭编著,约成书于嘉庆三年(1798年)。书中明确提出9种温病(即风温、温热、温疫、湿毒、暑温、湿温、秋燥、冬温、温疟)概念,并首创以"三焦"辨治温病,有效指导了后世温病学的理论研究与临床实践。

吴瑭,字佩珩,号鞠通,江苏淮阴人。"十九岁时,父病年余,至于不起",瑭"愧恨难名,哀痛欲绝,以为父病不知医,尚复何颜立天地间",遂潜心苦读,立志悬壶济世。吴氏精研历代医书,上至《内经》《伤寒》、晋唐各家之言,下至吴又可《温疫论》、叶天士《温热论》,"抗志以希古人,虚心而师百氏",十载寒暑,"去其驳杂,取其精微,间附己意,以及考验",终成《温病条辨》。

本书仿东汉仲景《伤寒杂病论》之体例，"文尚简要，便于记诵"，采用自注自辨方式，既纲举目张，清晰了然，又避免后人妄注，致失原文奥义。全书共 6 卷，卷首《原病篇》，共 19 条，引《内经》之言，原温病之始；前 3 卷，详列四时温病之证候、纲要、治法，并将其分归于上、中、下三焦，分篇论之，共 238 法，198 方；卷四《杂说》篇，为探讨温病学中尚待明晰之观点而陈，共 18 篇；卷五、卷六分别为《解产难》及《解儿难》，乃吴氏结合温病学理论，专述产妇及小儿温病证候及论治之篇。

吴氏参考仲景六经辨证，宗法刘河间温热病机，推崇吴又可《温疫论》及叶天士"卫气营血"辨证理论，并予总结、阐发，首创"三焦"辨证体系，提出"温病由口鼻而入，鼻气通于肺，口气通于胃。肺病逆传，则为心包。上焦病不治，则传于中焦，胃与脾也。中焦病不治，则传下焦，肝与肾也。始上焦，终下焦"之三焦学说。吴氏创立温热病治疗原则，分论三焦，"治上焦如羽，非轻不举；治中焦如衡，非平不安；治下焦如权，非重不沉"，对后世临床诊疗颇有裨益；书中推崇叶氏辨证之法，并将其散存方药归纳总结，提出育阴、清热等法，并将银翘散、桑菊饮、白虎汤分别命名为辛凉平剂、辛凉轻剂、辛凉重剂，遣方用药条理清晰；吴氏创制的清营汤、清宫汤等著名方剂至今仍广泛用于临床，收效显著。在书中，吴氏亦对温病的各种治疗禁忌有明确说明，如"白虎之禁"、温病发汗之禁、湿温治疗三禁等，为临床实践提供了重要参考。

本书理论与实践紧密结合，系统阐述了四时温病的病因、病机、传变规律、分类、证候、治法及方药等内容，一经问世，便广为流传。本书首刻本为嘉庆十八年（1798 年）问心堂刻本，道光十五年（1835 年）叶氏溶吾楼重刻时补入"秋燥胜气论"1 篇，道光十六年（1836 年）问心堂版精校本重印时补入"秋燥胜气论"及霹雳散方，翻刻本达 60 余种。同时，后世医家亦对本书增补批注，如朱武曹氏的增批本。更有王士雄、叶霖、郑雪堂三家评注本，名为《增补评注温病条辨》，各家新解、集注更是不胜枚举。本书为温病学的发展起到了不可或缺的推动作用，是后世研习中医理论、提高临床诊疗的重要参考，是温病学中最具代表性的书籍之一，与《黄帝内经》《伤寒论》《金匮要略》并称为中医四大经典之作，对中医理论体系的发展起到了里程碑式的积极影响。

（四）《温热经纬》

王士雄编撰，约成书于咸丰二年（1852 年）。本书收载历代特别是清代温病学著作的相关论述，并及王氏个人对温病的理论认识和诊疗经验，是温病学的集大成之作，在温病学的形成与发展史上具有重要地位。

王士雄，字孟英，幼字篯龙，晚号梦隐（一作梦影），自称半痴山人、随息居士、华胥小隐等，浙江海宁人。祖籍河南开封，因其先祖被追封，故迁之。祖上世代行医，自小耳濡目染，加之年幼家贫而父兄多病，故立志行医。遍览典籍，广征博引，尤以论治温病见长，时逢战乱，疫病四起，其潜心医治，妙手回春，遂声名大噪。王氏一生笔耕甚丰，为后世留下了大量医籍资料，尤以《温热经纬》影响最大。另著有《随息居重订霍乱论》《归砚录》《蓬窗录验方》等著作 20 余种。王氏在温热病的理论研究及临证经验方面均有突出成就，为继叶天士、薛生白、吴鞠通后的又一温病学大家，被后人并称为"温病四大家"。

本书收录了各家温病学著作，上至《内经》《伤寒杂病论》中的相关条文，下至叶、薛、陈、余等诸家精粹，"以轩岐仲景之文为经，叶薛诸家之辨为纬"，故名《温热经纬》。王氏广录诸家之言,该博淹贯,众美兼收,弃瑕录瑜,然其亦顺和恭谦,其中注释,遇贤者,必择昔贤之善者而从之,而非强注,谓"前人之说既已中肯,何必再申己意",如有管窥之言,必加"雄按"以示之,后人读之,一目了然。

全书共5卷。卷一、卷二明列《内经》《伤寒杂病论》中与温病相关的条文,并采历代医家精释,结合王氏自身多年临床诊疗体会,详述温热病的病因、病机、辨证以及治法;卷三采辑叶天士《温热论》及《临证指南医案》,卷四分别收录陈平伯《温热病指南集》、薛生白《湿热条辨》以及余师愚《疫疹一得》,遍采诸家精华,间参己见,详尽分析温热病、湿热病、疫病的发生、发展以及传变规律、治则治法等;卷五则为"方论",精撷验方113首,详析方义,实用效捷。

本书虽以收录前人诊疗经验为主,亦可见王氏在温病论治方面的精深造诣和独到见解。王氏汲取各家之长,于本书中自创一说,新立"新感"与"伏邪"两大辨证纲领,丰富和发展了温病学理论体系,为后世临床提供了新方法与新思路。除此之外,王氏亦将"暑"与"湿"清晰明辨,认为并非"暑必夹湿",两者不可混为一谈,并归纳暑热病气分治疗大法"无湿者白虎汤,夹湿者六一散"。辨证诊疗方面,王氏重视"运枢机、通经络、行气化",遵循卫气营血辨证理论,并加以发挥,用药灵活,不泥古方,创制了甘露消毒丹、清暑益气汤等名方,临床收效甚妙,不仅对当时的温热病防治发挥着重要的指导意义,亦为现代临床诊疗提供了积极的参考价值。

本书成书后,几经传阅,广为流传,除咸丰二年(1852年)原刻本、同治二年(1863年)刻本、光绪三年(1877年)刻本外,多次刊刻,现有刊本达40余种。本书集温病学之大成,并将其发扬光大,既是一部博采众长、收罗广泛的文献集注,亦是一本见解独到、观点鲜明的理论专著。

（五）《时病论》

雷丰编撰,约成书于光绪八年(1882年)。雷氏首创以四时论述疾病,具有很强的实用性,为后世医家所称道。

雷丰,字松存,号少逸,又号侣菊,浙江衢县人(今浙江衢州)。其父逸仙,好读书,喜吟咏,曾拜师新安医学派代表人物程芝田学医,著有《医博》40卷、《医约》2卷。丰自幼聪颖好学,广读医书,深得父亲真传,精于医道,名噪一时。丰多年悬壶济世,对时病诊治颇为见长,其感叹行医之难,"尤莫于知时论证、辨体立法。盖时有温热凉寒之别,证有表里新伏之分,体有阴阳壮弱之殊,法有散补攻和之异,设不明辨精确,妄为投剂,鲜不误人",而"从古至今,医书充栋,而专论时病者盖寡",故丰倾其毕生心血,结合多年诊疗经验,著成此部论述四时疾病的专著。

本书以《素问·阴阳应象大论》中"冬伤于寒,春必病温;春伤于风,夏生飧泄;夏伤于暑,秋必痎疟;秋伤于湿,冬生咳嗽"八句经文为总纲,参引前贤论述,加之临床诊疗经验,探讨时令之病的病因、病机、治则、治法,形成完整的季节性治疗体系。而在此之前,历代医家论治外感疾病,不过伤寒与温病,论述致病因素的性质,不过"新感"与"伏邪"而已。

全书共分8卷,分别论述"冬伤于寒,春必病温""春伤于风""春伤于风,夏生飧泄""夏伤于暑""夏伤于暑,秋必痎疟""秋伤于湿""秋伤于湿,冬生咳嗽""冬伤于寒"此四时八节中各种疾病的发生、发展、传变以及预后。各卷先述医理,再陈治法,后载方药,并加医案以明世人,法证对应,方证结合,布局严密,清晰明了。书中所载治法皆为雷氏自拟,法后方药亦为雷氏细心参究考量后选用,凝结了其毕生诊疗经验。每卷后的医案也为雷氏亲身临证记载,认为古人医案"载危病多,载轻病少",故"危病轻病并载",以示后人防微杜渐,"不忽于细,必谨于微",可谓用心良苦。

本书首刊于光绪八年(1882年),现存主要版本有光绪九年(1883年)汗莲书屋刻本、光绪十年(1884年)雷慎修堂刻本、光绪二十四年(1898年)上海著易堂刻本、光绪三十年(1904年)石印本、宣统元年(1909年)石印本、1912年上海锦章书局石印本、1922年无锡日昇山房刻本等,各种翻刻版本达21种之多。后人亦对其增批补注,形成众多研究性专著,如何筱廉《增订时病论》、陈禀钧《加批时病论》、彭光卿《时病分证表》等。

本书以《内经》为依托,师古而不泥古,继承与创新相结合,创造性地提出以四时统领外感病的辨证理论体系,构建了外感病的全新分类治疗体系。雷氏的学术思想,对于发展中医学术理论体系,指导后世中医临证诊疗,具有十分重要的意义,在中医学术界有着较为深远的影响。其与程芝田所著的《医法薪传》,雷氏之子大震与雷氏之徒程大曦、江诚合著的《医家四要》,并称《雷氏三种》,后世对此均有较高评价。

四、诊法及临证各科类医籍

(一)《四诊抉微》

林之瀚撰,成书于雍正元年(1723年),8卷。林之瀚,字宪百,号慎庵,别号苕东逸老,乌程(今浙江省湖州市)人,康熙至雍正年间名医。

本书是一部论述中医望、闻、问、切四诊的专著。其中,卷一、卷二为望诊,首论形气、神气、面色等与人体气血盛衰的关系,次及目、鼻、耳、舌、眉、项、爪甲等部位形色变化,再列儿科望诊专文,并附"手指脉纹八段锦""虎口三关脉纹图""面部形色诸证之图""玉枕俞穴之图"等6幅图。卷三为闻诊和问诊,闻诊部分首先阐明发音机制与五脏正音,其次论述声音清浊、变异与阴阳、五脏、六腑、寒热、虚实的关系,以及若干听声诊病的要点;问诊内容首论"人品起居"以了解患者基本信息,其次以张景岳"十问"为提纲,全面了解患者的病情、嗜欲苦乐以及发病与治疗过程等。卷四至卷七为切诊,详论脉诊要点、方法以及临证应用,并根据李时珍《濒湖脉学》分析了29种脉象的体状、鉴别、主病等。卷八涉及三部分内容,首先是切诊《病脉宜忌》,以四言歌诀的形式记录了疾病脉诊的注意事项;其次为《运气要略》,载有运气图及歌诀,说明病症与气候变化有一定关系;书末为《管窥附余》,是林氏对脉诊的心得,对许多问题提出了自己的看法,并将书中重要部分编成四言歌诀以便记诵。

本书的学术成就主要有三个方面:第一,内容全面,体例严谨。林氏在《凡例》中说:"今余辑是编,先集经义,继附先哲之神髓,复分部而详之。"书中内容,首撷《素问》《灵枢》《难经》《伤寒论》等经典医籍所载内容,继采宋、元、明、清医学名家之论,最后就某些问题提出独到见解,以按语形式附列于后。书中所辑内容,除常见古医籍外,还保存了一些罕见医书的内容。例如,明·陈长卿《伤寒五法》论"察目部""察鼻部""察唇部""察口部""察耳部",清·谈心揆《诚书》论小儿经证等;书中还录有部分先哲之论,如蔡西山、盛启东、朱改之、潘邓林等。第二,四诊合参,尤重望诊。林氏明确批判以往医者专重脉法,忽略望、闻、问三诊的做法,其在《序》中说:"然诊有四,昔神圣相传,莫不并重……作述家专以脉称而略望闻问,后人因置而不讲,大违圣人合色脉之旨。"强调望、闻、问、切在临床诊断中缺一不可,并以望诊为四要之首,其在《凡例》中云:"四诊为岐黄之首务,而望尤为切要……用望为四诊之冠。"其于闻诊"聆声审音,可察盛衰存亡,并可征中外情志之感",问诊"问为审察病机之关键"。可见,林氏对望、闻、问三诊同样重视。第三,结合实践,颇多发明。林氏对于经典医籍与名医先哲之论述,能够结合个人心得体悟,予以阐发或辨析。如《察目部》引述《伤寒五法》所谓"闭目不欲见人者,阴症也。"慎庵按曰:"闭目不欲见人为阴。然阳明热甚,热邪壅闭及目赤肿痛羞明,皆闭目不欲见人,是又不可以闭目为阴也。"又如其对纵酒、斋素的论述别具一格:"纵酒者,不惟内有湿热,而且防其乘醉入房""清虚固保寿之道,然亦有太枯槁而致病者,或斋素而偏嗜一物,如面筋、熟栗之类,最为难化,故须详察",以上论述,皆为经验之谈。

《中国医籍通考》按:"是书为中医诊断学之专著,有搜辑周备,言简意赅,理论结合实践的优点,盛行于世,为当时业医课徒之重要读本,影响广远。"本书现存雍正四年(1726年)玉映堂刻本本衙藏板等,通行本为1981年人民卫生出版社点校本。

(二)《医门法律》

喻昌撰,成书于顺治十五年(1658年),6卷。喻昌,字嘉言,号西昌老人,江西新建人,清初三大名医之一。

本书是一部阐述辨证论治法则、提示医者临证禁忌、兼论外感六淫与内科杂病治疗的综合性医著。书名中"法"即辨证论治之法则,"律"为医者临证之禁例。此书为作者有感于庸医误人所作,喻氏在《自序》中阐明著述宗旨:"举以点缀医门千年黯汶,拟定法律,为率由坦道……"全书共6卷,卷一阐发四诊之"法""律"及《内经》《伤寒论》之证治法则与禁忌,并附先哲格言。卷二至卷四为外感病的证治,包括中寒门、中风门、热湿暑三气门及伤燥门。卷五至卷六为内科杂病的证治,包括疟证门、痢疾门、痰饮门、咳嗽门、关格门、消渴门、虚劳门、水肿门、黄疸门、肺痈肺痿门。全书共设14门,每门之下首论病,先引经据典,分析作者对于该病证的认识;次言法,主要阐述辨证论治的法则;继立律,创立律令若干条提示医者证治禁忌;末附方,最后附治疗诸方以应对临证所需。书中涉及方剂434首,大多为仲景之方,还有不少后世著名医籍中的验方,此外,喻氏创制新方15首,临床疗效确切。

本书的学术成就主要有两个方面:第一,创立法律,革除弊端。喻氏在医疗实践中发现一些医生"不辨阴阳逆从,指标为本,指本为标,指似标者为标,似本者为本,迷乱经常,倒施针药",甚至"轻病重治,重病轻治,颠倒误人",对于这些医疗弊端,喻氏深恶痛绝,他指出"治病不明脏腑经络,开口动手便错",并仿照佛教戒律为医门创立法律。喻氏以《内经》《伤寒论》等中医经典著作为依据,旁参历代名医之论述,撰著《医门法律》,成为中医学的清规戒律,对规范医生的医疗行为,起到了重要的作用。第二,结合实践,富于创见。喻氏在中医经典理论与先贤论述的基础上,结合自己的临证实践,遵古而不泥古,勇于创立新说。如《明胸中大气之法·大气论》篇,喻氏在前人的基础上,详细论述了胸中大气的重要作用,他认为"其所以统摄营卫、脏腑、经络,而令充周无间,环流不息,通体节节皆灵者,全赖胸中大气之为主持……五脏六腑,大经小络,昼夜循环不息,必赖胸中大气斡旋其间。大气一衰,则出入废,升降息,神机化灭,气立孤危矣。"喻氏将"大气"与胸中阳气的功用联系起来,并立辛温通阳治法,对后世医家颇有启发,近代医家张锡纯提出的"大气下陷"病证及升举阳气治法,无不受其影响。又如《伤燥门·秋燥论》篇,纠正了历代皆谓"秋伤于湿"的观点,提出了自己的看法。曾说:"他凡秋伤于燥,皆谓秋伤于湿,历代诸贤随文作解,弗察其讹。昌特正之……"在用药上,创制治疗肺燥的名方"清燥救肺汤",迄今仍在临床广泛使用。再如对于痢疾的治疗,喻氏提出了"逆流挽舟法",其曰:"外感三气之热而成下痢,其必从外而出之……虽百日之远,仍用逆流挽舟之法,引其邪而出之于外,则死证可活,危证可安。"可见,喻氏对于内科杂证的治疗也多有创见。

喻昌作为清代学验俱丰的医学大家,其于晚年撰写的医籍《医门法律》,纲目清晰,论理透辟,是一部不可多得的理论与临证相结合的著作,对后世产生了深远的影响。但是由于喻氏深研佛法,书中不免掺杂一些因果、劫运等与医学不相关的内容,是其不足之处。本书现存版本较多,主要有顺治十五年(1658年)著者序刻本等,通行本为2006年人民卫生出版社点校本。

(三)《证治汇补》

李用粹撰,成书于康熙二十六年(1687年),8卷。李用粹,字修之,号惺庵,原籍浙江鄞县,后随其父移居上海,康熙年间名医。

本书是一部论述内科杂病治疗为主的临床医著。考察书名,作者在《凡例》中说道:"兹集务欲辨明证候,审量治法,故证治独详。"又在《自序》中论曰:"稿凡三易,辑成数卷,颜其端曰《证治汇补》。盖欲以汇合古人之精意,而补古人之未备也。"全书共8卷,每卷1门,分为提纲门、内因门、外体门、上窍门、胸膈门、腹胁门、腰膝门、下窍门。书中将82种病证按其病变部位分门别类,每门罗列相应的若干病证,每证均从大意(定义)、内因(病因)、外候(临床见症)、脉法、总治、用药、选方等方面进行详细阐述,每一病证先概述病因病机,其次分析症状治法,然后介绍处方用药,最后归纳脉候与附方,并附个人医案互为参照。本书以论述内科杂病为主,作者上遵经旨,下采诸家,汇集群书,在总结前人经验的基础上,又将自己多年的临床经验补入其中,选论精要,条理分明,对研究内科杂病颇有参考价值。

本书的学术成就主要有三个方面:第一,尊崇经旨,博采众长。李氏生活于康熙年间,受当时学界"尊经复古"思潮的影响,非常强调医经的重要性,故其于《自序》说:"每症列成一章,每章分为数节,其间首述《灵》《素》,示尊经也。"李氏治学尊崇《内经》,对于后世各家之论亦能博而采之,《证治汇补》引用历代医籍达七八十种,上至《黄帝内经》《伤寒论》,下迄《医学入门》《医宗必读》等,且标明出处,体例谨严。第二,病因病机,多所发明。李氏重视对病证病因的分析,所得结论简明而精确。如其将哮证的病因,精辟地总结为:"内有壅塞之气,外有非时之感,膈有胶固之痰",简明扼要,立论恰当。李氏在病机演变方面同样有新的发明。如《外体门·发热章》将外感发热之外的发热,分为郁火发热、伤食发热、瘀血发热、疮毒发热等11种,并分别列有治疗方剂。第三,辨证施治,匠心独运。李氏深研经旨,博采诸家之精华,加之临床经验丰富,故其对内科杂病的论治,多有精辟独到的见解。如对腰痛的治疗,李氏指出:"治惟补肾为先,而后随邪之所见者以施治。标急则治标,本急则治本。初痛宜疏邪滞,理经隧;久痛宜补真元,养血气"。这种分清标本缓急的治疗原则,对临床很有指导意义。又如癃闭的治疗,李氏提出了著名的"隔二""隔三"治法,"若肺燥不能生水,当滋肾涤热。夫滋肾涤热,名为正治;清金润燥,名为隔二之治;燥脾健胃,名为隔三之治",为后世医家广泛采用。

本书是作者博采历代名医精论,并结合个人学术见解和临床经验编写而成,博而有约,述而有作,融理、法、方、药于一体,具有较高的临床实用价值,对后世产生了较大的影响。本书现存多种版本,主要有康熙二十六年(1687年)著者序刻本等,通行本为2006年人民卫生出版社点校本。

（四）《张氏医通》

张璐撰，成书于康熙三十四年（1695），16卷。张璐，字路玉，晚号石顽老人，长洲（今江苏省苏州市）人，清初三大名医之一。

本书是一部论述临床各科疾病治疗及方论的综合性医著。本书初名《医归》，张氏"自揣多所未惬，难以示人"，于是经过不断修订，十易其稿，后因种种原因，散失《目科》与《痘疹》各1册，张氏晚年欲挽风俗之颓弊，"因是仍将宿昔所述之言，从头检点，爰命倬儿补辑目科治例，柔儿参入痘疹心传，足成全编"，并更名为《医通》，为区别于韩懋所撰《韩氏医通》，改题今名。全书共16卷，卷一至卷十二分述内、外、妇、儿、五官各科病证，共辖16门，仿王肯堂《证治准绳》体例，每病之下，先引《素问》《灵枢》病机与《金匮要略》治例，次及李东垣、朱丹溪、薛立斋、赵献可、张介宾、喻嘉言等诸家之论，间或参入己见，最后附诸家治效验案。书中未引用《伤寒论》的内容，是因为张氏《伤寒缵论》《伤寒绪论》两书，已于此前刊刻行世。卷十三至卷十六为诸门方论，设《专方》3卷，以病类方，附以方解；《祖方》1卷，述诸方源流、主治功效、药物配伍以及加减应用等；书末为《附张介宾八略总论》，张氏全文引用《景岳全书》中相关内容，并补入"兼略"一节。全书采撷历代著述60余家，参考书目130余种，历时50余年，方才定稿刊行，书中还保存了一些罕见的医学文献，如《医林黄治》《云岐家秘》《医林新论》等。

本书的学术成就主要有三个方面：第一，阐发经旨，汇集诸论。张氏对各病证之下所引《内经》与《金匮要略》原文，均详加论述，阐发经文之旨。如解释《素问》"因于暑，汗，烦而喘喝，静则多言"时指出："暑气内扰于营则汗，上迫于肺则烦喘，内干于心则多言，总不离乎热伤心包，而蒸肺经之证也。"此外，还引用王节斋、喻嘉言等医家的论述。如引用喻嘉言论曰："体中多湿之人，外湿蒸动内湿，二气交通，最易中暑。所以肥人湿多，夏月百计避暑，反为暑所中者，不能避身之湿，即不能避天之暑也……"可知，张氏精通中医经典，熟读诸家医著，深得前贤之心，并有所发挥。第二，博采众长，师古不泥。张氏善于博采众家之长，而不偏执一说。曾说："读古人之书须要究其纲旨，以意逆之，是谓得之；若胶执其语，反或窒碍。"张氏对于"西北为真中风，东南为类中风"之语的阐释，"又为诸病开以辨别方宜大纲"。他说："西北为真中风一语，原是因对待东南类中而言，以其风气刚暴，得以直犯无禁，则有卒然倒仆之患，未当言西北之人，绝无真气之虚而中之者……余尝究心斯道，五十年来，历诊西北之人，中风不少，验其喑痱遗尿，讵非下元之惫，而从事地黄饮、三生饮等治乎？歪僻不遂，讵非血脉之发，而从事建中、十全等治乎？东南类中，岂无六经形证见于外，便尿阻隔见于内，即从事续命、三化等治乎？若通圣、愈风，即西北真中，曾未一试也。"可见，张氏能够根据临床实际情况，提出自己的见解。第三，精于临证，善用古方。张氏作为一名临床大家，十分重视对疾病的研究，在诸多病证的诊疗方面均颇有心得，且临床治疗能够活用古方，随证化裁运用。如《诸血门·诸见血证》篇提出鉴别血证的虚实应结合出血部位与色泽进行判断，继而提出治疗的原则及世医的弊病，最后针对血证各自的临床特点，提供不同的治疗方法。书中后3卷列有各门病证的常用方剂以及祖方专卷，体现了张氏对于前人方药的重视与精熟。

本书是张璐一生医学经验集大成之作，具有较高的理论研究与临床实用价值，对后世医学的发展具有一定的影响。本书现存版本有清康熙四十八年（1709年）宝翰楼刻本等，通行本为2006年人民卫生出版社点校本。

（五）《医学心悟》

程国彭撰，成书于雍正十年（1732 年），5 卷。程国彭，字钟龄，原字山岭，号恒阳子（法号普明子），天都（今安徽省歙县）人，康熙至雍正年间名医。

本书是一部阐发中医理论与临床杂病治疗的综合性医著。本书是程氏根据自己 30 年的业医经验，并融会《内经》《难经》《伤寒论》以及历代名医精华编写而成。全书共 5 卷，卷一列《医中百误歌》《内伤外感十九字》《医门八法》等 22 篇医学论文，从预防调摄、四诊八纲、治疗八法以及临证要点等多方面，概述了程氏医理与临床研究的心得体悟，体现了程氏的主要学术思想。卷二阐发《伤寒论》之理、法、方、药，对伤寒六经证治以及合病、并病、直中、两感等所见病症详加辨析。卷三至卷五分述内科与五官杂病、妇产诸疾及蛊毒、五绝等临床疾病的辨治。末附《外科十法》1 卷，为程氏晚年在当地普陀寺修行时，有感于《医学心悟》未论及外科，因而补撰的《外科证治旨要》，后人将其附于本书卷末刊行。程氏对于临床疾病的证治，尤重病因的辨析以及八纲辨证的运用，在准确辨证的基础上予以治疗，并创制了许多有效的方剂，如止嗽散、半夏白术天麻汤、消瘰丸等。

本书的学术成就主要有四个方面：第一，总结中医病因学说。《医有彻始彻终之理》篇论曰："凡病之来，不过内伤、外感与不内外伤三者而已。内伤者，气病、血病、伤食，以及喜、怒、忧、思、悲、恐、惊是也。外感者，风、寒、暑、湿、燥、火是也。不内外伤者，跌打损伤、五绝之类是也。病有三因，不外此矣。"程氏在前人"三因致病说"基础上，将中医病因总结为内伤、外感与不内外伤三种，使之更加具体并贴近于临床实际。第二，创立临证治疗八法。程氏研究医学，非常善于总结，他在病因学说以及八纲辨证的基础上，进一步提出了临证治疗八法。指出："论治病之方，则又以汗、和、下、消、吐、清、温、补，八法尽之。盖一法之中，八法备焉，八法之中，百法备焉。病变虽多，而法归于一。此予数十年来，心领神会，历试不谬者。"程氏逐一介绍各法的概念、适用范围、代表方剂、使用禁忌等，临证治疗八法的创立是程氏对于中医治疗学的一大贡献，对于内科临证有着突出的指导意义。第三，解悟伤寒主治四字。程氏曾深研《伤寒论》，悟出"伤寒主治四字"。他在《伤寒主治四字论》篇中提到："伤寒主治四字者，表、里、寒、热也。太阳、阳明为表，太阴、少阴、厥阴为里，少阳居表里之间，谓之半表半里。凡伤寒，自阳经传入者，为热邪。不由阳经传入，而直入阴经者，谓之中寒，则为寒邪。此皆前人要旨也……夫伤寒证，有表寒、有里寒、有表热、有里热、有表里皆热、有表里皆寒、有表寒里热、有表热里寒。"程氏用四字、八言概括伤寒的纲领，辨论详明，使得伤寒理论纲举目张，有利于后学。第四，精通各科病证辨治。程氏不仅中医理论功底深厚，而且临床经验也非常丰富，他对于各科病证的脉因证治均辨析精确，且自拟验方多首，药简效宏。书中对于各科病证的辨治，均能体现出程氏重视病因与辨证的特点，其中百余首附方，多为程氏"苦心揣摩所得，效者极多"，充分反映出其临床经验的丰富。

本书是程国彭医学经验集大成之作，具有较高的理论研究与临床实用价值，对后世医学的发展具有一定的影响。本书现存版本较多，主要有雍正十年（1732 年）序刻本等，通行本为 2006 年人民卫生出版社点校本。

（六）《兰台轨范》

徐大椿撰，成书于乾隆二十九年（1764 年），8 卷。

本书是一部论述各科杂病治疗的临床医著。本书是徐氏晚年总结其一生临证治疗经验的著作，旨在为中医临证穷源溯流、树立轨范。作者在《自序》中提到撰著此书的宗旨："兹书之所由作也,本《内经》以探其源,次《难经》及《伤寒》《金匮》以求其治。其有未备者,则取六朝唐人之方以广其法。自宋以后诸家,及诸单方异诀,择其义有可推,试多获效者附焉。庶几古圣治病之法尚可复睹,使学者有所持循,不至彷徨无措。"全书共8卷,卷一载通治方96首,徐氏在《凡例》中说:"如一方而所治之病甚多者,则为通治之方。先立通治方一卷,以俟随症捡用,变而通之。"卷二至卷八分述内科杂病以及妇人、小儿诸病的辨治,共36门,载方720余首,各病证之下,先叙病源,"首《内经》,次《金匮》《伤寒》,次《病源》《千金》《外台》,宋以后亦间有采者,前人已有之论,则后者不录。"后列方药,"一病必有一方,专治者名为主方。而一病又有几种,每种亦各有主方,此先圣相传之法,莫之能易也。"方后多有附注,说明诸方施用要点。

本书的学术成就主要有四个方面:第一,辨识病名为治病之要。徐氏在《自序》中论曰:"欲治病者,必先识病之名,能识病名,而后求其病之所由生。"《兰台轨范》所列病名,均来源于《素问》《灵枢》《金匮》《伤寒》,如"痿""厥""百合病""霍乱"等,对于各病名含义的阐释,同样依据上述四部中医经典著作。第二,审因辨证乃治病之基。徐氏说:"知其所由生,又当辨其生之因各不同,而病状所由异,然后考其治之之法。"徐氏认为治病之法,当识病名,之后上溯《内经》《金匮》《伤寒》,下及《病源》《千金》《外台》与宋以后医家精论,探究疾病的病因病机、症状分型、治则治法等。第三,主方主药即治病之法。徐氏指出:"一病必有主方,一方必有主药,或病名同而病因异,或病因同而病症异,则又各有主方,各有主药,千变万化之中实有一定不移之法。即或有加减出入而纪律井然。"例如,百合病主方为百合知母汤,百合为方中主药等。徐氏针对临床各科病证的治疗,力图做到以主方主药为中心,同时注重随证化裁,灵活加减。第四,注文按语藏治病精华。徐氏选方重视古方且切于实用,由源及流,脉络清晰,而且结合个人临床经验,于方后、论后加注文或按语,提示后学关键之所在,阐发前人所未发。比如,对于临床常用的补中益气汤,徐氏注曰:"东垣之方一概以升提中气为主。如果中气下陷者,最为合度。若气高而喘,则非升柴所宜,学者不可误用也。"对于临床病证的论述,体现出其临床研究的心得,对方药的阐释,也充分反映出其临床经验的丰富。

本书是徐大椿晚年临证经验集大成之作,具有较高的理论研究与临床实用价值,对后世医学的发展具有一定的影响。《四库全书总目提要》评价此书曰:"较诸家方书,但云主治某证而不言其所以然者,特为精密。"本书现存多种版本,主要有清乾隆二十九年(1764年)洄溪草堂刻本等,通行本为2007年人民卫生出版社点校本。

(七)《金匮翼》

尤怡撰,成书于乾隆三十三年(1768年),8卷。

本书是一部阐述内科杂病辨证论治的临床医著。此书为尤氏一生临证经验之总结,为羽翼张仲景《金匮要略》而作,意欲发挥其未尽之理,补其不足,故而得名。全书共8卷,载录《中风统论》《诸湿统论》《痰饮统论》《诸血统论》等医论24篇,列"卒中八法""治痰七法"等治法19篇,述中风失音不语、口眼歪斜、伤风、历节痛风等病证214种。每证先论病因病机、辨证要点,继列临床见症、治法方药及针灸疗法等。书中博采许叔微、刘完素、张子和、李东垣、朱丹溪等诸家之论与方,并附前人或作者的临床治验,兼采《肘后方》《千金方》《外台秘要》《太平圣惠方》等书中部分方剂。全书条分缕析,博采众长,阐述清晰,选方实用,反映出尤氏扎实的理论功底与丰富的临证经验。

本书的学术成就主要有两个方面:第一,羽翼《金匮》,提示杂病证治规律。《金匮要略》

论述了杂病的一般证治规律,为中医内科杂病专著的始祖,尤氏精研仲景之学,在杂病证治方面颇有心得,总结出一套杂病证治的理、法、方、药。例如,"痰饮"一病首见于《金匮要略》,并立专篇予以讨论,提出了痰饮、悬饮、溢饮、支饮以及留饮、伏饮等,其论颇详,为后世辨治痰饮的主要依据。尤氏在此基础上,根据病源之不同,又将痰饮病细分为惊痰、热痰、风痰、饮痰、食痰等;发病方面,进一步强调了三焦的作用,认为"若三焦调适,气脉平均,则能宣通水液,行入于经,化而为血,灌溉周身。"治疗上,强调脾胃的功能,提出"痰生于脾胃,宜实脾燥湿",并重视气的作用,指出"善治者,以宣通其气脉为先,则饮无所凝滞。"进而提出"治痰七法",包括攻逐、消导、和、补、温、消、润。尤氏关于痰饮病辨治的论述相较前人有所发展,系统全面,足资临证借鉴。第二,博采众长,发明杂病治法方药。尤氏研究杂病十分重视治法,博采众长,融会诸家之说,对于杂病治法颇多发明。他在《卒中八法》篇中论曰:"夫医之治病,犹将御敌,宰之治民。御敌有法,不知法则不足以御敌;治民有道,不明道则不足以临民矣。病有阴阳、表里、虚实、缓急之殊,医有寒热、汗下、补泻、轻重之异,不知此则不足以临病矣。"书中对于杂病治法发明颇多,如中风门,立"卒中八法":开关、固脱、泄大邪、转大气、逐痰涎、除热风、通窍隧、灸腧穴。诸湿门则分为散湿、渗湿、上下分消三法。此外,还有瘟疫大法等。诸如此类,条目清晰,对于临证确有一定价值。书中所收方剂以仲景方为主,同时又汇集古今名医之方,尤氏精选慎取,分隶条下,使读者能够依证索方,按方施治,颇为方便。

尤怡作为清代学验俱丰的医学大家,其于晚年撰写的《金匮翼》,是补充《金匮要略心典》之作,也是针对杂病证治而撰写的专著,集中体现尤氏研究杂病证治的心得,对后世产生较大的影响。本书现存多种版本,最早为嘉庆十八年(1813年)赵亮彩刻本吴门徐氏心太平轩藏板等,通行本为2008年华夏出版社校注本。

(八)《杂病源流犀烛》

沈金鳌撰,成书于乾隆三十八年(1773年),30卷。沈金鳌,字芊绿,号汲门,晚号尊生老人,江苏无锡人,康熙至乾隆年间名医。

本书是一部论述各科杂病治疗的临床医著,是医学丛书《沈氏尊生书》的重要组成部分,书名中"杂病",并非相对外感而言,而是指一切发生于皮毛、肌肉、经络、脏腑之病证。全书共30卷,卷首两卷,分别为《脉象统类》与《诸脉主病诗》,论述脉形与主病。卷一至卷三十分作6门,分别从脏腑、奇经八脉、六淫、内伤外感、面部、身形6个方面,阐述诸病证治。其中脏腑门在编撰体例上以经脉流注为次第,按照肺、大肠、胃、脾、心、小肠、膀胱、肾、心包、三焦、胆、肝的次序分为12类,每类之下,各著"源流"1篇,再分列常见病证。各病证之下,同样先述"源流",明确概念,阐发病因、病机和病证特点,引各家精论提示脉法、症治以及辨治难点,某些病证还记载导引、运功之法,最后附以方剂。其他各门体例类此。书中博采前贤之论,倡发个人见解,所论条理井然,简约而不失其要,对中医内科学的发展有一定影响。

本书的学术成就主要有四个方面:第一,旁征博引,考辨源流。沈氏广泛吸收《内经》《难经》及后世医家著述之精华,所引书目多达82种,如《脉经》《千金方》《济阴纲目》《本草纲目》等,涉及内、外、妇、儿、本草、针灸等各科医籍,此外,还旁及儒家经典《中庸》《论语》等。编撰体例方面,重视考辨病证源流,首引《内经》《难经》原文以澄其源,继采后世医家之论以析其流,并参入个人心得体悟,对每一种病证均能考辨清晰,从源至流,层次分明。第二,重视脉法,脉证合参。沈氏看到当时许多医书只论药而不讲脉,故于首卷列论脉专篇,并在各病证总论之后先列"脉法"。他说:"每病必有病脉,而脉法准的,莫备于古人,故每篇之后,必于第一条先录脉法,盖欲知病必先知脉,既知脉,方可识病也。"可见其对脉诊的重视。第三,博采众长,见解独到。沈氏对于病证的论述,虽然引用或参考了历代医家之论,但他能够提出自己的独到见解,尤为可贵。如《泄泻源流》篇对于泄泻的论述,虽然《内经》认为泄泻由于风、热、寒、虚所致,但沈氏提出:"惟曰,湿盛则飧泄,乃独由于湿耳,不知风寒热虚,虽皆能为病,苟脾强无湿,四者均不得而干之,何自成泄?是泄虽有风寒热虚之不同,要未有不原于湿者也。"所论既尊古经之旨,又参以己见,确有燃犀烛幽,启蒙解惑的作用。第四,运气导引,预防养生。沈氏认为气功导引可以祛病延年,补方药之所不及。他说:"导引、运动,本养生家修炼要诀,但欲长生,必先却病,其所导所运,皆属却病之法,今各附篇末,病者遵而行之,实可佐参药力所不逮。"沈氏在书中详细介绍了归元、周天、艮背、行庭等运动方法,内容详尽。同时沈氏还强调养生调摄,主张修性情、节淫欲、服药饵、调饮食,特别对于年老多病之人,"进稀粥,静养调理为要"。是书对于每一病证从源到流,从病证到方药均论述精详,脉络清晰,并创制许多独到的治法与方剂,是一部理论与实践结合的临证医著。

本书是沈金鳌临证经验总结之作,较全面地反映了沈氏的学术思想,具有较高的理论研究与临床实用价值,对后世医学的发展具有一定的影响。本书现存版本有乾隆四十九年(1784年)无锡沈氏师俭堂刻本等,通行本为2006年人民卫生出版社点校本。

(九)《时方妙用》

陈念祖撰,成书于嘉庆八年(1803年),4卷。陈念祖,字修园、良有,号慎修,福建长乐人,乾隆至道光年间名医。

本书是一部论述内科疾病治疗的临证著作。关于撰著此书的缘由,陈氏在书前《小引》中进行了简要说明。陈氏曾于公余撰著《时方歌括》,后制府熊谦山先生见而嘱其发明原作,于是"续成四卷,详病源于一百八首中",且陈氏认为"时方固不逮经方,而以古法行之,即与经方相表里,亦在乎用之之妙而已,因颜曰《时方妙用》。"由此可见,陈氏撰著《时方妙用》实为《时方歌括》的续作,书中所论不同于一般的方论著述,且有别于阐发仲景方治之书。全书共4卷,卷一首列望、闻、问、切四诊,并讨论了中风与虚劳的证治。卷二至卷四主要讨论了内、妇、眼科常见病的诊治,对于各科疾病的论述,均引经据典,博采众长,并参以己见,或加按语,或附治验,简明扼要。

本书的学术成就主要有三个方面:第一,辨证遣方,常中有变。从本书的体例来看,陈氏并非依照一般方书编纂的成法,以方为主,而是另辟蹊径,从四诊八纲入手。书中对于每一病证,均分析其病因病机,并辨证遣方,因此所载各方证治,往往不落前人窠臼。如《血证》篇论述血证的辨治,即可见其一斑。《时方妙用》所列方治,除辨证遣方的原则性外,还具有灵活性。陈氏深刻理解时方的制方原理,能够根据疾病的变化,灵活化裁。如《痰饮》篇,陈氏以二陈汤为治痰通剂,又列随症加减之法,论述精到。第二,重视脾肾,擅于温补。全书处处体现了陈氏重视温补脾肾,不喜寒凉滋阴的临床用药特色。如其在论述痨证时说:"寒凉之药不可久服,人人俱知也,惟滋阴降火及不凉不温之品,最足误人……余素不喜寒凉,姑以寒凉方治不可弃者列之"。他认为滋肾丸、四生丸、犀角地黄汤等方,只是权宜之剂,而保元方、补中益气汤、四君子汤等八方以及附子理中汤、近效术附汤、人参养荣汤等十方,则进食除痰,止血极验。分析方剂功用可知,前八方甘温补脾,后十方甘温补肾,充分体现了陈氏重视脾肾、擅长温补的学术特点。第三,结合实践,见解独到。陈氏在疾病的治疗上,并不是简单地提出某方某药可用,而是结合自己多年的临床实践经验,先阐发其独到的见解,再言作何方治之。如《伤食》篇曰:"伤食病必有胸闷、吞酸、嗳腐、腹胀、腹痛等症,宜以平胃散加麦芽、谷芽、山楂、神曲、萝卜子消之,或以所伤之物烧灰加入为引导。如初伤食时尚在膈,服此汤以手探吐;如伤之已久,腹满拒按,宜以三一承气汤下之,愈后服香砂六君子汤加干姜调养;若无吞酸嗳腐等症,但见头痛、恶寒、发热,是外感证,切不可误用消导之品,致外邪陷入,变症百出。"由此可见,陈氏关于疾病治疗方面的阐述,立论精当,切合临证。

陈念祖作为清代医学大家,其治学态度严谨,敢于对前人之说提出异议,如纠正《医学心悟》之误,"但耳前后为少阳部位,渠云肝之部位者,误也。"但书中对于某些疾病的认识也存在欠妥之处,比如对"中风"的认识,"曰风者,主外来之邪风而言;其曰中者,如矢石之中于人也。"则存在一定的片面性。本书现存版本较多,主要有嘉庆八年(1803年)写刻本本衙藏板等,通行本为2007年人民卫生出版社点校本。

(十)《笔花医镜》

江秋撰,成书于道光四年(1824年),4卷。江秋,字涵暾,号笔花,浙江归安(今浙江省湖州市)人,曾任广东会同知县,精岐黄之术,退隐后以医为业。

本书又名《卫生便览》,是一部通俗易懂、切于实用的中医入门著作,旨在使读书少、阅历浅的医者能够理清头绪,使不便延医的病家能够按病索方。本书是江氏为官东粤期间,有感于当地医生理法不清,患者以神鬼为福的状态,于引退还乡之际,采前贤之说,并融会己意编撰而成。作者在《自序》中说:"诚愿有志者熟玩是编,据为要领,而旁参诸大家之说,自可一览了然,将近以事亲,远以济众,于生灵不无稍补焉。"全书共4卷,卷一总论四诊八纲,阐发内伤外感、伤寒时疫、虚劳疝肿等辨治方法,卷末附临床常用方剂70首。卷二列脏腑证治12部,统述内科杂病辨证、补泻"药队"以及各部列方。卷三、卷四分述儿科、女科证治及调摄方法。书中内容多采撷自张仲景、李东垣、张景岳、程钟龄等名医之说,并结合个人临证经验有所发明,简练扼要,层次分明。

本书的学术成就主要有三个方面:第一,四诊合参尤重"望""问"。江氏在书中第1卷专篇论述了切脉与望舌,并详细探讨了四诊的优劣,强调临床诊断必须四诊合参,而望诊与问诊尤为重要,对时医故弄玄虚,仅凭切脉就妄断病证的做法十分反感,他说:"四事本不可缺一,而唯望与问为最要","惟细问情由,则先知病之来历;细问近状,则又知病之浅深。而望其部位之色,望其唇舌之色,望其大小便之色,病情已得八九矣。而再切其脉,合诸所问、所望,果相符否……即可定断。"江氏对于四诊的论述,为其临床实践之体悟,也反映了其实事求是的治学态度。第二,论治之法强调执简驭繁。江氏于《例论》曰:"兹但言其现何病象,系何脏腑,作何治法,寥寥数语,亦易知矣。其一切经络源委,概不屡叙,避繁赜也。若欲究其全,则自有诸名家书在。"例如,对于小儿惊风的论治,就能反映出他的独到之处。江氏认为"惊风"之名不妥,专作《非惊论》篇阐发其理,并从临床实际出发,将小儿急、慢惊风按病机总结为"痰火闭证"与"木侮土证",治疗方面,急惊风治当镇息,慢惊风治当温补,暴受惊恐者治以养心安神定魂。第三,用药之道斟酌轻重缓急。江氏用药非常谨慎,他说:"用药如用兵,须量其材力之大小。盖有一利,即有一弊。如大补大攻、大寒大热之品,误用即能杀人。各部后分为猛将、次将,俾阅者不敢轻用,即用亦必斟酌分量,庶知利害。"他在各脏腑证治后所列的药队中,分为补、泻、温、凉4类,每类又根据药力大小与药性缓急,分为"猛将""次将",以备临床斟酌选用。江氏对于各脏腑证治药物的分类阐释,为后人提供借鉴,且提示为医者临证用药必须如老将临阵,不可孟浪行事。

本书是江秋为普及医药知识、提高医者临证水平而作,其书内容浅显,论述简要,切合临床实用,是一部流传较广、颇有影响的著作。但本书也有一定的局限性,学习过程中,不能完全按图索骥,受限于作者的思路。本书现存版本较多,主要有道光十四年(1834年)钟承露序刻本等,通行本为2007年人民卫生出版社点校本。

(十一)《医林改错》

王清任撰,成书于道光十年(1830年),2卷。王清任,字勋臣,直隶玉田(今河北省玉田县)人,武庠生,纳粟捐千总衔。

本书是一部纠正古医籍中脏腑解剖记载之误,兼论内科疾病治疗的著作。全书分为上、下两卷。上卷主要讨论王氏对于人体脏腑形态、脑髓功用、气血运行的认识,并论述了通窍活血汤、血府逐瘀汤、膈下逐瘀汤的方治。书中首篇王氏即提出"夫业医诊病,当先明脏腑""著书不明脏腑,岂不是痴人说梦;治病不明脏腑,何异于盲子夜行",作者在大量亲身观察的基础上,绘制25幅"亲见改正脏腑图",纠正一些人体解剖学错误;又提出"灵机记性不在心在脑","治病之要诀,在明气血"等学术观点,并结合人体脏腑结构进行了详细的阐述。下卷主要为王氏对半身不遂、瘫痿、瘟毒吐泻转筋等病证的诊断、鉴别、治法与方药运用。王氏强调元气亏损为半身不遂的主要病机,提出运用益气活血法治疗此类疾病,创制了补阳还五汤、黄芪赤风汤等临床效方。王氏的学术观点发展了中医学传统理论,丰富了中医诊断方法和治疗经验。

本书的学术成就主要有三个方面:第一,勇于实践,详论解剖。王氏在《自叙》中说:"余著《医林改错》一书,非治病全书,乃记脏腑之书也。"为了探明人体脏腑形态,王氏身体力行,不避污秽,不畏人言,"细视"犬食之余的小儿尸体,"细看"剐刑之后的犯人脏腑,"拜叩而问"人体隔膜的形状,"访验四十二年,方得的确,绘成全图",通过大量的实际观察与访求,绘制了新的脏腑图。书中包含了肺、气管、支气管、肝脏、胆囊、胃、脾、胰以及气管、血管等相关论述,纠正了前人许多错误记载。第二,重视气血,倡发新说。对气血理论的发挥,是王氏学术思想的重要基础。他说:"无论外感内伤,要知初病伤人何物……所伤者无非气血""气有虚实,实者邪气实,虚者正气虚……血有亏瘀,血亏必有亏血之因……若血瘀,有血瘀之症可查,后有五十种血瘀症相互参考"。王氏强调气血的重要性,进一步丰富和发展了中医气血理论,成为其临床治疗的指导思想。此外,王氏还在李时珍、汪切庵等医家论述的基础上,倡发"脑髓说",区分心、脑功能,指出人的精神思维活动由脑主管,人体眼、耳、鼻、舌等五官疾病均与脑有着密切关系。第三,结合实践,创制效方。王氏在脏腑解剖知识的基础上,结合自己多年的临床实践经验,发掘气虚、血瘀在发病方面的重要性,继而运用益气、活血之法治疗各类血瘀证,均取得了非常好的疗效。王氏在古方的基础上,创制33首方剂,主要可分为两类:①益气为主,结合活血;②逐瘀为主,兼顾益气。全书涉及87味药物,活血化瘀药约占三分之一,使用最频繁的5味药物为:桃仁、红花、黄芪、赤芍和当归,其中黄芪的用量最多达到250克。王氏创制的这些方剂已经成为后世医家临床常用方,具有较高的实用价值。

王清任作为一位敢于革新、善于创造的医家,其严谨的治学态度和勇于创新的精神,对后世产生了深刻的影响。由于历史条件的限制,王氏也存在一些认识上的错误和局限性,比如将卫总管误认为是气管,提出"心无血说"的错误观点等,但瑕不掩瑜,《医林改错》仍然是一部中医奇书。本书现存多种版本,较早的有道光十年(1830年)京都福隆寺三槐堂刻本等,通行本为2005年人民卫生出版社点校本。

(十二)《类证治裁》

林佩琴撰,成书于道光十九年(1839年),8卷。林佩琴,字云和,号羲桐,江苏丹阳人,乾隆至道光年间儒医。

本书是一部论述各科杂病治疗的临床医著。林氏并非以医为业者,但其虑及世俗医者,学殖荒芜,心思肤浅,因此希望矫而正之,于是搜辑编纂而成此书。作者在《自序》中谈及撰著此书的宗旨,概言之:为医者难在识证,识证又难在辨证,化裁古法古方而合乎病证之难,则在识证、辨证之后。历代名医之卓然成大家者,均根柢于古圣经旨,博采众长,故林氏宗经立论,酌古用方,撰著此书以明之。全书共8卷,设卷首《内景综要》1卷,概述脏腑、经络等生理功能。卷二至卷七分述内科、五官科、妇科、儿科以及外科等108种病证的辨治。每一病证先概述病因病机,其次分析症状治法,然后介绍处方用药,最后归纳脉候与附方,并附个人医案互为参照。林氏对于临证各科证治的论述,皆以经典之说为依据,旁及诸家之论,参合个人心悟,博观约取,务使后学渐入医学之门,临证有所裁决。

本书的学术成就主要有四个方面:第一,宗经立论,博采众长。林氏非常强调学习医经的重要性,他说:"不先窥《内经》奥旨,则皆无本之学也。"因而,他对《素问》《灵枢》《难经》等中医经典著作进行了深入研究。在《内景综要》中,林氏依据《黄帝内经》,全面论述了脏腑经络、营卫气血、五官九窍、筋骨皮毛等人体形体结构和生理功能。林氏还博采众长,择善而从,务求实用。如《暑症论治》篇先引《内经》之说,后详列王节斋、张兼善、叶香岩等诸家论述,以启迪后学。第二,别类分门,纲举目张。林氏善于抓住疾病的本质,将其先分出大类,再分列子目,可谓纲举目张。如对血证的论治,首先将血证归纳为吐血、衄血两大类,继而分述大类之下各小类,其中吐血包括咳血、嗽血等5小类,衄血又分为口鼻衄、耳衄、眼衄等10小类,对于每一类病证均详论辨治方法与处方用药。第三,注重辨证,脉证合参。林氏在书中特别强调辨证与识证,他说:"司命之难也在识证,识证之难也在辨证。识其为阴为阳,为虚为实,为六淫,为七情,而不同揣合也;辨其在经在络,在腑在脏,在营卫,在筋骨,而非关臆度也。"认为只有辨证无误,才能药到病除。书中对内、外、五官、妇、儿诸科病证,均根据其不同的病因和脉候,详细辨识。第四,酌古用方,推陈致新。林氏强调"一方未纯,虽古方宜裁,必吻合而后已。"从书中各病证所附医案,均能看出其师古不泥、推陈致新的精神。

本书是林佩琴晚年整理习医心得,采撷历代名医精论,并结合个人临床治验编写而成。本书辨证精详,用药精当,附有验案,理法方药融为一体,具有较高的临床实用价值,被近代医家誉为"实用内科学",对后世产生了较大的影响。本书现存多种版本,主要有咸丰十年(1860年)丹阳文星堂刻本等,通行本为2005年人民卫生出版社点校本。

(十三)《医醇賸义》

费伯雄撰,成书于同治二年(1863年),4卷。费伯雄,字晋卿,号砚云子,江苏省武进县孟河镇人,出身于世医之家,清末孟河四大名医之首。

本书是一部言语简要、切于实用的中医临证著作,原名《医醇》,24卷。作者在《自序》中阐明著述宗旨:"因思医学至今芜杂已极……救正之法,惟有执简驭繁,明白指示,庶几后学一归于醇正,不惑殊趋。爰将数十年所稍稍有得,而笔之于简者,都为一集,名曰《医醇》"。原稿不幸毁于咸丰年间战乱,其后费氏追忆《医醇》内容,随笔录出,所得不及原书十分二三,故题为《医醇賸义》。全书共4卷,卷一载脉法,《四家异同》《重药轻投》等医论4篇,以及中风、中寒、暑热湿3门,分述半身不遂、真心痛、刚痉、呕吐等病证的临床表现与处方用药。卷二列秋燥、火、劳伤、关格4门,分述肺燥、肝火、心劳、恐伤等病证的临床表现与处方用药。卷三载咳嗽、痰饮、痎疟、黄疸、三消5门,分述痰饮、结胸、谷疸等病证的临床表现与处方用药。卷四列痿、痹、胀、下利、诸痛、三冲6门,分述气痿、风痹、肺胀、头痛等病证的临床表现与处方用药。本书在编次方法上,采取先论病证,次载费氏自制方,然后附以诸家验方的形式,简练扼要,层次分明。

本书的学术成就主要有三个方面:第一,力倡和缓醇正之风。费氏主张议病用药,既不可偏执成法,亦不可趋奇立异,立论当以和缓、平正为宗,用药亦当以清润、平稳为旨。作者强调,醇正之精华"在义理之的当,而不在药味之新奇",盖"天下无神奇之法,只有平淡之法,平淡之极,乃为神奇"。费氏虽然主张和缓醇正,但临证时并非平淡无奇,而是从临床实际出发,因证施治,他指出:"不求无功,但求无过,若仅如是,是浅陋而已,庸劣而已,何足以言醇正!"充分体现了费氏议病用药以和缓醇正为旨的思路和特色。第二,重视脏腑气血辨治。费氏认为"人生之宝,无外乎气血",而"五脏六腑,化生气血;气血旺盛,营养脏腑",两者间关系密切,故其临证时尤重从脏腑气血入手辨治。如论虚劳内伤,费氏认为其病因病机以精血不足、脏腑元气亏损为主,于是根据阴阳互根、气血互生原理,提出"救肾者,必本于阴血""救脾者,必本于阳气",主张根据升降举敛不同而立法,制新定拯阴理劳汤、新定拯阳理劳汤,以甘寒益阴养血、甘温益气助阳为治。其论治博而精详,切合临床实际,启迪后学。第三,擅长裁古方制新方。费氏强调"执古方以治新病,往往有冰炭之不入者,尤不可以不审",并说"师古人之意,而不泥古人之方,乃为善学古人。"他于临证处方用药,擅于化裁古方,创制新方。《医醇賸义》一书共载方480首,其中费氏自制方有186首,且多以古方化裁加减而成,如用加味白虎汤治中暑,加味泻心汤治心火炽盛之吐血、衄血,琥珀导赤散治心火下移之溲尿淋浊涩痛等,均从古方化裁而来,又多从亲身实践中来,考虑周密,颇具巧思,于继承中发挥推陈出新之妙。

本书是费伯雄晚年追忆旧作,回顾数十年业医心得,编辑整理而成。其书论述精当,于临床辨证与处方用药方面,颇多新意,是一部流传较广、颇有影响的中医临证著作。本书现存多种版本,主要有同治二年(1863)序刻本耕心堂藏板等,通行本为2006年人民卫生出版社点校本。

(十四)《血证论》

唐宗海撰,成书于光绪十年(1884年),8卷。唐宗海,字容川,四川彭县人,进士及第,晚清名医,"中西医汇通派"代表人物之一。

本书是一部论述中医血证理论与诊治的专书。作者在《原序》中阐明著述缘由,盖因其父曾患吐血、下血证,延请名医医治乏效,故遍览方书并多方求师,以探求血证诊治之法,终于《内经》与仲景书中有所悟得,并结合自己临证经验,著成《血证论》一书。全书共8卷,卷一为《总论》,分述阴阳水火气血、男女异同、脏腑病机、脉证生死、用药宜忌等血证理论与诊治机理。卷二论述《血上干证治》,诸如吐血、呕血、咳血、唾血等血证计14条。卷三为《血外渗证治》,诸如汗血、血箭、血痣等7条。卷四为《血下泄证治》,诸如便血、便脓、尿血等6条。卷五为《血中瘀证治》,诸如瘀血、蓄血、血臌等5条。卷六为《失血兼见诸证》,有痨瘵、咳嗽、发热等40余条。卷七、卷八列出本书所用方剂200余首,并附以方解。本书专论血证,条分缕析,论述精详,在血证的病因病机、治疗法则、用药宜忌等诸多方面均有所发明。

本书的学术成就主要有三个方面:第一,重视理论发挥,阐明血证与阴阳水火气血以及脏腑功能之间的关系。《阴阳脏腑气血论》篇云:"人之一身,不外阴阳,而阴阳二字即是水火,水火二字,即是气血。水即化气,火即化血",又云:"夫水、火、气、血固是对子,然亦相互维系,故水病则累血,血病则累气……气为阳,气盛即为火盛;血为阴,血虚即是水虚"。指出了阴阳水火气血在生理、病理上的密切联系,继而在治疗上提出"治火即治血""治血必治气"等观点。关于血证与脏腑功能的关系,唐氏秉承《内经》之旨,以脾胃为后天之本、气血生化之源,认为治疗血证当以调脾为先。第二,提出通治血证之大纲,创立治血四法。唐氏在《吐血》篇论述治疗吐血的方法分为四步,即"以止血为第一法""以消瘀为第二法""以宁血为第三法""以补虚为收功之法",四者同时也是"通治血证之大纲"。血证之初,止血能治标救急,"存得一分血,便保得一命";出血既止,溢出之血不能复还经脉,从而变为瘀血,瘀血踞住,新血不能安行无恙,日久变生他证,故需急去瘀血,"凡治血者,必先以去瘀为要";止血、消瘀后,必用宁血之法,使血得安乃愈,"然前药多猛峻以取效,乃削平寇盗之术,尚非抚绥之政",故用宁血以杜绝血证复发;血证虽常因实邪而发,但"邪之所凑,其气必虚",出血之后,益增其虚,故以补血为收功之法。唐氏治血四法对后世治疗血证具有重要的指导意义。第三,发扬古训经旨,总结血证治疗之宜忌。唐氏遵《内经》与仲景之旨,强调"血家忌汗",同时指出汗、吐二法亦为血证治疗之大忌。对于血证宜用之法,唐氏指出"至于和法,则为血证之第一良法",同时还指出下法亦为治疗血证常用之法。此外,血证之补法也有宜忌,临证之时所当审慎。

本书是唐宗海《中西汇通医书五种》之一,是书论理精当,法则完备,方药效验,对后世影响较大,流传较广。本书现存多种版本,主要有光绪十六年(1890 年)刻本唐氏家藏板等,通行本为 2005 年人民卫生出版社点校本。

(十五)《外科证治全生集》

王维德撰,成书于乾隆五年(1740 年),1 卷。王维德,字洪绪,又字林洪,别号林屋山人、林屋散人,又号洞庭山人、定定子,江苏吴县(今苏州市吴中区)人。王氏通晓内、外、妇、儿各科,尤擅外科,是中医外科"全生派"的代表人物。

本书是一部论述中医外科证治为主的临床医著。全书 1 卷,分为 6 部分。一为《论证》,总论痈疽辨证要点及各部位病名;二为《治法》,先论 23 种外科疾病治法,次按人体上、中、下三部论述外科各种病证的治疗;三为《医方》,列外科常用效方 75 首;四为《杂证》,载内、妇、儿杂病验方 48 首;五为《制药》,述 203 种常用药物的功效与炮制加工方法;六为《医案》,收录作者临证医案 28 则,涉及外科疾病 15 种,详述其临证时的思考方法与治疗经过。

本书的学术成就主要有三个方面:第一,倡"阴虚阳实"说,创外科阴阳辨证体系。王氏根据曾祖秘集之记载,结合自己多年临证经验,在《自序》中提出:"夫红痈乃阳实之症,气血热而毒滞;白疽乃阴虚之症,气血寒而毒凝,二者俱以开腠理为要。腠理开,红痈解毒即消,白疽解寒立愈。若凭经而不辨症,药虽对经,其实背症也……因思痈疽凭经并治,久遍天下;分别阴阳两治,唯余一家。"又于《凡例》中论曰:"辑是集专论阴虚阳实,认定初起红白两色,是痈是疽,治即全愈。"其论痈疽以阴阳两纲立论,倡发"阴虚阳实"说。第二,立阴疽治疗原则,制"阳和汤"等名方。王氏对于阴疽的论述,是其外科证治中最具特色的内容。《痈疽总论》篇曰:"诸疽白陷者,乃气血虚寒凝滞所致。其初起毒陷阴分,非阳和通腠,何能解其寒凝？已溃而阴血干枯，非滋阴温畅，何能厚其脓浆……世人但知一概清火以解毒，殊不知毒即是寒，解寒而毒自化，清火而毒愈凝。然毒之化必由脓，脓之来必由气血，气血之化，必由温也，岂可凉乎。"阐述了阴疽的总病机以及阴疽初起、已成、溃后不同病理阶段的治疗原则。在此基础上，王氏自创了以"阳和汤"为代表的阴疽内服名方。阳和汤由熟地、麻黄、肉桂、鹿角胶、白芥子、炮姜炭、生甘草七味药物组成，全方有温阳补血、宣通血脉、散寒祛痰之功，用于阴疽之证，可化阴凝而使阳和，故以"阳和"名之。第三，发"贵消畏托"之论，灵活治疗外科疾患。王氏在《凡例》中曰："余家之治，以消为贵，以托为畏。即流注、瘰疬、痰核，倘有溃者，仍不敢托。托则溃者虽敛，增出者又如何耶？故以消为贵。"书中有关消法的方药记载甚详，如辛散开腠的夺命汤、赤荆汤等，温化寒凝的阳和汤、桂姜汤等，清热解毒的败毒散、犀黄丸等，均为消法的灵活运用。"以托为畏"之说，为王氏针对误用或早用托法，易使邪毒留恋而言，并非禁用托法。王氏强调"既出脓后，痛有热毒未尽宜托""体虚年老者，投参、芪、草皆炙也。"由此可知，王氏对于外科疾病的治疗，不仅重视消法，而且擅用托法与补法。

本书是王维德一生诊治外科疾病的经验总结之作，对于痈疽特别是阴疽的辨治，具有重要的指导意义，对后世影响较大，流传较广。但由于历史原因，本书也存在若干不足之处，比如"反对刀针引流""反对使用升降丹药"等，均带有一定的片面性。本书现存多种版本，主要有乾隆五年（1740 年）刻本等，通行本为 2006 年人民卫生出版社点校本。

（十六）《疡科心得集》

高秉钧撰，成书于嘉庆十年（1805 年），3 卷。高秉钧，字锦庭，晚号心得，锡山（今江苏省无锡市）人。高氏通晓内科，尤以外科驰名于江浙间，是中医外科"心得派"的代表人物。

本书是一部论述中医外科证治为主的临床医著。全书 3 卷，卷一至卷三，共列 104 论，除《疡证总论》《疡科调治心法略义》《申明外疡实从内出论》3 篇外，其余各篇依据人体上、中、下部位为序，采用两证或三证互相发明的体系，分述痈、疽、失荣、乳癖、丹毒、下疳等 210 余种外科病证之病因、所属脏腑经络、证候特点、辨证处方等。书中所述诸外科疾病的证治，均能密切联系临床实际，便于医家掌握。书末附《方汇》，将前 3 卷所涉及方剂，按照出现顺序，集为 260 余首，其中包括高氏家传膏、丹、丸、散方 58 首，具有重要的临床实用价值。

本书的学术成就主要有四个方面：第一，倡发"治外必本于内"。高氏临证循内科之理以治疮疡，其于《例言》中说："是书悉究病因，用药不执板法，虽曰外科，实从内治。"继而设专论阐发"治外必本于内"之义，《申明外疡实从内出论》篇曰："夫外疡之发也，不外乎阴阳、寒热、表里、虚实、气血、标本，与内证异流而同源者也。"由此可见，高氏论外科以内治为本，对后世外科证治具有较大影响。第二，创立"三部病机"学说。高氏结合疮疡的发病部位与特点，提出："疡科之证，在上部者，俱属风温风热，风性上行故也；在下部者，俱属湿火湿热，水性下趋故也；在中部者，多属气郁火郁，以气火之俱发于中也。"论治方面，针对不同部位疮疡的病机特点，分立治则。这种首先将疮疡按人体上、中、下三部进行分类，再指出不同部位疮疡发病的病因病机的方法，后世称之为"三部病机"学说。高氏所创"三部病机"学说，无疑受温病上、中、下三焦辨证理论的影响，乃温病三焦辨证理论在中医外科中的应用与发展。第三，阐发"毒气内陷"机理。"毒气内陷"为疮疡的严重变证，高氏通过数十年临证观察，发现脑疽、对口等外科病证，每因"正气内亏，不能使毒外泄，而显'陷里'之象。"并根据不同类型"内陷"的病机和证候，将其归纳为"三陷变局"。《辨脑疽对口论》篇对"三陷变局"及所见恶证的危象、预后均作了概括性的精辟论述，继而总结毒气内攻脏腑的辨证。高氏关于

"毒气内陷"机理的阐发,在当今仍不失重要临床意义。第四,总结"内外兼施"治法。高氏论述疮疡的治疗,强调"内外兼施"。内治之法主张"凉、温、攻、补"四法,针对疮疡的不同阶段,高氏运用内治法遵循严格的顺序:初起多用凉法,热毒壅盛施以攻法,中期治以温法,后期则用补法,针对各阶段出现的兼证则多法并用。高氏在疮疡的论治中,在强调内治的同时,并不排斥外治诸法,对于刀针手法,高氏同样定有法度。

本书是高秉钧 30 余年外科临证经验的总结,高氏精通内、外科,又受温病学说的影响,勇于创新,擅于运用内科之理治疗外科病证,其对疮疡辨证的理论与实践,对后世影响较大,流传较广。孙尔准评价道:"高子是书出,使人知必深明内科,始可言外科,不得仅执成方,率尔从事,其有功于世,岂浅鲜哉!"本书现存多种版本,主要有嘉庆十四年(1809 年)尽心斋刻本等,通行本为 2006 年人民卫生出版社点校本。

(十七)《伤科汇纂》

胡廷光撰,成书于嘉庆二十年(1815 年),12 卷。胡廷光,字耀山,号晴川主人,浙江萧山人。胡氏出身世医之家,幼承家学,主攻伤科,为清嘉庆年间伤科名医。

本书是一部论述中医外科证治为主的临床医著。全书 12 卷,卷首列图 42 幅,分绘人身部位穴位图、外科器械图、伤科治疗手法图等。卷一为《经义》《脉要》《针灸》《歌诀》4 篇,摘录了经典医籍中有关骨伤疾病的病因、脉象、针灸方面的内容。卷二论骨度、骨脉、经筋、部位、骨节、骨格。卷三介绍正骨理筋手法和治疗器具,均录自《医宗金鉴·正骨心法要旨》,另有"陈氏接骨歌诀"与"胡氏自编上髎歌诀"。卷四述损伤后出血、发热、骨痛等 40 证的辨治,并辑录医案 87 则。卷五、卷六以骨骼为目分部论治,附胡氏治验 41 则。卷七、卷八则总论损伤用药原则,辑录内服外治 344 首。卷九至卷十二为续编,前两卷分列各类损伤主治药物,以金刃、坠堕、挫闪等致伤原因为目,介绍各类损伤的病机、证治;后两卷为治疗虫畜咬螫伤的单验方。卷末附补遗,述伤科常用药物性状功效。全书载方 1340 余首,附验案 120 余例,绘图 44 幅,内容丰富,理论与临证相结合,从正骨理筋手法,以至于内服、外治方药等无不赅括,论述甚详。

本书的学术成就主要有四个方面:第一,广征博引,内容丰富。《伤科汇纂》引用文献众多,内容涉及内、外、妇、儿各科以及方书、本草以至于文史著作等。胡氏博采众家精论,广搜民间单验方,历时七载,三易其稿,终于撰成集明清两代伤科大成的专著。第二,体例严谨,编排新颖。胡氏所引文献,均标有书名或人名,其中许多文献现已亡佚,只能通过本书了解原书内容。《伤科汇纂》的编排方式富于特色,胡氏于《凡例》中说:"是书目录,先经义而后叙骨论,次手法再详证治,周身骨髎,自顶及踵,次序井然,列如星布。"至于正文的编排次序,则先总论,后分述病因,继而列举前代著作中提及的诊治手法与方药。除文字外,书中还附图多幅及歌诀多种,便于后学理解与记诵。第三,重视手法,有所发明。胡氏认为伤科治疗跌闪折骨出臼,必须先用手法整复,继用器械夹缚固定,然后才考虑使用方药,因此他对手法的阐释非常详尽。《手法总论》篇云:"八法之外,又有推骨入髎秘法,或用肩头掮,或用足跟牮。掮者,如挑负然,将患人掮起,骨入髎矣,较之用手拉手拽,更觉有力多矣。牮者,或坐其上,或卧于地,两手将患人擒住,随用足跟牮去,比之用手推托,便捷甚矣。"胡氏将传统的八法扩充为十法,更切合临床实用。第四,精研方药,注重调理。伤科疾病各阶段治法方药不尽相同,特别是针对虚实夹杂、错综复杂的病证,医者往往很难把握。对此,胡氏认为"有瘀血者,宜攻利之;或致亡血者,兼补而行之。又察其所伤,在上下、轻重、浅深之异,经络气血多少之殊,唯宜先逐瘀血,继通经络,和血止痛,然后调气养血,补益胃气。"除内服与外敷用药外,胡氏强调伤科疾病的饮食宜忌同样重要,他指出:"凡服损药,不可吃冷物、鱼、牛肉,若吃牛肉,痛不可治,瘟猪肉、母子猪肉尤不可吃,切记之。"

本书是胡廷光荟萃历代医家与民间经验、家传心法以及个人临证经验的集大成之作,胡氏将伤科理论与临床实践熔于一炉,颇切实用,对后世影响较大。本书现存版本为嘉庆二十三年(1818年)博施堂抄本,通行本为2006年人民卫生出版社点校本。

(十八)《傅青主女科》

傅山撰,成书于康熙十二年(1673年),2卷。傅山,初名鼎臣,字青竹,后改青主,别号公之它、石道人、朱衣道人等,山西太原府阳曲县(今太原市)人,明末清初著名文人兼医家。

本书是一部内容简要,选方实用,颇具临床价值的中医妇产科专著。全书共2卷,女科上卷是妇科常见病,包括带下、鬼胎、血崩、调经、种子5门,计38条,39证,载方41首,主要介绍妇科常见病的辨证施治。下卷分为妊娠、小产、难产、正产、产后5门,计39条,41证,载方42首,2法,主要论述产科病证及辨治。附《产后编》2卷,上卷载产后总论、产前后方症宜忌、产后诸症治法;下卷列误破尿胞、泻、呕逆不食、小腹痛、恶露、乳痈等杂证26条,补编3条,共计29条病证的辨治。本书在编次方法上,每一病证,先述理论,次载证候病机分析,然后附以自制验方或传统方化裁,最后是傅氏对方药的注解,多能切中病机。

本书的学术成就主要有三个方面:第一,辨证重肝脾肾立论。傅氏论治妇科疾病,以脏腑辨证为依据,强调肝、脾、肾三脏的功能失调是导致诸疾的主要原因。傅氏认为妇人之疾,郁证居多,女子易伤情志,遇事不遂,每多肝郁,临证善用疏肝解郁之法,强调慎用辛燥防伤肝阴,注重养阴柔肝。脾为后天之本,脾病则气血生化乏源,气机升降失调,血失统摄,湿邪内生,因此脾与妇科疾病关系密切。肾为先天之本,肾气的盛衰对于妇科疾病的调治具有重要的作用。傅氏于《调经》诸篇中指出"经本于肾""经水出诸肾",肯定了肾为经水之源,肾精充盛,则冲脉气盛,任脉通畅,督脉温煦,治疗上注重补肾之法。傅氏对于妇科疾病的辨治,注重肝、脾、肾三脏之间的平衡,临证能够根据具体情况,灵活运用肝肾同治、肝脾同治、脾肾同治、肝脾肾同治等方法,对于妇科疾病辨治具有指导意义。第二,治疗重精气血同补。傅氏认为"妇女以血为本""凡病起于血气之衰,脾胃之虚,而产后尤甚"。妇女的经、胎、产、乳均以精血为本,妇科疾病亦多由气血不足所致,因此《女科》所收诸方,大多以补益气血为主,如固本止崩汤、健固汤、加味补中益气汤等;所用药物也以补益气血、阴阳之品占大多数,如白术、人参、白芍、当归、熟地黄、黄芪等。可见,傅氏对妇科疾病的治疗以调补气血为本,切合临床实际,启迪后学。第三,用药重继承富特色。傅氏师古不泥,能够根据病证灵活选用古方或创制新方,《女科》一书制方严谨,用药富有特色。傅氏用药特色之一在于重用主药,其于补益扶正之品,急症可用至数两,而次药则常以分计。岳美中曰:"统稽《女科》诸方,凡用补养强壮之药则往往量大,如白术、熟地、山药、黄芪等,极量可至二两。用升提、开破之药往往量小,如升麻不超过四分,陈皮不超过五分等。"特色之二为擅用对药,傅氏在长期的临床实践中,掌握了对药的运用规律,其常用对药有:人参配熟地,以培补气血;熟地配山萸,以滋肾涩精;柴胡配升麻,以升阳举陷等。此外,傅氏对于药物的炮制同样十分重视,《女科》所列方剂,绝大多数药物均要求炮制使用,或炒、或蒸、或浸等。

本书自刊行以来,甚为后世所重。其书兼采众家,论述简要,辨证详明,理法严谨,药简方效,切于临床实用,是一部流传较广、颇有影响的中医妇产科著作。本书现存多种版本,主要有道光七年(1827年)张凤翔序刻本太邑友文堂藏板等,通行本为2006年人民卫生出版社点校本。

(十九)《女科经纶》

萧壎撰,成书于康熙二十三年(1684年),8卷。萧壎,字赓六,号慎斋,槜李(今浙江省嘉兴市)人,医学造诣颇深,尤擅内科杂症与女科证治。

本书是一部博采诸家,见解独到,详于论而略于方的中医妇产科专著。萧氏博览群书,采撷前贤精论,融汇条贯,分门别类,集为是编,使读者能够开卷了然。全书共8卷,分为月经、嗣育、胎前、产后、崩带、杂证诸门。卷一,列月经门,载录医论109条,主要论述了女子月经生理、各种月经病及诊疗之法。卷二,列嗣育门,载录医论61条,主要论述了求子、种子之道,不孕证的辨治以及胎前注意事项与安胎方法等。卷三、卷四,列胎前证,载录医论163条,主要论述了妇人妊娠期各种病证的病因病机及辨治之法。卷五、卷六,列产后证,载录医论230条,主要论述了妇人临产注意事项、难产出现的原因与处理办法以及产后注意事项、各种病证的病因病机与辨治之法。卷七,列崩带门,载录医论85条,主要论述了崩漏与带下的病因病机及证治方药。卷八,列杂证门,载录医论71条,主要论述了热入血室证、癥瘕痃癖证、前阴诸证以及夜梦鬼交等病证的临床表现、病因病机与辨证用药。书中每一病证,首列前贤论述,引录众多代表性医家的观点,后附按语,阐述萧氏对诸家之论的评判,语言精辟,切于实际。

本书的学术成就主要有两个方面:第一,广征博引,编排新颖。萧氏于《序》中谈及编纂此书之原委,他说:"余纂辑《医学经纶》,博极群书,兼综条贯。凡杂症得一百六十有三,采撷名贤之论七千条有奇,而妇人月经诸症不与焉。诚以妇人之病,莫重于月经胎产、崩淋带下,是以别立标名,曰《女科经纶》。"书中引用文献众多,上自《黄帝内经》,下迄清初的古医籍100余种,尤以中医经典著作以及元明之际的方书与妇产科著作为多。所引用之书,有些现已亡佚,如陈藏器、初虞世等医家论著,其中许多佚文在此书中得以保留。萧氏不仅博采诸家之论,还注重对文献进行合理的编排。本书在编纂体例上具有类书的特点,萧氏将其所辑资料,分门别类,条分缕析,将某一病证的有关资料归于不同门类之下,罗列有序,并注明引文出处,便于读者全面考察该病证的学术源流。第二,按语详尽,见解独到。《女科经纶》除编纂富于特色外,其按语也别具匠心。萧氏于书中每门之下,数论之后,必详加按语,对前贤论述予以总结,并阐发己见,使读者一目了然。考察书中按语,有按、评、议、考等多种形式,或高度概括前人众家之说,或阐发前人未及之理,或补充前人之未备,或考订前人之谬误,或谈论个人心得体会,其中不乏独到见解。如论女子月事,萧氏按曰:"已上经论三条,序女子月事,始本太冲脉盛,而冲脉则起于胞中,即为血海,此经水之原也。但经水得寒则凝,得热则行,尝与天地寒暑之气相应,而调经者可以知所务矣。"寥寥数语,女子月经生理特点,罗列无遗。

本书是一部详论中医妇产科理论与临证的专著。全书提纲挈领,条分缕析,按不同病证分类罗列,详加述评,流传较广、切于实用。本书现存多种版本,主要有康熙二十三年(1684年)遗经堂刻本等,通行本为2007年中国中医药出版社点校本等。

(二十)《竹林寺女科秘传》

竹林寺僧撰,成书于乾隆六十年(1795年),1卷。竹林寺位于浙江省萧山市,创建于南齐年间,据传后晋八年高昙禅师"得异授而兴医业",此后历代僧医均研习女科证治,并逐代相传,闻名于世,所授女科著作均秘不外传,自清初始有抄本行世,但书名、内容等均有出入,种类多达30余种,《竹林寺女科秘传》即为比较重要的传本之一。

本书又名《济阴至宝录》《妇科秘方》,是一部具有较高临床实用价值的中医妇产科专著。全书1卷,15篇,包括《月经四十症》《种子五方》《胎前三十八症》《产后十五症》等。书中每门分论病证,论后附方,所载诸方多系代代相传之效验者。

本书的学术成就主要有两个方面:第一,治法多样,施治灵活。根据女科不同疾病的具体情况,竹林寺僧医遍搜众法,以达到治愈疾病的目的。书中涉及治法多样,内服者,包括汤、丸、散、膏、丹等多种剂型;外治者,包括熏、洗、擦、熨、敷及针灸等。在具体疾病的治疗中,常采用先后有序、内外结合的方法,灵活施治。如《月经四十症》篇记载"月经前期"症的治疗时,论曰:"先用黄芩散退其烦热,后用调经丸。次月色胜而愈。"属于不同内服法的次序使用,并且包含对病机转归的预测。又《难产十二症》篇记载"治胎死不出,胞衣不下"的治疗时,论曰:"用黑豆三合,洗净,炒香熟,入醋一大碗,煎五六滚,去豆取汁,分作三四次服之。再以热手顺摩小腹,其胞即下,胎即出",体现了内服与外治相结合的治法。此外,《胎前三十八症》篇论治"胎前泄泻"时,云:"此症有四治:春用平胃汤;夏用三和汤;秋用五苓散,减去肉桂加滑石、甘草;冬用理中汤。"则反映了女科疾病因时制宜的治疗原则。第二,重视脾胃,药食并用。脾胃为后天之本,气血生化之源,脾主运化、主统血,脾健则气血充盛,血行如常。妇人经、胎、产、乳无不与气血相关。竹林寺僧医临床十分重视调理脾胃气血,如论治"经来或前或后"症时,云:"此症因脾土不胜,不思饮食,由此血衰,经水或在后。次月饮食多进,经水又在前。不须调经,只宜理脾。脾土胜,血旺气匀,自然经水应期。"又如论治"胎前忽然倒地"症时,云:"此乃血少不能养胎,母无精神,承胎不住,头昏目暗。不须服药,饮食培补,自愈。"寥寥数语,提示某些女科疾病与脾胃的密切关系,调治脾胃则无需用药自可痊愈。同时,竹林寺僧医还非常重视药食并用,运用药食同源的理论,用食补扶正祛病及善后调理。例如用猪心治疗妊娠心悸,猪肾治疗妊娠腰痛或耳鸣,鱼鳔、麦麸、黑芝麻等治疗不孕等,均为食物入药的经验总结。此外,书中对所用药物的炮制,多以顾护脾胃为主。如治疗经来痢疾,或前或后症的甘连汤中用苦寒清热药黄连,将黄连姜制以制约其苦寒之性并存其清热之效,避免苦寒伤脾败胃。还有莪术醋炙以制其破血之烈性,肉豆蔻煨用以加强其温中健脾之功等。

本书是一部由竹林寺僧医世代秘传的妇产科专著。全书较为详尽地论述了妇科各种病证的病因、病机、病症、方药等,是一部切于实用的中医妇产科诊疗验方集。本书现存多种版本,主要有咸丰二年(1852年)豫省张龙文斋刻本等,通行本为2006年人民卫生出版社点校本等。

五、推拿及外治法类医籍

(一)《小儿推拿广意》

本书又名《推拿广意》《幼科推拿广意》,熊应雄汇辑,陈世凯重订,约初刊于康熙十五年(1676年)。本书为现存儿科推拿学专著之佳本,《中国医学大成》称其为"儿科推拿法中要籍也"。

熊应雄,字运英,东川(今云南地区)人。熊氏精通医法,又长于儿科辨病诊疗,认为小儿之病,"既无声色货利之郁于中,又无劳苦饥渴之积于外",且"口不能言,脉无从测",故调治小儿病证,"其不最微且难哉",故熊氏诊疗,留心于此。后偶得一编,乃推拿治法,诚如小儿金丹,于是日夜研习,并与长于此术之陈世凯探讨订正,撰辑成《推拿广意》,刊行于世。

全书共3卷。上卷总论小儿推拿之理,详述儿科疾病之诊断方法,列举"入门察色""五视法"及"闻小儿声音""辨小儿五音"等法,强调望、闻二诊,同时详解推拿手法,并配以"黄蜂入洞""苍龙摆尾""二龙戏珠"等图解20余幅,图文并茂,一目了然;中卷分述小儿病证的病因、病机、治则及推法要义,列举小儿"胎毒""脐风"等病证20余种,并独立成篇,记述"小儿坏症一十五候"和"小儿面色恶症死候",理、法、方、术齐备;下卷附方,选取小儿内服、外治方药共计185首,简便效验。

本书为清代第一本小儿推拿学专著,其独特学术理论体系和简便效捷之治疗方法于后世影响深远,《幼科推拿秘书》《厘正按摩要术》《推拿易知》等小儿推拿著述大多依此编撰而成。本书理、法、方、药、术齐备,对难于理解之操作手法,如"赤凤摇头""猿猴摘果""水里捞明月""打马过天河"等,更配以插图详解,开创了小儿推拿图解之先河,具有较高临床价值。在诊疗思路上,熊氏亦警示后人审病察证,对证施治,"毋偏己见,毋作聪明,因症次第,分别而施,此为不传之秘诀也"。

本书首刊于康熙十五年(1676年),因其语言简洁、图文并茂、切合实用,一经刊行,便备受推崇。其后是书被多次翻印,主要版本有乾隆十四年(1749年)金阊书业堂刻本及金陵四教堂刻本、道光二年(1822年)金阊三友堂刻本、道光十二年(1832年)嘉郡博古堂刻本、光绪十四年(1888年)本衙刊本、光绪二十二年(1896年)登郡刊本、光绪三十三年(1907年)上海醉经堂本、清江阴学古山房刊本、清金昌同文堂刻本等。民国期间,本书亦大为刊印,有1912年江东书局铅印本、1913年进步书局石印本、1914年校经山房石印本、1926年大成书局石印本等。

(二)《厘正按摩要术》

张振鋆编撰,为厘正、增补明代周于蕃《推拿要诀》(又名《小儿推拿秘诀》)一书而成,刊于光绪十四年(1888年)。

张振鋆,原名醴泉,字筱衫,又字广文,别号惕厉子,宝应(今江苏扬州)人。张氏敏而好学,博览群书,颇通岐黄之术,施治每有回春之妙,张心樵赞其"每治一证,必审慎周详;每出一方,辄起死回生"。张氏对按摩之法推崇备至,言"岐黄疗病之法,针灸而外,按摩继之尚矣",无奈其法失传,每见野叟老妪,不辨虚实寒热,不明经络穴位,概以随手推抹,或妄灌以自制丸散,而致小儿夭枉无算,无不扼腕叹息,恻然心伤。后得明·周于蕃之《推拿要诀》,如获至宝,但因其"次序错乱,辞语鄙陋",故重新校订辑录,"重复者汰之,繁芜者删之,颠倒者理之,俚俗者易之,更博采旁搜,附会以明之",始成《厘正按摩要术》,"一志其原,一补其阙也"。

全书共分4卷。卷一辨证,详述小儿四诊方法,为张氏最为看重部分,如其于凡例中所云,"辨证宜先也""用药不难,辨证为难,在小儿尤难矣";卷二立法,载取按、摩、掐、揉、推、运、搓、摇等"推拿八法",汗、吐、下三法,并其他外治法共计28种;卷三取穴,包括十四经经穴定位、取穴原则及各推拿手法的运用,并以图详绘,清晰易懂;卷四列证,叙述惊风、疳疾、呕吐、泄泻等24种小儿常见病的因机证治,突出小儿推拿的取穴原则。

张氏深知小儿生理特点,指出"小儿不喜药,(推拿)于小儿最宜",故在周于蕃《推拿要诀》基础上,结合自身诊疗经验,进一步校订选辑,较原书条理更为清晰,内容更为丰富。张氏临证,首重辨证,特别在腹诊方面成就颇著,书中按胸腹之法即达 38 种,内容丰富翔实,集历代医家察胸腹之大成;其次详尽立法,首创小儿"推拿八法",即按、摩、掐、揉、推、运、搓、摇法,对小儿推拿之法进行全面总结,被各家广泛采纳。本书语言流畅,深入浅出,难解之处配以插图说明,易学易懂,一目了然,且以手法外治见长,不事汤药,广惠婴孩,即使初学者得之,亦能领其精髓,不致误治,即张氏所谓"村姬野叟取而习之,得其真传,庶无误治之虞"。

本书首刊于光绪十四年(1888 年),现存主要版本为光绪十五年(1889 年)述古斋刊本,光绪十八年(1892 年)刊本,光绪十九年(1893 年)刊本,光绪二十年(1894 年)刊本,1955、1957 年人民卫生出版社据述古斋原书影印本等。

本书广集各家之长,记述了张氏本人对小儿推拿的见解,为后世小儿推拿的发展奠定了坚实基础。本书所载的辨证、立法、取穴等方法,至今仍有沿用,且疗效显著,对小儿推拿的临床实践具有重要指导意义。本书是光绪十四年(1888 年)前小儿推拿的集大成之作,在小儿推拿发展史上具有里程碑式的意义。

(三)《理瀹骈文》

原名《外治医说》,吴尚先编著,刊于同治三年(1870 年)。本书详细讲述了吴氏对外治法的应用,是我国第一部系统阐释临床疾病外治方法的医学专著,时至今日仍对现代中医诊疗具有深远影响。

吴尚先,原名安业,后改名颖,又改名樽,字尚先,又字杖先、师机,晚号潜玉居士,浙江钱塘(今浙江杭州)人。吴氏幼年习举子业,道光十四年(1834 年)考中举人,后淡泊名利,弃儒从医,随父侨居江苏扬州。咸丰三年(1853 年),太平军攻占南京,为避战乱,吴氏与其弟携母搬迁至江苏泰州居住。适逢疫疠盛行,战乱频起,百姓苦不堪言,于是开始精研医术,以自制膏药为周边百姓诊治,常获奇效,遂声闻遐迩。吴氏行医数十载,积累了丰富的临床经验,后人亦称他为"外治之宗"。

《理瀹骈文》,取"医者理也,药者瀹也"之意,是吴氏历时 20 载、易稿数十次而完成的一部外治专著,代表了其毕生的学术思想与诊疗经验。全书共分"略言""续增略言""理瀹骈文"和"存济堂药局修合施送方并加药法"4 部分,为不同刊本先后增补而成。吴氏在书中详述外治法的辨证、选药及施治方法,对以膏药为主的数十种外治疗法进行阐释,填补了中医学外治法领域的空白。

吴氏认为,外治法的机理与内治法大致相同,故其诊疗理法思路均与内治法无甚差别,所不同者仅为剂型及给药方式而已。其辨证诊疗亦采用八纲辨证、脏腑辨证及三焦辨证等方法,随证加减,然其剂型灵活,使用方便,具有"简"、"便"、"验"、"廉"的特点,为深受战乱之苦的百姓提供了便捷。此外,吴氏还大胆提出"膏药可以统治百病"之说,认为内服之药与外用之药归属同源,有"殊途同归"之妙,所有内服之方均可熬制成膏,通过外用而收效,由此拓宽了中医治疗的范围,减轻了病患的负担,为中医诊疗提供了新的方法与思路。

本书成书于同治三年(1864),初刊于同治四年(1865 年),原名《外治医说》,刊行时更名为《理瀹骈文》。初刊时仅有"略言"及"理瀹骈文"两部分,后于同治九年(1870 年)、十一年(1872 年)分别增入"存济堂药局修合施送方并加药法"、"续增略言"等部分。其他版本主要有光绪元年(1875 年)刊本、光绪七年(1881 年)重刊本(名为《重刊理瀹骈文》)、光绪(1881 年)广州爱育堂刊本、光绪十二年(1886 年)扬州刊本及 1955 年人民卫生出版社影印本等。除此之外,光绪年间及新中国成立后仍有本书的注释本流传,如张涵中《理瀹骈文摘要》、潘蔚《理瀹外治方》、李超《中医外治法简编》、赵辉贤《理瀹骈文》注释本等。

六、医案及综合性医籍

(一)《临证指南医案》

叶桂门人汇集其毕生诊疗经验而成,约成书于乾隆二十九年(1764年)。

叶氏诊疗,深究病原,辨证准确,选方精当,用药灵活,颇有奇效,名噪大江南北。然其毕生忙于诊务,无暇著述,故世传之叶氏相关医籍、医案,大多为其后人或学生整理而成,其中亦不乏假托叶氏之名而刊。一般认为,《温热论》《临证指南医案》《叶案存真》《未刻本叶氏医案》等医籍为叶氏弟子整理编撰,可信度较高。

全书共10卷,依病分类,共载89门,记录医案2500余则,为我国现存个人医案中收录医案最多、涉及范围较广的医案著作。卷一至卷八共收录中风、咳嗽等内科杂病75种,卷九、卷十分别记载崩漏、癥瘕等妇人病7种以及痧疹、吐泻等小儿病6种,卷十还将叶氏的另一著作《幼科要略》收录其中,详述小儿温病的发生、发展以及方药证治。另外,医案中所录方剂统一列在书后形成集方,以供查阅。

叶氏于《温热论》中提出温病卫气营血的辨证纲领,详述温病的传变规律,并点明温病各阶段的治疗大法,而本书载录的大量风温、温热、暑、湿、燥、寒等病案,则对应上述思想,补充了叶氏在温病学方面的临证经验,使后人对其学术思想有更全面、更深刻的认识。据统计,现代中医常用的治疗温热病方剂,如5个加减正气散、2个宣痹汤、2个青蒿鳖甲汤、三香汤、银翘马勃散、黄芩滑石汤、杏仁薏苡汤、宣清导浊汤、断下渗湿汤等,均为本书所创制。

本书最早刊本为清乾隆二十九年(1764年)刊本,藏于京、宁、沪、杭四地,其他版本有乾隆三十三年(1768年)卫生堂刻本、乾隆四十年(1775年)崇德书院刻本、道光二十四年(1844年)经锄堂朱墨套印本、同治六年(1867年)天德堂刻本、光绪十年(1884年)古吴扫叶山房刻本以及现通行本1959年上海科学技术出版社铅印本等,其中乾隆三十三年(1768年)卫生堂本镌刻精良,讹误较少,为本书善本之一。

(二)《古今医案按》

俞震编撰。本书选方典型,评释精当,为明·江瓘《名医类案》、清·魏之琇《续名医类案》之后又一医案类代表性专著。

俞震,字东扶,号惺斋,浙江嘉善人。天资甚高,自幼博览群书,兼工诗词吟咏。后因多病,遂业医,研岐黄之术。师从金钧(字上陶),得其真传,领其奥义,每每施治,疗效多奇,故名声大噪。俞氏晚年,辑名医医案,选贤精校,参以己见,历五载寒暑,始得此书,时年已七十。

全书共10卷,收录历代名家医案,上至西汉太仓公淳于意,下至清代"温病大师"叶桂,共60余家,医案1060余则,加按语530条。每卷以病证分类,并大致以时代为序,列述各家医案。卷一至卷八为内科杂病,列举中风、眩晕、不寐、黄疸等病证102种;卷九列崩漏、带下等妇产科病证,共28种;卷十陈外科及小儿科医案,包括疥疮、乳痈等外科病证11种,胎毒、胎晕等小儿科病证15种。后附俞氏本人所撰的《却病求嗣六要》1篇,包括"积德""放生""寡欲""戒怒""忘忧""调摄"等6个方面,讲述了饮食、起居、情绪方面的宜忌,体现了俞氏未病先防、注重调摄的思想。

俞氏选方,必择精当,无存偏见,其所录医案,既有历代名家之作,亦见杂说之言,凡创新有效,辄选用之,此俞氏谓"见诸史传及说部杂书,或有新意,或立奇法者,间采一二条,俾广见闻"。此外,俞氏并不歧视医界后起之秀,"名医有年长于我者,有年少于我者,其治奇病验必录之"。同时,俞氏选方,必细细品之筛之,宁缺毋滥,如在《卷二·湿》篇中,仅载1案,因"古人治湿病案,殊无高论奇方,故仅选此条,亦为辨证处方之模范"。且其选录病案时,必削去"鄙俚矜夸之语",仅将脉证方论留之,若有病证同而治法亦同之案,虽出自两人之手,仅择其一录之。是故本书虽载医家甚多,年代甚广,却仅择病案1060余则,不可谓不精。

俞氏按语亦是本书精华所在。俞氏认为,临床辨证论治,贵在变通,学习医案,可遵前人之法,但要注意灵活运用,不可生搬硬套,所谓"病不依规矩以为患",研习古人诊疗经验,"要在乎用法者之巧耳"。故俞氏殚精竭虑,结合其毕生诊疗体会,对书中医案评释精解,"辨其真伪,别其是非,晰其同中之异,表其青出于蓝"。书中除对病因、病机进行分析外,还将容易使人迷惑之处加以辨别,拨乱反正,指点迷津,使后人能对该类病证有更深层次的理解,颇有画龙点睛之妙。

本书具有很高的实用性和指导性,值得后世医家学习、借鉴和参考。李龄寿评价此书"世之读是书者,必知是书之善""足以驾江氏书而上之,无疑焉"。

本书初刊于乾隆四十三年(1778年),然"刊后版即毁于火,流传无多",幸得吴江李龄寿于光绪九年(1883年)重录刊行,此书才广为流传。现存版本除上述两种外,主要有光绪三十年(1904年)会稽董氏斯堂刻本及上海会文堂书局(1933年)刻本,现通行本为1959年上海科学技术出版社铅印本。另清代医家王孟英在本书的基础上加录选辑,并另作按语,著成《古今医案按选》,亦可视为本书的另一种流传形式。

(三)《张氏医案》

即《张聿青医案》,一名《且修馆医案》,张乃修原著,其门人吴玉纯等整理编撰。本书载案完备,论治精当,是个人医案中难得之佳作。

张乃修,字聿青,号且休馆主,江苏无锡人。自幼聪颖异常,博览经史,通晓大义。后弃儒从医,专攻岐黄之术。张氏遍览经典,尝谓:"读书宜知扼要,尤贵阙疑,临证慎思明辨,毋随众为疑信,于疑难症不可轻心掉之,宜别出心裁,以蕲其效。"故其广纳诸家之言而终自成一家。张氏毕生临证经验颇丰,曾行医于无锡、常熟、江阴、上海等地,治愈奇难杂病无数,声名远播,各方求医者接踵而至。然其亦超然磊落,不为利趋,不为名动,曾婉拒富商之女及御医之职,皆为世人称道。张氏生平著述大多散佚,现存其医案、医论较少,实为可惜。

全书共20卷,辑载医案1100余则,详述疾病近80种,每病以主病为纲,而相类者附之。卷一至卷三,从温病学角度详述外感病证,补充了温病学的内容;卷四至卷十四,大致按脏腑系统分类讲述内伤杂病,为现代《中医内科学》分章提供了参考;卷十五、卷十六、卷十七分别为耳鼻喉科、外科及妇产科病证,完善了全书的疾病体系;卷十八为《论著》1卷,总结了张氏的毕生诊疗经验;卷十九、卷二十分别为丸方与膏方的应用案例,体现了张氏"久病宜缓之"的临证理念。全书体系完备,内容丰富,论案精妙。

张氏临证细致入微,从其医案中即可充分体现。他善于辨证察色,重视四诊合参,尤以舌诊、脉诊见长。善用仲景方,却不生搬硬套,辨证精准到位,处方思虑周全,用药灵活多变,对现代临床仍然具有参考价值。载案细致完备,书中所载大多为连续就诊病案,如风温卷中载祝氏少年之病竟达19次之多,全面记录了疾病的发生、发展及变化情况。

本书成书极为不易,系郭汇泰、邵正蒙、吴玉纯3人呕心沥血、历20余春秋始得完成之作。郭汇泰(1876—1962年),江阴杨舍人,受业医之父影响,自幼仰慕张聿青先生,成年后业医,决心搜集张氏之遗案,每日诊病之余,仍不忘搜集整理。泰有一同乡邵正蒙,曾受业于张聿青先生门下,感慨张氏医术未传,欲收撰其医案以流传后世,闻泰亦有此愿,便商议共同编撰。10载寒暑,辛勤耕耘,然邵正蒙突患恶疾,不久离世,于是泰一人挑起编撰张氏医案之重任,10年未曾放弃。又幸得遇张聿青另一弟子吴玉纯鼎力相助,其将自己与同门保存下来的医案不断寄予泰氏,又历2年,至1918年秋,《张聿青医案》20卷刊出,终成大业。

本书成书于清光绪二十三年(1897年),初刊于1918年。现存主要版本,有1918年江阴吴氏铅印本及其1923年再版铅印本、1929年上海萃英书局石印本及1935年重印上海萃英书局石印本、1963年上海科技出版社整理重印本等。

(四)《柳选四家医案》

柳宝诒编撰,约成书于光绪三十年(1904年),收录清代4位著名医家医案,包括尤在泾《静香楼医案》、曹仁伯《继志堂医案》、王旭高《环溪草堂医案》及张仲华《爱庐医案》。

柳宝诒,字谷孙,号冠群,澄江(今江苏江阴)人,老字号药店"致和堂"创始人。自幼聪颖,同治四年(1865年)考中秀才,光绪十一年(1885年)入京为官,兼行医于京师。清朝末年,眼见朝廷腐败,仕途渺茫,遂毅然辞官归乡,潜心钻研医道,并于光绪十六年(1890年)在江阴开设"致和堂"药铺。其集毕生所学所研制的致和堂丸散膏丹,服用简便,疗效显著,深受好评。

柳氏一生著述颇多,有《素问说义》《温热逢源》《柳选四家医案》《惜余医案》《柳致和堂丸散膏丹释义》《惜余医话》《疟痢逢源》等,现仅《温热逢源》与《柳选四家医案》广泛流传,其余诸本鲜见于市,较为遗憾。

本书共分4部分,即《评选静香楼医案》2卷、《评选继志堂医案》2卷、《评选环溪草堂医案》2卷、《评选爱庐医案》24则。每部分按病证分门别类,精选内科杂病病证,兼顾妇人、小儿等各类病证,每案之后,加以精释,理法方药完备,一经问世,便广受好评,是一本不可多得的医案佳作。

柳氏选方严谨,评释精当,所选取的四家医案都十分具有代表性。《静香楼医案》作者尤怡,清代著名医家,著有《金匮要略心典》《伤寒贯珠集》《金匮翼》等传世之作,广为后世推崇,其临证处方独树一帜,柳氏赞其"论病则切理餍心,源流俱澈,绝不泛引古书;用药则随证化裁,活泼泼地,从不蹈袭成方";曹存心,字仁伯,号乐山,著《继志堂医案》,擅治湿热杂病,师古而不泥,处方用药灵活多变,"继叶、薛诸公而起,德被吴中,名驰海外,至今人能道之";《环溪草堂医案》为王泰林所作。泰林字旭高,晚号退思居士,江苏无锡人,王氏自幼颖悟,少业儒,弱冠时于经、史、子、集颇能贯通,后业医,先习外科,后通内科,有治肝三十法等,其处方简便效验,柳氏赞其所存方案,"无不光坚响切,无模糊影响之谈,盖较近贤之专以灵便取巧者,不啻上下床之别矣";《爱庐医案》作者张大燨,字仲华,号爱庐,亦为清代名医,此医案于咸丰年间几近毁于兵燹,幸得柳氏抄录,才得以流传后世。仲华拟方用药往往构思新颖,独具特色,"思路深细,用法精到,颇能独开生面,发前人所未发",亦为柳氏所称颂。除选方精当以外,柳氏之按语亦相当精彩。寥寥数语,或指出选方用药的精妙之处,或一语道破案中玄机,或补充医案中尚未完整的部分,为后世医家理解和运用医案中的理论和方法起到画龙点睛的作用。

本书首刊于清光绪三十年(1904年),为惜余小舍刻本,后又有1941年上海千顷堂书局铅印本及1957年上海卫生出版社铅印本陆续出版。四家医案为柳氏精心筛选,其理论意义和临床价值不言而喻,故本书自刊行以来,便颇受欢迎,享誉医林。作为清代医案代表性作品,本书值得后世进一步学习与研究。

(五)《医宗金鉴》

乾隆下令编撰,吴谦主持修订,为我国第一部官修医学全书,约成书于乾隆七年(1742年)。《医宗金鉴》全面总结了清以前的中医学术成就,梳理了中医学术体系,是中医领域难得的集大成之作。

吴谦,字六吉,安徽歙县人,与张璐、喻昌并称为清初三大名医。谦聪颖好学,极具天分,任宫廷御医期间,因其医术精湛而广受赞誉,乾隆皇帝对其尤为赏识,尝谓其臣曰:"吴谦品学兼优,非同凡医,尔等皆当亲敬之。"谦亦谦敏恭敬,勤学好问,曾先后拜访10多位乡间名医,博采众长而为己用,此为其主持修订《医宗金鉴》奠定了扎实基础。

全书共90卷,15种。卷一至卷二十五为《订正仲景全书》,分别订正《伤寒论》与《金匮要略》原文,并列各家集注于条文后,以备参考;卷二十六至卷三十三为《删补名医方论》,辑清之前名方200余首,并参以己见,注释阐发;卷三十四为《四诊心法要诀》,透彻分析中医望闻问切四诊方法,深入浅出,为后世学者掌握四诊要诀提供捷径;卷三十五为《运气要诀》,将《内经》中运气法则以歌诀的形式呈现,并配以插图注释,浅显易懂,方便记忆;卷三十六至卷七十八,为各类疾病的心法要诀,分别是《伤寒心法要诀》《杂病心法要诀》《妇科心法要诀》《幼科杂病心法要诀》《痘疹心法要诀》《种痘心法要旨》《外科心法要诀》《眼科心法要诀》,以歌诀形式论述各类疾病的病因、病机、治疗原则等,简明扼要,极为难得;卷七十九至卷八十六为《刺灸心法要诀》,集《黄帝内经》《针灸甲乙经》等历代针灸著述之大成,取其精华,详论针法;卷八十七至卷九十为《正骨心法要旨》,总论分治,配图详解,实为伤科正骨之佳本。

本书集历代中医之成就,具有十分重要的学术价值。作为我国第一部官修中医学教材,其编排条理清晰,内容选择经典完善,先列《伤寒论》《金匮要略》集注,以期奠定扎实的理论基础,而后阐释各个病证的因机证治,以歌诀录之,图文并茂,使初学者易得其纲领。本书注重经典研究,主修官吴谦凭借自己扎实的中医理论功底,对《伤寒论》《金匮要略》两部医籍进行深入研究,"正其错讹,删其驳杂,补其缺漏",并收集各家精释,汇编成册,成为《伤寒杂病论》优秀集注本之一。本书对临床诊疗亦有十分重要的参考价值,其分门别类,详叙病证,深入浅出,易于掌握和理解,其中《正骨心法要旨》成就最为突出,为历代医家所推崇,对现代临床亦有积极指导意义。

本书荟萃前人医学成果,一经刊行,便备受推崇,并多次翻印重刻,广为流传。本书首刊于乾隆七年(1742年),现存主要版本有乾隆七年(1742年)武英殿刻本、乾隆七年(1742年)尊经阁刻本、光绪二年(1876年)江西书局刻本、光绪四年(1878年)敏德堂刻本、光绪九年(1883年)扫叶山房刻本、光绪十八年(1892年)上海五彩书局铅印本、光绪二十九年(1903年)上海经香阁石印本以及1912年商务印书馆铅印本等版本,达53种之多。新中国成立后各种版本更是层出不穷,足见其对中医学术的深远影响。

(徐光星　赵　健)

第十四章 近百年的中医文献

第一节 概　述

一、近百年中医医籍概况

就中医医籍来讲,近百年的内容相当丰富,种类繁多,不论是中医理论文献,还是临证各科文献都有自己的特点。

(一) 中医方书类文献

近百年的中医方书较以前变化很大,融入了大量西方医学的观点和理论,这一点从《医学衷中参西录》《验方新按》《中西医方汇通》等书中可见。方书种类大致有以下几种:①讲义类:20世纪50年代以前,主要有《方剂学讲义》《处方学讲义》等。20世纪50年代后期,国家组织编写了高等中医院校《方剂学》教材,并不断加以修订完善。此外,还有留学生专用的讲义。②方论类:代表著作有《当代医家论经方》《中医历代方论选》《方剂心得十讲》等。③临床和实验研究资料汇编、综述类:代表著作有《方剂大成》《中国现代名医验方荟海》《首批国家级名老中医效验秘方精选》《中医方剂现代研究》等。④辞书、药典与丛书类:代表著作有《中医方剂大辞典》《中华人民共和国药典》《专科专病实用方系列》等。

(二) 温病类文献

中医温病学科形成较晚,民国时期已有大量温病著作出版。这些著作中,一些是对清代温病名著及成就进行注释和推广的,如《温病条辨歌括》《湿温时疫治疗法》等;另一些则是治疗疟、痢、痧、痙和霍乱、鼠疫、白喉、烂喉痧的著作,如《疟疾论》《鼠疫抉微》《喉痧证治概要》等。近代西医学传入以后,很多人将中西医病名对照研究,特别是在中医药治疗急性传染病方面出版了大量著作,如《中西温热串解》《温病明理》《中国时令病学》等。1949年后,温病文献可分4类:①传统学术研究和临床成就介绍类:如《温病纵横》《温病释要》等。②教材类:如孟澍江的《温病学》教材。③"寒温统一"研究类:如《寒温统一论》《中医外感热病学》等。④名老中医医案类:如《孔伯华医案》《蒲辅周医案》等。⑤温病学说争鸣类:如《热病衡正》《温病学探究》。

(三) 中医内科类文献

20世纪以后,随着西医学传入,传统中医受到挑战,但是,中医内科发展受影响不大。1949年前,较有影响力的内科著作当以《医学衷中参西录》为代表。1949年后,中医内科学朝着现代化方向发展,注重继承和发扬结合,一方面运用传统中医理论指导内科疾病治疗,另一方面,开展中西医结合现代临床研究,这就促使这一时期出现了丰富的内科文献。近百年来,中医工作者整理、校注出版了大批古代中医文献,其数量之多远超前代。其中影响较大的著作有:上海中医文献研究馆主编的《中风》《哮喘》等中医病证专辑,还有中医内科学著作,如《实用中医内科学》《临床中医内科学》等。

(四) 中医外科类文献

中医外科学历史悠久,理论和实践经验丰富,但是近百年来,中医外科学发展遇到阻碍。1949 年后,中医外科学和其他学科一样获得新生。据初步统计,近百年中医外科著作约有600 余种,论文 5000 余篇。现代中医外科文献,有名老中医经验总结、临床实用类著作及教材,同时还有大量的外科专著,这加强了全国各地中医外科学术经验交流,促使中医外科理论和经验得到普及和发展。

(五) 中医骨伤科类文献

1949 年前,中医骨伤科专著较少,代表著作有《伤科真传秘抄》《军阵伤科学概要》。1949 年后,随着中医自身及其现代研究的发展,中医骨伤科文献大量刊行。中医骨伤科文献可分 3 类:①名老中医专著专集类:如《平乐郭氏正骨法》《刘寿山正骨经验》《林如高正骨经验》等。②中西医结合研究类:如《中西医结合治疗骨伤》《中西医结合治疗骨折与脱位》《小针刀疗法》等。③教材及综合著作类:如《中医骨伤基础》《中医筋伤学》《中医骨病学》等。

(六) 中医妇科类文献

1949 年前中医妇科有影响力的专著不多,代表著作有《沈氏女科辑要笺正》《女科证治约旨》《中国妇科病学》等。1949 年后,妇科文献大量涌现,大致可分 3 类:①名老中医专著类:如《钱伯煊妇科经验》《朱小南妇科经验选》等。②临床实用专著及教材类:如《中医妇科临床手册》《实用中医妇科学》等。③方剂汇编类:如《新编妇人大全良方》等。④古代文献研究类:如《珍本女科医书辑佚八种》《傅青主女科评注》《妇科医籍辑要丛书》等。⑤荟萃类:如《现代名中医妇科绝技》等。

(七) 中医儿科类文献

1949 年前,中医儿科文献多为普及性读物,如《儿科浅解》《保赤新书》等。1949 年后,儿科文献数量增加,质量提高,大致分 5 类:①教材和临床参考书类:20 世纪 50 年代开始,全国范围内组织编写了不同层次的教材,还有各院校自编教材,以及面向临床的参考书,如《中医儿科病学》《中医儿科学》等。②老中医经验类:如《静安慈幼新书》《当代名医临证精华》之《小儿腹泻专辑》《小儿咳喘专辑》等。③古籍整理类:古医籍校勘、注释类,如《小儿药证直诀》《小儿卫生总微论方》《幼幼集成》等;对古籍精华重新编排,纂辑成书者,如《小儿百病秘方》《儿科医籍辑要丛书》等。④普及:如《惊疳证治》《小儿杂证》之类。⑤临床工具书类:如《中医儿科临证备要》《中医儿科临床手册》等。

(八) 中医五官科类文献

民国时期出版了很多中医五官科文献,由于当时传染性咽喉疾病流行很广,所以有不少喉科专书问世,其中《喉痧证治概要》影响最广。这一时期,中医受到歧视与限制,因此中医界人士纷纷创办中医学校进行抗争,很多学校编撰出版了中医五官科教材。自 1956 年始,各中医院校陆续编写了《中医眼科学》《中医耳鼻咽喉科学》等教材,1972 年中医眼科和耳鼻喉科正式分科,中医口腔科包括在耳鼻喉科中,各类中医五官科专著、丛书、类书、汇编类著作越来越多。

（九）中医针灸类文献

受到西方医学影响,近百年中医针灸著作的内容、形式发生了变化。民国以来,针灸著作在理论方面常结合西医考订腧穴经络,临床方面则多参考西医病名展开讨论。随着世界针灸热兴起,现代针灸文献大量涌现,可分如下几类:①综合著作类:如《新针灸学》《中国针灸学》等。②经络、腧穴研究专著类:如《经穴图解》《针灸腧穴图谱》等。③名家经验总结类:如《陆瘦燕针灸论著医案选》《承淡安针灸选集》等。④汇编类:经验汇编如《当代中国针灸临证精要》;医案汇编如《中国当代针灸名家医案》;针法汇编如《中国特种针法全书》。⑤针法灸法类:如《子午流注针法》《中国灸疗学》等。⑥教材及临床实用著作类:如《中国针灸学》《中国针灸治疗学》。⑦民间针法及特种针法类:如《耳针疗法选编》《头针疗法》《腕踝针》等。⑧古籍文献研究类:如《针灸甲乙经校释》《针灸大成校释》,以及中医科学院针灸研究所主编的"针灸四大通鉴"。⑨针灸工具书类:如《针灸学辞典》《汉英双解针灸大辞典》。⑩其他针灸著作:如《针灸医学史》《针灸穴名解》等。

（十）中医推拿类文献

1949年前,出版的推拿书籍较多,如《推拿抉微》《推拿指南》《推拿心法摘要》等。1949年后,文献数量和质量均有所发展,主要有如下几类:①古籍整理类:如《小儿推拿秘旨》。②临床实用著作类:如《实用中医推拿学》《伤科按摩术》等。③老中医经验总结类:如《朱金山推拿集锦》《杨清山按摩经验集》。③教材和参考书类:如上海中医学院编写的《中医推拿学讲义》《推拿学》等。④工具书类:如《中医大辞典·针灸推拿气功分册》《中国医学百科全书·推拿学》等。

二、近百年中医期刊概况

近代以来,随着西医传入,传统中医受到冲击,一些中医界人士以创办期刊的形式来谋求中医的生存和发展。文献资料显示,中国最早的医学期刊《利济学堂报》由浙江瑞安陈虬于清光绪二十三年(1897年)创办。民国时期较有影响的期刊,中西医合刊类有《医学世界》《中西医学报》《山西医学杂志》等,介绍中医为主的期刊有《三三医报》《医学杂志》《医界春秋》等。据不完全统计,1949年以前,全国各地创办的中医药杂志有400余种。(清末与民国时期主要中医期刊见附录一)

民国时期的中医期刊多由名医创刊并执笔,例如张赞臣创办《医界春秋》,秦伯未创办《中医世界》。期刊刊名多直接反映办刊目标及意义,如《医界春秋》以"春秋"之笔褒贬善恶,批驳当时的"废中医派",以笔锋犀利著称。

彼时创办中医期刊多是为了拯救中医,其中"中西医论争""中医教育""中医疫病防治"为最突出的内容。在中西医论争上,"废中医派"攻击中医"不科学",中医界则以疗效作为反击。如《医界春秋》等期刊收载了张锡纯、曹颖甫、虞舜臣等的文章,列举西医治疗伤寒、温病等误诊病例和中医验案。

民国时期,中医界以创刊与办学结合的形式积极推动中医教育。"刊学相辅"成了该时期中医办学的一大特色,尤以函授教育为突出。1925年,恽铁樵创办函授中医学校,学员达600人之多,它是民国中医教育史上影响最大的中医函授学校。同时他还主编了《铁樵医学月刊》配合函授教学。

民国时期中国疫病频繁爆发,中医药期刊成为当时报道疫情、介绍防治经验的重要载体。以山西《医学杂志》为例,该刊的"报告门"就曾多次对省内外的疫情加以报道。《中医世界》"疫病专论"栏目,先后刊载 70 多篇文章,对疫病的预防、病机、方药等展开讨论。此外,中医药期刊还连载有关疫病的著作,如《中医世界》第 4 卷连载秦昌遇的《幼科折衷》、黄本然的《近世牛痘学》、许乐泉的《喉科白腐要旨》以及包含霍乱、风疹等疫病内容的《谦斋幼科医话》《谢利恒先生医案》等。

1949 年以后,中医事业得到极大发展。就期刊内容而言,不仅有探讨中医学术理论的文章,而且有大量临床经验总结。此外,中西医结合临床、科研等方面的文章也逐年增加。据不完全统计,自 1951 年至今,公开出版的中医药学术期刊已有 150 余种,期刊数量大幅增加,在传播中医药信息、促进中医药学术进步、推动中医药事业发展方面起到了积极的作用。目前我国大陆 31 个省、市、自治区中,中医药期刊已覆盖了除宁夏、青海、西藏之外的所有地区。(1949 年以来国内主要中医药期刊见附录二)

第二节 重要医籍介绍

一、医史、医经、本草、方书及综合性医籍

(一)《中国医学通史》

李经纬等主编,2000 年人民卫生出版社出版。

本书是我国第 1 部医学通史,时间跨度从远古医学起源至 1995 年。内容涵盖中医、西医、中西医结合、藏医、蒙医、维吾尔医、壮医、朝医等中国各民族医学、军事医学、法医学及台港澳地区医学的全部历史,其覆盖面是前所未有的。全书 400 余万字,近 1000 幅医史文物彩图,共分 4 卷:古代卷从原始社会到 1840 年。主要反映中医学及各民族医学的发生、发展史,系统全面地介绍了我国古代医学从起源到形成系统理论及临床各科、药物学、方剂学的发展,以及医家、医著、法医学、军事医学、医事制度、医学教育、中外医学交流等。近代卷,从1840 年鸦片战争到 1949 年,分为三部分,第一部分为中医学在近代的成就与生存抗争;第二部分为西医学传入中国后,从无到有逐步发展的历史;第三部分介绍革命根据地军事医学发展史。现代卷,从 1949 年到 1995 年。这个时期是中国医学全面高速发展的时期,我国卫生工作方针、预防医学、医疗卫生与康复医学、民族医学、军事医学及台港澳地区医学均有巨大发展,形成独具特色的中国医学体系。医史文物图谱卷,从古代至 1995 年。本卷从全国各地广泛收集的 3000 余幅医史文物图片中,遴选近 1000 幅图片,依内容性质、按时间先后顺序编排,并配有详细的说明文字,使本卷成为既与前 3 卷配套,又独立成为体系的医学发展画卷。图片的文字说明采用中、英、日 3 种文字。《中国医学通史》是迄今国内较全面、权威的医学史著作。

(二)《黄帝内经研究大成》

王洪图总主编,1997 年北京出版社出版。

全书分为上、中、下 3 册,由国内外数十所高等中医院校、研究机构的近百名《内经》研究专家、学者集体撰写。全书共分 7 编:第 1 编论述了《黄帝内经》书名含义、传本、注释、校勘、

训诂研究,以及词义、音韵、修辞、语法的研究;第2编论述了汉唐至近现代《黄帝内经》学术研究的发展史,《内经》东传日本的经过及日本研究概况;第3编概述《内经》理论体系,分"经文辑录""前人论要""研究与述评"撰写;第4编为病证与临床应用专题研究;第5编总结了从哲学、天文、历法、医学地理学、医学气象学、医学心理学等多学科研究《内经》的成果,以及阴阳气血、藏象实验研究、经络现代研究、脉诊多学科研究的情况;第6编辑录了近代校释珍本10余种,如《素问灵枢韵读》《读素问臆断》《校余偶识》等;第7编为研究文献汇编,收载了1990年以前中国、日本历代研究《内经》的图书目录,1990年以前中国公开发行期刊所载研究《内经》的论文索引,以及日本、韩国研究《内经》的论文索引。

本书对《内经》的成书年代、语言文字特点、学术发展史、理论体系、所论及病证等进行了全面、系统、深入的研究,对有关《内经》理论的临床研究、实验研究和多学科研究的文献资料进行了全面整理和系统的分析、评述,它是近百年以来第一次系统整理中国、日本、韩国研究《内经》的成果,涉及面广,资料丰富,是一部学习和研究《内经》的重要参考书。

(三)《中华本草》

国家中医药管理局《中华本草》编委会组织编纂,南京中医药大学宋立人任总主编。

全书分精选本(上下册)、30卷本(10册)、民族药卷(藏药卷、蒙药卷、维吾尔药卷、傣药卷共4册),于2005年12月由上海科学技术出版社全部出版。

《中华本草》30卷本分总论、药物、附编、索引四大部分。总论又分14个专题,全面系统地论述了中药学各分支学科的学术源流与主要内容。药物部分共载药8980种,插图8534幅,依次分矿物药、植物药、动物药三大类。药物条目设正名、异名、释名、品种考证、来源、原植物、栽培要点、采收加工、药材与产销、药材鉴别、化学成分、药理、炮制、药性、功能与主治、应用与配伍、用法用量、使用注意、附方、制剂、现代临床研究、集解、附注、参考文献共24项。附编部分编辑了备考药物、本草序例、历代本草要籍解题、历代本草书目。索引部分有中文名称索引,药用植、动、矿物学名索引,化学成分结构式,药理作用索引,药物功能索引,药物主治索引等8个。

《中华本草》精选本载药535种,项目除缺释名和集解外,其余同30卷本。附篇列药物中文名称、药用植(动、矿)物学名、药物功效分类等索引。《中华本草》民族药卷体例与30卷本基本相同,分别收载藏药396味、蒙药422味、维吾尔药423味、傣药400味。《中华本草》是迄今为止篇幅最大、收药最多的一部本草著作,集中反映了20世纪中药学科的发展水平。

(四)《中医方剂大辞典》

彭怀仁主编,1993—1997年人民卫生出版社出版。

全书分11册,收方约10万首。目录以方名字首笔划为序,最后一册为全书索引和病证检方索引。本书对我国上自秦汉,下迄现代(1986年)的所有有方名的方剂进行了一次系统的整理。以方剂名称作为群目,每群目又分正、副辞目。每条正辞目内设方源、异名、组成、用法、功用、主治、宜忌、加减、方论选录、临证举例、现代研究、备考等12项;副辞目反写名称与出处,以示与相关正辞目的关系。以方剂检索而言,本书汇集古今有方名的医方,按照辞书形式编纂,既有目录,又有索引,从而解决检方的难题。以方源而言,参考古今各种中医药文献,对每一首方剂的方源进行认真的考证,注明其原始出处,这对研究方剂的历史、澄清方剂的源流,是十分必要的。本书对所有方剂分散在各种文献中的不同主治、方论、验案以及现代实验研究资料分别设项进行整理筛选,汇集于各方之下,为读者全面了解方剂提供了极大的便利。

本书是将历代中医药著作中的方剂进行整理编撰而成的一部方剂学大型工具书,是对有史以来中医方剂研究成果的一次大总结。

(五)《医学衷中参西录》

清末民初医家张锡纯(字寿甫,1860—1933)撰,又名《衷中参西录》。

全书共分30卷。初刊于1918—1934年间,共7期,相当于7个分册。张氏学验俱丰,于近代医家中影响巨大。他学贯中西,在中西汇通方面贡献尤大。本书是作者多年学术经验的总结,书中主要论述了内科疾病的证治,包括了伤寒、温病、阴虚劳热、喘息、阳虚、心病、肺病等35类,每类均以方为目,随方附论,其论述包括了医方、药物、医论、医话、医案等内容。书中结合中西医理论和医疗实践阐发医理,颇多独到见解。临证上,作者多采用西医新说与中医理论相结合,共同指导内科杂病证治。如用西医脑充血说来解释中医中风的病机,并据此自拟"建瓴汤",重用赭石、牛膝引血下行,更辅以清火镇肝之品,取得较好疗效。在临床用药上,张氏注重实际,勇于探索,独创了许多新的方剂,体验了若干中药的性能,对诸如山萸肉救脱、参芪利尿、白矾化痰热、三七消疮肿、生硫黄内服治虚寒下痢等,均能发扬古说,扩大药用主治。此外,张氏对中医传统理论亦有独到的体会与发挥。如在脾胃病治疗中,主张脾阳与胃阴并重,升脾脾与降胆胃兼施,补养与开破结合,诸法共施,以收良效。对于脱证的治疗,张氏主张病机在肝,提出了升补肝气、大气的补气固脱疗法,同时注重以酸药收敛肝气。总之,此书不但汇集了张氏有关中西汇通的学术思想,也是其一生临证经验的总结,在中医界颇有影响,是20世纪初我国重要的临床综合性名著。

书名"衷中参西",以国医为体,西医为用,意在初步尝试沟通中、西医学。但限于历史条件,书中也有不少片面或牵强之处。现存1918年天地新学社铅印本、1918—1942年天津中西汇通医社铅印本等及1949年后的排印本。

二、诊断及临证各科医籍

(一)《中医症状鉴别诊断学》

赵金铎主编。1984年人民卫生出版社出版。

本书是从症状学角度对中医辨证理论和实践进行总结的专著。分为总论和各论两部分:总论从理论上阐述症状的意义、症状与疾病的关系,以及症状的鉴别诊断方法。各论选辑内、妇、儿、外、皮肤、五官等各科临床常见症状500条,凡既是症状又是病名者俱按"症状"处理,每一条目均按概念、鉴别、文献别录三项编写。其中,鉴别一项为重点,分常见证候与鉴别分析两点。常见证候主要阐述以该症状为主症的不同证候的临床表现;鉴别分析则侧重从病因、病机、兼症、治则等方面详细比较鉴别。通过症状鉴别,归纳总结出同一主症在不同证候中出现的规律,揭示其病因病机要点。

本书第2版由姚乃礼主编,2000年人民卫生出版社出版。在第一版的基础上,补充了新条目123条;展示了我国中医诊断学科研究的新进展。

(二)《中医证候鉴别诊断学》

赵金铎主编。1987年人民卫生出版社出版。

全书分总论和各论两部分。总论3篇，系统阐述证候概念、表述形成、结构与层次，以及证候命名原则、证候分类等，并剖析证候自身的变异、相关证候的类同与疑似，介绍分析本证与鉴别类证的原则与方法。各论5篇，依次为全身证候、脏腑证候、温病证候、伤寒证候及专科(妇、儿、外、耳鼻喉、眼)证候，共311条。每一证候下分概述、鉴别、文献引录三项。鉴别项为论述重点，分为本证辨析和类证鉴别：本证辨析主要论述同一证候在不同疾病中出现时的特点和区别，同一证候因人、因时、因地而出现的不同表现，同一证候在病机演化过程中易于出现的兼夹证候；类证鉴别则着重从病因、病机、主症、次症、体征(脉舌等)等方面剖析疑似证候的鉴别要点。

本书第2版由姚乃礼主编，2000年人民卫生出版社出版。在第一版的基础上，总论部分综述了20世纪末证候学研究的进展情况。各论部分根据现实需要和学科发展的现状对条目进行了调整，如将"基础证候"归为一类置于各论之首，增入艾滋病证候3条，将皮肤科证候从外科证候中分离出来等，合计483条证候。

本书从证候学角度对中医辨证理论和实践进行研讨，体例新颖，内容丰富，对于临床诊疗尤有指导价值。

(三)《实用中医内科学》

方药中、邓铁涛、李克光等主编，1985年上海科学技术出版社出版。

本书是1979—1983年由卫生部组织全国中医内科专家编写的，是由国家主持编修的第一部中医内科学的集大成之作。全书分总论和各论两部分：总论系统阐述了中医内科学术理论的源流以及内科疾病的病因病机和辨证论治的总原则。各论部分分为急症、外感病证、肺系证候、脾胃病证、肾系病证、心系病证、肝胆病证、气血津液病证、经络肢体病证、虫病和癌症等11章，共计120个病证(包括附病)。每证分列定义、历史沿革、范围、病因病机、诊断与鉴别诊断、辨证论治、转归及预后、预防与护理、现代研究、小结等内容。书后附有中医病证、西医病名和方药三种索引，便于检索。

本书全面总结古今中医内科学家的学术思想和丰富经验，系统整理古今中医内科文献，同时，努力反映现代中医内科的新发展、新成就，全书内容丰富，编写有条理，尤其在考辨病证源流方面，颇为详尽，是一部系统、全面、实用的中医内科学专著，为提高中医学术水平、发展中医事业做出了重大贡献。

《实用中医内科学》第2版由王永炎、严世芸主编，2009年上海科学技术出版社出版。本书在基本保持第1版的特点和精辟内容基础上，对总论中有关中医内科学基本原理、术语、辨治规律等内容进行了改写；各论中增设"脑系病证"一章，对部分疾病的分类进行了调整，新增艾滋病、风痱、心衰、男性不育等病证，合计126个病证。本书吸纳了近几十年来中医内科学发展的优秀成果，比较全面、系统、客观地反映了目前中医内科学临床研究的最新水平。

(四)《临床中医内科学》

王永炎等主编。1994年北京出版社出版。

全书分为总论、各论、附篇三部分。总论部分系统阐述中医内科学的起源与发展、辨证论治的理论基础、现代研究方法与进展等。各论分为上、中、下三篇，上篇中医病证，介绍了156种中医病证的治疗，编写体例为病名(或证名)、定义、范围、历史沿革、证候学特征、病因病机、临证思路、诊断与鉴别诊断、辨证与治疗、转归与预后、护理与调摄、康复、预防、古今医论选粹等；中篇西医疾病的辨证论治，共论及163种用中医辨证论治确有疗效的西医疾病，每种疾病按概述、证候学特征、病因病机、辨证论治、转归与预后、护理与调摄、康复、预防等项叙述;下篇为现代研究进展,收载了1992年以前国内运用中医疗法治疗中医病证和西医疾病的概况,分别从理论、临床和实验研究三方面进行综述。附篇载方剂索引、常用人体正常值检验参考标准、常见中医内科病证的诊断与疗效评定标准等。

本书在体例和内容上都有创新之处。如书中设立的"证候学特征""临证思路"等项,均卓有创意;书中专设"脑髓情志疾病"一章,是以往同类著作中没有的,该章总结了历代医家对脑病治疗的丰富经验,反映了近代以来中医脑病学研究的最新进展;西医疾病的辨证论治部分也有独到创意,对于临证工作有较高的指导意义;"现代研究进展"部分收录内容之丰富亦为同类书籍中少见。总之,本书编写严谨,体例完整,内容丰富并多创意,是同类著作中较有特色的一部。

(五)《实用中医外科学》

顾伯华主编,1985年上海科学技术出版社出版。

全书分总论和各论两部分。总论介绍中医外科学发展概况、范围、疾病命名及分类释义、病因病机、诊断、治法、操作技术、预防和护理等。疾病名称以中医命名为主,对尚无确切定名者,采用现代医学病名。各论分为12章:疮疡,乳房病,瘿瘤、石疽、岩,外伤病,周围血管和淋巴管病,内痈,急腹症,肛门病,泌尿、男性生殖系统病,其他外科病,皮肤病,眼、耳、鼻、咽喉、口腔病。每种疾病内容包括定义、特点、范围、病因病机、临床表现、鉴别诊断、治疗、预防与护理、近代文献摘录等,并根据临床需要,将现代医学的有关物理检查、实验室检查等项也择要收录。全书理论联系实际,内容丰富,简明实用。比较全面地反映了1949年后30年来中医外科学发展的新成就。

本书第2版由陆德铭、陆金根主编,2010年上海科学技术出版社出版。总论部分增加了"近60年中医外科学的发展""中医外科疾病的辨病与辨证"2章,各论部分12章分类不变,对个别疾病的归类进行了调整。

(六)《实用中医妇科学》

罗元恺主编,1994年上海科学技术出版社出版。

全书分绪言、妇科理论和临床病证3部分。"绪言"对中医妇产科学进行了回顾和展望,"妇科理论"阐述了女性的解剖生理、疾病的病因病机、诊断辨证和治疗方法;"临床病证"分月经病、带下病、妊娠病、产时病、产后病、乳病、杂病、性病、急症、计划生育10章,从概念、致病机理、诊断与鉴别诊断、因证辨治、其他疗法、转归与预后、预防与调护、文献资料等方面对近百种病证进行了论述。本书系统整理了古代妇科学术成就和治疗经验,并介绍了现代中医妇科学研究的新动向、新成就,具有全、精、新的特点。

《实用中医妇科学》第2版由刘敏如、欧阳惠卿主编,2010年上海科学技术出版社出版。本书遵循第一版的原则,保留了中医妇科学的学术精华和特色,吸纳了近年来的中医妇科新理论、新方法、新技术、新成果,并根据临床实际增加了一些新病种。全书总列23章:第1~6章阐述了中医妇科学的形成、发展和思路研究,女性生殖解剖与生理,妇科疾病的病因病机、诊断与辨证、治法、预防与调护;第7~21章分述了100多种妇科疾病,其中增加了妊娠贫血、产后抑郁症、卵巢早衰等10多种疾病;第22章为计划生育与优生;第23章阐述了4种妇科急症。书末附有方剂索引。

（七）《实用中医耳鼻咽喉口齿科学》

熊大经主编，2001 年上海科学技术出版社出版。

本书主要阐述了中医耳、鼻、咽喉、口齿科学的理论和学术进展。共分 17 章：第 1 章简述了中医耳鼻咽喉口齿学科的发展历史；第 2、第 7、第 11、第 15 章分别为耳、鼻、咽喉、口齿科学的概论，阐述了这些学科与脏腑经络的关系、病因、四诊及辨证、主要症状辨证、预防和治疗；其他 12 章论述了 176 个常见病证的病因病机、临床表现、鉴别诊断、辨证论治、转归及预后、预防与调护等。其中耳科收病 51 种，鼻科 25 种，咽喉科 68 种，口齿科 32 种，合计 176 种。书后附有中医疾病诊疗术语、中医证候诊疗术语、中医治法诊疗术语、中医疾病分类名称代码及方剂索引。

本书对中医耳鼻咽喉口齿科学的历史和现状进行了全面阐述，资料丰富，内容较新，颇为切合临床实用。

（八）《专科专病中医临床诊治丛书》

罗云坚、刘茂才总主编，2000 年人民卫生出版社出版，2004 年修订再版，2013 年第 3 版。

这是一套深入介绍当代中医专科专病诊疗经验、技术方法和科研成果的大型丛书，由全国 100 余位从事中医临床医疗工作且在某些专病诊疗中有独到之处的专家编撰。丛书根据当今临床实际分科情况，分为呼吸、心血管、消化、泌尿、神经、内分泌与风湿病、血液、肿瘤、妇科、儿科、男科、外科、皮肤性病、骨伤、眼与耳鼻喉等 15 个分册（第 2 版起眼科与耳鼻喉科分别成书）。每个分册均以西医病名为纲，选择若干种临床常见、中医药治疗具有明显优势、疗效较好的专科疾病，每个疾病分概述、病因病机、临床表现、实验室和其他辅助检查、诊断要点、鉴别诊断、治疗、医案精选、难点与对策、经验与体会、预后与转归、预防与调理、现代研究、名医专家论坛、评述、古籍精选等 16 个部分。作为核心的"治疗"部分，分辨证治疗、综合疗法、西医治疗、名医专家经验方等，使辨病与辨证相结合，切实反映现代中医治疗的实际情况，既突出中医特色又使中西医方法有机结合起来。

本丛书特点之一为立足中医临床，侧重对治疗方法和经验的全面深入总结，即在明确西医诊断基础上介绍确实有效的中医、中西医结合及西医的综合治疗方法和经验；特点之二是其可读性强。颇具特色的内容是"难点与对策""经验与体会""名医专家论坛"，这部分着力对中医诊治过程中有关难点、重点问题作了讨论，以期给临床医师一些启迪。总之，本丛书体例新颖，内容丰富，资料翔实，重点突出，是同类著作中特色较为鲜明的一部，在推动中医专科专病建设方面产生了积极影响。

三、医案类医籍

（一）《全国名医验案类编》

何炳元（字廉臣，号印岩）选编，刊于 1927 年。

本书广征博采，荟萃近百家名医经验，门分类摘，编次整理成帙，内容丰富，病类广泛。全书共 14 卷，分上下集。上集有 6 卷名"四时六淫病案"，卷 1~6 分载风、寒、暑、湿、燥、火病案。下集共 8 卷，名"传染病案"：卷 7~14 分别为时行温疫、时疫喉痧、时疫白喉、时疫霍乱、时行痢疫、时行痘疫、时行瘟疫、时行鼠疫病案。全书以外感六淫及八大传染病分类，为时病疫病之大纲，大纲之中，又分子目。如风淫病案，又分冒风夹惊案、冒风夹食案、伤风案、中风案、中风闭症案等，凡本症、兼症、夹症、变症，名虽各异，而病原属于风淫者，皆统括其中，便利读者阅读检查。本书所载诸案,大抵以经旨为本,参酌历代名家之论,结合临床,而多阐发。本书医案记录详尽,并新定医案程式:一病者、二病名、三原因、四症候、五诊断、六疗法、七处方、八效果,最后编者按语等。本书医案取舍严谨,收罗宏博,评释精确,正如陆士谔序所评价:"采辑之严而不滥,分类之精而不琐,较之江氏《名医类案》、魏氏《续名医类案》,实无愧色。"

上海大东书局刊行于1929年,后多次刊行。1949年后有排印本,但多删去痘疫、鼠疫卷。

(二)《丁甘仁医案》

丁甘仁(名泽周)撰,又名《孟河丁氏医案》,刊于1927年。系丁氏逝世后,其孙丁济万汇编刊刻而成。

全书共分8卷。卷1为外感热病,分伤寒、风温、暑温、湿温、痉症案五类;卷2~6为内科杂病,包括霍乱、痢、喉痧、中风、肺痈、黄疸等;卷7为妇产科,包括调经、崩漏、带下、胎前、产后等;卷8为外科,包括脑疽、骨槽风、牙岩、血瘤、气瘿等,又附膏方医案等内容,收载病案400余例。丁氏学验俱丰,故其疗病每能治得其本,又能兼采各家之长,灵活机变。治外感病能融会伤寒与温病的辨证治法,不以经方时方为界;治疑难重症,能切实掌握辨证要点,往往先定六经,然后施治;对外科病证亦注重整体,辨虚实寒热,内、外治相结合,尤精于喉痧证治;丁氏崇尚和缓,药用轻灵,无峻猛之剂。本书较充分地体现了作者辨证精细、用药审慎的特点。有的版本后附《喉痧证治概要》,对喉痧的病因、病理、治疗阐发甚详。

现存1927年石印本等,1949年后有上海科技出版社排印本。

(三)《当代名老中医典型医案集》

第一辑由孙光荣、鲁兆麟、魏飞跃主编,2009年人民卫生出版社出版。

本套丛书共8册,其中内科分上、中、下3册,妇科、儿科、外伤科、五官科、针灸推拿各1册。共精选、整理、研究了全国107位名老中医2311则典型医案,涉及病证360余种。该丛书各分册按照病证分成章节,每章先对本类病证典型医案进行综述;每则医案以中医病名为标题,如有对应的、可供参考的西医病名,则加括号注明;每案分为提要、案体、按语三个层次。提要简述名老中医在本案中的诊断、治疗要点和临证思辨特点;案体包括主诉、初诊及复诊的四诊资料、理化检查结果、名老中医对该病证的辨证论治和治疗结果等;按语主要阐明名老中医对该病证如何取舍四诊资料、如何切入辨证思路、如何把握病机、如何确定治则治法、如何组方用药等,体现名老中医的临证经验和独家心法。

该丛书既继承了医案的传统风格,又创新了医案的研究方法,首次实现了普查式的全国名老中医医案研究,采用章节式进行类案整理研究,并规范了医案格式。丛书基本覆盖了内、外、妇、儿、五官各科常见病、多发病和中医治疗独具特色与优势的部分疑难病证的中医治疗,展示了当代名老中医关于各科疾病的临证思辨特点和处方用药经验,对中医工作者有较大的参考价值。

本丛书第二辑由贺兴东、翁维良、姚乃礼等主编,2014年人民卫生出版社出版。本套丛书精选了国医大师颜正华、刘志明、刘尚义、张大宁等97位名老中医2533则典型医案和364首经验方剂,涉及病证360余种,按学科分类编辑成内科分册(心脑疾病、外感肺肾疾病、脾胃肝胆疾病、气血津液肢体经络疾病)4册,外、皮肤、骨伤、眼、耳鼻咽喉、口腔科分册、妇科分册、儿科分册、针灸推拿分册各1册,经验方汇粹2册。

(杨云松)

附　　录

附录一　清末与民国时期主要中医药期刊一览表

期刊名称	创刊时间	创刊地	创刊者	备注
利济学堂报	1897 年	温州	陈虬	中国高校最早的科技学报
中医学报	1904 年	上海	周雪樵	1904—1908 年间中国唯一的中文医学报刊
神州医药学报	1904 年	上海	周雪樵	前期名为《中医学报》
绍兴医药学报	1908 年	绍兴	裘吉生 何廉臣	
中西医学报	1910 年	上海	丁福保	
医学杂志	1921 年	太原	山西太原中医改进研究会	
中医杂志	1921 年	上海	上海中医学会	王一仁任主编
三三医报	1921 年	杭州	裘吉生	民国时期影响较大的中医药期刊之一
绍兴医药月报	1924 年	绍兴	杜同甲 何廉臣	
医界春秋	1926 年	上海	上海医界春秋社	张赞臣任主编
中国医学月刊	1928 年	上海	中国医学月刊社	陆渊雷任主编,它是当时业界中西医汇通的重要舆论阵地
杏林医学月刊	1929 年	广州	杏林医学月报社	主要编辑人是张阶平、江堃。它是民国最早创办的面向全国的中医药普及刊物之一,也是广东省出版时间最长、最连贯、现存期数最多最完整的民国中医刊物

续表

期刊名称	创刊时间	创刊地	创刊者	备注
中医世界	1929 年	上海	中医书局	秦伯未、方公溥为主编，介绍了中医在海外的发展动态
自强医学月刊	1929 年	上海		祝味菊、陆渊雷、徐衡之任主编
世界医报	1930 年	上海	上海医界春秋社	张赞臣任主编
大众医学月刊	1930 年	上海	杨志一	民国时期最早创办的面向大众的医药普及期刊
家庭医学杂志	1930 年	上海	秦伯未、方公溥	医药普及类读物
中医指导录	1930 年	上海	秦伯未、许半龙	中医指导社社刊
神州国医学报	1932 年	上海	神州国医学会	原《神州医药学报》更名而成。编辑事务主要由吴去疾负责
医钟	1932 年	太原	山西省太原市中医公会	聘请时逸人、戴景遂为顾问
国医药旬刊	1932 年	福州	陈寿亚、陈世金	
光华医药杂志	1933 年	上海	丁仲英	
现代医学	1933 年	福建	俞慎初	
国医公报	1933 年	福建	福建省国医公馆	蔡人奇任主编
现代中医	1934 年	上海	余鸿仁	它是民国中医药期刊的特色代表
铁樵医学月刊	1934 年	上海	铁樵医学函授事务所	主编为章巨应。本期刊是"铁樵函授中医学校"的校刊
苏州国医杂志	1934 年	苏州	苏州国医学社	
国医旬刊	1934 年	厦门	吴瑞甫	
晨光国医杂志	1934 年	福建	梁长荣	
中医新生命	1934 年	上海	陆渊雷	
国医正言	1934 年	天津	陈泽东	
寿世医报	1935 年	苏州	陈焕云	
中西医药	1935 年	上海	上海中西医药研究社	宋大仁、范行准任主编
醒亚医报	1935 年	福建	孙慕真	
鹭声医药杂志	1935 年	福建	孙崧樵	
医铎	1936 年	福州	蔡人奇	
国医砥柱	1937 年	北平	国医砥柱社	
厦门医药月刊	1937 年	厦门	吴瑞甫	
国药新声	1939 年	上海	丁福保	

续表

期刊名称	创刊时间	创刊地	创刊者	备注
中医疗养专刊	1939 年	上海	秦伯未	中医疗养院院刊
中国女医	1939 年	北平	钱宝华	1934 年,《光华医药杂志》推出《女医专号》。5 年后,钱宝华借用《国医砥柱杂志》的版面,创办《中国女医》
复兴中医	1940 年	上海	复兴中医社	时逸人任社长兼编辑,徐鸿经、俞慎初等任主任理事
中国医药月刊	1940 年	北平	董德懋	聘请施今墨为医学顾问
国医月刊	1943 年	漳州	黄尔昌	
晋江国医月刊	1947 年	泉州	蔡适季	
医史杂志	1947 年	上海		编委会由余云岫、王吉民、范行准、李涛、伊博恩组成。我国最早的医学史专门刊物。1953 年改名《中华医史杂志》

附录二　1949 年以来国内主要中医药期刊一览表

期刊名称	创刊时间	主办单位	刊期	地址	邮编
中华医史杂志	1947	中华医学会	双月刊	北京市东直门内南小街 16 号	100700
北京中医药	1951	北京中医药学会、北京中西医结合学会、北京市中药研究所	月刊	北京市东城区东单三条甲七号	100005
江西中医药	1951	江西中医药大学、江西省中医药学会	月刊	南昌市阳明路 56 号	330006
上海中医药杂志	1955	上海中医药大学、上海市中医药学会	月刊	上海市浦东新区蔡伦路 1200 号 114 信箱	201203
中国中药杂志	1955	中国药学会	半月刊	北京市东直门内南小街 16 号	100700
中医杂志	1955	中华中医药学会、中国中医科学院	半月刊	北京市东直门内南小街 16 号	100700
福建中医药	1956	福建省中医药学会、福建中医药大学	双月刊	福州市闽侯县邱阳路 1 号	350122

期刊名称	创刊时间	主办单位	刊期	地址	邮编
浙江中医杂志	1956	浙江省中医药研究院	月刊	杭州市天目山路132号	310007
江苏中医药	1956	江苏省中医药学会、江苏省中西医结合学会、江苏省针灸学会	月刊	南京市汉中路282号	210029
黑龙江中医药	1958	黑龙江省中医研究院	双月刊	哈尔滨市香坊区三辅街142号	150036
辽宁中医杂志	1958	辽宁中医药大学、辽宁省中医药学会	月刊	沈阳市皇姑区崇山东路79号	110032
成都中医药大学学报	1958	成都中医药大学	季刊	成都市温江区柳台大道1166号	611137
北京中医药大学学报	1959	北京中医药大学	月刊	北京市朝阳区北三环东路11号	100029
南京中医药大学学报（自然科学版）	1959	南京中医药大学	月刊	南京市仙林大道138号	210046
上海中医药大学学报	1960	上海中医药大学、上海市中医药研究院	双月刊	上海市浦东新区蔡伦路1200号	201203
中国中医药图书情报杂志	1960	中国中医科学院中医药信息研究所	双月刊	北京市东直门内南小街16号	100700
新中医	1969	广州中医药大学、中华中医药学会	月刊	广州市机场路12号大院	510405
中草药	1970	天津药物研究院、中国药学会	月刊	天津市南开区鞍山西道308号	300193
中医药学报	1973	黑龙江中医药大学、中华中医药学会中医编辑学会	双月刊	哈尔滨市香坊区和平路24号	150040
河南中医	1976	河南省中医药学会、河南中医学院	双月刊	郑州市金水大道1号	450008
针刺研究	1976	中国中医科学院针灸研究所与中国针灸学会	双月刊	北京市东直门内南小街16号	100700
中医学报	1976	中华中医药学会、河南中医学院	月刊	郑州市金水路1号	450046

期刊名称	创刊时间	主办单位	刊期	地址	邮编
天津中医药	1977	天津中医药大学、天津中医药学会	月刊	天津市南开区鞍山西道312号	300193
浙江中医药大学学报	1977	浙江中医药大学	月刊	杭州市滨江区滨文路548号	310053
广西中医药	1977	广西中医药大学、广西中医药学会	双月刊	南宁市明秀东路179号	530001
国际中医中药杂志	1978	中华医学会、中国中医科学院中医药信息研究所	双月刊	北京市东城区东直门内南小街16号	100700
中成药	1978	国家食品药品监督管理局信息中心中成药信息站、上海中药行业协会	月刊	上海市汉口路239号450室	200002
药物评价研究	1978	天津药物研究院、中国药学会	双月刊	天津市南开区鞍山西道308号	300193
中药材	1978	国家食品药品监督管理局中药材信息中心站	月刊	广州市中山二路24号	510080
陕西中医学院学报	1978	陕西中医学院	双月刊	咸阳市世纪大道中段	712046
云南中医学院学报	1978	云南中医学院	双月刊	昆明市呈贡区雨花路1076号	650500
湖南中医药大学学报	1979	湖南中医药大学	月刊	长沙市韶山中路113号	410007
河北中医	1979	河北省医学情报研究所、河北省中医药学会	月刊	石家庄市青园街241号	50071
湖北中医杂志	1979	湖北中医药大学	月刊	武汉市洪山区黄家湖西路1号	430065
吉林中医药	1979	长春中医药大学	月刊	长春市净月经济开发区博硕路1035号	130117
贵阳中医学院学报	1979	贵阳中医学院	双月刊	贵阳市贵安新区大学城	550025
陕西中医	1980	陕西省中医药学会	月刊	西安市西华门2号	710003

续表

期刊名称	创刊时间	主办单位	刊期	地址	邮编
云南中医中药杂志	1980	云南省中医中药研究所,云南省中医药学会	月刊	昆明市学府路 139 号	650223
养生月刊	1980	浙江省中医药研究院	月刊	杭州市天目山路 132 号	310007
安徽中医药大学学报	1981	安徽中医药大学	双月刊	合肥市梅山路安徽中医药大学内	230038
山东中医杂志	1981	山东中医药学会、山东中医药大学	月刊	济南市长清大学科技园山东中医药大学	250355
现代中医药	1981	中华中医药学会、陕西中医学院	月刊	咸阳市世纪大道中段	712046
新疆中医药	1981	新疆维吾尔自治区中医药学会	双月刊	乌鲁木齐市天山区龙泉街 191 号	830004
中国针灸	1981	中国针灸学会、中国中医科学院针灸研究所	月刊	北京市东直门内南小街 16 号	100700
中国中西医结合杂志	1981	中国中西医结合学会、中国中医科学院	月刊	北京市海淀区西苑操场 1 号	100091
Journal of Traditional Chinese Medicine（中医杂志）	1981	China Association of Chinese Medicine and China Academy of Chinese Medical Sciense	双月刊	北京市东直门内南小街 16 号	100700
天津中医药大学学报	1982	天津中医药大学	季刊	天津市南开区鞍山西道 312 号	300193
上海针灸杂志	1982	上海市中医药研究院、上海市针灸学会	月刊	上海市宛平南路 650 号	200030
四川中医	1982	四川省中医药学会、四川省中西医结合学会、四川省针灸学会、四川省中医药科学院	月刊	成都市人民南路 4 段 51 号	610041

续表

期刊名称	创刊时间	主办单位	刊期	地址	邮编
内蒙古中医药	1982	内蒙古自治区中医药学会、内蒙古自治区中蒙医研究所	半月刊	呼和浩特市健康路 11 号	010020
中国中西医结合儿科学	1982	中国医师协会、辽宁省基础医学研究所、辽宁中医药大学附属医院	双月刊	沈阳市苏家屯区乔松路 2 号	110101
中医教育	1982	北京中医药大学	双月刊	北京市朝阳区北三环东路 11 号	100029
中华中医药学刊	1982	中华中医药学会、辽宁中医药大学	月刊	沈阳市皇姑区崇山东路 79 号	110032
中医文献杂志	1983	上海市中医文献馆	双月刊	上海市瑞金二路 156 号	200020
广西中医药大学学报	1983	广西中医药大学	季刊	南宁市明秀东路 179 号	530001
天津中医药	1984	天津中医药大学、天津中医药学会、天津中西医结合学会	月刊	天津市南开区鞍山西道 312 号	300193
中医药文化	1984	上海中医药大学、	双月刊	上海市浦东新区蔡伦路 1200 号	201203
中医药信息	1984	黑龙江中医药大学、中华中医药学会	双月刊	哈尔滨市香坊区和平路 24 号	150040
针灸临床杂志	1984	中华中医药学会、黑龙江中医药大学	月刊	哈尔滨市香坊区和平路 24 号	150040
甘肃中医学院学报	1984	甘肃中医学院	双月刊	兰州市定西东路 35 号	730000
广州中医药大学学报	1984	广州中医药大学	双月刊	广州市机场路 12 号	510405
按摩与康复医学	1985	广东省中医研究所	旬刊	广州市越秀区恒福路 60 号	510095
湖南中医杂志	1985	湖南省中医药研究院	双月刊	长沙市麓山路 58 号	410006
光明中医	1985	中华中医药学会	月刊	北京市西城区三里河南一巷 11 号院（国资委老干部局院内）2 号楼 401	100036

续表

期刊名称	创刊时间	主办单位	刊期	地址	邮编
山西中医	1985	山西省中医药学会、山西省中医药研究院	月刊	太原市并州西街 16 号	030012
中药药理与临床	1985	中国药理学会、四川省中医药科学院	双月刊	成都市人民南路 4 段 51 号	610041
长春中医药大学学报	1985	长春中医药大学	双月刊	长春市净月经济开发区博硕路 1035 号	130117
实用中医药杂志	1985	重庆医科大学中医学院	月刊	重庆市渝中区上清寺太平洋广场 B 座 14-7	400015
国医论坛	1986	中华中医药学会、南阳医学高等专科学校	双月刊	南阳市卧龙路 1439 号	473061
河北中医药学报	1986	河北医科大学	季刊	石家庄市新石南路 326 号	050091
中华中医药杂志	1986	中华中医药学会	月刊	北京和平街北口樱花路甲 4 号	100029
实用中医内科杂志	1987	辽宁省中医药学会、中华中医药学会、辽宁省中医药研究院	半月刊	沈阳市皇姑区黄河北大街 60 号	110034
中国骨伤	1987	中国中西医结合学会、中国中医科学院	月刊	北京市东直门内南小街 16 号	100700
现代中药研究与实践	1987	中华中医药学会中药鉴定委员会、安徽中医药高等专科学校	双月刊	芜湖市京山西路 16 号	241000
人参研究	1988	吉林省人参研究所	季刊	通化市龙泉路 666 号	134001
中医研究	1988	中华中医药学会;河南省中医药研究院	月刊	郑州市城北路 7 号	450004
江西中医药大学学报	1988	江西中医药大学	双月刊	南昌市阳明路 56 号	330006
中医药临床杂志	1988	中华中医药学会	月刊	合肥市永红路 15 号	230061
西部中医药	1988	中华中医药学会、甘肃省中医药研究院	月刊	兰州市七里河区瓜州路 424 号	730050

续表

期刊名称	创刊时间	主办单位	刊期	地址	邮编
中医正骨	1989	中华中医药学会 河南省正骨研究院(原河南省洛阳正骨研究所)	月刊	洛阳市启明南路 82 号	471002
时珍国医国药	1990	时珍国医国药杂志社	月刊	黄石市黄石港区黄石大道 874 号	435000
中药新药与临床药理	1990	广州中医药大学	双月刊	广州市机场路 12 号	510405
World Journal of Acupuncture-Moxibustion（世界针灸杂志（英文版））	1990	世界针灸学会联合会、中国中医科学院	季刊	北京市东直门内南小街 16 号	100700
中西医结合肝病杂志	1991	中国中西医结合学会、湖北中医药大学	双月刊	武汉市武昌区花园山 4 号	430061
福建中医药大学学报	1991	福建中医药大学	双月刊	福州市闽侯上街华佗路 1 号	350122
中国中医眼科杂志	1991	中国中医科学院	双月刊	北京市石景山区鲁谷路 33 号	100040
中医外治杂志	1991	山西省中医药学会	双月刊	晋城市南大街周元巷	048001
浙江中西医结合杂志	1991	浙江省中西医结合学会、浙江省中西医结合医院	月刊	杭州市环城东路 208 号	310003
深圳中西医结合杂志	1991	深圳市中西医结合临床研究所	双月刊	深圳市笋岗西路市二医院中研所	518035
现代中西医结合杂志	1992	中国中西医结合学会河北分会、中华中医药学会	旬刊	石家庄市北城路 35 号	050061
中国中医急症	1992	中华中医药学会	月刊	重庆市江北区盘西七支路 6 号	400021
中国民族民间医药	1992	云南省民族民间医药学会	半月刊	昆明市关通路 57 号	650200
双足与保健	1992	中国足部反射区健康法研究会	双月刊	北京市西城区黄寺大街 24 号院明湖大厦	100120

续表

期刊名称	创刊时间	主办单位	刊期	地址	邮编
东方养生	1992	海南省高级体校	月刊	海口市滨海大道81号南洋大厦601室	570105
家庭中医药	1993	中国中医科学院中药研究所	月刊	北京东直门内南小街16号	100700
中医药管理杂志	1993	中华中医药学会	半月刊	北京市朝阳区樱花园东街甲4号	100029
中国民间疗法	1993	中国中医药出版社、中国民间中医医药研究开发协会	月刊	北京市朝阳区北三环东路28号易亨大厦1602室	100013
中国中西医结合耳鼻咽喉科杂志	1993	中国中西医结合学会	双月刊	安庆市孝肃路42号	246004
中国中西医结合消化杂志	1993	华中科技大学同济医学院、中国中西医结合学会消化系统疾病专业委员会、中华全国中医内科学会脾胃病专业委员会	月刊	武汉市汉口区解放大道1277号同济医科大学附属协和医院	430022
中国中西医结合外科杂志	1994	中国中西医结合学会、天津市中西医结合急腹症研究所	双月刊	天津市南开区三纬路122号	300100
中国中西医结合急救杂志	1994	中国中西医结合学会、中国中医科学院、天津市第一中心医院、天津中医药大学	双月刊	天津市和平区睦南道122号	300050
现代中医临床	1994	北京中医药大学	双月刊	北京市朝阳区北三环东路11号	100029
中国中医药科技	1994	中华中医药学会	双月刊	哈尔滨市阿什河街122号	150036
中国中医药信息杂志	1994	中国中医科学院中医药信息研究所	月刊	北京市东直门内南小街16号	100700
中国气功科学	1994	中国气功科学研究会	月刊	北京东城区朝内大街137号	100010
东方药膳	1995	湖南中医药大学	月刊	长沙市韶山中路113号	410007

续表

期刊名称	创刊时间	主办单位	刊期	地址	邮编
中国实验方剂学杂志	1995	中国中医科学院中药研究所、中国中西医结合学会中药专业委员会	半月刊	北京东直门内南小街16号	100700
中国民族医药杂志	1995	全国中医药图书情报工委会、内蒙古中蒙医研究所	月刊	呼和浩特市健康路11号	010020
科学养生	1995	中国医院管理杂志社	月刊	哈尔滨市南岗区邮政街42号	150001
中国中医基础医学杂志	1995	中国中医科学院中医基础理论研究所	月刊	北京市东直门内南小街16号	100700
Chinese Journal of Integrative Medicine(中国结合医学杂志)	1995	中国中西医结合学会、中国中医科学院	月刊	北京市海淀区西苑操场1号	100091
中医药导报	1995	湖南省中医药学会、湖南省中医药管理局	月刊	长沙市湘雅路325号	410008
世界科学技术-中医药现代化	1999	中科院科技政策与管理科学研究所	双月刊	北京市海淀区中关村东路55号思源楼5层	100190
中华保健医学杂志	1999	中国人民解放军总后勤部卫生部保健局	双月刊	北京市海淀区复兴路28号解放军总医院内	100853
中国现代中药	1999	中国中药协会、中国医药集团总公司、中国中药公司	月刊	北京市海淀区西四环北路15号依斯特大厦8层	100195
辽宁中医药大学学报	1999	辽宁中医药大学	月刊	沈阳市皇姑区崇山东路79号	110847
山西中医学院学报	1999	山西中医学院	双月刊	太原市晋祠路一段89号	030024
湖北中医药大学学报	1999	湖北中医药大学	双月刊	武汉市洪山区黄家湖西路1号	430065
中国中西医结合肾病杂志	2000	中国中西医结合学会	月刊	太原市06079信箱	030006

续表

期刊名称	创刊时间	主办单位	刊期	地址	邮编
实用中西医结合临床	2001	江西省中医药研究院、江西省中西医结合学会	月刊	南昌市文教路 529 号	330046
现代养生	2001	河北省医疗气功医院	半月刊	秦皇岛市东海滨东经路 198 号	066100
中华养生保健	2001	中华中医药学会	月刊	北京市朝阳区北三环东路 11 号	100029
中国保健食品	2001	中国中医药科技开发交流中心	月刊	北京市海淀区紫竹院路 1 号院人济山庄	100044
中医药通报	2002	厦门中医药学会	双月刊	厦门市仙岳路 1739 号	361009
中国中西医结合皮肤病学杂志	2002	中国中西医结合学会、天津市中西医结合皮肤病研究所	双月刊	天津市红桥区北马路 354 号	300120
中西医结合心脑血管病杂志	2003	中国中西医结合学会、山西医科大学第一医院	月刊	太原市解放南路 85 号	030001
中国中西医结合影像学杂志	2003	中国中西医结合学会、山东中医药大学附属医院	双月刊	山东省济南市经十路 16369 号	250014
中国医药指南	2003	中国保健协会	旬刊	北京市朝阳区东三环中路 55 号	100020
Chinese Journal of Natural Medicines（中国天然药物）	2003	中国药科大学	双月刊	南京市童家巷 24 号	210009
Journal of Acupuncture and Tuina Science（针灸推拿医学（英文版））	2003	上海市针灸经络研究所	双月刊	中国上海市宛平南路 650 号	200030
中国中医药现代远程教育	2003	世中联（北京）远程教育科技发展中心	半月刊	北京市复兴门南大街甲 2 号配楼知医堂 101 室	100031

续表

期刊名称	创刊时间	主办单位	刊期	地址	邮编
Journal of Integrative Medicine(中西医结合学报（英文版））	2003	上海中西医结合学会、上海长海医院	月刊	上海市长海路 168 号科技楼 1105 室	200433
保健医学研究与实践	2004	西南大学	双月刊	重庆市北碚区西南大学医院	400715
健身气功	2004	中国健身气功协会、中国体育报业总社	双月刊	北京市东城区天坛东里中区甲 14 号	100061
中医儿科杂志	2005	甘肃中医学院、中华中医药学会	双月刊	兰州市定西东路 35 号	730000
亚太传统医学	2005	中国民族医药学会、湖北省科技信息研究院	月刊	武汉市武昌区洪山路 2 号	430071
世界中西医结合杂志	2006	中华中医药学会	月刊	北京市北四环东路 115 号院 6 号楼 109 室	100101
世界中医药	2006	世界中医药学会联合会	月刊	北京市朝阳区小营路 19 号财富嘉园 A 座	10010
环球中医药	2008	中华国际医学交流基金会	双月刊	北京市东城区东四西大街 46 号综合楼 203	100711
中西医结合研究	2009	华中科技大学	双月刊	武汉市航空路 13 号华中科技大学同济医学院	430030
Chinese Herbal Medicines（中草药）	2009	Tianjin Institute of Pharmaceutical Research. Institute of Medicinal Plant Development, Chinese Academy of Medical Sciences	半月刊	天津市南开区鞍山西路 308 号	300193
中医临床研究	2009	中华中医药学会	半月刊	北京市昌平区 102218-59 信箱	102218

续表

期刊名称	创刊时间	主办单位	刊期	地址	邮编
中药与临床	2010	成都中医药大学	双月刊	成都市下汪家拐街 19 号	610041
中华针灸电子杂志	2011	天津中医药大学第一附属医院	双月刊	天津市南开区鞍山西道 314 号	300193
医药食疗保健	2012	华商报社	月刊	北京市朝阳区北土城西路 16 号友诚大厦	100029

（杨云松）

参考文献

1. 张舜徽.中国古代史籍校读法[M].上海:上海古籍出版社,1962.

2. 南京中医学院.难经校释[M].北京:人民卫生出版社,1979.

3. 河北医学院.灵枢经校释[M].北京:人民卫生出版社,1982.

4. 南京中医学院.诸病源候论校释[M].北京:人民卫生出版社,1982.

5. 中国医籍提要编写组.中国医籍提要(上下册)[M].长春:吉林人民出版社,1984,1988.

6. 何任.金匮要略校注[M].北京:人民卫生出版社,1990.

7. 马继兴.中医文献学[M].上海:上海科学技术出版社,1990.

8. 丁光迪.诸病源候论校注[M].北京:人民卫生出版社,1992.

9. 郭霭春.黄帝内经素问校注[M].北京:人民卫生出版社,1996.

10. 郭霭春,张海玲.伤寒论校注语译[M].天津:天津科学技术出版社,1996.

11. 张如青,唐耀,沈澍农.中医文献学纲要[M].上海:上海中医药大学出版社,1996.

12. 陈垣.校勘学释例[M].上海:上海书店,1997.

13. 张灿玾.中医古籍文献学[M].北京:人民卫生出版社,1998.

14. 黄永年.古籍整理概论[M].上海:上海书店出版社,2001.

15. 王家葵,张瑞贤.《神农本草经》研究[M].北京:北京科学技术出版社,2001.

16. 沈澍农.医古文[M].北京:人民卫生出版社,2001.

17. 严季澜,顾植山.中医文献学[M].北京:中国中医药出版社,2002.

18. 裘沛然.中国医籍大辞典[M].上海:上海科学技术出版社,2002.

19. 段逸山.医古文[M].北京:人民卫生出版社,2003.

20. 倪其心.校勘学大纲[M].北京:北京大学出版社,2004.

21. 李更.宋代馆阁校勘研究[M].南京:凤凰出版社,2006.

22. 王俊杰.中国古典文献学概论[M].济南:齐鲁出版社,2006.

23. 曹林娣.古籍整理概论[M].北京:北京大学出版社,2007.

24. 郭英德.中国古典文献学的理论与方法[M].北京:北京师范大学出版社,2008.

25. 王育林.中医古籍阅读学[M].北京:高等教育出版社,2008.

26. 董洪利.古典文献学基础[M].北京:北京大学出版社,2008.

27. 杜泽逊.文献学概要[M].第2版.北京:中华书局,2008.

28. 董恩林.中国传统文献学概论[M].湖北:华中师范大学出版社,2008.

29. 山东中医学院.黄帝内经素问校释(第2版)[M].北京:人民卫生出版社,2009.

30. 金芷君,张建中.中医文化掬萃[M].上海:上海中医药大学出版社,2010.

31. 严季澜,张如青.中医文献学[M].北京:中国中医药出版社,2011.

32. 中华中医药学会.ZYYXH/T362-371—2012 中医古籍整理规范[S].北京:中国中医药出版社,2012.

33. 常存库,张成博.中国医学史[M].北京:中国中医药出版社,2012.

34. 秦玉龙,尚力.中医各家学说[M].北京:中国中医药出版社,2012.

35. 张大可.中国文献学[M].北京:商务印书馆,2013.

36. 项楚,罗鹭.中国古典文献学[M].北京:中国人民大学出版社,2013.

37. 刘渡舟.伤寒论校注[M].北京:人民卫生出版社,2013.

38. 宋·张杲著,曹瑛,杨健校注.医说[M].北京:中医古籍出版社,2013.

39. 明·芮经著,曹瑛校注.杏苑生春[M].北京:中国中医药出版社,2015.